Perspectives des transports
FIT
2019

OCDE

DES POLITIQUES MEILLEURES
POUR UNE VIE MEILLEURE

**Forum International
des Transports**

Cet ouvrage est publié sous la responsabilité du Secrétaire général de l'OCDE. Les opinions et les arguments exprimés ici ne reflètent pas nécessairement les vues officielles des pays membres de l'OCDE.

Ce document, ainsi que les données et cartes qu'il peut comprendre, sont sans préjudice du statut de tout territoire, de la souveraineté s'exerçant sur ce dernier, du tracé des frontières et limites internationales, et du nom de tout territoire, ville ou région.

Les données statistiques concernant Israël sont fournies par et sous la responsabilité des autorités israéliennes compétentes. L'utilisation de ces données par l'OCDE est sans préjudice du statut des hauteurs du Golan, de Jérusalem-Est et des colonies de peuplement israéliennes en Cisjordanie aux termes du droit international.

Note de la Turquie
Les informations figurant dans ce document qui font référence à « Chypre » concernent la partie méridionale de l'Ile. Il n'y a pas d'autorité unique représentant à la fois les Chypriotes turcs et grecs sur l'Ile. La Turquie reconnaît la République Turque de Chypre Nord (RTCN). Jusqu'à ce qu'une solution durable et équitable soit trouvée dans le cadre des Nations Unies, la Turquie maintiendra sa position sur la « question chypriote ».

Note de tous les États de l'Union européenne membres de l'OCDE et de l'Union européenne
La République de Chypre est reconnue par tous les membres des Nations Unies sauf la Turquie. Les informations figurant dans ce document concernent la zone sous le contrôle effectif du gouvernement de la République de Chypre.

Merci de citer cet ouvrage comme suit :
FIT (2020), *Perspectives des transports FIT 2019*, Éditions OCDE, Paris, *https://doi.org/10.1787/e4367294-fr*.

ISBN 978-92-82-19200-9 (imprimé)
ISBN 978-92-82-11008-9 (pdf)

Perspectives des transports FIT
ISSN 2520-2375 (imprimé)
ISSN 2520-2383 (en ligne)

Éditorial

Cette édition 2019 des *Perspectives des transports du FIT* présente les scénarios retenus pour étudier la demande de transport, tous secteurs et tous modes confondus, jusqu'en 2050. Comment cette demande va-t-elle évoluer au cours des trente prochaines années ? Quelle en sera l'incidence sur les émissions de CO_2 imputables aux transports ? De quelle manière les évolutions porteuses de rupture retentiront-elles sur les transports ? En quoi les transports de demain ressembleront-ils à ce qu'ils sont aujourd'hui ? En quoi différeront-ils ?

L'incertitude qui entoure la trajectoire future des transports est frappante dans de nombreux domaines. Elle touche aussi bien le rythme du développement économique, les échanges mondiaux que les cours du pétrole. Les incertitudes sont également légion en ce qui concerne les habitudes de déplacement et le paysage de la mobilité, le progrès technologique et l'innovation. Devant la multiplicité des variables et l'immensité des phénomènes de rupture, qui s'accélèrent, l'avenir des transports est plus que jamais difficile à prédire.

Les éditions précédentes des *Perspectives des transports du FIT* traitaient de l'incertitude « normale ». Dans les scénarios considérés, la vitesse et la direction des changements y étaient déclinées de façon graduée sans que la nature et la structure fondamentales de l'activité de transport eussent pour autant été remises en question. Il s'agit là d'un point de départ prudent en cas de maturité et stabilité générales des transports en tant que système sociotechnique.

Il arrive pourtant que des évolutions déclenchent des événements annonciateurs d'un avenir radicalement différent d'un simple prolongement du présent. En pareil cas, il devient moins pertinent de retenir l'extrapolation comme méthode par défaut pour réfléchir sur l'avenir. Les humains ont pour habitude de sous-estimer l'importance future des tendances émergentes et de surestimer celle des tendances déjà arrivées à maturité. Même lorsque les prévisions ne concordent plus avec la réalité, nous continuons de faire preuve d'un excès d'optimisme. On l'a vu avec l'évolution du trafic routier dans de nombreux pays, qui s'est révélée bien en deçà des projections.

Plusieurs évolutions porteuses de ruptures ont bouleversé les transports au cours des trois derniers siècles, avec le passage de la traction animale à la traction mécanique, puis de la navigation à voile à la navigation à vapeur, et du charbon aux combustibles fossiles liquides. Tels qu'ils existent aujourd'hui, les systèmes de transport sont eux aussi le résultat de ruptures (principalement de l'introduction du moteur à combustion) et il n'est pas déraisonnable de penser qu'à l'horizon 2050, les modalités d'accès aux lieux de travail, aux services, aux biens, aux loisirs et aux personnes auront profondément changé.

La présente édition des *Perspectives des transports* a notamment pour objet d'évaluer les incidences des facteurs potentiels de rupture pour le secteur des transports, et ce de manière rigoureuse, en réalisant des tests sur les hypothèses qui servent de fondement aux différents scénarios. Il est relativement simple de décrire les effets d'une rupture qui est déjà intervenue. La tâche est tout autre et beaucoup plus difficile lorsque le phénomène est en cours. Pour les besoins de la présente étude, le terme « rupture » désigne les innovations qui aboutissent à des façons entièrement nouvelles d'agir ou qui permettent la réalisation de choses auparavant impossibles.

Les ruptures peuvent se produire à différents niveaux et à différentes échelles. Certaines touchent uniquement une catégorie de produits, comme le caoutchouc synthétique dans l'industrie du pneumatique ou le titre de transport dématérialisé sur mobile dans les transports publics. D'autres conduisent à la réorganisation de tout un secteur, comme la billetterie informatisée et centralisée dans le transport aérien ou l'arrivée des services de commande de courses via une application dans le secteur des taxis. D'autres encore, quoique rares, rejaillissent sur plusieurs secteurs et domaines d'activité humaine. En témoignent la production automobile de masse et ses répercussions sur les comportements en matière de déplacements, l'aménagement urbain (et les marchés de l'immobilier), les possibilités offertes dans différents domaines et le bien-être économique en général. De même, le conteneur maritime normalisé a joué un rôle majeur dans le transport de marchandises qui s'est répercuté sur les échanges, l'activité économique et, en définitive, la croissance internationale des revenus.

L'analyse exposée dans les présentes *Perspectives des transports* se concentre sur les phénomènes susceptibles de modifier en profondeur et à grande échelle les pratiques établies et la configuration actuelle des activités de transport. La trajectoire d'une évolution porteuse de ruptures dépend de cinq grandes variables :

- *Les coûts* : les coûts de production des nouvelles technologies et/ou nouveaux procédés sont si faibles qu'ils rendent non compétitifs ceux des technologies/procédés en place, lesquels ne sont dès lors plus rentables.

- *La qualité* : les nouvelles technologies et/ou nouveaux procédés améliorent la qualité des produits ou services au point que les technologies et/ou procédés en place ne sont plus compétitifs.

- *La clientèle* : la transformation des préférences des clients (consommateurs ou entreprises) rend les anciens produits ou services moins attractifs que les nouveaux.

- *La réglementation* : de nouveaux dispositifs législatifs ou réglementaires ne permettent plus de travailler – par exemple, à des fins de protection de l'environnement ou de standards sociaux – ou de procéder comme par le passé.

- *Les ressources* : des ressources auparavant abondantes ne sont plus autant disponibles ou des ressources auparavant inexistantes ou inaccessibles sont désormais disponibles.

Les tendances à l'origine d'une situation de rupture naissent habituellement d'une combinaison de ces facteurs. Par exemple, une variation des coûts conjuguée à une amélioration de la qualité ou de la commodité d'une technologie ou d'un service peut modifier la perception du rapport qualité-prix par les consommateurs, dont dépend ensuite la décision d'adopter ou non un nouveau bien ou service. En effet, il n'est pas rare que, sans être nécessairement supérieurs, les technologies ou services de rupture présentent simplement l'intérêt d'offrir une fonctionnalité « satisfaisante » à bas prix.

Si la technologie se trouve au cœur du débat sur l'innovation et la rupture, c'est en raison de son rôle de facilitateur. La technologie ne saurait à elle seule constituer la cause ou le moteur des types de mutations auxquelles elle peut servir de détonateur. En outre, les ruptures tirent souvent profit de l'apparition simultanée de plusieurs technologies et des services qu'elles sous-tendent. Il est donc plus judicieux de parler de *situations à l'origine de bouleversements,* qui – combinées à d'autres facteurs et sous réserve que les conditions favorables soient réunies – peuvent entraîner des changements de nature à rendre inopérants des procédés, services et/ou produits.

À l'heure actuelle, les transports constituent un ensemble sociotechnique qui centralise différentes technologies et pratiques. Ces pratiques évoluent conjointement de manière à former un système stable qui se renforce lui-même. Les innovations se ramifient à la périphérie de cet élément central, mais elles sont peu nombreuses à gagner suffisamment en vigueur pour modifier la vitesse acquise et la trajectoire suivie par le système. Quelques-unes parviennent néanmoins à s'affirmer, en présence des conditions voulues. Dès lors que des acteurs de l'innovation instaurent des conditions propices à dévier le système de son chemin, des entreprises historiques, des services existants ou des comportements établis n'ont plus lieu d'être. Certains disparaissent, tandis que d'autres réussissent à s'adapter et à accompagner les initiateurs du bouleversement, par conviction ou par calcul.

En période de bouleversement, le système en place commence à se disloquer pour être remplacé par une mosaïque de régimes sociotechniques parfois contradictoires. Cette mosaïque se compose de lois et de règlements, de comportements et d'activités, de technologies et de services. La période marquée par cette dislocation et transition vers un nouvel ensemble est fortement empreinte d'incertitude. Les initiateurs des bouleversements continuent d'agir en se fondant sur la configuration traditionnelle du système sociotechnique. À partir du moment où de nouveaux intervenants, apparus pendant la période de transition, font fi de l'ancien ordre des acteurs, règles et pratiques, la convergence vers un nouveau régime sociotechnique est en marche.

De toute évidence, le secteur des transports se trouve aujourd'hui bousculé de l'intérieur comme de l'extérieur. Il y a tout lieu de penser que l'arrivée des plateformes numériques à l'origine de nouveaux services de mobilité, la transformation des habitudes d'achat due au commerce électronique et la décentralisation (potentielle) de la production en conséquence de l'impression 3D bouleverseront le transport de voyageurs et de marchandises.

Quelle sera l'ampleur du bouleversement ? La réponse dépendra en partie de la position que les pouvoirs publics adopteront à l'égard de ces phénomènes. Quelles règles supprimeront-ils, quelles règles mettront-ils en place ? Quelles sont les tendances qui faciliteront l'exécution des mandats politiques, s'agissant par exemple de renforcer l'efficience, la durabilité et l'équité ? À l'inverse, quelles situations sources de bouleversements pourraient saper la réalisation des objectifs sociétaux ?

L'analyse présentée ici ne permet pas – tel n'est d'ailleurs pas son objet – de répondre directement à ces questions et les scénarios qui figurent dans les présentes *Perspectives des transports* ne sauraient constituer des prévisions pour les trente prochaines années. En fait, ces scénarios décrivent plusieurs futurs possibles. Leur degré de réalisation dépendra non seulement de la validité des hypothèses sur lesquels ils reposent, mais aussi de la ligne de conduite que les décideurs politiques choisiront d'adopter. Cette étude propose donc des scénarios de rupture plausibles pour l'avenir afin d'étayer la réflexion sur la manière dont l'action des pouvoirs publics peut guider et gérer les changements sources de bouleversements.

Remerciements

Cette édition des *Perspectives des transports du FIT* a été élaborée par la Division de l'analyse quantitative des politiques et de la prospective, avec le concours de nombreuses personnes et organisations partenaires. Elle a été rédigée sous la supervision de Jari Kauppila. Luis Martinez a piloté les travaux de modélisation. Les principaux auteurs des différents chapitres sont les personnes suivantes :

Table des matières	Auteurs
Éditorial	Philippe Crist
Chapitre 1. Évolution de la demande de transport à l'horizon 2050	Ashley Acker et Jari Kauppila
Chapitre 2. Impact des politiques de transport sur les émissions de CO_2 jusqu'en 2050	Katherine Farrow et Jari Kauppila
Chapitre 3. Ruptures dans le transport urbain de personnes	Elisabeth Windisch et Philippe Crist
Chapitre 4. Ruptures dans le transport non urbain de personnes	Dimitrios Papaioannou, Olga Petrik et Nicolas Wagner
Chapitre 5. Ruptures dans le transport de marchandises	Francisco Furtado et Luis Martinez

Katherine Farrow a coordonné le processus de rédaction. L'assistance statistique et documentaire a été assurée par Ashley Acker et Mario Barreto. Edwina Collins a révisé le manuscrit et Ana Cuzovik a conçu plusieurs éléments visuels dans l'ouvrage. D'autres collègues du FIT ont apporté une précieuse contribution : Olaf Merk dans le chapitre sur le fret, Jagoda Egeland dans le chapitre sur le transport non urbain de personnes, Katja Schechtner à propos des drones et Wei-Shiuen Ng eu égard à l'électrification de la mobilité individuelle. La méthode de modélisation a été définie avec l'aide d'Andreas Shäffer (University College of London), de Lóránt Tavasszy (Université de technologie de Delft) et d'Alan McKinnon (Kühne Logistics University). Au sein de l'OCDE, un appui a également été fourni par la Direction de l'Environnement, aux fins de l'élaboration des projections des échanges commerciaux, et par l'Agence Internationale de l'Energie (AIE), grâce à ses connaissances et son modèle sur les technologies en matière de véhicules et de motorisation. Il convient aussi de remercier les partenaires extérieurs qui ont contribué à l'élaboration du cadre de modélisation et des méthodes employés par le FIT ainsi qu'à la collecte des données : l'International Council for Clean Transportation (ICCT) pour les données sur les émissions de polluants locaux ; l'Organisation Maritime Internationale (OMI) pour les données sur la composition des flottes de navires et les vitesses de navigation ; l'Energy and Resources Institute India, (TERI), la China Academy of Transportation Sciences, la Japan International Cooperation Agency (JICA) ; la Commission Economique Pour l'Amérique Latine et les Caraïbes (CEPALC) et la Corporación Andina de Fomento (CAF, la Corporation Andine de Développement) pour les données sur les villes et les échanges commerciaux en Amérique latine ; le Road Freight Lab du World Business Council for Sustainable Development (WBCSD) pour son analyse de l'optimisation du fret ; ainsi que l'Organisation de l'Aviation Civile Internationale (OACI) et le Airports Council

International Europe (ACI Europe) pour leur contribution à l'élaboration des prévisions en matière de transport aérien et d'émissions connexes. Enfin, cette édition 2019 des *Perspectives des transports du FIT* a bénéficié des précieuses observations des membres du Transport Research Committee (TRC), qui a également approuvé le présent rapport.

Table des matières

Tableaux

Graphiques

Encadrés

Follow OECD Publications on:

http://twitter.com/OECD_Pubs

http://www.facebook.com/OECDPublications

http://www.linkedin.com/groups/OECD-Publications-4645871

http://www.youtube.com/oecdilibrary

http://www.oecd.org/oecddirect/

This book has...

StatLinks

A service that delivers Excel® files from the printed page!

Look for the *StatLinks* at the bottom of the tables or graphs in this book. To download the matching Excel® spreadsheet, just type the link into your Internet browser, starting with the *http://dx.doi.org* prefix, or click on the link from the e-book edition.

Guide du lecteur

Facteurs potentiels de rupture	Secteur
Mobilité partagée	Transport urbain de personnes Transport non urbain de personnes
Télétravail	Transport urbain de personnes
Train à très grande vitesse	Transport non urbain de personnes
Compagnies aériennes proposant des vols long-courriers à bas prix	Transport non urbain de personnes
Innovations énergétiques dans l'aviation	Transport non urbain de personnes
Commerce sur internet en ligne (e-commerce)	Transport de marchandises
Véhicules de grande capacité	Transport de marchandises
Impression 3D	Transport de marchandises
Transition énergétique dans le transport routier de marchandises longues distances	Transport de marchandises
Évolution des axes du commerce international	Transport de marchandises
Véhicules autonomes	Transport urbain de personnes Transport non urbain de personnes Transport de marchandises

Mesures d'atténuation	Secteur
Intégration et expansion des transports collectifs	Transport urbain de personnes
Conception de Mobility as a Service (MaaS)	Transport urbain de personnes
Tarification du stationnement	Transport urbain de personnes
Mise en place de restrictions de circulation	Transport urbain de personnes
Politiques d'aménagement urbain pour densifier les zones urbaines	Transport urbain de personnes
Amélioration de la logistique et du transport de marchandises	Transport de marchandises
Baisse de la consommation de charbon et de pétrole	Transport de marchandises
Amélioration de l'efficacité énergétique et déploiement des véhicules électriques	Transport urbain de personnes, Transport non urbain de personnes, Transport de marchandises
Tarification du carbone	Transport non urbain de personnes Transport de marchandises
Efficience logistique	Transport de marchandises

Agglomération urbaine	Ville et territoires environnants constituant une zone de bâti continu.
Biocarburants	Carburants directement ou indirectement produits à partir de matière organique, c'est-à-dire la biomasse, comme les matières végétales ou les déchets d'origine animale. Dans la présente publication, il s'agit des biocarburants liquides comme l'éthanol ou le biodiesel.
Bus à haut niveau de service (BHNS)	Bus circulant en site propre et offrant un niveau élevé de qualité de service, en particulier en termes de fréquence et de fiabilité.
Carburant de synthèse	Carburant issu d'un procédé chimique combinant monoxyde de carbone et hydrogène. Par exemple, l'essence et les carburéacteurs.
Commerce en ligne (e-commerce)	Opérations de vente et d'acquisition de biens ou de services réalisées par l'intermédiaire de réseaux informatiques à l'aide de méthodes spécifiquement conçues aux fins de recevoir ou de passer des commandes.
Congestion	Allongement relatif du temps de parcours aux heures de pointe sur le réseau routier en raison du ralentissement de la circulation.
Connectivité aérienne	Indicateur de la densité du réseau de transport aérien, de son étendue et de l'existence de liaisons directes entre les destinations.
Demande de transport de marchandises	Mesure du volume de marchandises déplacées exprimé en tonnes-kilomètres.
Demande de transport de voyageurs	Mesure du volume des déplacements de voyageurs exprimé en voyageurs-kilomètres.
Deux-roues	Véhicules motorisés à deux roues, motocycles et scooters. Équivaut ici aux motocycles.
Drone	Aérodyne télépiloté ou programmé capable de transporter des marchandises ou des voyageurs.
Équivalent vingt pieds (EVP)	Unité statistique normalisée correspondant à un conteneur ISO d'une longueur de 20 pieds (6.10 m), employée pour décrire la capacité de logement des porte-conteneurs ou des terminaux. Un conteneur ISO de 20 pieds correspond donc à 1 EVP.
free-floating (or dockless)	Système de véhicules partagés en libre-service sans point d'attache ou station fixe, combinant GPS et connectivité cellulaire pour notamment géolocaliser les véhicules empruntés, facturer le service au temps passé et actionner le dispositif de verrouillage à la fin du trajet.
Gaz naturel liquéfié (GNL)	Gaz principalement composé de méthane, transformé à l'état liquide après refroidissement à -160°C à la pression atmosphérique.
Hyperloop	Train à sustentation magnétique se déplaçant à l'intérieur d'un tube sous basse pression à une vitesse pouvant atteindre 1 200 km/h.
Impression 3D	Technologie de fabrication additive permettant de créer des produits en trois dimensions par empilement de fines couches de matériau.
Maglev (magnetic levitation)	Train à sustentation magnétique pouvant opérer jusqu'à 500 km/h.
Mobility as a Service (MaaS)	Prestation assurée via une plateforme numérique et consistant à définir des itinéraires optimaux à la demande en faisant intervenir tous les moyens de locomotion, y compris les solutions de micromobilité en libre-service.
Mode	Type de service de transport (routier, ferroviaire, fluvial, maritime, aérien) et de moyen de transport (voiture particulière, deux-roues motorisé, bus, métro, ferroviaire urbain).
Modes actifs de déplacement	Marche, vélo et tout autre mode de déplacement faisant appel à l'énergie musculaire humaine.
Motocycle	Désigne la catégorie des véhicules motorisés à deux roues composée des motocycles et des scooters. Équivaut ici à la catégorie des deux-roues.
Moyens de transport collectif	Bus, métro, tramway et train.
Moyens de transport individuel	Véhicules particuliers motorisés ou taxis.
Moyens de transport partagés	Il s'agit des moyens de locomotion motorisés et non motorisés (par exemple, vélos et voitures classiques ou électriques partagés), des systèmes traditionnels de partage de véhicules (différentes personnes utilisent un même véhicule à des moments différents, comme dans les cas de l'autopartage et du vélopartage en libre-service, avec ou sans station, en boucle ou non) et des solutions optimisées de mobilité partagée (plusieurs personnes voyagent à bord du même véhicule, taxi ou minibus avec chauffeur – taxi partagé et taxibus, respectivement, dans les travaux du FIT sur la mobilité partagée – pour au moins une partie de leur trajet).
Navire géant	Porte-conteneurs de très grandes dimensions d'une capacité supérieure à 13 000 EVP.
Passager-kilomètre (pkm)	Unité de mesure de l'activité du transport de voyageurs représentant le transport d'un voyageur sur une distance d'un kilomètre.
Passagers-kilomètres payants	Mesure du trafic de passagers correspondant au nombre de passagers payants multiplié par le nombre de kilomètres parcourus.
Polluants locaux	Éléments de pollution de l'air ambiant, notamment oxydes d'azote (NOx), de sulfate (SO4) et particules fines (PM2.5).
Porte-conteneurs	Navire armé pour le transport exclusif de conteneurs et équipé de glissières cellulaires fixes ou mobiles.
Répartition modale	Pourcentage de voyageurs-kilomètres effectués par mode de transport ; pourcentage de fret en tonnes-kilomètres imputable à chaque mode.
Scénario « Nouvelles	Scénario de référence de l'AIE. Il tient compte des engagements et plans de grande envergure que les pouvoirs

politiques »	publics de différents pays ont annoncés, notamment les objectifs nationaux de réduction des émissions de gaz à effet de serre et les projets de suppression progressive des aides en faveur des énergies fossiles, même si les mesures d'application correspondantes n'ont pas encore été définies.
Scénario d'ambitions élevées	Scénario que le FIT a mis au point en partant du principe que les mesures d'atténuation connues et les engagements annoncés dans ce domaine seront pleinement exécutés, suivant un niveau d'ambition supérieur à celui actuellement affiché. Il tient compte de l'ampleur actuelle (non déstabilisante) des phénomènes susceptibles de bouleverser le secteur des transports et des hypothèses relatives à l'évolution de la situation technologique qui concordent largement avec celles retenues dans le scénario EV30@30 de l'AIE.
Scénario d'ambitions inchangées:	Scénario que le FIT a mis au point en partant du principe que les politiques d'atténuation existantes seront poursuivies et qu'il sera donné effet aux engagements annoncés. Il tient compte de l'ampleur actuelle (non déstabilisante) des phénomènes susceptibles de bouleverser le secteur des transports et des hypothèses relatives à l'évolution de la situation technologique qui concordent largement avec celles retenues dans le scénario « Nouvelles politiques » de l'AIE.
Scénario EV30@30	Utilisé dans l'édition 2018 des perspectives mondiales des véhicules électriques de l'AIE (*Global EV Outlook*), ce scénario repose sur l'hypothèse d'une électrification rapide du parc automobile mondial, suivant lequel, en 2030, les véhicules électriques constitueront 30 % des ventes de véhicules neufs.
Service de mobilité partagée	Système de flotte optimisée de véhicules partagés (par exemple, taxis partagés ou minibus avec chauffeur) qui offre des services de transport à la demande, généralement depuis une plateforme numérique accessible via une application mobile ; plusieurs personnes voyagent à bord du même véhicule pour au moins une partie de leur trajet.
Système de route électrique	Portion de route équipée de l'infrastructure nécessaire pour que les véhicules électriques se rechargent en roulant, à l'aide de caténaires aériennes ou par conduction ou induction au sol.
Tanker (Navire-citerne)	Navire transportant une cargaison liquide, en particulier des hydrocarbures ou des produits pétroliers.
Technologie de la pile à hydrogène	Technologie pour convertir l'hydrogène stocké dans des batteries en électricité afin de propulser un véhicule.
Télétravail	Fait d'exercer une activité professionnelle en dehors des locaux de son employeur tout en y restant connecté grâce aux technologies de réseau.
Tonne-kilomètre (tkm)	Unité de mesure du transport de marchandises correspondant au déplacement d'une tonne de marchandises sur une distance d'un kilomètre.
Transit-Oriented Development (TOD) Aménagement axé sur les transports collectifs	Aménagement dense desservi par les transports publics et caractérisé par une mixité d'usages (résidentiel, professionnel, commercial et autres).
Transport à la demande	Service de transport sans itinéraire ou horaire fixe, accessible sur réservation (en général via une plateforme numérique) pour une prise en charge immédiate ou à un horaire déterminé à l'avance.
Transport de marchandises par voie de surface	Transport de marchandises effectué par la route, le rail ou les voies fluviales (hors modes maritime et aérien).
Transport interurbain intérieur	Ensemble des activités de transport de voyageurs et de marchandises réalisées à l'intérieur des frontières d'un pays, hors celles intervenant en ville.
Transporteur à bas coûts	Transporteur aérien qui propose des tarifs inférieurs pour un confort moindre. Les pratiques de réduction des coûts consistent notamment à rationaliser la flotte, à limiter le nombre de destinations desservies, à maximiser les capacités et à facturer les services supplémentaires.
Transports collectifs lourds	Bus à haut niveau de service (BHNS) ou ferroviaire urbain (métro inclus).
Trois-roues	Véhicules motorisés à trois roues, à l'exemple des pousse-pousses (rickshaws) motorisés en Inde.
Véhicule autonome	Véhicule équipé d'un système de conduite qui assiste ou remplace l'humain dans cette tâche. Son degré d'automatisation varie en fonction de la proportion de tâches exécutables par le système de conduite sans intervention humaine.
Véhicule de grande capacité	Véhicule dépassant les limites générales de dimensions et de poids fixées par les autorités nationales de réglementation et habituellement exploité en vertu de dispositions spéciales à l'intérieur de zones géographiques circonscrites ou sur des itinéraires spécifiques.
Véhicule-kilomètre (vkm)	Unité de mesure de la demande de transport de marchandises et de voyageurs correspondant au mouvement d'un véhicule sur une distance d'un kilomètre.
Ville	Terme générique désignant toute agglomération urbaine. De manière générale, dans les présentes *Perspectives*, son périmètre dépasse les frontières administratives (voir *Agglomération urbaine*).
Vitesse de circulation fluide	Vitesse moyenne à laquelle un véhicule peut se déplacer selon le type de chaussée en l'absence de congestion ou autres contraintes (feux de circulation, conditions météorologiques, etc.).
Voiture	Véhicule routier automobile, autre qu'un cyclomoteur ou un motocycle, conçu principalement pour transporter une ou plusieurs personnes. Cette catégorie inclut les SUVs et correspond aux véhicules légers particuliers.
Vraquier	Navire transportant des marchandises en vrac, c'est-à-dire non conditionnées, comme des céréales, du charbon, du minerai ou du ciment.

Résumé

Contexte

Les *Perspectives des transports du FIT* dressent un panorama des évolutions récentes et des perspectives à court terme du secteur des transports à l'échelle mondiale, ainsi que des projections à long terme, jusqu'en 2050, de la demande de transport. L'analyse porte sur le transport de marchandises (par voie maritime, aérienne et terrestre), le transport de personnes (automobile, ferroviaire et aérien) et les émissions de CO_2, selon différents scénarios d'action des pouvoirs publics.

Dans la présente édition, une attention particulière est accordée aux conséquences des phénomènes susceptibles de perturber les systèmes de transport. Comment ces perturbations rejailliront sur l'évolution de la demande, sur la répartition modale et sur les émissions de CO_2 liées aux transports ? Les tendances qui se dessinent actuellement dans le domaine des transports – électrification, progression de la mobilité partagée et développement des véhicules autonomes – pourraient en effet bouleverser le secteur et le cadre décisionnel, au même titre que des facteurs exogènes tels que le commerce par internet, l'impression 3D ou les nouveaux axes du commerce international.

Des scénarios de rupture très divers ont été conçus afin d'étudier, par simulation, les contours d'hypothèses réalistes concernant l'évolution du contexte. Le résultat est une description du champ des possibles fondé sur la base d'hypothèses fortes. Il ne s'agit pas de prévisions pour les 30 prochaines années. Les faits coïncideront plus ou moins avec ces différentes hypothèses en fonction de leur degré de concrétisation et du cap que les décideurs auront choisi de suivre dans les années à venir. Les simulations exposées visent à éclairer la réflexion sur la manière d'aiguiller et de gérer le changement source de bouleversement.

Principaux résultats

L'incertitude qui caractérise le climat économique actuel limite la faculté d'établir des projections solides. On peut néanmoins affirmer, sans trop craindre de se tromper, que, dans l'ensemble, la demande de mobilité continuera de croître au cours des trois décennies à venir. Le volume de transport de personnes va pour ainsi dire tripler entre 2015 et 2050, en passant de 44 000 milliards à 122 000 milliards de voyageurs-kilomètres. La Chine et l'Inde représenteront un tiers de ce trafic en 2050, contre un quart en 2015.

Les véhicules individuels resteront le premier moyen de locomotion utilisé dans le monde. Les transports publics et les solutions de mobilité partagée gagneront du terrain, en particulier dans les villes, pour normalement représenter plus de la moitié du nombre total de voyageurs-kilomètres parcourus en 2050. Les déplacements internationaux de personnes, actuellement en hausse à l'échelle mondiale, devraient s'intensifier le plus fortement dans les pays en développement. D'après les estimations, rien qu'en Inde et en

Chine, le trafic aérien aura pratiquement quadruplé en 2050, pour s'élever à 21 583 milliards de passagers-kilomètres, contre 5 506 milliards en 2015.

Si la tendance actuelle se maintient, la demande mondiale de fret aura triplé entre 2015 et 2050. Parmi tous les modes jusqu'en 2050, le plus haut taux de croissance annuel composé est attendu à 4.5% dans le transport aérien, qui n'intervient pourtant que modestement dans le trafic total en tonne-km. Ainsi, plus des trois quarts des opérations de transport de marchandises continueront d'être effectuées par navires en 2050, soit à peu près autant qu'en 2015. Les difficultés qui touchent actuellement l'économie mondiale et la multiplication des différends commerciaux compromettent la précision des projections relatives au transport de marchandises car la demande dépend au premier chef de la croissance économique et du commerce international.

Les émissions de CO_2 imputables aux transports restent une grande source de défis. Par extrapolation, on constate que les ambitions actuelles de l'action publique ne permettront pas de juguler ces émissions compte tenu de l'essor de la demande de transport attendue dans les années à venir. Dans le scénario qui repose sur l'exécution des politiques d'atténuation actuellement engagées et annoncées (scénario d'ambitions inchangées), les émissions mondiales de CO_2 dues aux transports auront augmenté de 60 % en 2050, principalement à cause du gonflement de la demande de transport de marchandises et des déplacements non urbains de personnes, estimé à 225 % pour l'ensemble de la période considérée. Ce même scénario prévoit en revanche que les émissions liées au transport urbain de personnes diminueront de 19 % sous l'effet des politiques actuellement centrées sur le transport urbain.

La mise en œuvre de politiques de décarbonation plus ambitieuses dévie considérablement les trajectoires prévisionnelles de la demande de transport et des émissions connexes de CO_2. Ainsi, le scénario d'ambitions élevées prévoit pour 2050 une demande mondiale de transport de voyageurs (-20%) et des émissions connexes (-70%) plus faibles que le scénario d'ambitions inchangées. Si les deux scénarios tablent sur une stabilité relative de la demande mondiale de transport de marchandises, le premier promet un volume d'émissions connexes de carbone inférieur de 45 %. Toutefois, cela ne suffirait pas pour obtenir une élévation moyenne de la température de la planète nettement en dessous de 2° C par rapport aux niveaux pré-industriels, conformément à l'objectif défini dans l'Accord de Paris.

Un certain nombre de perturbations endogènes et exogènes menacent le secteur des transports. Les effets individuels ou conjugués de leur concrétisation ont été modélisés pour les besoins des présentes *Perspectives des transports*.

La généralisation des solutions de mobilité partagée pourrait diviser par deux le nombre de véhicules-kilomètres parcourus en milieu urbain et réduire ainsi, à l'horizon 2050, les émissions de CO_2 imputables au transport urbain de 30 % par rapport aux projections fondées sur les ambitions actuelles. La banalisation des véhicules autonomes se traduirait probablement par une augmentation du nombre de véhicules-kilomètres effectués et de tonnes de CO_2 rejeté dans la plupart des régions urbaines. D'après les simulations, un recours accru au télétravail pourrait, au cours de la période considérée, contracter le trafic voyageurs en milieu urbain et les émissions connexes de CO_2 d'environ 2 % de plus que dans le scénario d'ambitions inchangées.

Il ressort également des simulations qu'avec la prolifération des services aériens à bas prix, le volume du trafic non urbain et des émissions connexes de CO_2 dépasserait de 1 % les projections actuelles pour 2050. De même, le déploiement de systèmes de train à très grande vitesse ferait grimper la fréquentation ferroviaire de 1 % et fléchir les émissions de CO_2 imputables aux modes de transport non urbain de moins de 1 %. En revanche, l'utilisation de carburants de substitution pour l'aviation pourrait oblitérer les émissions de CO_2 dues au transport aérien, pour l'essentiel en décarbonant les vols court-courriers ; en 2050, le secteur aérien intérieur produirait ainsi 55 % émissions de moins que prévu dans le scénario d'ambitions inchangées.

Avec l'essor du commerce en ligne, les volumes de fret pourraient grossir dans des proportions modestes, comprises entre 2 % et 11 %, selon le mode de transport considéré, ce qui accroîtrait les émissions de CO_2 liées au transport de marchandises de 4 %. Le déploiement à grande échelle de l'impression 3D dans les activités de fabrication et à des fins domestiques pourrait amoindrir les volumes de fret et d'émissions connexes de CO_2 de 27 % et 28 % de plus que dans le scénario d'ambitions inchangées. Il est toutefois peu probable que l'impression 3D connaisse un tel succès.

L'ouverture de nouvelles voies commerciales ne pèserait guère sur le volume total des échanges : en 2050, par rapport aux projections actuelles, ce volume aura diminué de 2 % et celui des émissions connexes de CO_2 de 1 % seulement. En revanche, la restructuration géographique du transport de marchandises susceptible d'en découler aurait des retombées considérables sur les chaînes logistiques mondiales et l'infrastructure des réseaux de transport.

En ce qui concerne le transport terrestre de marchandises, le déploiement extensif des véhicules de grande capacité pourrait se traduire, en 2050, par un niveau d'émissions de CO_2 inférieur de 3 % à celui des projections actuelles. L'utilisation de carburants faiblement ou non carbonés dans le fret routier longue distance pourrait faire reculer les émissions de CO_2 de 16 % à l'horizon 2050. D'après les simulations, le recours aux véhicules de grande capacité et poids lourds autonomes dans le transport routier de marchandises aura peu d'incidence sur la demande globale de fret et le volume des émissions en résultant. En revanche, la généralisation des camions automatisés entraînerait un important report du ferroviaire sur le mode routier (-9 % pour le ferroviaire, +6 % pour le routier en 2050).

Dans les scénarios de rupture complète, fondés sur la convergence de plusieurs tendances, les valeurs estimées de la demande de transport et des émissions connexes de CO_2 pour 2050 sont inférieures aux projections du scénario d'ambitions inchangées, tous secteurs confondus. Les réductions d'émissions les plus fortes résultent des politiques en place pour continuer de décarboner le secteur et, dans certains cas, orienter les phénomènes de rupture. Dans le transport urbain de voyageurs, par exemple, la généralisation des véhicules partagés et autonomes pourrait, sous réserve que les pouvoirs publics prennent les mesures d'accompagnement appropriées, se traduire à l'horizon 2050 par des émissions de CO_2 et une congestion inférieures de 73 % et 24 % respectivement aux projections actuelles.

De même, dès lors que les ruptures technologiques qui touchent le transport non urbain de voyageurs font l'objet de mesures d'encadrement, leur potentiel de réduction des émissions à l'horizon 2050 s'en trouve augmenté : il est estimé à 76 %, contre 63 % en l'absence de mesures d'encadrement. Les résultats sont du même ordre dans le transport de marchandises, où l'intervention des pouvoirs publics destinée à affirmer l'efficience logistique stimule la réduction des émissions induite par les ruptures technologiques. En effet, cette réduction dépasse de 44 % et 60 % les projections actuelles selon qu'il existe ou non des politiques logistiques.

Considérées dans leur ensemble, les simulations révèlent que l'incidence des perturbations sur l'évolution de la demande de transport et de son empreinte carbone dépendra fortement des politiques de transport en place. Si, simultanément à ces perturbations, des mesures sont prises pour atténuer les émissions de CO_2, les réductions obtenues seront plus importantes dans tous les segments du secteur des transports. Les décideurs ont donc un rôle crucial à jouer en cernant la nature et l'ampleur du changement, même lorsque des bouleversements considérables attendent les systèmes de transport.

Conclusions sur l'action à mener

Disposer d'outils de planification plus efficaces pour mieux faire face à l'incertitude

L'incertitude à long terme complique la planification, en particulier lorsqu'il s'agit d'investir dans les infrastructures à durée de vie longue. La planification par scénarios aide les décideurs à cerner les limites inhérentes à des faisceaux de décisions et, ainsi, à choisir les plus robustes au champ maximal d'hypothèses possibles et plausibles. Face à l'incertitude, une autre stratégie consiste, pour les décideurs, à concevoir les systèmes de transport de manière à pouvoir les adapter à l'évolution des conditions, notamment aux incidences des tendances potentiellement déstabilisantes.

La politique des transports doit anticiper les bouleversements extérieurs au secteur

Les politiques des transports doivent permettre de faire face à un large éventail d'évolutions déstabilisantes. C'est le seul moyen d'en récolter les fruits éventuels et d'en limiter les effets préjudiciables. S'ils n'ont aucune prise sur les bouleversements extérieurs au secteur des transports, les responsables de l'élaboration des politiques peuvent néanmoins, par leurs décisions, définir la trajectoire et l'ampleur de leurs effets pour le secteur. Ainsi, il est judicieux d'étudier comment la nouvelle donne influera sur les motivations des usagers de façon à éviter les systèmes incitatifs aux effets indésirables. Il sera crucial de disposer des données requises pour mieux comprendre la dynamique et les incidences potentielles des évolutions susceptibles d'être une source de bouleversements dans les transports.

Les systèmes de transport tireront profit de politiques-cadre en faveur de l'innovation

De manière générale, les technologies innovantes et les nouveaux modèles d'affaires qui transforment le secteur des transports évoluent plus vite que la réglementation. D'où la nécessité que les pouvoirs publics renoncent à l'approche statique traditionnelle. En effet, les systèmes de transport auraient plutôt besoin de cadres qui autorisent l'expérimentation et l'évolution itérative. Il conviendrait probablement à cet effet de revoir fréquemment les dispositions en place, de limiter les dérogations réglementaires et de fonder l'élaboration de la réglementation sur la collaboration entre les autorités et les entités soumises. Une évaluation rigoureuse des risques est par ailleurs nécessaire pour déterminer à quel moment recourir à ces pratiques sans compromettre la réalisation des objectifs poursuivis.

Il faut des politiques plus ambitieuses pour stopper la croissance des émissions de CO$_2$ liées au transport

Les pouvoirs publics devront actionner tous les leviers à leur disposition pour apporter des solutions de transport qui répondent de façon durable à la demande grandissante de mobilité. L'objectif doit être d'éviter la demande non nécessaire de déplacements, d'adopter des modes durables et de rendre les transports plus efficients. Bien souvent, les politiques en place sont principalement dédiées au transport urbain, avec un certain succès. Il conviendrait désormais de s'employer aussi à juguler les émissions liées aux déplacements internationaux et non urbains.

Chapitre 1. Évolution de la demande de transport à l'horizon 2050

L'objet de ce chapitre est d'examiner les tendances passées de la demande de transport et d'exposer les projections des activités de transport à l'horizon 2050. L'analyse des principaux facteurs de l'évolution récente et future de la demande de transport est suivie de la présentation des projections de la demande de transport de personnes – par type (urbain, intérieur, international) et par mode – puis de la demande de transport de marchandises (fret maritime, de surface et aérien).

Les données statistiques concernant Israël sont fournies par et sous la responsabilité des autorités israéliennes compétentes. L'utilisation de ces données par l'OCDE est sans préjudice du statut des hauteurs du Golan, de Jérusalem Est et des colonies de peuplement israéliennes en Cisjordanie aux termes du droit international.

Note de la Turquie :
Les informations figurant dans ce document qui font référence à « Chypre » concernent la partie méridionale de l'Ile. Il n'y a pas d'autorité unique représentant à la fois les Chypriotes turcs et grecs sur l'Ile. La Turquie reconnaît la République Turque de Chypre Nord (RTCN). Jusqu'à ce qu'une solution durable et équitable soit trouvée dans le cadre des Nations Unies, la Turquie maintiendra sa position sur la « question chypriote ».

Note de tous les États de l'Union européenne membres de l'OCDE et de l'Union européenne :
La République de Chypre est reconnue par tous les membres des Nations Unies sauf la Turquie. Les informations figurant dans ce document concernent la zone sous le contrôle effectif du gouvernement de la République de Chypre.

Incertitude grandissante autour des facteurs de la demande de transport

L'incertitude qui caractérise le climat économique actuel influe sur la faculté d'établir des projections solides. Au nombre des facteurs d'imprévisibilité figurent la possible montée du bilatéralisme dans le commerce international, la fluctuation des prix du pétrole en fonction de l'offre et le resserrement des conditions financières dans les économies émergentes (OCDE, 2018). Leur conjugaison pourrait avoir pour effet néfaste d'abaisser le niveau de la production mondiale de plus de 0.5 % en 2020 par rapport aux projections de référence de l'Organisation de coopération et de développement économiques (OCDE, 2018), ce qui ne manquerait pas de freiner la progression de la demande de transport, en particulier de marchandises.

Une forte hausse de la demande de transport n'en est pas moins attendue dans les années à venir, en particulier dans les pays en développement. La démographie, le produit intérieur brut (PIB) et l'activité commerciale internationale ont toujours été en corrélation étroite avec la demande mondiale de transport et en resteront un facteur déterminant.

La croissance démographique tire la demande de transport puisque les besoins de mobilité grandissent avec le nombre de voyageurs. Une population plus importante signifie aussi plus de biens produits et consommés, en conséquence de quoi la demande de transport de marchandises grimpe. L'évolution des densités de peuplement rejaillit elle aussi sur la demande de transport en en modifiant sa distribution. Les rangs des citadins grossissent partout dans le monde, même sur fond de décélération de la croissance démographique dans la plupart des régions.

À mesure que le revenu disponible croît, la distance moyenne parcourue par les personnes et les marchandises augmente, de même que la demande de transport de voyageurs et de marchandises respectivement. Le lien de réciprocité qui existe entre l'activité économique et l'activité de transport se traduit par une forte corrélation statistique entre le PIB et la demande de transport (Banister & Stead, 2002). Ainsi, la croissance du PIB par habitant fait généralement grimper le taux de motorisation individuelle, surtout parmi la population à revenus intermédiaires, et moins parmi les hauts et bas revenus (Dargay, Gately, & Sommer, 2007). La motorisation individuelle est également stimulée par l'essor des banlieues qui accompagne l'expansion des populations urbaines. Bien que l'évolution de la demande de transport reste en proportion étroitement liée à celle du PIB, il ressort de certains travaux que le transport de voyageurs aurait commencé à se dissocier du PIB dans les pays développés (GIEC, 2014) ; (AIE, 2018) ; (Girod, van Vuuren, & Hertwich, 2013).

Assurant la circulation des biens intermédiaires et finis, le transport de marchandises est fortement corrélé avec les chiffres du commerce international. Dès lors que les activités de fabrication et l'activité commerciale sont sensibles aux coûts du fret, les prix du pétrole participent eux aussi à la détermination du niveau de la demande de fret. L'expansion du commerce international restera modeste par rapport aux niveaux observés avant le ralentissement économique de 2008. Cette tendance peut en partie s'expliquer par des facteurs conjoncturels corollaires du repli de l'activité, mais des facteurs structurels interviennent également. Par exemple, la part des échanges de services est passée de 23 % à 30 % entre 2005 et 2017 (CNUCED, 2018), l'élasticité des échanges par rapport au PIB a diminué (OMC, 2018) et l'expansion des chaînes de valeur mondiales a ralenti (OMC, 2017).

Bien que leur libéralisation se fasse plus lente depuis 2007 (OCDE, 2016), les échanges internationaux se sont accélérés en 2017, principalement sous l'impulsion de la consommation et des dépenses d'investissement, mais aussi parce que l'élasticité des échanges par rapport au PIB est pour ainsi dire revenue aux niveaux d'avant la crise. Pour l'heure, l'horizon du commerce international est largement dégagé, mais un certain nombre de risques n'en menacent pas moins de venir l'assombrir (OMC, 2018). En particulier, l'évolution récente de la situations politiques nationales s'est traduite par une montée du protectionnisme en 2018. À mesure que la proportion d'activités à valeur ajoutée imputables aux mouvements d'actifs financiers augmente et que la concentration de l'activité commerciale réalisée par les grandes entreprises s'intensifie, l'économie mondiale se trouve de plus en plus vulnérable à des perturbations du cycle économique (CNUCED, 2018).

Une démographie mondiale qui évolue

L'expansion de la population mondiale, en particulier citadine, stimulera la demande de mobilité des marchandises et des voyageurs. D'après les prévisions, la planète abritera 8.5 milliards de personnes en 2030 et 9.7 milliards en 2050, contre 7.7 milliards actuellement (janvier 2019) (ONU, 2017). En 2018, les citadins représentaient 54 % du total. Il y a lieu de penser que cette part s'élèvera à 68 % en 2050 et qu'au moins 10 nouvelles mégapoles de plus de 10 millions d'habitants se formeront au cours des vingt prochaines années (DAES, 2018).

Les taux d'urbanisation seront particulièrement élevés dans les économies émergentes et en développement. La croissance de la population mondiale attendue pour 2050 devrait avoir pour principaux théâtres l'Afrique et des pays très peuplés comme l'Inde, le Pakistan et l'Indonésie (ONU, 2017). En 2100, pas moins de 40 % de la population mondiale vivra en Afrique.

Graphique 1.1. Population des villes de plus de 300 000 habitants

En millions d'habitants

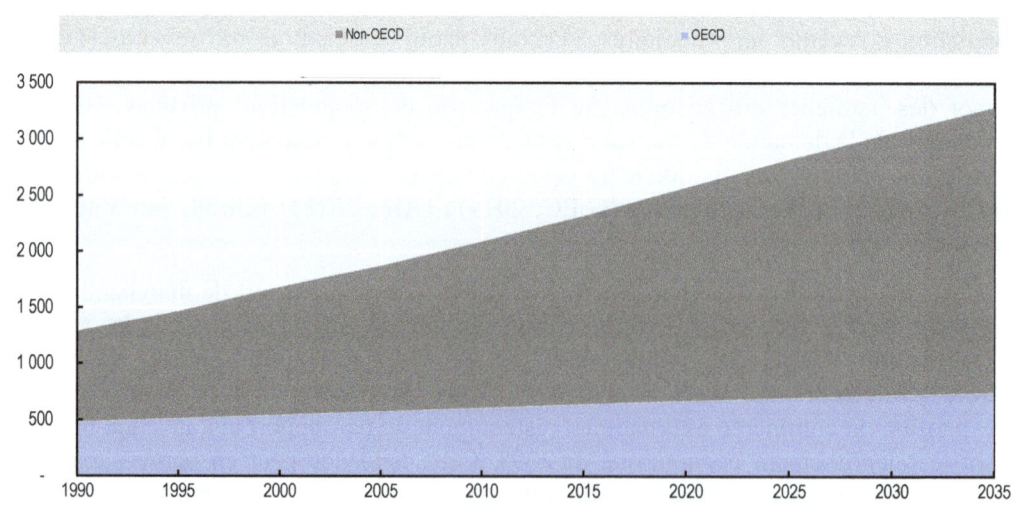

Source : ONU DAES (World Urbanization Prospects: The 2018 Revision, Key Facts, 2018)

StatLink 🖳 http://dx.doi.org/10.1787/888933971974

Une croissance économique au ralenti

La croissance économique joue un rôle central dans l'évolution de la demande de transport. Les tout derniers indicateurs composites avancés de la croissance du PIB mondial révèlent son ralentissement (OCDE, 2018). L'évolution de la situation politique et économique ont contraint à revoir à la baisse les précédentes projections trop optimistes. On table désormais sur une progression du PIB mondial de 3.5 % en 2019 et 2020 (Tableau 1.1) et sur un taux de croissance annuel composé du PIB de 3.3 % pour 2015-30, soit un peu moins que les 2.9 % du scénario de plus long terme (2015-50).

Les tendances prévues diffèrent d'une région du monde à l'autre. Les économies en développement continueront de croître rapidement, malgré la décélération attendue de l'économie mondiale, et sont ainsi appelées à devenir les principaux moteurs de la demande de transport. Dans les économies de marché émergentes et en développement, la croissance du PIB se stabilisera à 4.7 % en 2019/20. En Chine, elle ne sera plus que de 6 % en 2020, contre près de 7 % en 2017, pendant qu'en Inde, elle devrait fluctuer autour de 7.4 % tout au long de la période, ce qui placera le pays au premier rang mondial de 2018 à 2020 (OCDE, 2018). En revanche, dans les pays de l'OCDE, la croissance du PIB diminuera progressivement pour tomber à 1.9 % en 2020. Aux États-Unis, si le taux a approché les 3 % en 2018, c'est en partie grâce aux trains de mesures de relance budgétaire adoptés quelque temps auparavant (OCDE, 2018).

Parmi les facteurs de l'essoufflement de l'expansion économique figurent l'instabilité géopolitique, la montée du protectionnisme ainsi que les répercussions des tensions commerciales sur l'emploi et la confiance des entreprises. L'augmentation des prix du pétrole et l'établissement de nouvelles barrières tarifaires pourraient faire monter en flèche l'inflation. L'ampleur de la dette publique et privée exacerbent la vulnérabilité financière de nombreux pays et pourraient freiner davantage la croissance économique. Il est possible que le fléchissement de la productivité et la contraction de la population active due au vieillissement démographique fassent obstacle à la croissance dans les économies avancées (FMI, 2018) ; (OCDE, 2018).

Les données recueillies au niveau des entreprises étayent les prédictions de ce fléchissement de la croissance. Les données préliminaires semblent indiquer, pour les trois premiers trimestres 2018, un recul notable de la production industrielle et du volume des ventes de détail en glissement annuel. Les commandes à l'exportation de produits manufacturés ont chuté tout au long de l'année (OCDE, 2018).

Tableau 1.1. Croissance du PIB dans les régions du monde

Variation en % par rapport à l'année précédente

	2016	2017	2018*	2019*	2020*	Taux de croissance annuel composé	
						2015-30*	2015-50*
OCDE							
Monde	3.1	3.6	3.7	3.5	3.5	3.3	2.9
Pays de l'OCDE	1.8	2.5	2.4	2.1	1.9	2.0	1.9
Zone euro	1.9	2.5	1.9	1.8	1.6	1.5	1.6
États-Unis	1.6	2.2	2.9	2.7	2.1	1.8	1.9
Japon	1.0	1.7	0.9	1.0	0.7	1.0	1.1
Hors OCDE	4.2	4.6	4.7	4.7	4.7	4.2	3.5
Brésil	-3.4	1.0	1.2	2.1	2.4	2.2	1.9
Chine	6.7	6.9	6.6	6.3	6.0	4.8	3.2
Inde	7.1	6.7	7.5	7.3	7.4	6.5	5.2
Banque mondiale							
Monde	2.4	3.1	3.1	3.0	2.9	—	—
Économies avancées	1.7	2.3	2.2	2.0	1.7	—	—
Économies de march émergentes et en développement	3.7	4.3	4.5	4.7	4.7	—	—
FMI							
Monde	3.7	3.7	3.7	3.7	—	—	—
Économies avancées	1.7	2.3	2.4	2.1	—	—	—
Économies de marché émergentes et en développement	4.4	4.7	4.7	4.7	—	—	—

Note : *Les chiffres indiqués pour 2018 et les années suivantes sont des prédictions. Les chiffres de la Banque mondiale indiqués pour 2017 sont des estimations.
Source : OCDE (2018) ; Banque mondiale (2019) ; et FMI (2018). Les estimations indiquées pour 2015-30 et 2015-50 reposent sur le modèle ENV-Linkages de l'OCDE.

Un climat d'incertitude pour le commerce international

Les échanges font partie des principaux déterminants de la demande de fret. Les estimations actuelles font état d'une croissance du commerce international légèrement supérieure à celle du PIB, mais révèlent aussi sa perte de vitesse. D'après les projections établies à l'aide du modèle ENV-Linkages de l'OCDE, le volume des échanges internationaux grossira au rythme de 3.4 % par an jusqu'en 2030 inclus, puis de 3.2 % par an jusqu'en 2050 inclus (Tableau 1.2). L'expansion du fret mondial devrait marquer le pas à partir de 2017, pour s'établir à 3.7 % en 2019. Ce chiffre tient compte du risque posé par la montée du protectionnisme, qui affectera non seulement les flux commerciaux, mais aussi l'échange d'information et la diffusion des nouvelles technologies, ce qui sera lourd de répercussions sur la productivité et la croissance à long terme (OMC, 2018) ; (FMI, 2018).

La consolidation en cours des chaînes de valeur mondiales influera sur le développement des échanges (FIT, 2017). De même, il y a tout lieu de penser que la balance commerciale des économies émergentes pâtira des perturbations du marché, causées notamment par l'escalade des taux d'intérêt dans les économies développées (OMC, 2018). Toujours est-il que les exportations et importations progresseront plus vite dans les économies émergentes que dans les économies développées. En 2050, le taux de croissance annuel composé des importations des économies émergentes et en développement sera supérieur de 60 % à celui des économies développées, et cette proportion sera proche des trois-quarts pour les exportations. L'Asie est la région du monde où les échanges de marchandises s'intensifient le plus et, d'après les projections de l'OCDE, il en restera ainsi à long terme, jusqu'en 2050 inclus, comme pour l'Amérique du Sud et l'Amérique centrale, malgré un ralentissement prévu dès 2019.

Tableau 1.2. Échanges de marchandises dans le monde

Variation en pourcentage par rapport à l'année précédente

	2016	2017	2018*	2019*	Taux de croissance annuel composé	
					2015-30*	2015-50*
Monde	1.8	4.7	3.9	3.7	3.4	3.2
Exportations						
Économies développées	1.1	3.4	3.5	3.3	2.7	2.3
Économies émergentes et en développement	2.5	5.3	4.6	4.5	4.2	4.0
Amérique du Nord	0.6	4.2	5.0	3.6	3.5	2.8
Amérique du Sud et Amérique centrale	2.0	3.3	2.8	2.6	3.1	3.4
Europe	1.2	3.5	2.9	3.2	2.2	2.0
Asie	2.3	6.7	5.5	4.9	4.2	3.8
Autres régions	3.4	0.2	2.6	3.6	3.6	4.2
Importations						
Économies développées	2.1	3.0	3.2	3.0	2.7	2.5
Économies émergentes et en développement	1.6	8.1	4.8	4.5	4.3	4.0
Amérique du Nord	0.0	4.0	4.3	3.6	2.8	2.9
Amérique du Sud et Amérique centrale	-6.7	4.0	3.6	4.0	4.3	3.9
Europe	3.3	2.5	3.1	3.0	2.4	2.1
Asie	3.5	9.8	5.7	4.9	4.2	3.9
Autres régions	-1.7	3.5	0.5	1.4	3.6	3.7

Note : * Les chiffres indiqués pour 2018 et les années suivantes sont des prédictions. Ceux indiqués pour 2015-30 et 2015-50 ont été établis à partir du modèle ENV-Linkages de l'OCDE.
Source : OMC (2018).

Incertitude autour des prix du pétrole

Un renchérissement du pétrole freinerait certainement la croissance de l'activité économique prévue pour les prochaines années en stimulant l'inflation et en amoindrissant le revenu disponible des ménages. En effet, les fluctuations des cours pétroliers rejaillissent tout particulièrement sur le secteur des transports, notamment en faisant évoluer les comportements en matière de transport et l'investissement dans les énergies renouvelables. Or, il s'agit là de deux facteurs déterminants de la demande de transport et des émissions de CO_2 imputables au secteur. En Europe, ces émissions ont pour la première fois diminué en 2007, sur fond de pic pétrolier. Depuis que les prix du pétrole ont commencé à baisser, en 2012, les émissions liées aux transports sont reparties à la hausse.

Sous l'effet, principalement, de la montée des prix du pétrole et du gaz naturel, l'Indice de prix des principales matières premières défini par le Fonds monétaire international (FMI) a grimpé de près de 17 % entre août 2017 et février 2018 (FMI, 2018). Le FMI prévoit néanmoins qu'à moyen terme, le renchérissement des carburants marquera le pas (Graphique 1.2). Les différentes régions du monde pâtissent à des degrés divers de ces évolutions de prix, d'autant que, dans certains pays, un dollar américain faible peut contrebalancer le prix élevé du pétrole. La désorganisation des approvisionnements consécutive aux catastrophes naturelles – en particulier le passage des ouragans dans la région de la Côte du Golfe des États-Unis et les incendies qui ont frappé le Canada – est l'une des causes de la récente envolée des cours du pétrole (EIA, 2017). Les différends politiques ont également eu pour effet de prolonger et d'exacerber les perturbations des approvisionnements pétroliers. Les enjeux logistiques, les problèmes liés à la qualité du pétrole et la hausse de la demande de gaz naturel liquéfié peuvent également expliquer pourquoi, en 2017, l'offre mondiale de pétrole avait atteint son plus bas niveau depuis janvier 2012 (EIA, 2017); (Lawler & Cooper, 2018).

Graphique 1.2. Indices des prix des produits de base, 2011-22

En USD constants, 2005 =100

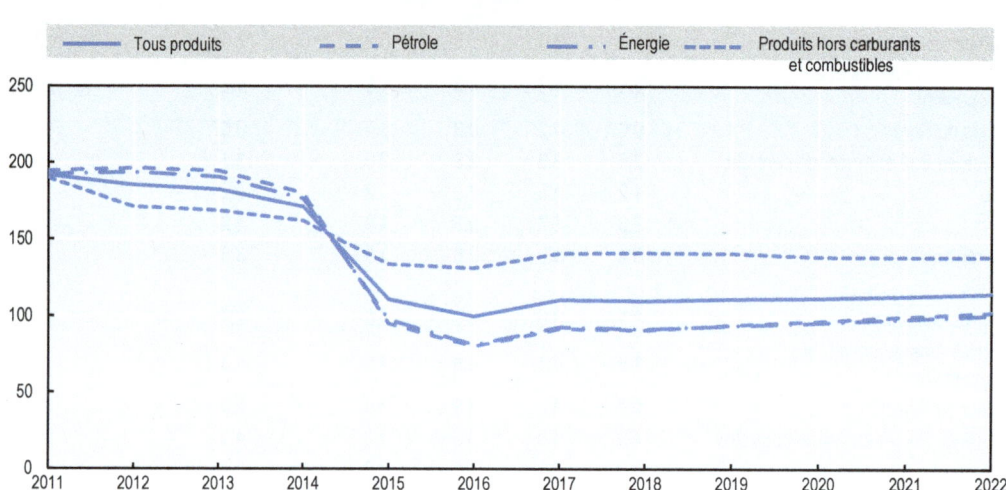

Note : Les chiffres indiqués pour 2017-22 sont des projections. « Pétrole » fait référence au cours au comptant du pétrole brut (moyenne des cours au comptant des bruts U.K. Brent, Dubaï et West Texas Intermediate).
Source : FMI (2019)

StatLink ᔐᑉᒇ http://dx.doi.org/10.1787/888933971993

Une demande de transport de voyageurs en hausse

La demande de transport de voyageurs devrait progresser dans toutes les régions du monde. D'après les projections du FIT, les déplacements de personnes tripleront de volume entre 2015 et 2050, passant de 44 000 milliards à 122 000 milliards de passager-kilomètres (pkm) (Graphique 1.3). La distribution de la demande va se transformer. En 2050, la part des pays de l'OCDE dans le trafic mondial de voyageurs sera tombée à 24 % -- alors qu'elle atteignait 43 % en 2015 – du fait de l'accélération de la demande de transport de voyageurs dans d'autres pays. La Chine et l'Inde en représenteront un tiers, contre un quart en 2015.

À l'horizon 2030, le transport ferroviaire non urbain de voyageurs devrait se développer à un rythme plus rapide que tous les autres groupes de modes, avec un taux de croissance annuel composé de 5.5 %, suivi de près par l'aviation internationale (5.0 %). La demande de transport aérien et ferroviaire restera sur sa lancée jusqu'en 2050 inclus, avec des taux de croissance annuels composés de 3.8 % et 3.7 % respectivement. Le transport routier non urbain de personnes aura plus que triplé en 2050, générant davantage de passager-kilomètres que tout autre catégorie modale, à savoir 47 000 milliards pkm.

Graphique 1.3. Demande de transport de voyageurs, par type

Trajectoire actuelle de la demande, en milliards de passagers-kilomètres

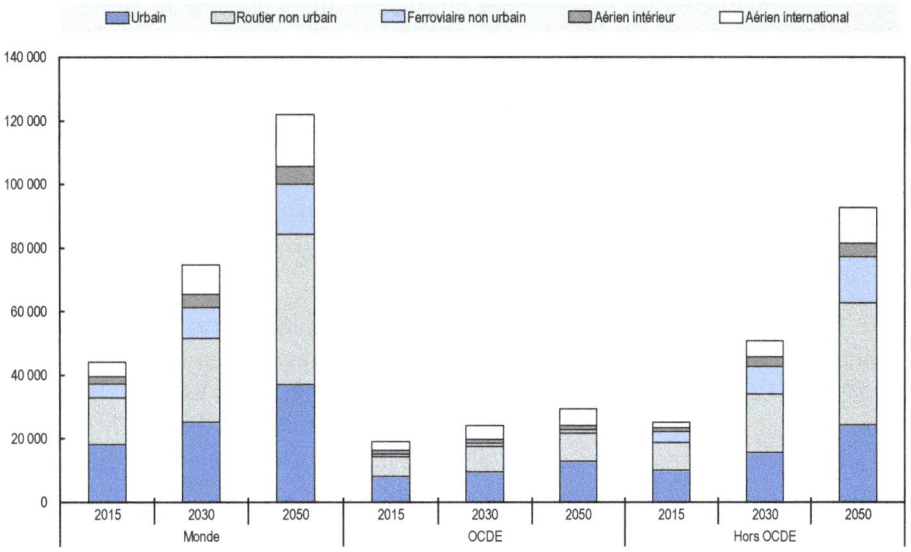

StatLink 🏮🖳 http://dx.doi.org/10.1787/888933972012

Métamorphose de la mobilité urbaine

Un revenu par habitant plus élevé est généralement associé à une hausse de la demande de transport de voyageurs. D'après les prévisions, en 2050, les régions urbaines concentreront 81 % du PIB mondial, contre 60 % en 2015. Les plus fortes hausses de revenu seront enregistrées dans les villes des pays en développement. Le PIB moyen par habitant se sera multiplié par près de quatre en Chine (+296 %) et par plus de cinq en Inde (+432 %). En conséquence, la demande mondiale de transport urbain de personnes aura plus que doublé.

Selon toute vraisemblance, cette augmentation de la demande sera en grande partie absorbée par les solutions de mobilité partagée et les transports publics. D'après les projections, la mobilité partagée est le mode qui proliférera le plus vite en milieu urbain, tandis que la voiture aura perdu du terrain en 2030 (Graphique 1.4). Le modèle de prévision de l'évolution du transport urbain de personnes employé aux fins des présentes *Perspectives* diffère de celui utilisé pour l'édition 2017 en ce qu'il tient compte des solutions de mobilité partagée (vélos, scooters, trottinettes, voitures, taxis et bus) dans le scénario d'ambitions inchangées, au regard de leur incidence mesurable et déjà observée sur le trafic de voyageurs.

La demande de transport urbain aura surtout le vent en poupe dans les pays non membres de l'OCDE. Elle s'y multipliera par 2.4 d'ici à 2050 (pour atteindre 24 000 milliards pkm), où elle sera alors deux fois plus élevée que dans les pays de l'OCDE. En 2050, les villes du monde entier verront s'effectuer 10 000 milliards pkm en bus et bus à haut niveau de service (BHNS), 9 000 milliards pkm en voiture particulière, 8 000 milliards pkm en moyen de mobilité partagée, 4 000 milliards pkm en motocycle,

3 000 milliards pkm en train et métro, et moins de 1 000 milliards pkm en moyen de transport non motorisé.

La part de la mobilité partagée dans le trafic urbain devrait passer de seulement 1.5 % en 2015 à plus de 20 % en 2050. Elle sera légèrement supérieure dans les pays de l'OCDE (24 %) que dans le reste du monde (20 %).

Partout dans le monde, c'est en véhicule individuel que l'on préfère se déplacer. Il y a toutefois lieu de penser qu'au cours des 35 prochaines années, la répartition modale urbaine évoluera en faveur des transports publics et de la mobilité partagée. À l'heure actuelle, les voitures particulières, les deux-roues, les trois-roues et les taxis représentent près de 75 % du transport urbain de personnes dans les pays de l'OCDE et plus de 60 % dans le reste du monde. Ce ne sera plus que 46 % et 39 %, respectivement, en 2050. Il ressort également des projections que les taux de croissance annuel composite de la circulation automobile en ville seront négatifs jusqu'en 2050 inclus dans les pays de l'OCDE et jusqu'en 2030 inclus dans le reste du monde.

En 2050, les transports publics assureront 35 % des déplacements urbains de personnes dans le monde entier, soit 2.4 fois plus qu'en 2015. La fréquentation grimpera dans toutes les régions, que ce soit à l'horizon 2030 ou 2050. Le nombre des usagers du ferroviaire et du métro devrait bondir dans les pays non membres de l'OCDE (4.7 % par an). Le volume des déplacements en bus et BHNS devrait croître à un taux annuel composé proche de 2 %, malgré la divergence des tendances observées par le passé dans certaines économies développées (Graphique 1.5).

La hausse de la fréquentation des transports publics enregistrée dans les zones urbaines des économies développées est partiellement due à l'incapacité du réseau routier existant de faire face à l'augmentation de la demande de déplacements. Une voirie encombrée est synonyme de niveaux de pollution plus élevés et de besoins de maintenance accrus. Or, en améliorant l'accessibilité et en émettant moins de CO_2, les systèmes de transport public peuvent répondre à la hausse du trafic de voyageurs dans les régions urbaines.

Graphique 1.4. Déplacements urbains par catégorie modale

Trajectoire actuelle de la demande, en milliards de passager-kilomètres

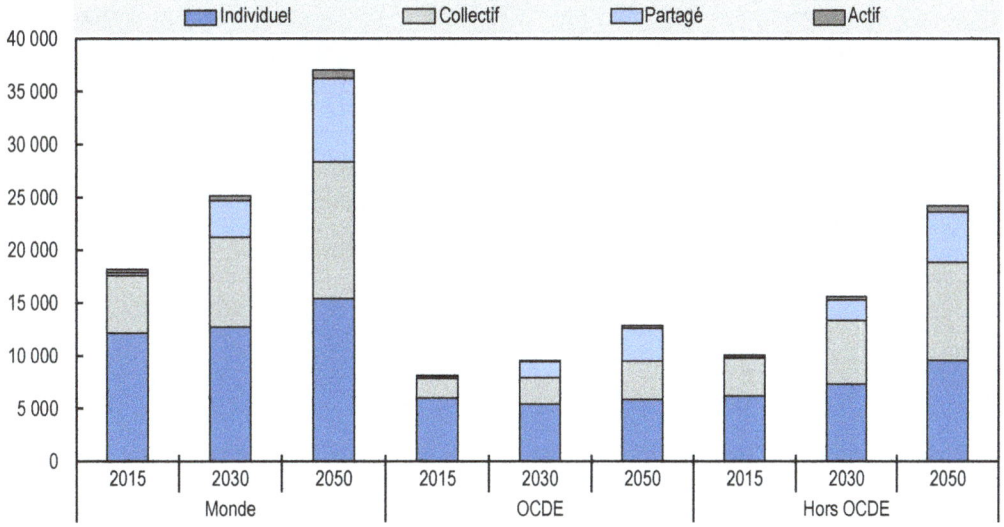

Note : Se reporter au glossaire pour en savoir plus sur les catégories modale.

StatLink https://dx.doi.org/10.1787/888933972031

Tableau 1.3. Croissance du transport urbain par mode

Trajectoire actuelle de la demande, taux (en pourcentage) de croissance annuel composé du nombre de passager-kilomètres

	2015-30	2015-50
Demande de transport urbain dans les pays de l'OCDE		
Voitures particulières	-0.9 %	-0.2 %
Deux-roues et trois-roues	3.0 %	2.1 %
Bus et BHNS	1.7 %	1.9 %
Ferroviaire et métro	2.7 %	2.2 %
Mobilité partagée (tous modes inclus)	14.9 %	8.4 %
Demande de transport urbain hors OCDE		
Voitures particulières	-0.2 %	0.4 %
Deux-roues et trois-roues	3.1 %	2.2 %
Bus et BHNS	3.3 %	2.6 %
Ferroviaire et métro	4.7 %	3.6 %
Mobilité partagée (tous modes inclus)	23.8 %	12.4 %

Graphique 1.5. Déplacements en bus et en car dans certains pays

En passager-kilomètres, 1995=100

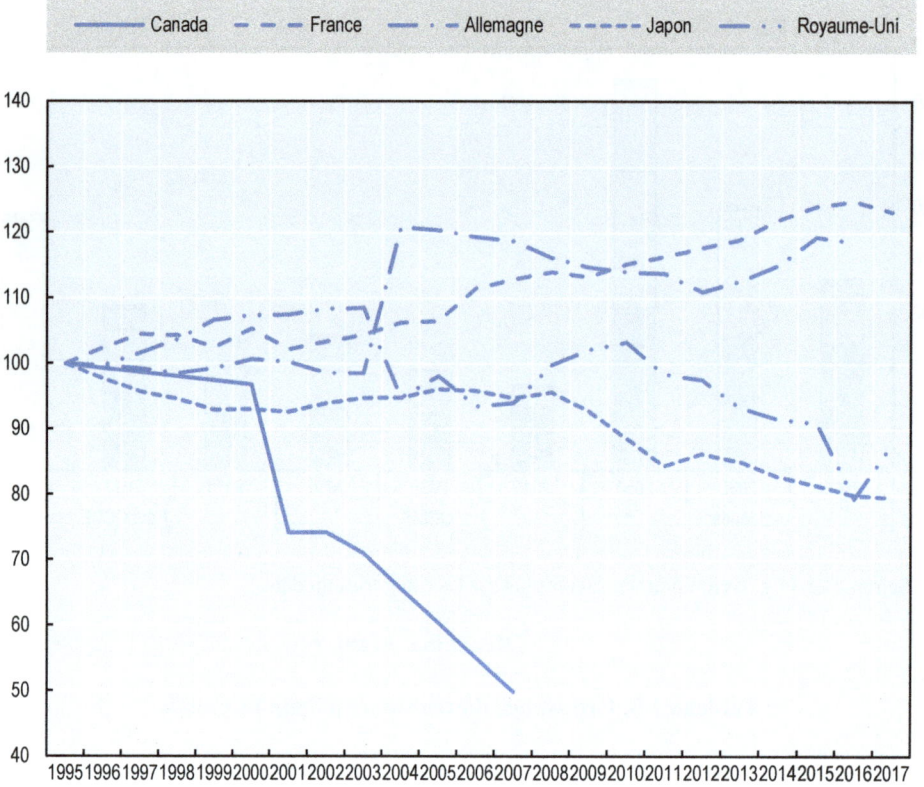

StatLink ⟨⟩ http://dx.doi.org/10.1787/888933972050

Une expansion du transport non urbain intérieur dominée par la voiture

D'après les projections, le transport non urbain intérieur représentera près de 68 000 milliards pkm en 2050, soit plus de trois fois plus qu'en 2015. Le trafic de voyageurs progressera un peu plus lentement à long terme qu'à court terme, avec un taux annuel composé de 4.3 % jusqu'en 2030 inclus et de 3.4 % jusqu'en 2050 inclus (Tableau 1.4). C'est le ferroviaire non urbain qui en profitera le plus (3.8 % jusqu'en 2050 inclus). Il n'empêche qu'en valeur absolue, le transport routier de personnes augmentera de 32 000 milliards pkm, principalement sous l'effet de la forte croissance du PIB par habitant dans les économies en développement, qui y fera grimper les taux de motorisation individuelle et d'utilisation des véhicules particuliers. À l'horizon 2050, le transport routier non urbain intérieur devrait croître de 29 800 milliards pkm dans le monde hors OCDE, mais de seulement 2 700 milliards pkm dans les pays de l'OCDE.

Tableau 1.4. Projections de la croissance de la demande de transport intérieur par mode, 2015-50

Trajectoire actuelle de la demande, taux global de croissance annuel composé en pourcentage

	2015-30	2015-50
Demande de transport intérieur de voyageurs	4.3	3.4
Non urbain Intérieur		
Ferroviaire	5.5	3.8
Routier	4.0	3.4
Aérien	3.6	2.3

Graphique 1.6. Déplacements en voiture particulière dans certains pays, 1995-2017

En passager-kilomètres, 1995=100

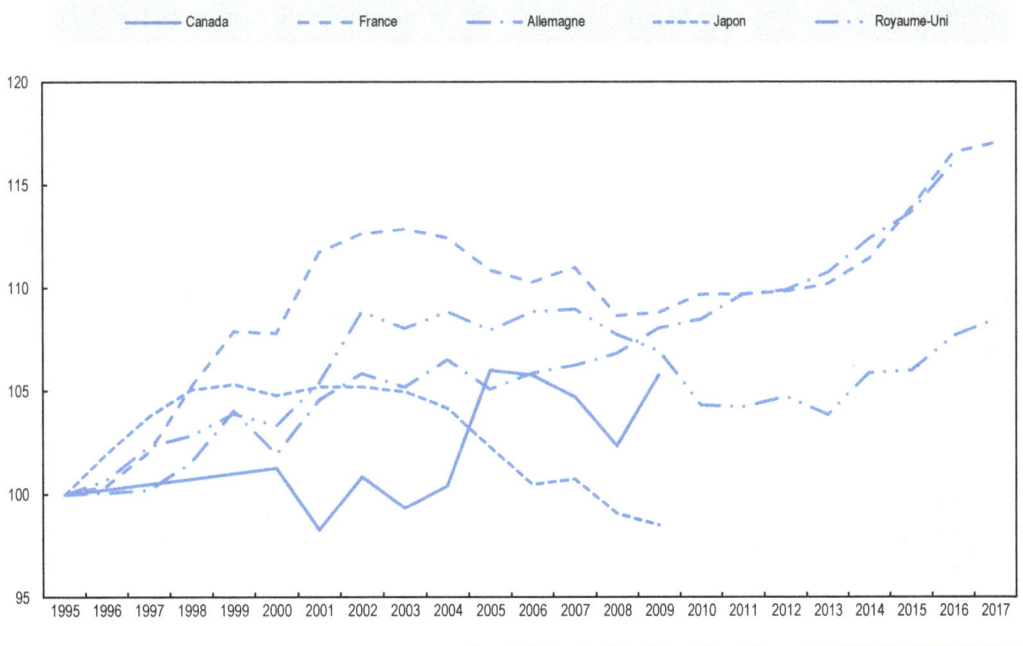

StatLink 🔍 http://dx.doi.org/10.1787/888933972069

Il ressort des données longitudinales que, dans nombre d'économies développées, l'utilisation de la voiture particulière gagne du terrain depuis le milieu des années 90. Il y a pourtant tout lieu de penser que cette avancée sera limitée à long terme. Dans les pays de l'OCDE, le volume des déplacements routiers non urbains exprimé en passager-kilomètres jusqu'en 2050 inclus devrait croître au taux annuel composé de 1.1 %. Déjà au début des années 2000, l'utilisation de la voiture stagnait, voire reculait dans certaines économies développées (Graphique 1.6). Puis, le nombre des passager-kilomètres s'est redressé dans des pays comme la France, l'Allemagne et le Royaume-Uni. D'après les données disponibles les plus récentes, depuis 1995, l'utilisation de la voiture particulière a progressé de 17 %, 16 % et 9 % respectivement dans ces pays.

À la lumière des projections actuelles des trajectoires de la demande, la progression de la voiture particulière, en véhicule-kilomètres, est due aux économies en développement. D'après les estimations, plus de 1 milliard de voitures particulières seront en circulation dans le monde en 2015. Les projections indiquent que ce chiffre approchera les 2 milliards en 2030 et atteindra ensuite 3 milliards en 2050 (AIE, 2018), où la Chine et l'Inde en détiendront à elles seules plus d'un milliard, soit plus de six fois plus qu'en 2015. Si la demande de transport reste sur sa trajectoire actuelle, le nombre de voitures en circulation augmentera de 16 % dans les pays de l'OCDE alors qu'il sera multiplié par cinq dans le reste du monde.

Si la taille du parc automobile a toujours été un facteur déterminant du nombre de véhicule-kilomètres réalisés, il est fort possible que cela change à mesure que les consommateurs accèderont aux nouvelles formes de mobilité. Or, cet accès évoluera certainement en fonction des mesures que les pouvoirs publics, soucieux de réduire la congestion ou les émissions, prendront en vue de limiter l'utilisation de la voiture particulière.

D'après les prévisions, le trafic ferroviaire non urbain intérieur grossira au rythme annuel de 5.5 % jusqu'en 2030 inclus et de 3.8 % jusqu'en 2050 inclus, principalement sous l'effet des grands chantiers ferroviaires programmés en Chine (Tableau 1.4). Les données longitudinales révèlent une hausse soutenue de la demande de transport ferroviaire de voyageurs dans ce pays (Graphique 1.7). À l'échelle mondiale, l'expansion du trafic ferroviaire non urbain est notamment freinée par la montée en puissance du transport aérien intérieur et de la voiture particulière dans les économies en développement. Un engouement pour la mobilité partagée permettrait probablement d'absorber une partie de la demande de transport ferroviaire, compte tenu en particulier de l'écart de coûts.

La grande vitesse ferroviaire peut, en termes de coûts et d'efficience, constituer une solution compétitive et viable aux modes aérien et routier. En Chine et en Europe, son déploiement s'est bien souvent traduit par une baisse de la fréquentation de certaines lignes aériennes. Dès lors qu'une ligne à grande vitesse (LGV) relie des villes séparées par une distance comprise entre 200 et 1 000 kilomètres, le train vient plus ou moins supplanter l'avion (FIT, 2017). Les LGV n'assurent toutefois qu'une petite partie du transport ferroviaire interurbain intérieur et n'ont qu'une incidence limitée sur l'ensemble du trafic ferroviaire.

Ces dernières années ont vu le trafic ferroviaire de voyageurs se développer dans presque tous les pays. En 2017, la Chine et l'Inde ont chacune enregistré un surcroît de trafic supérieur à celui de tous les pays de l'OCDE réunis (Graphique 1.7). Ainsi, entre 2016 et 2017, le trafic ferroviaire de voyageurs s'est intensifié de 7 % en Chine, où il a totalisé 1 300 milliards pkm en 2017, alors que, dans le même temps, il se développait à un rythme modéré au Japon (+1.3 %), dans les pays de l'OCDE (+2.9 %) et sur le territoire de l'Union européenne (+3.2 %), tandis qu'il diminuait en Russie (- 1.2 %).

Graphique 1.7. Trafic ferroviaire de voyageurs dans certains pays et certaines régions, 2014-17

En milliards de passager-kilomètres

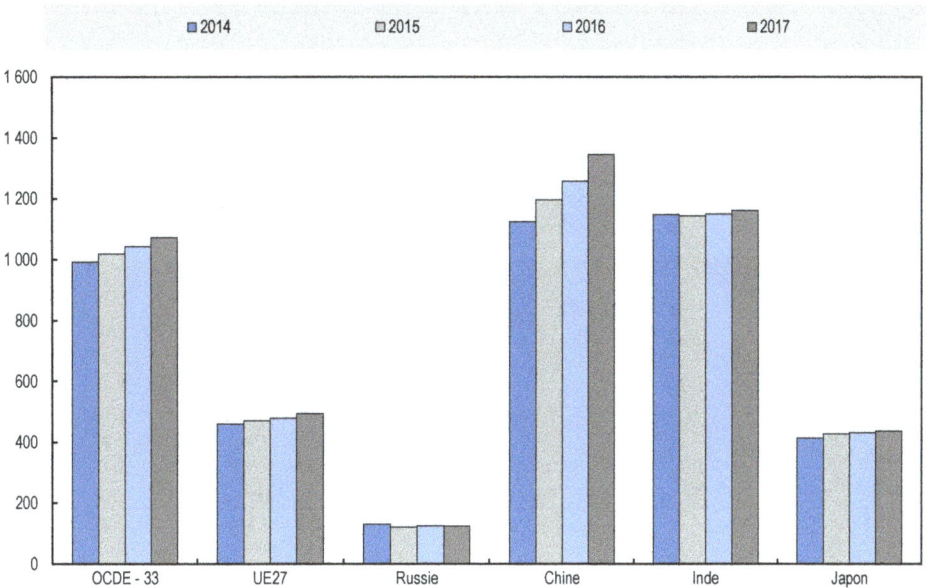

Note : Le Chili et la Nouvelle-Zélande sont absents de l'agrégat OCDE. Chypre n'est pas pris en compte dans les chiffres de l'UE. Les données indiquées pour 2017 sont des estimations dans le cas de l'Australie et de la Grèce.

StatLink http://dx.doi.org/10.1787/888933972088

Le trafic aérien intérieur devrait croître vigoureusement jusqu'en 2030 inclus (au taux annuel composite de 3.6 %), tiré par une demande en hausse, en particulier en Chine et en Inde (Graphique 1.8). En 2050, près des deux tiers des déplacements aériens intérieurs effectués dans le monde le seront en Chine, en Inde et aux États-Unis. Compte tenu de l'importance du transport aérien intérieur pour le développement économique régional, il est probable que son essor soit encouragé dans les grands marchés par des mesures budgétaires et une libéralisation, comme cela a été le cas aux États-Unis (FIT, 2017).

En 2017, la Chine est le marché (origine-destination) qui a enregistré le plus grand nombre de déplacements intérieurs de passagers, avec un total de 59 millions, soit 14.6 % de plus qu'en 2016. C'est au Japon et en Corée que le plus grand bond – 26.5 % – a été observé. L'Inde et les États-Unis sont restés aux deuxième et troisième rangs du classement des marchés origine-destination à plus forte croissance avec 17.6 % et 4.7 %, respectivement (IATA, 2018). Exprimé en passager-kilomètres, le trafic aérien intérieur a connu la plus forte expansion en Amérique centrale et en Amérique du Sud (+10 %), suivies de l'Asie et de l'Océanie (+9.6 %) puis de l'Europe (+8.1 %) (OACI, 2018).

Graphique 1.8. Projections de la demande de transport aérien intérieur par région, 2015-50

Trajectoire actuelle de la demande par région d'origine, en milliards de passagers-kilomètres

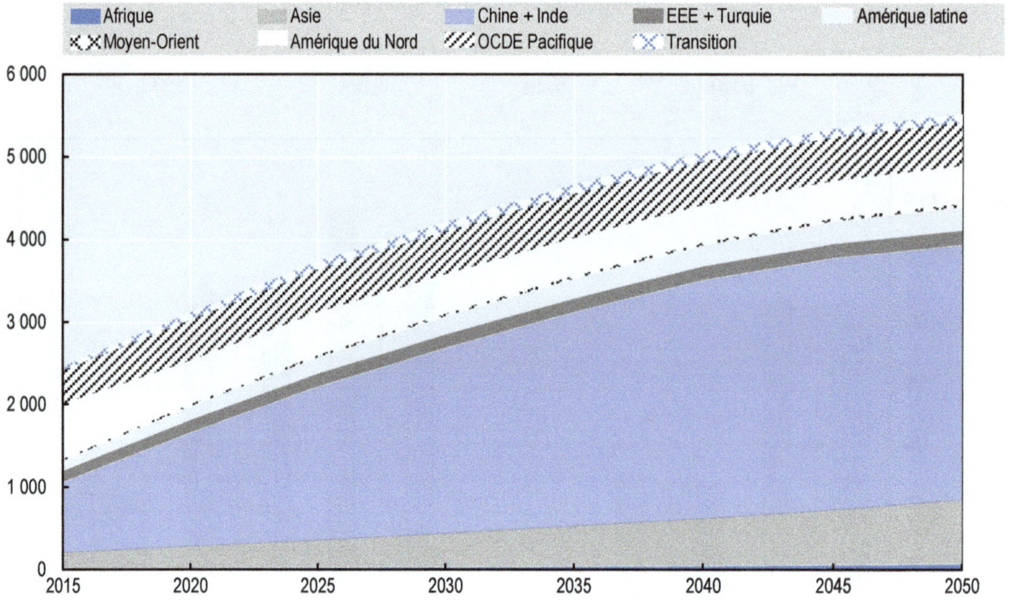

StatLink http://dx.doi.org/10.1787/888933972107

Croissance rapide du transport aérien international de voyageurs

Si la tendance actuelle se maintient, la demande mondiale de transport aérien continuera de croître jusqu'en 2050 inclus. Ses principaux moteurs sont la croissance économique des pays en développement et l'amélioration de la connectivité aérienne. Il est prévu que son volume mondial, exprimé en passager-kilomètres, augmente de 4.5 % jusqu'en 2030 inclus et de 3.3 % jusqu'en 2050 inclus. Ainsi, entre 2015 et 2050, le volume combiné de la demande de transport aérien intérieur et international passera de 7 000 milliards à 22 000 milliards pkm (Graphique 1.9). En conséquence du boom des vols à bas prix, prendre l'avion coûtera souvent moins cher que le même trajet précédemment réalisé avec d'autres moyens de transport. Tout dépendra cependant de la capacité du réseau à s'adapter à l'évolution de la demande. Compte tenu de l'incertitude entourant l'évolution des réseaux aériens, les projections diffèrent grandement selon qu'elles reposent sur la trajectoire actuelle de la demande ou d'autres scénarios (voir chapitre 4).

En 2017, le trafic aérien international de passagers a atteint le niveau record de 4 900 milliards pkm. Il s'est donc accru de plus de 8 % par rapport à 2016 (Graphique 1.9), et de 61 % depuis 2010. Plus de 4 milliards de passagers (+7.1 %) ont été recensés en 2017. En moyenne, les individus ont pris l'avion une fois tous les 22 mois, soit deux fois plus souvent qu'en 2000 (IATA, 2018) ; (OACI, 2018). En 2017, la région Asie-Pacifique a représenté 34 % du volume mondial du transport aérien exprimé en passager-kilomètres, l'Europe 27 %, et l'Amérique du Nord 23 % (IATA, 2018). Les projections annoncent une multiplication par deux du nombre de vols et de la fréquentation aérienne au cours des 15 prochaines années (OACI, 2018).

C'est dans les économies en développement, en particulier en Asie, que l'expansion du trafic aérien international de voyageurs sera la plus forte : rien qu'en Chine et en Inde, il est attendu que son volume – en passager-kilomètres – soit multiplié par plus de trois en 2030 et par près de sept en 2050. Ces deux pays représenteront alors à eux seuls un quart du trafic aérien mondial (Graphique 1.10). En Afrique, la demande de transport aérien augmente actuellement plus vite que les capacités, qui ont crû de 6.7 % en 2017 par rapport à l'année précédente. D'après les prévisions, cette demande sera multipliée par plus de neuf d'ici à 2050 pour atteindre 1 300 milliards pkm.

Graphique 1.9. Situation mondiale du trafic aérien de passagers, 2010-50

Trafic intérieur et international, en milliards de passager-kilomètres

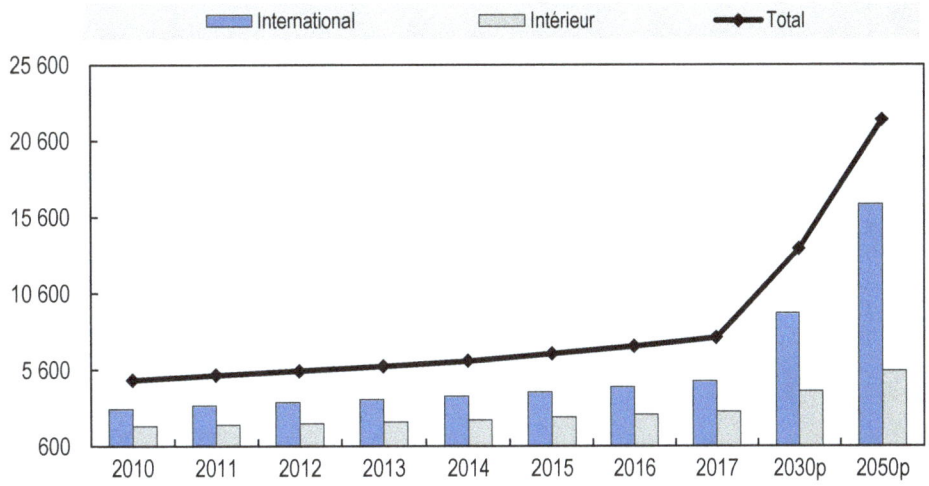

Source : OACI (2018), Rapport 2017 du Conseil pour les données portant jusqu'à l'année 2017 incluse. Les données indiquées pour 2030 et 2050 sont des projections du FIT, établies sur la base de la trajectoire actuelle de la demande par région d'origine.

StatLink 🔗 http://dx.doi.org/10.1787/888933972126

En 2017, un nombre record de 20 000 paires de villes faisaient l'objet de services aériens réguliers, soit 1 300 de plus qu'en 2016. L'amélioration de la connectivité aérienne a permis d'abaisser les coûts du transport de passagers et du fret, ce qui explique en partie le boom du trafic aérien observé entre 2014 et 2017 (IATA, 2018). Si la demande se maintient sur la trajectoire actuelle, le nombre de paires de villes reliées par des vols directs s'élèvera de 2.8 % par an jusqu'en 2050 inclus. Bien qu'ayant grimpé de 25 % entre 2016 et 2017, les prix des carburants aériens restent nettement inférieurs à ce qu'ils étaient au cours de la décennie précédente, ce qui a permis aux compagnie aériennes de conserver des marges bénéficiaires relativement stables (OACI, 2018). L'expansion du tourisme vient également alimenter la demande de transport aérien. D'après les estimations, les dépenses aériennes imputables au tourisme ont totalisé 711 milliards USD en 2017, ce qui représente 6 % de plus que l'année précédente (IATA, 2018).

Le classement mondial des aéroports les plus actifs n'a pratiquement pas changé. L'aéroport international Hartsfield-Jackson d'Atlanta (États-Unis) figure toujours à la première place, avec près de 104 millions de passagers enregistrés en 2017, soit un peu moins qu'en 2016 (-0.30 %). L'aéroport de Dallas-Fort Worth est le seul des dix premières plateformes de correspondance aéroportuaires recensées en 2015 qui n'apparaissait pas dans le classement de 2016. L'aéroport Pudong de Shanghai (Chine), dont la fréquentation a pratiquement triplé en 10 ans en totalisant 66 millions de passagers en 2016, l'y a remplacé, reléguant du même coup l'aéroport de Paris Charles de Gaulle à la dernière place.

Graphique 1.10. Projections de la demande de transport aérien international par région du monde, 2015-50

Trajectoire actuelle de la demande par région d'origine, en milliards de passager-kilomètres

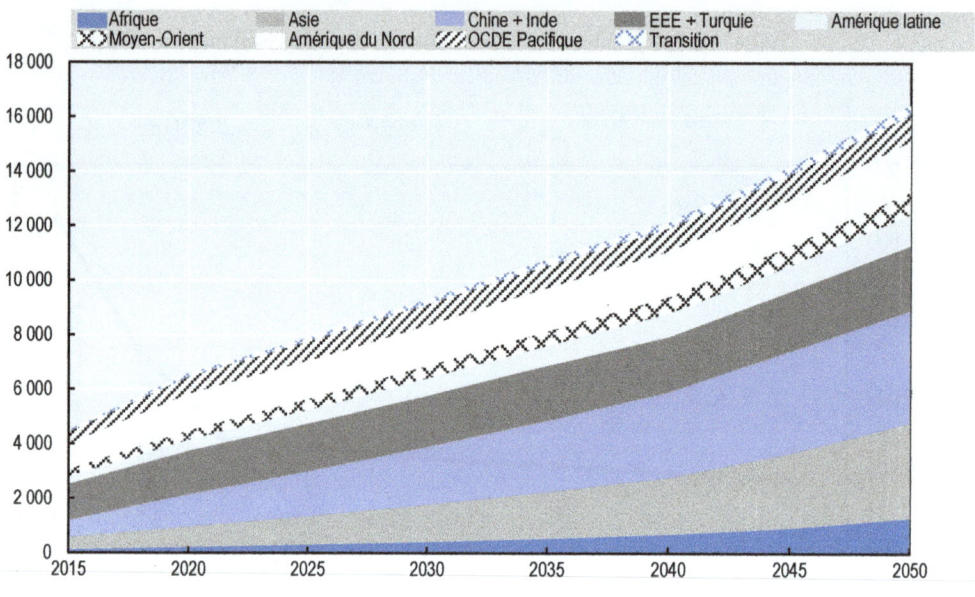

StatLink 🔗 http://dx.doi.org/10.1787/888933972145

Graphique 1.11. Classement des 10 aéroports les plus actifs en 2017

En millions de passagers

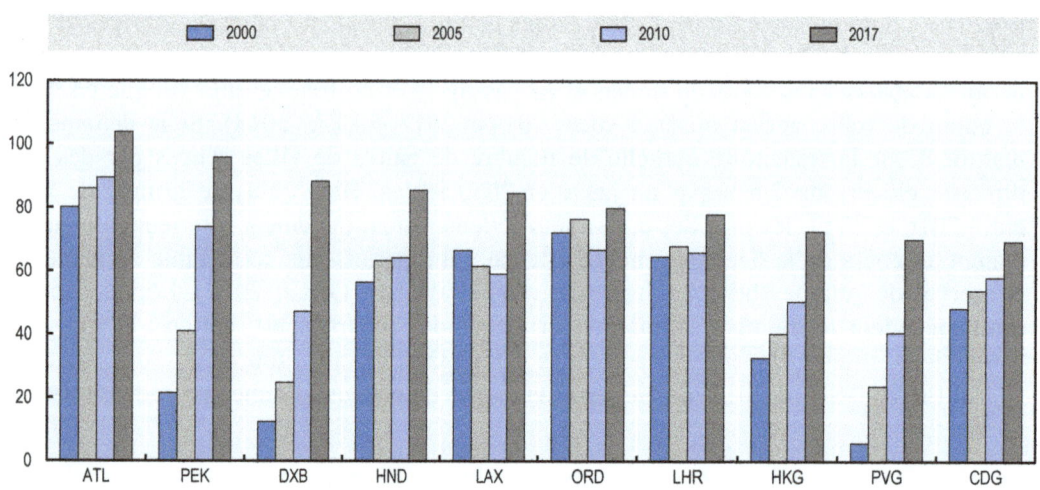

Note : Aéroports (de gauche à droite) : Hartsfield-Jackson d'Atlanta, Beijing Capital, Dubaï, Tokyo Haneda, Los Angeles, Chicago O'Hare, Londres Heathrow, Hong-Kong, Shanghai Pudong, Paris Charles de Gaulle.
Source : Conseil international des aéroports (2019)

StatLink 🔗 http://dx.doi.org/10.1787/888933972164

La croissance du transport de marchandises fait face à des incertitudes

Si la tendance actuelle se maintient, la demande mondiale de fret aura triplé entre 2015 et 2050. Sur 108 000 milliards de tonne-kilomètres effectués en 2015 dans le monde, 70 % l'ont été par la voie maritime, 18 % par la route, 9 % par le rail et 2 % par les voies navigables intérieures. Moins de 0.25 % de ce trafic a été réalisé par voie aérienne (Graphique 1.12). D'après les projections, le transport de marchandises croîtra au taux annuel composé de 3.1 % jusqu'en 2030 inclus. Si ce chiffre est légèrement inférieur à celui indiqué dans l'édition 2017 des *Perspectives des transports*, c'est principalement parce que les projections de l'évolution des échanges et de la croissance économique ont été revues à la baisse (Tableau 1.5). À plus long terme, jusqu'en 2050 inclus, la demande de fret s'accélérera, au rythme annuel de 3.4 %.

Indépendamment de son poids marginal, le fret aérien est le mode de transport de marchandises qui affichera le taux de croissance annuel composé le plus élevé jusqu'en 2030 (5.5 %) et 2050 (4.5 %) inclus. Cet essor tient au fait que les marchandises à forte valeur ajoutée sont davantage déplacées par voie aérienne, surtout en Chine. En tonne-kilomètres, les déplacements de marchandises effectués dans le monde continueront de l'être majoritairement par voie maritime : en 2050, les navires en assureront plus des trois quarts (Graphique 1.12), suivis des transports routiers (17 %) et du ferroviaire (7 %).

La demande de fret dépend au premier chef de la croissance économique et du commerce international. L'instabilité actuelle de l'économie mondiale et l'exacerbation des tensions commerciales compromettent l'exactitude des projections de l'évolution du fret établies sur la base de l'évolution actuelle de la demande. Ces projections pourraient dévier de leur trajectoire en cas de montée du protectionnisme, de crise économique mondiale ou encore de renforcement des capacités des pays ou régions à fort potentiel de croissance. L'Asie, par exemple, devra se doter de capacités supplémentaires pour répondre à l'évolution future de la demande de fret.

Graphique 1.12. Projections de la demande de fret par mode

Trajectoire actuelle de la demande, en milliards de tonne-kilomètres

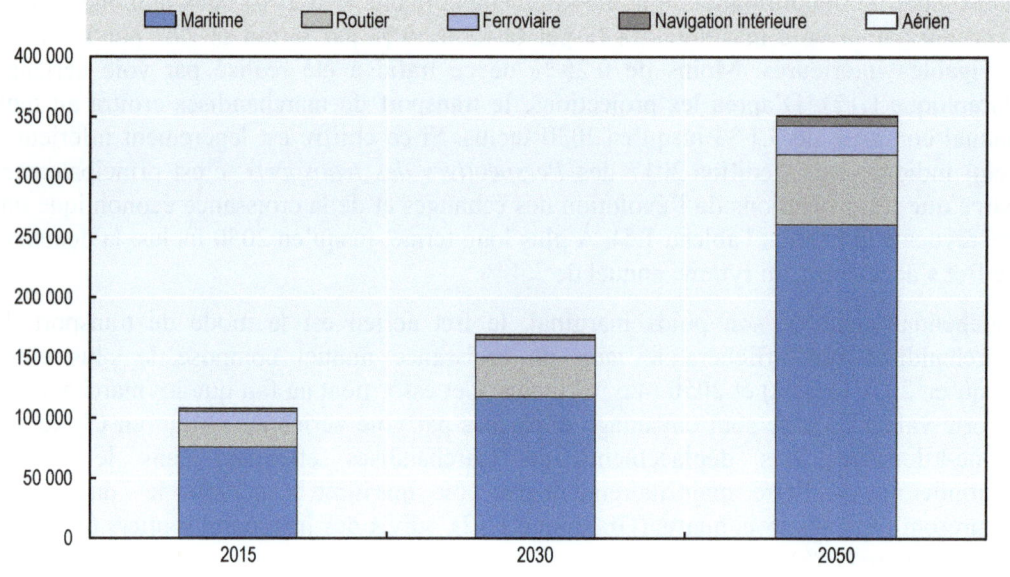

StatLink ⟲🔗 http://dx.doi.org/10.1787/888933972183

Tableau 1.5. Taux de croissance prévus de la demande de transport de marchandises

Trajectoire actuelle de la demande, taux global de croissance annuel composé en pourcentage

	2015-30	2015-50
Demande de transport de marchandises	3.1	3.4
Rail	2.7	2.5
Route	3.5	3.2
Navigation intérieure	3.4	3.8
Aviation	5.5	4.5
Maritime	3.0	3.6

Les navires assurent la majorité des opérations de fret mondial

Le transport de marchandises sur de longues distances se fait majoritairement par voie maritime et ce sera encore le cas dans les années à venir. Si la trajectoire actuelle de la demande se maintient, le fret maritime affichera un taux de croissance annuel composé de 3.6 % jusqu'en 2050 inclus (Tableau 1.5), où le volume du commerce maritime aura ainsi quasiment triplé.

La valeur économique des marchandises transitant dans le Pacifique Nord et l'océan Indien aura presque quadruplé entre 2015 et 2050. Ces deux régions concentreront environ un tiers du fret maritime mondial en 2050 (Graphique 1.14). L'Atlantique Nord restera à la troisième place, avec 38 000 milliards tkm en 2050, soit 15 % du total. La délocalisation d'usines à l'intérieur des terres à laquelle on assiste depuis quelque temps, en particulier en Chine, aura certainement une incidence sur le choix modal du fret eurasiatique à partir du moment où l'option maritime sera nettement plus coûteuse en temps et en argent que les modes terrestres. Pour 2017, le volume des échanges par voie maritime est estimé à 10.7 milliards de tonnes, ce qui représente 4 % de plus qu'en 2016 et constitue la plus forte hausse depuis 2012. En tonne-kilomètres, le fret maritime mondial a franchi la barre des 58 000 milliards en 2017, augmentant ainsi de 5 % par rapport à 2016. D'après les estimations, 752 millions EVP (équivalents vingt pieds) ont transité dans les ports à conteneurs. De même, la flotte maritime mondiale a grossi de 3.3 % en 2017, dans des proportions moindres que le volume des déplacements de marchandises. D'après les projections de la CNUCED, ce volume continuera d'augmenter jusqu'en 2023 inclus en fonction aussi de l'évolution des accords commerciaux internationaux (CNUCED, 2018).

Graphique 1.13. Évolution du commerce maritime, 2000-50

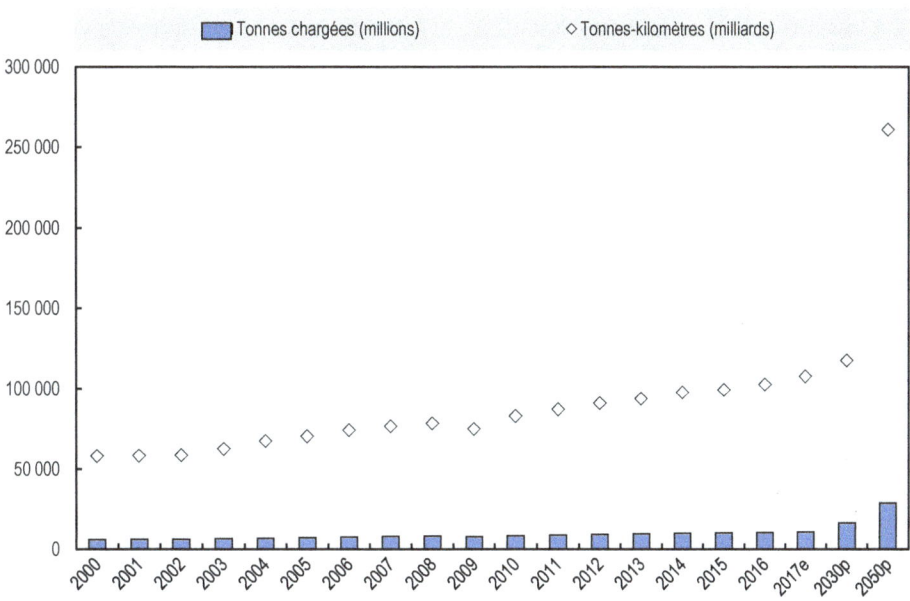

Note : Il s'agit d'estimations pour 2017 et de projections pour 2030 et 2050.
Source : Les données indiquées pour la période 2000-17 proviennent de l'examen du transport maritime réalisé par la CNUCED (2018) (en tonnes chargées) et Clarksons Research (en tonne-kilomètres), cité dans CNUCED (2018).

StatLink ⟨⟩ http://dx.doi.org/10.1787/888933972202

La structure du transport de combustibles s'est modifiée avec la montée de la demande en sources d'énergie moins polluantes, comme le gaz naturel, en particulier en Asie. Les expéditions de pétrole brut s'essoufflent : elles n'ont augmenté que de 2.4 % en 2017, contre 4 % en 2016 (CNUCED, 2018). En 2017, le transport de conteneurs a eu le vent en poupe à l'échelle mondiale (+6.4 %), principalement à la faveur de l'intensification du trafic dans le sens Atlantique-Asie (CNUCED, 2018). Depuis 2013, les coûts du fret maritime montent en flèche pour les petits États insulaires en développement, à un rythme légèrement supérieur à la moyenne enregistrée dans les économies en développement (CNUCED, 2017).

L'avenir du secteur du transport maritime de marchandises dépend de l'évolution des accords commerciaux internationaux, des voies intérieures transcontinentales et de la consommation mondiale d'énergie. Il y a tout lieu de penser que le volume des échanges s'accroîtra davantage encore avec la conclusion de l'Accord de partenariat économique entre l'Union européenne (UE) et le Japon, et de l'Accord économique et commercial global (AECG) entre l'UE et le Canada. De même, la transformation des chaînes de valeur mondiales dans les économies en développement rapide, comme la Chine et l'Inde, aura une incidence déterminante sur l'évolution des flux du fret. L'essor mondial du commerce par internet tirera certainement à la hausse la demande de transport maritime par conteneurs sur le long terme. Enfin, les mutations en cours dans le secteur de l'énergie et la transition mondiale vers les solutions moins polluantes façonneront le secteur maritime de demain (CNUCED, 2018).

Graphique 1.14. Projections de l'évolution du commerce maritime par région, 2015-50

Trajectoire actuelle de la demande, en milliards de tonne-kilomètres

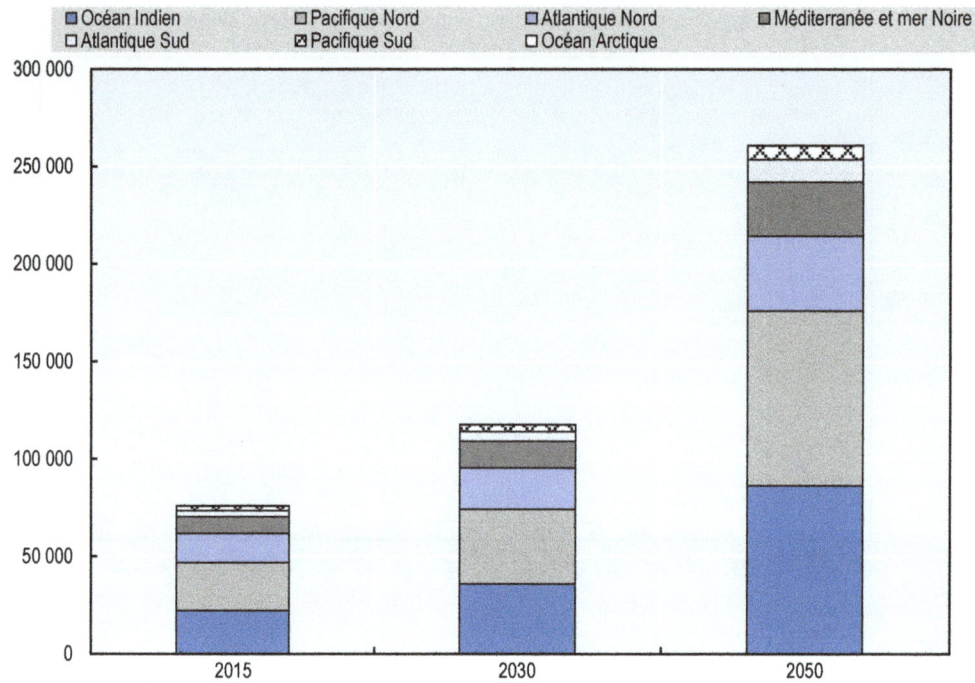

StatLink 📊 http://dx.doi.org/10.1787/888933972221

Face à la demande en hausse de transport maritime de marchandises, il est crucial d'anticiper les goulets d'étranglement et de planifier les acquisitions foncières nécessaires pour renforcer les capacités portuaires et relier les grands axes continentaux. Il s'agit là d'une tâche gigantesque : les projections des échanges et de la distribution modale sont entourées d'incertitudes, tandis que les projets d'infrastructures maritimes sont chers et longs à exécuter. Le risque d'un surinvestissement dans l'expansion des capacités est donc non négligeable si l'intensification prévue des échanges n'est pas au rendez-vous.

Le commerce international ne s'étant pas autant développé que prévu, des excédents de capacités se sont formés dans certains domaines du transport maritime et à certains endroits. Compte tenu des difficultés posées par la récupération des investissements en équipement dans le secteur du transport maritime, il est possible que les entreprises essaient de préserver leur rentabilité en réduisant leurs coûts par d'autres moyens. Ainsi, les transporteurs maritimes pourraient concentrer leurs activités sur un nombre limité d'itinéraires et de ports, dont les capacités risqueraient de se trouver mises à rude épreuve. Au regard de la trajectoire actuellement suivie par la demande, les investissements portuaires programmés devraient permettre de répondre à la demande de fret jusqu'en 2030 inclus dans la plupart des régions du monde, sauf en Asie du Sud.

La demande de fret par voie de surface aura le vent en poupe en Asie

Les projections indiquent qu'à l'échelle mondiale, le volume des déplacements de marchandises effectués par voie de surface – route, rail et voies navigables intérieures – grossira de 182 % entre 2015 et 2050 et qu'à cet horizon, il s'élèvera à 90 000 milliards tkm, ce qui représentera 26 % du trafic de fret total (Graphique 1.15). En 2015, la Chine et l'Inde accueilleront conjointement 38 % du trafic de fret effectué par voie de surface. En 2050, l'Asie (Chine et Inde incluses) sera responsable de 56 % de la demande mondiale de fret par voie de surface. Entre 2015 et 2050, la progression du trafic de fret routier et ferroviaire en tonnes-kilomètres sera la plus forte en Afrique (+394 %), puis en Asie (+261 %). Elle sera moins prononcée au Moyen-Orient (+169 %), dans les pays du Pacifique membres de l'OCDE (+154 %), en Amérique du Nord (+121 %) et en Amérique latine (+120 %) ; et nettement plus faible dans les économies en transition[1] (+84 %) et en Europe (+86 %). Par comparaison avec les autres voies de surface, le fret routier connaîtra une croissance exponentielle en Afrique (+435 %) et sur le continent asiatique (+269 %) au cours de la période.

Graphique 1.15. Projections de la demande de transport de marchandises par voie de surface, par région

Trajectoire actuelle de la demande, en milliards de tonne-kilomètres

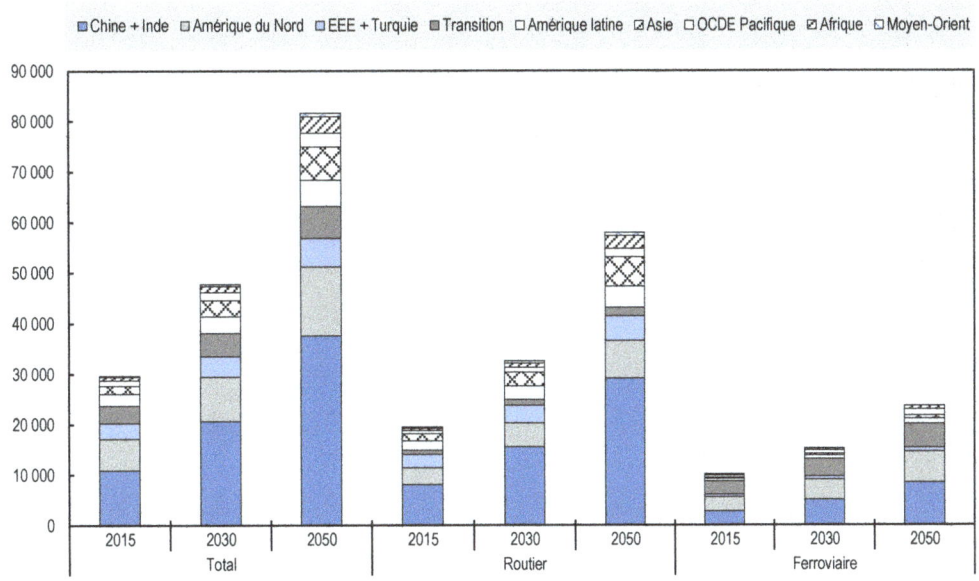

StatLink ⬛ http://dx.doi.org/10.1787/888933972240

S'agissant du fret routier, ces dernières années ont vu le trafic enfler à l'échelle mondiale, quoiqu'à un rythme plus modeste dans les pays de l'Union européenne (Graphique 1.16). Après la crise économique de 2008, le fret par voie de surface a, dès 2011, manifesté des signes de rétablissement en volume, mais de façon inégale d'un mode et d'une région à l'autre. Entre 2016 et 2017, c'est en Chine et en Inde que l'ascension du fret routier en tonne-kilomètres a été la plus importante, avec 9.3 % et 9.4 % respectivement. Sur le seul territoire de la Chine, le transport de marchandises est chiffré à 6 700 milliards tkm en 2017, soit près de 700 milliards tkm de plus que dans l'ensemble des pays de l'OCDE.

Les volumes du fret ferroviaire diminuent dans le monde depuis quelques années. En 2017, toutefois, la tendance s'est légèrement inversée dans de nombreux pays. Ainsi, par rapport à l'année précédente, le trafic en tonne-kilomètres a grossi de 13.3 % en Chine – se rapprochant ainsi de son niveau de 2014 – et de 6.4 % en Russie. Il a également fait un bond notable en Inde (+5.5 %) et aux États-Unis (+5.2 %).

À en croire les projections, le trafic de fret par voie navigable intérieure se maintiendra à des niveaux nettement plus élevés en Chine que dans tout autre pays, voire sur tout autre continent. Pour 2017, le volume des déplacements de marchandises effectués par les voies fluviales de ce pays est estimé à 4 400 milliards tonne-kilomètres, ce qui représente 10.9 % de plus qu'en 2016, et il devrait poursuivre son ascension tout au long de la période considérée.

Graphique 1.16. Trafic de fret par voie de surface par mode, 2014-17

En milliards de tonne-kilomètres

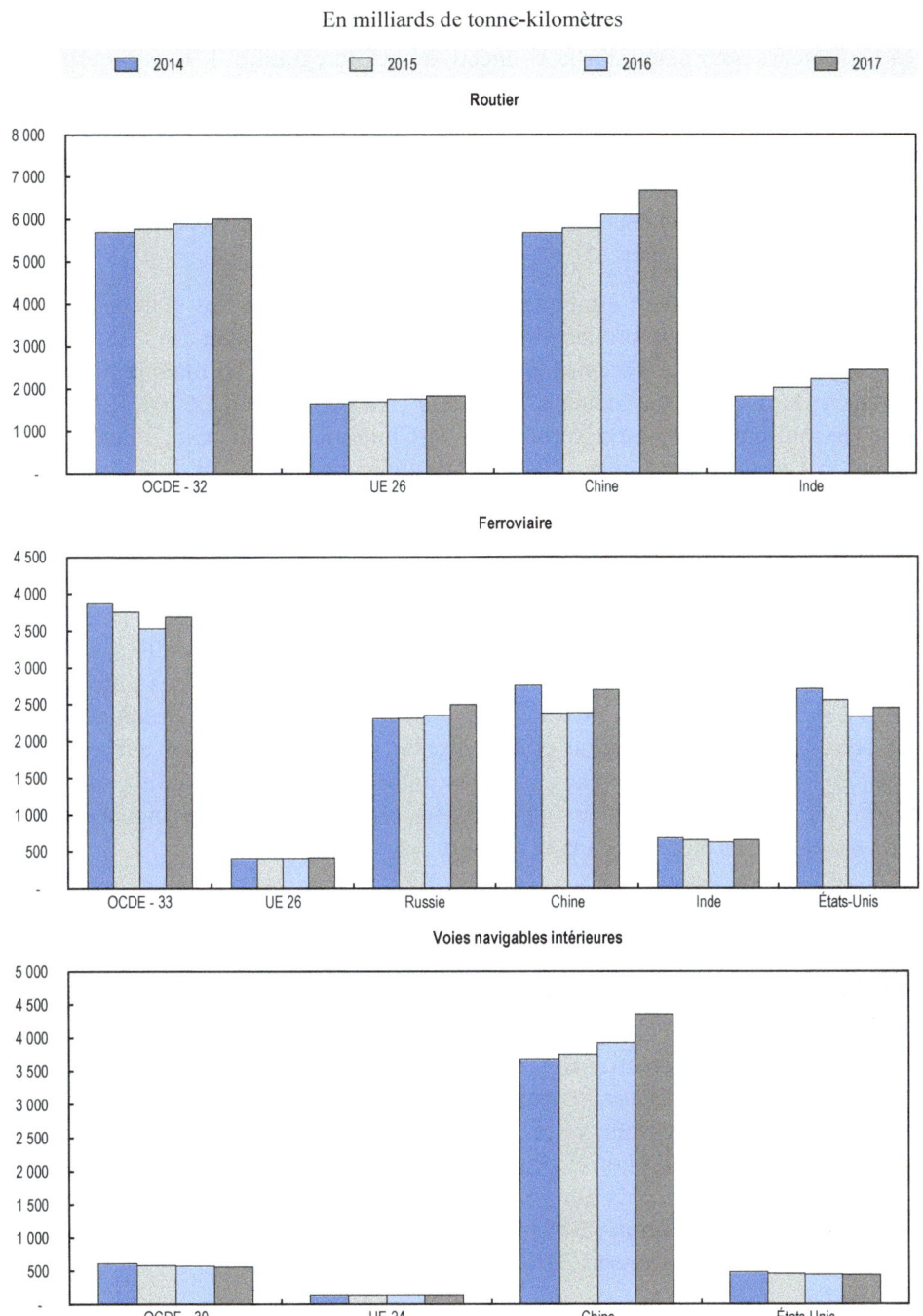

Note : Le Chili, Chypre, Israël et Malte sont exclus des agrégats routiers, la Belgique, le Chili et Chypre des agrégats ferroviaires et le Canada, le Chili, la Grèce, le Portugal et la Suède des agrégats relatifs à la navigation intérieure. Pour les pays ci-après, les données correspondant à 2017 sont des estimations : États-Unis (navigation intérieure) ; Australie et Grèce (rail), Australie, Canada, Corée du Sud, États-Unis, Islande et Italie (route).

StatLink ᵃᵇˢˡ http://dx.doi.org/10.1787/888933972259

Les dernières décennies ont vu un ralentissement de la croissance du trafic de fret par voie de surface. Il n'est pourtant pas exclu que cette tendance évolue légèrement en faveur des grands projets d'infrastructure actuellement programmés et des mesures prises par les législateurs pour améliorer la connectivité et l'intégration. L'Union européenne y consacrera au total 30.6 milliards EUR entre 2021 et 2027 via le Mécanisme pour l'Interconnexion en Europe afin d'améliorer l'interopérabilité et les procédures de franchissements des frontières sur le continent (Van Leijen, 2018). De même, des avancées ont été réalisées autour de la proposition de la Commission européenne s'agissant d'élever les redevances et la couverture routières à des niveaux comparables à ceux du ferroviaire (Van Leijen, 2018).

Plusieurs initiatives qui visent à rapprocher l'économie chinoise des marchés européens, africains et asiatiques vont probablement transformer le paysage du fret. Ainsi, une nouvelle ligne de chemin de fer mise en service en 2018 relie désormais la plateforme de fret de Chengdu, capitale du Sichuan, à Vienne (Autriche) (Van Leijen, 2018). Depuis peu, une liaison ferroviaire est assurée entre la Chine, le Kazakhstan, l'Azerbaïdjan, la Géorgie et la Turquie (Van Leijen, 2018). Par ailleurs, en juin 2018, la Chine a fait part de son intention de faire construire une ligne ferroviaire entre le Tibet et le Népal, avec l'adhésion du premier ministre népalais (The Straits Times, 2018).

Il est possible que le progrès technologique et l'innovation logistique impactent les projections des flux de marchandises construites selon la trajectoire actuelle de la demande. L'afflux massif de données sur le transport de marchandises facilitera le contrôle du respect de la règlementation applicable au fret routier. Les autorités seront ainsi plus à mêmes de vérifier l'efficacité des mesures prises dans ce domaine, de même que les activités de réglementation et de contrôle pourront s'appuyer sur ces données (FIT, 2017). En outre, le recours aux camions autonomes pourrait rejaillir sur le coût et l'efficacité du transport routier de marchandises. Les scénarios envisageables dans ce domaine sont analysés en détail dans le chapitre 5.

Le fret aérien croît plus fortement que tous les autres modes de transport de marchandises

En 2017, le trafic de fret aérien exprimé en tonne-kilomètres a grossi de 9.5 % par rapport à 2016, affichant ainsi un taux de croissance plus de deux fois supérieur à ce qu'il était l'année précédente. À l'international, son essor a été encore plus marqué, avec un taux de 10.4 %. Si l'on compare toutes les régions du monde, on constate qu'il s'est le plus fortement développé en Afrique (+25.2 %), où il part toutefois de loin puisque c'est également en Afrique qu'il était le plus faible (4 milliards tkm). À l'échelle mondiale, près de 40 % des déplacements aériens de marchandises sont effectués dans la région Asie-Pacifique, 23 % en Europe, 20 % en Amérique du Nord et 14 % au Moyen-Orient (OACI, Rapport annuel du Conseil 2017, 2018).

La trajectoire actuelle de la demande laisse penser que le trafic de fret aérien se chiffrera à 500 milliards tkm à l'horizon 2030 et qu'il aura probablement franchi la barre des 1 000 milliards tkm en 2050 (Graphique 1.17). De tous les modes de transport de marchandises, l'aérien est celui qui verra la demande mondiale croître le plus fortement, au taux annuel composé de 5.5 % jusqu'en 2030 inclus et de 4.5 % jusqu'en 2050 inclus (Tableau 1.5). Pourtant, à cet horizon, le transport aérien représentera à peine 0.25 % des déplacements mondiaux de marchandises en tonne-kilomètres (Graphique 1.12). Il n'en fait pas moins partie intégrante des chaînes mondiales d'approvisionnement puisqu'il s'agit du seul mode disponible pour acheminer des types particuliers de biens périssables ou devant être livrés dans de courts délais. Cela transparaît dans la part élevée que le transport aérien représente dans les échanges mondiaux en valeur : 35 % en 2017, soit 5 600 milliards USD de biens ont été transportés par avion (IATA, 2018). Ainsi, des flux de fret aérien comparativement modestes peuvent néanmoins avoir un poids économique non négligeable.

Graphique 1.17. Évolution du trafic de fret aérien dans le monde, 2011-50

En milliards de tonne-kilomètres

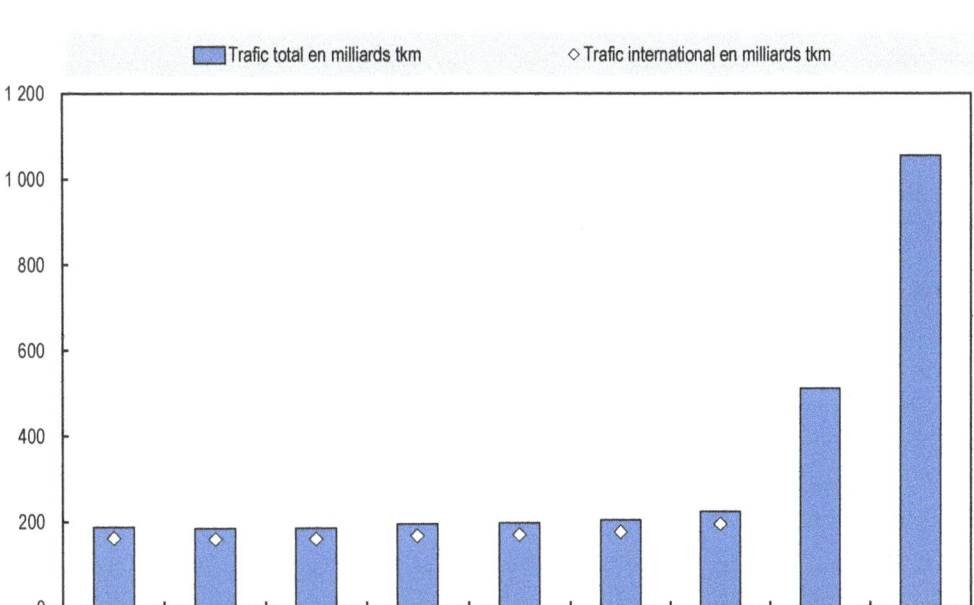

Note : Les données indiquées pour 2030 et 2050 sont des prévisions calculées par le FIT sur la base de la trajectoire actuelle de la demande.
Source : OACI (2018), Rapport 2017 du Conseil pour les données relatives à la période 2011-17.

StatLink ⫘⫘⬛ http://dx.doi.org/10.1787/888933972278

La récente envolée du trafic de fret aérien provient du cycle mondial de reconstitution des stocks : des pics imprévus de la demande obligent à rapidement reconstituer les stocks. Cela dit, des éléments donnent à penser que ce cycle touche à sa fin (IATA, 2018). Malgré le ralentissement de l'activité économique, la demande de fret aérien continue, dans l'ensemble, de croître vigoureusement, ce qui pèse lourdement sur les capacités actuelles du fret aérien (IATA, 2018). La demande semble toutefois s'émousser avec la multiplication récente des mesures commerciales protectionnistes. Surtout, depuis fin 2018, les exportations de biens manufacturés s'essoufflent en Chine, en Allemagne et aux États-Unis (IATA, 2018).

Le transport aérien occupe désormais une place centrale dans le commerce électronique. En 2017, près de 90 % des biens de consommation finale achetés en ligne ont été transportés par voie aérienne, contre seulement 16 % en 2010 (IATA, 2018). Le secteur du transport aérien œuvre par ailleurs depuis une dizaine d'années à la transformation numérique des chaînes logistiques (*e-freight*) afin de les rendre plus efficaces. En 2017, la moitié des opérations de fret aérien ont été effectuées à l'aide de lettres électroniques de transport aérien (LTA électroniques). L'harmonisation internationale des méthodes et procédures d'utilisation de la LTA électronique se heurte encore toutefois au fait que le partage des données numériques reste interdit dans la réglementation de quelques pays (IATA, 2018).

Les infrastructures du transport aérien ne se développent pas au rythme voulu par l'évolution de la demande. À terme, cela pourrait poser de graves problèmes, dans la mesure où l'expansion des infrastructures exige une planification de long terme et que l'on table, pour 2050, sur une demande de fret aérien multipliée par 4.7 par rapport aux niveaux de 2017.

Notes

[1] Font partie des économies en transition les pays de l'ex-Union soviétique et les pays d'Europe du Sud-Est non membres de l'UE.

Références

ACI. (2019). *Annual Traffic Data.* Retrieved 04 29, 2019, from https://aci.aero/data-centre/annual-traffic-data/passengers/2017-passenger-summary-annual-traffic-data/

AIE. (2018). *CO2 emissions from fuel combustion: Highlights.* Retrieved 01 24, 2019, from https://webstore.iea.org/co2-emissions-from-fuel-combustion-2018-highlights

AIE. (2018). World Energy Outlook 2018. doi:https://www.oecd-ilibrary.org/energy/world-energy-outlook_20725302

Banister, D., & Stead, D. (2002). Reducing Transport Intensity. *EJTIR, 2*(3/4), 161-178. Retrieved 01 20, 2019, from http://www.ejtir.tbm.tudelft.nl/issues/2002_03-04/pdf/2002_03-04_01.pdf

Banque mondiale. (2019). *Global Economic Prospects, January 2019: Darkening Skies.* doi:10.1596/978-1-4648-1343-6

CNUCED. (2017). *Étude sur les transports maritimes 2017.* Retrieved from https://unctad.org/fr/PublicationsLibrary/rmt2017_fr.pdf

CNUCED. (2018). *Étude sur les transports maritimes 2018.* United Nations Publications, New York, NY. Retrieved from https://unctad.org/fr/pages/PublicationWebflyer.aspx?publicationid=2245

CNUCED. (2018). *Rapport sur le commerce et le développement 2018 : Pouvoir, plateformes et l'illusion du libre-échange.* Retrieved 01 18, 2019, from https://unctad.org/fr/PublicationsLibrary/tdr2018_fr.pdf

DAES. (2018). *World Urbanization Prospects: The 2018 Revision, Key Facts.* Organisation des Nations Unies, Département des affaires économiques et. Retrieved from https://population.un.org/wup/Publications/Files/WUP2018-KeyFacts.pdf

Dargay, J., Gately, D., & Sommer, M. (2007). *Vehicle Ownership and Income Growth, Worldwide: 1960-2030.*

EIA. (2017). *September unplanned global oil supply disruptions fall to lowest level since.* Retrieved from https://www.eia.gov/todayinenergy/detail.php?id=33432

FIT. (2017). Data-led Governance of Road Freight Transport : Improving compliance. Dans *International Transport Forum Policy Papers.* Éditions OCDE, Paris. doi:https://dx.doi.org/10.1787/e0dd1973-en

FIT. (2017). ITF Transport Outlook 2017. doi:https://dx.doi.org/10.1787/9789282108000-en

FMI. (2018). *Base de données des Perspectives de l'économie mondiale, avril 2018.* Études économiques et financières. Retrieved from https://www.imf.org/external/pubs/ft/weo/2018/01/weodata/index.aspx

FMI. (2018). *Perspectives de l'économie mondiale : Obstacles à une croissance stable, octobre 2018.* Retrieved 04 30, 2019, from https://www.imf.org/fr/Publications/WEO/Issues/2018/09/24/world-economic-outlook-october-2018

FMI. (2019). *Primary Commodity Prices.* Retrieved 04 29, 2019, from https://www.imf.org/en/Research/commodity-prices

GIEC. (2014). Transport. *Working Group III - Mitigation of Climate Change*, 117. Retrieved 01 24, 2019, from https://www.ipcc.ch/site/assets/uploads/2018/02/ipcc_wg3_ar5_chapter8.pdf

Girod, B., van Vuuren, D., & Hertwich, E. (2013). Global climate targets and future consumption level: an evaluation of the required GHG intensity. *Environmental Research Letters, 8*(1), 014016. doi:10.1088/1748-9326/8/1/014016

IATA. (2018). *2017 marquée par un fort trafic de passagers et des coefficients d'occupation record.* Retrieved 07 04, 2018, from https://www.iata.org/pressroom/pr/Documents/2018-02-01-01-fr.pdf

IATA. (2018). Air freight market analysis. (February), 1-4. Retrieved from https://www.iata.org/publications/economics/Reports/freight-monthly-analysis/freight-analysis-feb-2018.pdf

IATA. (2018). *IATA Annual Review 2018.* Retrieved from https://www.iata.org/publications/Documents/iata-annual-review-2018.pdf

IATA. (2018). *La croissance du fret aérien à son plus bas niveau en 22 mois en raison de la fin du cycle de reconstitution des stocks .* Retrieved 03 25, 2019, from https://www.iata.org/pressroom/pr/Documents/2018-05-02-01-fr.pdf

Lawler, A., & Cooper, A. (2018). North Sea Forties oil pipeline ramps up slowly after latest outage - sources. *Reuters.* Retrieved from https://www.reuters.com/article/uk-oil-forties/north-sea-forties-oil-pipeline-ramps-up-slowly-after-latest-outage-sources-idUKKBN1FS1YK

OACI. (2018). Le trafic de passagers a continué de croître et la demande de fret aérien a été forte en 2017. Retrieved from https://www.icao.int/Newsroom/Pages/FR/Continued-passenger-traffic-growth-and-robust-air-cargo-demand-in-2017.aspx

OACI. (2018). *Rapport annuel du Conseil 2017.*

OCDE. (2016). Perspectives économiques de l'OCDE, volume 2016, numéro 1. *2016/1.* doi:https://dx.doi.org/10.1787/eco_outlook-v2016-1-fr

OCDE. (2018). Infléchissement de la croissance dans la zone OCDE. 8-10. Retrieved from https://www.oecd.org/fr/sdd/indicateurs-avances/OECD-CLI-12-2018-Fr.pdf

OCDE. (2018). Perspectives économiques de l'OCDE, vol. 2018, n° 2. *2018/2.* doi:https://dx.doi.org/10.1787/eco_outlook-v2018-2-fr

OCDE. (2018). Perspectives économiques de l'OCDE, Volume 2018, numéro 1. *2018/1*. doi:https://dx.doi.org/10.1787/eco_outlook-v2018-1-fr

OMC. (2017). *Global Value Chain Development Report 2017*. Retrieved 01 24, 2019, from https://www.wto.org/french/res_f/publications_f/gvcd_report_17_f.htm

OMC. (2018). *Examen statistique du commerce mondial 2018*. Retrieved from https://www.wto.org/french/res_f/statis_f/wts2018_f/wts2018_f.pdf

OMC. (2018). *L'OMC revoit à la baisse les perspectives du commerce mondial face à l'accumulation des risques*. Retrieved 01 06, 2019, from https://www.wto.org/french/news_f/pres18_f/pr822_f.htm

ONU. (2017). World Population Prospects: The 2017 Revision Key Findings and Advance. *Département des affaires économiques et sociales*. Retrieved from https://esa.un.org/unpd/wpp/publications/files/wpp2017_keyfindings.pdf

The Straits Times. (2018). China to build railway into Nepal. *The Straits Times*. Retrieved from https://www.straitstimes.com/asia/east-asia/china-to-build-railway-into-nepal

Van Leijen, M. (2018). 30.6 billion Euros fund for European transport confirmed. *Railfreight.com*. Retrieved from https://www.railfreight.com/policy/2018/06/07/european-commission-confirms-30-6-billion-for-connecting-europe-facility-cef/

Van Leijen, M. (2018). Austria-China line to be re-routed through Khorgos Gateway. *Railfreight.com*. Retrieved from https://www.railfreight.com/corridors/2018/06/15/austria-china-link-re-routed-through-khorgos-gateway/

Van Leijen, M. (2018). *More charges for road freight one step closer with vote on EC proposal*. Railfreight.com. Retrieved from https://www.railfreight.com/policy/2018/05/25/more-charges-for-road-freight-one-step-closer-with-european-council-vote/?gdpr=accept

Van Leijen, M. (2018). New railway service on Middle Corridor linking China and Turkey. *Railfreight.com*. Retrieved from https://www.railfreight.com/corridors/2018/06/11/new-railway-service-on-middle-corridor-linking-china-and-turkey/

Chapitre 2. Impact des politiques des transports sur les émissions de CO_2 jusqu'en 2050

Ce chapitre présente des projections des futures émissions de CO_2 dues aux transports selon un scénario d'ambitions inchangées et selon un scénario d'ambitions élevées. Le scénario d'ambitions élevées montre dans quelles proportions les mesures connues de décarbonation des transports pourraient faire baisser les émissions de CO_2 du secteur. Il ressort de ces simulations que la diminution des émissions ne sera pas à la hauteur des objectifs climatiques énoncés dans l'Accord de Paris de 2015, même dans le cadre du scénario d'ambitions élevées. Pour atteindre ces objectifs, il sera indispensable d'appliquer à plus grande échelle les stratégies connues et de mettre en œuvre des mesures novatrices qui permettent de satisfaire la demande de transport en émettant le moins de CO_2 possible.

Le défi de la décarbonation des transports

Pour atteindre les objectifs climatiques sans brider la mobilité des personnes et la circulation des marchandises, il sera crucial de découpler les activités de transport et les émissions de CO_2. Les politiques de transport contribueront à déterminer la façon dont la demande de transport supplémentaire sera satisfaite dans les prochaines années. En 2015, la signature de l'Accord de Paris a montré l'existence d'un consensus mondial sur l'ampleur des risques associés au changement climatique et l'importance d'efforts coordonnés pour y faire face. La même année, l'Assemblée générale des Nations Unies a adopté dix-sept Objectifs de développement durable (ODD) dans le cadre du Programme de développement durable à l'horizon 2030. Sept de ces objectifs sont liés aux transports durables (Tableau 2.1).

Tableau 2.1. Cibles des Objectifs de développement durable des Nations Unies liées aux transports

Objectif	Cible
ODD 2. « Faim zéro »	Cible 2.3. Doubler la productivité agricole et les revenus des petits producteurs alimentaires (accès aux marchés)
ODD 3. Bonne santé et bien-être	Cible 3.6. Diminuer de moitié à l'échelle mondiale le nombre de décès et de blessures dus à des accidents de la route
	Cible 3.9. Réduire nettement le nombre de décès et de maladies dus à la pollution
ODD 7. Énergie propre et à coût abordable	Cible 7.3. Multiplier par deux le taux mondial d'amélioration de l'efficacité énergétique
ODD 9. Industrie, innovation et infrastructure	Cible 9.1. Mettre en place une infrastructure durable et résiliente
ODD 11. Villes et communautés durables	Cible 11.2. Assurer l'accès de tous à des systèmes de transport sûrs, accessibles et durables, à un coût abordable
	Cible 11.6. Réduire l'impact environnemental négatif des villes
ODD 12. Consommation et production responsables	Cible 12.c. Rationaliser les subventions aux combustibles fossiles
ODD 13. Mesures relatives à la lutte contre le changement climatique	Cible 13.1. Renforcer la résilience
	Cible 13.2. Incorporer des mesures relatives aux changement climatique dans les politiques, les stratégies et la planification nationales

Source : Groupe consultatif de haut niveau sur le transport durable (2014), *Mobilizing Sustainable Transport for Development.*

D'après une évaluation des contributions déterminées au niveau national (CDN) soumises dans le contexte de l'Accord de Paris, il apparaît toutefois que les ambitions déclarées ne permettront pas de contenir l'élévation de la température moyenne de la planète « nettement en dessous de 2 °C » par rapport aux niveaux préindustriels (FIT, 2018; PPMC-SLoCaT, 2016; CCNUCC, 2016). Même si la plupart des CDN évoquent l'importance de la décarbonation des transports, seul un dixième d'entre elles fixent un objectif spécifique de réduction des émissions de ce secteur (FIT, 2018). En décembre 2018, les participants à la 24e réunion de la Conférence des Parties (COP24) à la Convention-cadre des Nations Unies sur les changements climatiques se sont employés à mettre en lumière des mesures concrètes que peuvent prendre les Parties pour atténuer les émissions de CO_2. La feuille de route produite à cette occasion définit des normes de comptabilité des émissions, mais les CDN existantes n'ont pas été révisées. Les objectifs d'émission définis dans celles-ci restent donc insuffisants. Le déficit patent de mesures d'atténuation précises et directement applicables en rapport avec les transports qui caractérise les CDN est l'une des principales causes de l'incertitude qui entoure la réalisation des objectifs climatiques, sachant que les transports étaient en 2016 responsables d'un quart des émissions de CO_2 liées à l'énergie (AIE, 2018).

La décarbonation des transports nécessitera des efforts et une coordination sans précédent. Le secteur est fortement tributaire des combustibles fossiles, qui entrent pour plus de 92 % dans sa consommation d'énergie (AIE, 2017). Le pétrole demeure la principale source d'émissions dans les pays de l'OCDE : en 2016, 41 % des émissions de CO_2, soit 4.1 milliards de tonnes, lui étaient imputables. La consommation d'énergie finale dans ces pays s'est accrue de 35 millions de tonnes d'équivalent pétrole (Mtep). Dans le secteur des transports, cet accroissement a atteint 19 Mtep et a été observé dans toutes les régions (AIE, 2018). En 2016, les transports étaient responsables de 30 % des émissions de CO_2 dans les pays membres de l'OCDE et de 16 % dans les pays non membres. À l'inverse d'autres secteurs, celui des transports a vu ses émissions continuer de progresser ces dernières années dans les pays membres et non membres de l'OCDE, malgré les avancées technologiques intervenues et les mesures d'atténuation mises en œuvre (AIE, 2018).

Graphique 2.1. Émissions de CO_2 par secteur

Économies de l'OCDE (en haut) et économies non membres de l'OCDE (en bas), 1990=100

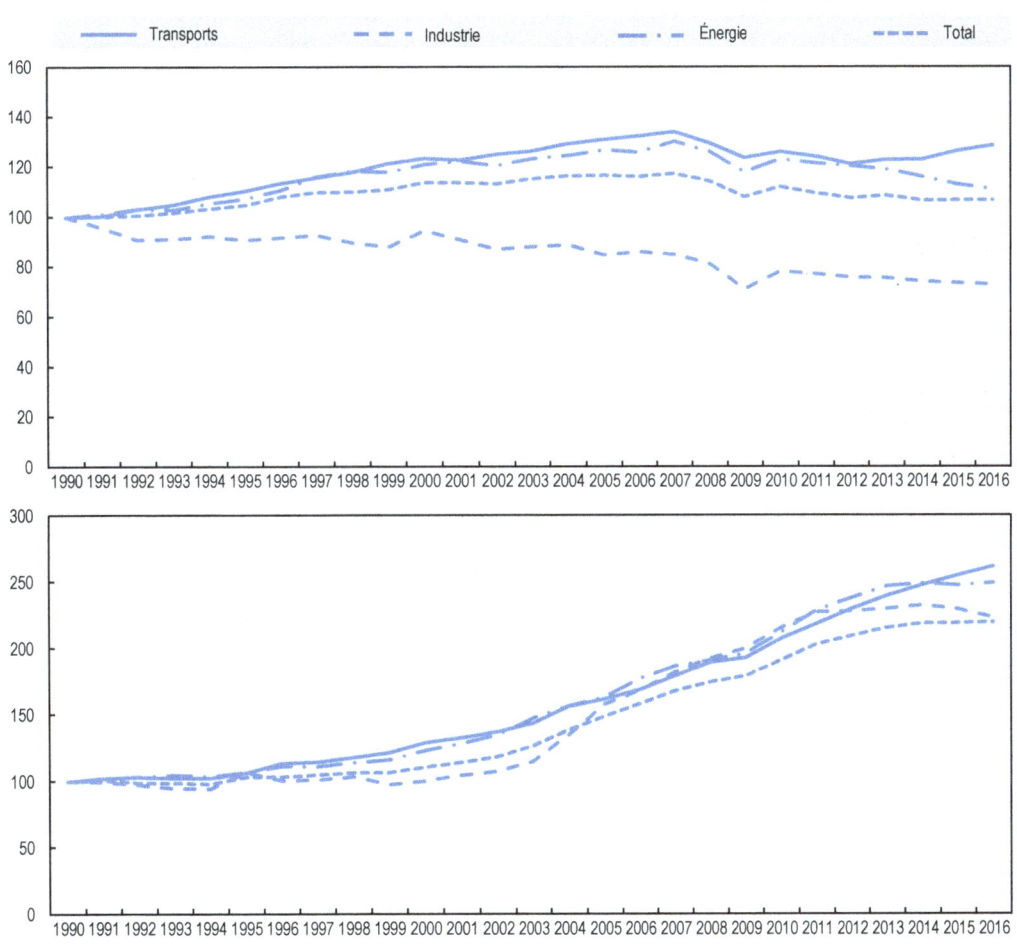

Source : AIE (2019)

StatLink http://dx.doi.org/10.1787/888933972297

Empêcher la poursuite de cette hausse obligera à relever des défis considérables. Il conviendra de réduire tout à la fois l'intensité des émissions de carbone des carburants et l'intensité énergétique des technologies, la part des déplacements effectués par des moyens de transport fortement émetteurs et la demande globale de déplacements. Les nécessaires transitions seront freinées par la croissance rapide de la demande de transport et par l'inertie institutionnelle et comportementale. Des facteurs sociaux comme la montée des inégalités limitent d'ores et déjà la faisabilité politique de certaines mesures comme celles qui touchent à la fiscalité des carburants (FIT, 2018). Les prochaines années pourraient aussi voir un glissement marqué des préférences des utilisateurs modifier la trajectoire d'évolution des choix en matière de modes de transports, avec des répercussions sur l'adoption de technologies et services nouveaux. L'évolution des normes sociales pourrait stimuler celle des modèles de transport et de mobilité, même si ces changements sont en définitive imprévisibles (Nyborg, et al., 2016).

L'ambition politique, clé de la réduction des émissions de CO_2 des transports

Il est urgent que les gouvernements nationaux agissent pour tenir les engagements de réduction des émissions pris dans le cadre des CDN. D'après les estimations du Groupe d'experts Intergouvernemental sur l'Evolution du Climat (GIEC), faute de nouvelles mesures, les émissions de CO_2 dues aux transports pourraient doubler d'ici à 2050 et tripler d'ici à 2100 (GIEC, 2014). Dans cette hypothèse, la température moyenne de la planète augmenterait de plus de 4 degrés Celsius par rapport aux niveaux préindustriels (GIEC, 2014). Dans une analyse plus récente, le GIEC insiste à la fois sur l'urgence d'une action des gouvernements pour faire baisser les émissions de CO_2 et sur le rôle important du secteur des transports dans la réalisation de cet objectif (GIEC, 2018). D'après les estimations de l'Agence internationale de l'énergie (AIE), contenir la hausse de la température moyenne de la planète nettement en dessous de 2 °C par rapport aux niveaux préindustriels nécessitera de ramener les émissions annuelles totales du secteur des transports à environ 3 000 millions de tonnes d'ici à 2050 (AIE, 2017).

Le FIT a modélisé l'évolution des émissions de CO_2 jusqu'en 2050 selon un scénario d'ambitions inchangées et selon un scénario d'ambitions élevées, en vue d'évaluer l'importance d'efforts d'atténuation concertés pour atteindre l'objectif de l'Accord de Paris ; les résultats de ces projections sont présentés ci-après.

Dans le scénario d'ambitions inchangées, on suppose que les mesures en place sont maintenues et que les pays tiennent les engagements d'atténuation qu'ils ont pris jusqu'à la fin 2018. En l'occurrence, les mesures en place considérées comprennent les mesures de tarification qui découragent le recours à la voiture particulière, les restrictions de circulation des voitures dans certains centres-villes, les mesures d'aménagement urbain qui densifient les zones urbaines, les dispositions ciblant l'offre de transports collectifs et leur intégration (TOD), ainsi qu'une hausse modérée de la tarification du carbone d'ici à 2050. Les hypothèses technologiques retenues dans le scénario d'ambitions inchangées, en ce qui concerne par exemple la pénétration des véhicules électriques et l'abaissement de la consommation de carburant, concordent dans l'ensemble avec celles retenues dans le scénario « Nouvelles politiques » (NPS) du modèle de mobilité de l'AIE (AIE, 2018).

Le scénario d'ambitions élevées prévoit pour sa part une mise en œuvre plus poussée des mesures énumérées ci-dessus. Les mesures financières et réglementaires ciblant l'usage de la voiture sont intensifiées, et il en va de même pour les politiques d'aménagement urbain qui entraînent une densification plus ou moins marquée des centres-villes partout dans le monde. En outre, la tarification du carbone devient plus rigoureuse. Le scénario d'ambitions élevées table aussi sur des avancées technologiques telles que l'électrification rapide des transports et la décarbonation du secteur électrique, conformément au scénario EV30@30 de l'AIE (AIE, 2018). Les hypothèses sous-jacentes concernant les déterminants exogènes de la demande de transport, comme le PIB, la démographie et les échanges, sont les mêmes que dans le scénario d'ambitions inchangées. Le Tableau 2.2 décrit les hypothèses relatives à l'action publique et aux possibles phénomènes de rupture dans le secteur des transports qui sont retenus dans les deux scénarios. Des informations plus détaillées sur ces hypothèses sont présentées dans les chapitres 3, 4 et 5.

Tableau 2.2. Vue d'ensemble des scénarios d'ambitions inchangées et d'ambitions élevées du Forum international des transports

	Mesures d'atténuation	Secteur	Ambitions inchangées	Ambitions élevées
	Restrictions de circulation des voitures	Transport urbain de personnes	En 2050, 20 % des déplacements en voiture sont concernés par des mesures de restriction (par exemple, zones à faibles émissions)	En 2050, 40 % des déplacements en voiture sont concernés par des mesures de restriction
	Tarification du stationnement	Transport urbain de personnes	Égal ou supérieur de jusqu'à 20 % du pouvoir d'achat estimé des voyageurs en 2050 suivant la région.	Supérieur de 10 à 40 % du pouvoir d'achat escompté des voyageurs en 2050 suivant la région.
	Intégration et expansion des transports collectifs	Transport urbain de personnes	Les évolutions antérieures se poursuivent jusqu'en 2050	Les évolutions antérieures observées en Europe se poursuivent jusqu'en 2050 dans toutes les régions du monde
	Conception de Mobility as a Service (MaaS)	Transport urbain de personnes	En 2050, 20 % des voyageurs ont recours à des systèmes de MaaS pour planifier leurs déplacements	En 2050, 50 % des voyageurs ont recours à des systèmes de MaaS pour planifier leurs déplacements
	Politiques d'aménagement urbain pour densifier les zones urbaines	Transport urbain de personnes	Selon la région, étalement urbain stable ou léger jusqu'en 2050	Selon la région, densification des zones urbaines de 5 à 10 % jusqu'en 2050
	Tarification du carbone	Transport non urbain de personnes, Transport de marchandises	Augmentation modeste jusqu'en 2050	Augmentation substantielle jusqu'en 2050
	Baisse de la consommation de charbon et de pétrole	Transport de marchandises	Baisse modérée, selon le modèle ENV-Linkages de l'OCDE (Château, Dellink, & Lanzi, 2014)	Baisse accélérée
	Efficience logistique	Transport de marchandises	Amélioration limitée de l'efficience, selon le scénario NPS de l'AIE (AIE, 2018)	Forte amélioration de l'efficience, selon le scénario EV30@30 de l'AIE (AIE, 2018)
	Amélioration de l'efficacité énergétique et déploiement des véhicules électriques	Transport urbain de personnes, transport non urbain de personnes, transport de marchandises	Amélioration modeste de l'efficacité énergétique et déploiement limité des véhicules électriques, selon le scénario NPS de l'AIE (AIE, 2018)	Amélioration substantielle de l'efficacité énergétique et large déploiement des véhicules électriques, selon le scénario EV30@30 de l'AIE (AIE, 2018) Pour le transport de marchandises, identique au scénario d'ambitions inchangées
Facteurs potentiels de rupture		**Secteur**	**Ambitions inchangées**	**Ambitions élevées**
	Véhicules autonomes	Transport urbain de personnes, transport non urbain de personnes, transport de marchandises	Niveaux de déploiement inchangés	

Mobilité partagée	Transport urbain de personnes, transport non urbain de personnes	Niveaux de déploiement inchangés	Niveaux de déploiement inchangés dans le transport urbain de personnes ; déploiement accru dans le transport non urbain de personnes
Télétravail	Transport urbain de personnes	Entre 2 et 20 % des déplacements sont concernés d'ici à 2050 selon les régions	Entre 3 et 25 % des déplacements sont concernés d'ici à 2050 selon les régions
Compagnies aériennes proposant des vols long-courriers à bas prix	Transport non urbain de personnes	Niveaux de déploiement inchangés	
Innovations énergétiques dans l'aviation	Transport non urbain de personnes	Les carburants de substitution sont quatre fois plus chers que les carburants classiques. Les avions électriques atteignent une portée de 1 000 km d'ici à 2050	Les carburants de substitution sont trois fois plus chers que les carburants classiques. Les avions électriques atteignent une portée de 1 600 km d'ici à 2050
Train à très grande vitesse	Transport non urbain de personnes	Poursuite du développement des projets classiques de grande vitesse déjà engagés et de ceux qui sont économiquement viables	
Commerce sur internet	Transport de marchandises	Légère hausse de la demande de transport urbain de marchandises (5 % dans les régions relativement développées d'ici à 2050)	
Impression 3D	Transport de marchandises	Déploiement inchangé	
Évolution des axes du commerce international	Transport de marchandises	Améliorations prévues de la connectivité et de la capacité des infrastructures	
Transition énergétique dans le transport routier de marchandises longues distances	Transport de marchandises	Composition des carburants et technologies inchangées	
Véhicules de grande capacité	Transport de marchandises	Augmentation de 5 % du recours aux véhicules de grande capacité pour le transport routier interurbain de marchandises. Ces véhicules transportent des chargements plus lourds de 50 % pour un coût par tonne-kilomètre 20 % plus bas	

Il ressort des simulations que les politiques actuelles ne permettront pas de freiner la hausse des émissions de CO_2 des transports compte tenu de la forte croissance de la demande au cours des prochaines années (Graphique 2.2). D'après les estimations des modèles du FIT, les émissions ont progressé en 2015 à 7 230 mégatonnes (Mt)[1]. Les résultats de modélisation indiquent en outre que les pays de l'OCDE étaient cette année-là responsables de la moitié des émissions de CO_2 liées au transport – hors transport aérien et maritime international –, alors qu'ils représentaient seulement 17 % de la population mondiale. Dans le scénario d'ambitions inchangées, les émissions mondiales dues aux transports augmentent de 60 % d'ici à 2050 pour s'établir à 11 585 Mt. Ce volume d'émissions est très largement supérieur à celui qu'il conviendrait vraisemblablement de ne pas dépasser pour contenir l'élévation de la température moyenne de la planète nettement en dessous de 2 °C par rapport aux niveaux préindustriels, à savoir 3 000 Mt[2]. La croissance des émissions de CO_2 des transports prévue entre 2015 et 2050 dans le scénario d'ambitions inchangées est principalement imputable au transport de surface intérieur de marchandises et au transport non urbain de personnes.

Les mesures plus fortes envisagées dans le scénario d'ambitions élevées pourraient faire baisser de 30 % les émissions des transports au cours de la même période pour les ramener à 5 026 Mt en 2050, soit 57 % de moins que dans le scénario d'ambitions inchangées.

Graphique 2.2. Émissions de CO_2 des différents secteurs du transport de personnes et de marchandises dans les deux scénarios

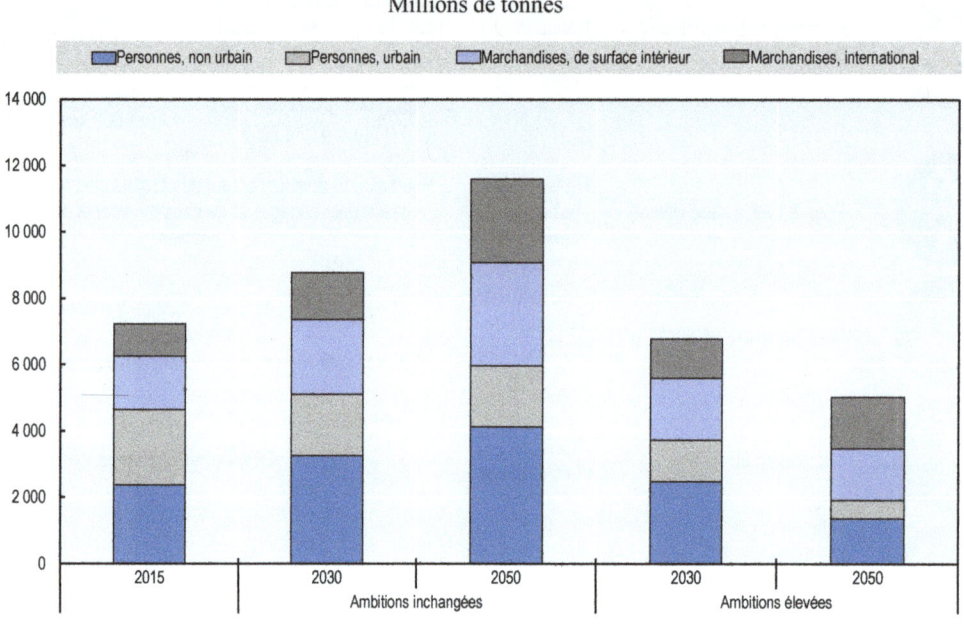

StatLink http://dx.doi.org/10.1787/888933972316

Dans le scénario d'ambitions inchangées, les émissions de CO_2 augmentent dans tous les secteurs sauf celui du transport urbain de personnes. En l'occurrence, cette augmentation s'établit à 74 % dans le transport non urbain de personnes, à 94 % dans le transport intérieur de marchandises et à 157 % dans le transport international de marchandises. À l'inverse, les émissions reculent de 19 % dans le transport urbain de personnes.

Dans le scénario d'ambitions élevées, les émissions de CO_2 dues aux transports diminuent globalement d'ici à 2050, mais l'évolution est très variable selon les secteurs. En l'occurrence, elles baissent de 76 % dans le transport urbain de personnes, et de 42 % dans le transport non urbain de personnes. Les émissions du transport intérieur de marchandises restent stables, notamment parce que la hausse substantielle des volumes de marchandises annule les retombées bénéfiques des gains d'efficacité attendus. Enfin, les émissions du transport maritime et aérien international augmentent de 59 % entre 2015 et 2050, malgré les mesures d'atténuation relativement ambitieuses prises pour hypothèse dans le scénario.

Graphique 2.3. Répartition sectorielle des émissions de CO₂ des transports dans les deux scénarios

Pourcentages

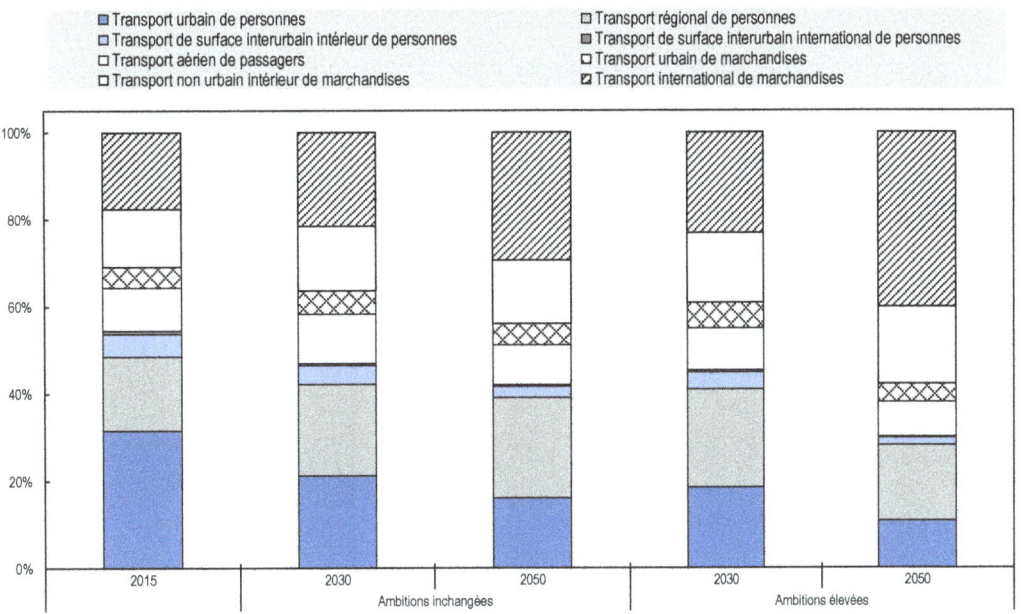

StatLink ⬛ http://dx.doi.org/10.1787/888933972335

La répartition sectorielle des émissions totales de CO₂ des transports change avec le temps dans les deux scénarios (Graphique 2.3). Dans celui d'ambitions inchangées, la part des émissions imputables au transport aérien intérieur et international de passagers reste la même jusqu'en 2050. La part due au transport interurbain intérieur de personnes passe de 5 % à 3 %, et celle du transport urbain de personnes, de 32 % en 2015 à 16 % en 2050. En revanche, la proportion des émissions produites par le transport régional de personnes (route et rail) progresse pour atteindre 23 % en 2050, contre 17 % en 2015. Quant aux émissions du transport non urbain intérieur de marchandises (route, rail et voies navigables intérieures confondus), leur part dans les émissions totales augmente de deux points de pourcentage au cours de cette même période pour s'établir à 15 %. Le poids des émissions imputables au transport international de marchandises s'accroît sensiblement, passant de 18 % du total en 2015 à 29 % en 2050. Si la part des émissions dues au transport régional de personnes et au transport international de marchandises progresse, c'est parce que les mesures politiques en vigueur ciblent moins ces secteurs que la mobilité urbaine.

Dans le scénario d'ambitions élevées, la part des émissions imputables au transport aérien de passagers reste stable jusqu'en 2050, comme dans le scénario d'ambitions inchangées. La part des émissions produites par le transport interurbain intérieur de personnes baisse dans des proportions plus importantes que dans le scénario d'ambitions inchangées (pour s'établir à 2 %). Les émissions attribuables au transport urbain de personnes diminuent également pour représenter 11 % du total en 2050. La part des émissions totales dues au transport régional de personnes culmine à 22 % en 2030, avant de redescendre à 17 % en 2050. Les émissions imputables au transport non urbain intérieur de marchandises passent de 13 % du total en 2015 à 18 % en 2050. Enfin, la proportion des émissions de

CO_2 produites par le transport international de marchandises bondit de 18 % en 2015 à 40 % en 2050, ce qui s'explique par le fait que, comme dans l'autre scénario, les mesures d'atténuation ciblant ce secteur sont moins nombreuses.

Graphique 2.4. Émissions de CO_2 des transports par secteur dans les deux scénarios

Pays de l'OCDE (en haut) et pays non membres de l'OCDE (en bas), en millions de tonnes

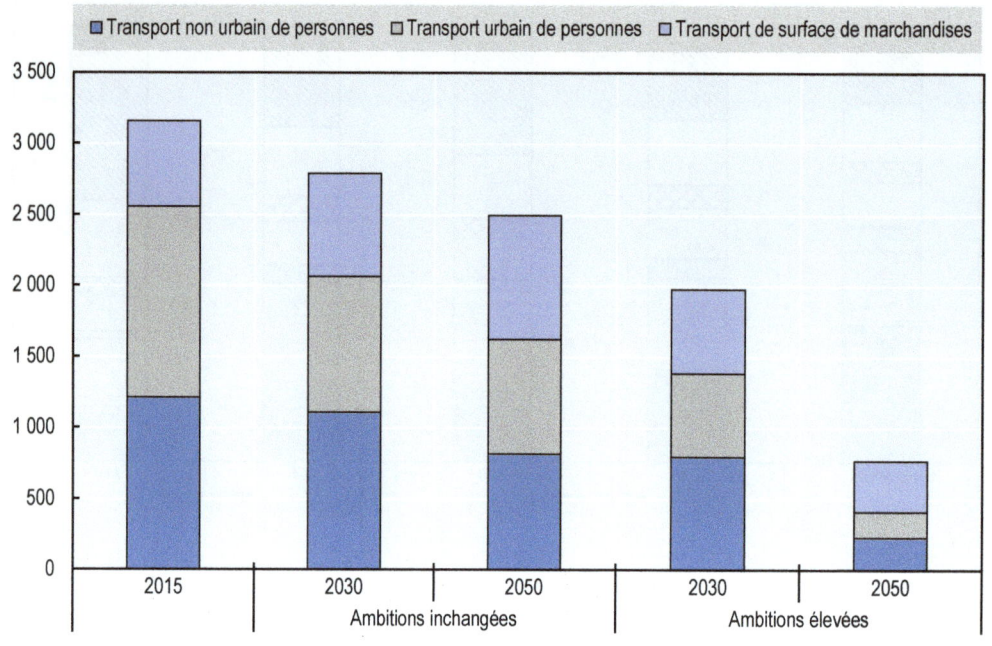

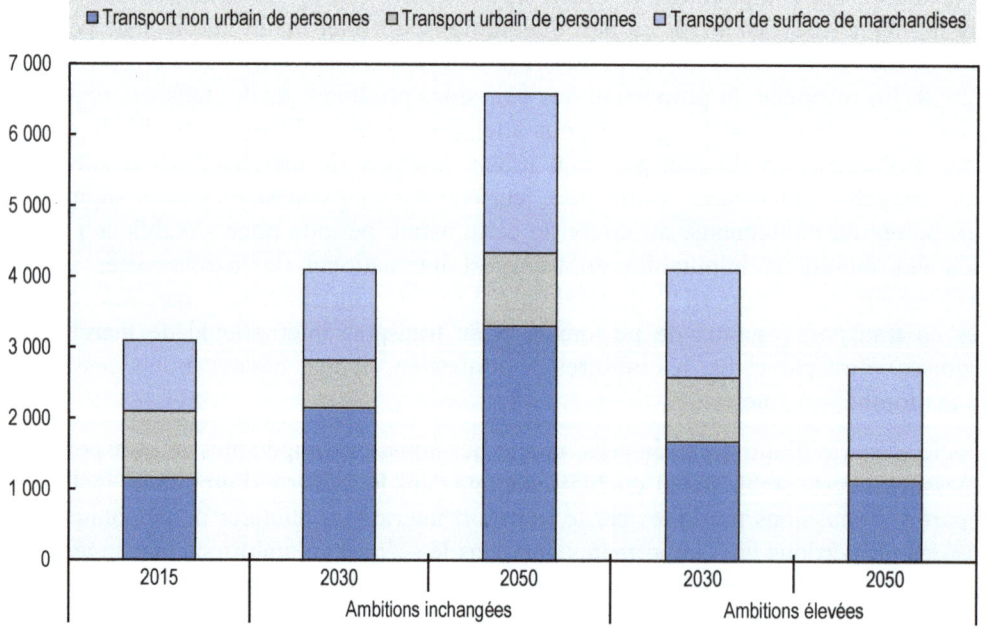

StatLink ᴍᴌsᴸ http://dx.doi.org/10.1787/888933972354

L'évolution prévue des émissions varie sensiblement entre les pays membres et non membres de l'OCDE dans les deux scénarios (Graphique 2.3). Dans les pays de l'OCDE, les émissions baissent dans le cadre du scénario d'ambitions inchangées, et les politiques très ambitieuses du scénario d'ambitions élevées ne font qu'accélérer leur diminution. Quant aux pays non membres de l'OCDE, leurs émissions progressent de 113 % entre 2015 et 2050 dans le scénario d'ambitions inchangées. Même en cas de mesures d'atténuation plus ambitieuses, elles augmentent de 32 % d'ici à 2030, avant de finalement s'inscrire en recul de 12 % à l'horizon 2050. Dans les pays de l'OCDE, les émissions diminuent de 21 % d'ici à 2050 dans le scénario d'ambitions inchangées, et de 76 % dans celui d'ambitions élevées. Comme l'indiquent ces projections, même en cas d'application plus rigoureuse qu'aujourd'hui des mesures connues, cela ne suffira pas à mettre un frein à la croissance des émissions qui découlera de la forte hausse de la demande de transport anticipée à moyen terme dans les pays non membres de l'OCDE.

Des mesures d'atténuation plus ambitieuses peuvent faire baisser les émissions en milieu urbain

Des mesures complémentaires seront nécessaires pour créer les conditions de transferts modaux propices à la durabilité des déplacements urbains. Il s'agira en particulier de proposer des systèmes de transports collectifs performants et de penser l'aménagement urbain dans une optique globale et tournée (TOD) vers l'avenir. L'adoption de mesures de tarification ciblant les voitures, la diminution des tarifs des transports collectifs et les progrès des technologies automobiles pourraient également contribuer à faire baisser significativement les émissions de CO_2 dues au transport urbain de personnes (FIT, 2018). Les politiques d'urbanisme et de planification des transports et la règlementation des technologies sont complémentaires et les synergies qu'elles offrent doivent être exploitées (FIT, 2017).

À l'échelle urbaine, le scénario d'ambitions inchangées est basé sur la poursuite des trajectoires antérieures. La densité urbaine reste inchangée dans les pays développés et diminue légèrement dans les pays en développement. Les centres-villes connaissent une baisse limitée de la circulation automobile d'ici à 2050, et l'intensité des mesures de tarification visant à diminuer l'usage de la voiture particulière reste inchangée par rapport à aujourd'hui. Les réseaux de transports collectifs montent en capacité au rythme de la croissance démographique, des services limités de mobilité partagée y sont intégrés et le déploiement des véhicules autonomes est minime. La part de marché des véhicules électriques progresse conformément à la trajectoire anticipée dans le scénario « Nouvelles politiques » (NPS) de l'AIE (AIE, 2018). Le recours aux carburants alternatifs augmente lentement, comme actuellement observé.

Dans le scénario d'ambitions élevées, les mesures d'atténuation plus rigoureuses envisagées comprennent un déploiement relativement rapide des véhicules électriques, conformément aux projections du scénario EV30@30 de l'AIE. L'intégration de services de mobilité partagée dans les transports collectifs se poursuit comme dans le scénario d'ambitions inchangées. Le déploiement des véhicules autonomes demeure marginal. En revanche, des mesures de tarification dissuasives font plus efficacement baisser l'usage de la voiture particulière, et on assiste à une densification des villes à la faveur d'une action plus stratégique en matière d'aménagement urbain notamment autour de l'offre de transports collectifs (TOD). Dans le scénario d'ambitions élevées, les restrictions de circulation automobile dans les centres-villes sont plus rigoureuses. On trouvera dans le chapitre 3 des informations plus détaillées sur les hypothèses retenues dans les scénarios concernant le transport urbain de personnes.

Les émissions imputables au transport urbain de personnes ont été estimées à 2 281 Mt pour l'année 2015 au niveau mondial. Dans le scénario d'ambitions inchangées, elles tombent à 1 839 Mt par an à l'horizon 2050. Dans les régions développées comme celle de l'Espace économique européen (EEE), l'Amérique du Nord et l'OCDE-Pacifique, ces émissions diminuent d'ici à 2050. Dans le scénario d'ambitions élevées, le volume annuel total des émissions imputables aux transports urbains tombe à 544 Mt en 2050. Le Graphique 2.3 compare les émissions urbaines dans les différentes régions du monde en 2050 dans le scénario d'ambitions inchangées et dans celui d'ambitions élevées. Dans toutes les régions, les mesures d'atténuation plus fortes prévues par le second scénario accentuent de façon spectaculaire la baisse des émissions par rapport au premier scénario.

Graphique 2.5. Émissions de CO$_2$ dues au transport urbain de personnes dans les deux scénarios

Pays de l'OCDE (en haut) et pays non membres de l'OCDE (en bas), en millions de tonnes

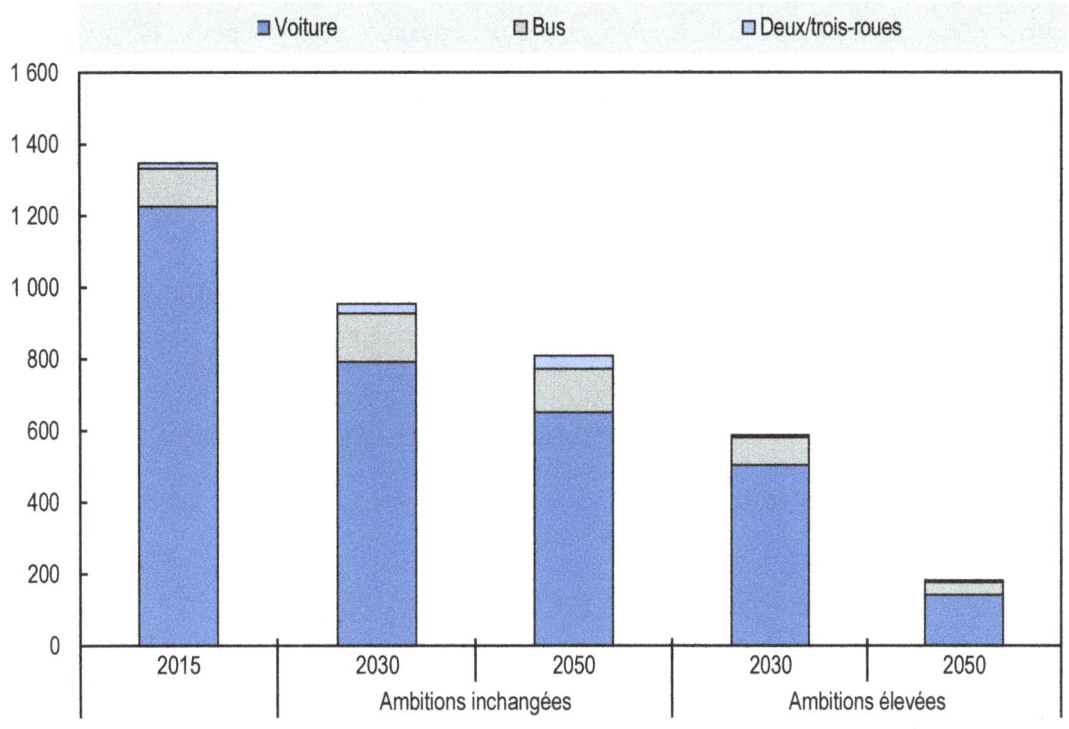

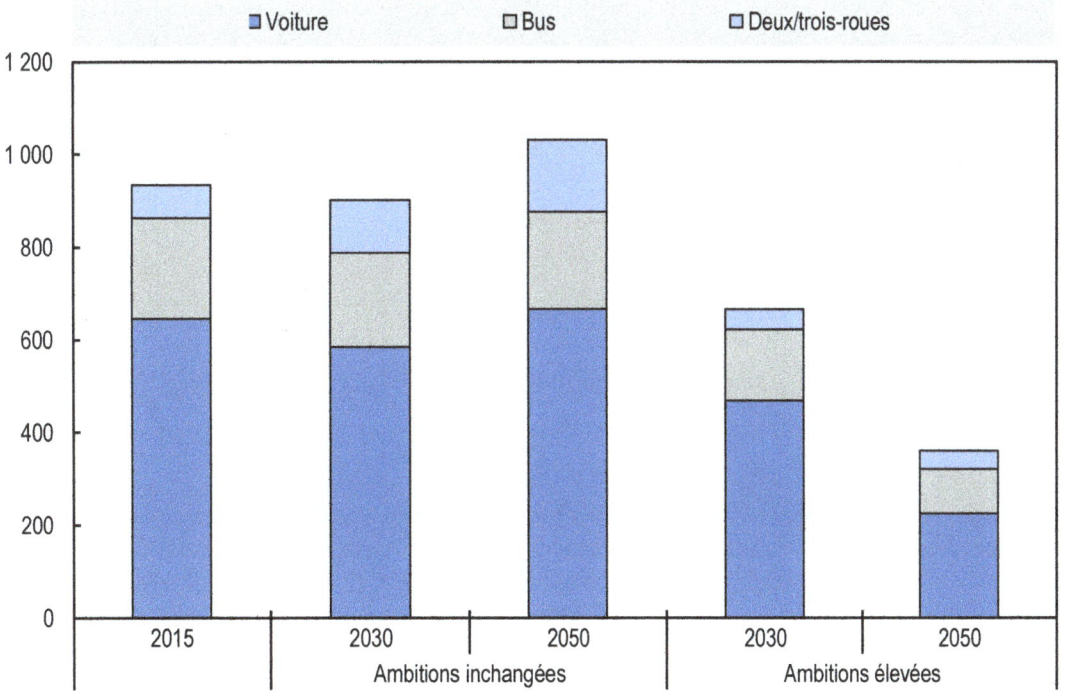

StatLink http://dx.doi.org/10.1787/888933972373

Encadré 2.1. Développement de l'électromobilité des individus

Le développement de l'électromobilité des individus s'est fortement accélérée depuis une dizaine d'années et constitue l'un des moyens les plus directs et les plus efficaces de réduire les émissions de CO_2 produites par le transport de personnes. D'après les simulations réalisées pour différents scénarios, l'électrification du parc mondial de véhicules contribuera à hauteur de 30 % environ à la réduction des émissions d'ici à 2050 (AIE, 2017). Les véhicules électriques représentent seulement 0.2 % du parc mondial de véhicules (AIE, 2017), mais ce marché a commencé à monter en puissance. En 2017, le nombre de véhicules électriques neufs vendus dans le monde a pour la première fois dépassé le million (AIE, 2018). Les ventes de deux-roues électriques ont également progressé et atteint cette même année la barre des 30 millions (AIE, 2018). Si la Chine et les États-Unis sont les deux pays qui enregistrent les plus fortes ventes de voitures électriques, c'est en Norvège, en Islande et en Suède, notamment, que la part de marché des véhicules électriques culmine (AIE, 2018). Le rythme de déploiement varie selon le type de technologie (véhicules hybrides, hybrides rechargeables, à batteries ou à hydrogène), mais tous les véhicules électriques sont confrontés à des obstacles similaires.

Graphique 2.6. Évolution de la part des véhicules légers électriques dans le monde dans les deux scénarios, 2010-50

Pourcentages

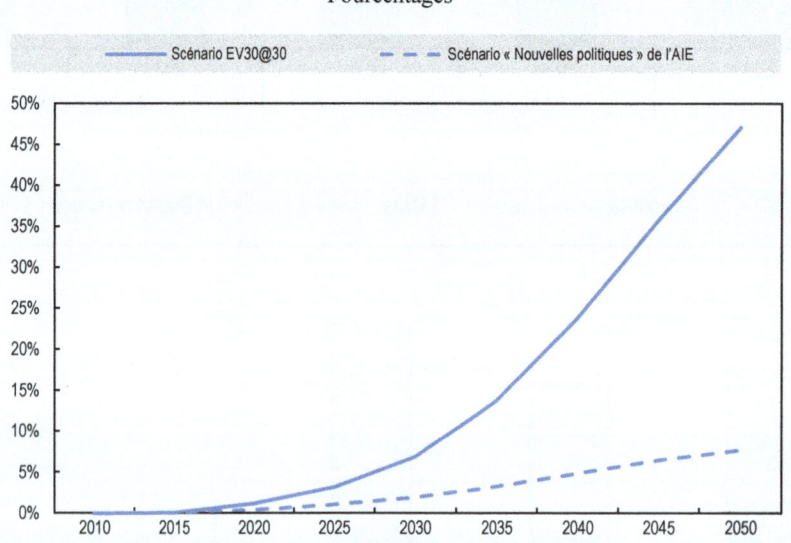

Source : Données issues d'AIE (2018).

StatLink 2 http://dx.doi.org/10.1787/888933972392

La diffusion des véhicules électriques sera importante pour réduire les émissions de CO_2 et atteindre les objectifs de développement durable. Aussi, une initiative pour les véhicules électriques lancée dans le cadre du *Clean Energy Ministerial* a fixé pour objectif de porter à 30 % la part de ces véhicules dans les ventes de véhicules neufs d'ici à 2030 (« EV30@30 »). Les signataires de la Déclaration de Paris sur l'électromobilité et les changements climatiques ambitionnent également de porter à 400 millions le nombre de deux et trois-roues électriques et à 100 millions celui des véhicules électriques en circulation dans le monde.

Si le secteur des transports a été à l'origine d'environ 2 % de la consommation d'électricité mondiale en 2017, la consommation d'électricité des véhicules électriques devrait quintupler d'ici à 2040 (AIE, 2018). Dans le scénario « Nouvelles politiques » (NPS) de l'AIE, les véhicules électriques en circulation (hors deux et trois-roues) seront près de 130 millions en 2030 (AIE, 2018) ; ils représenteront 2 % des véhicules légers en 2030, puis 7.7 % en 2050 (Graphique 2.6). Ces pourcentages sont beaucoup plus élevés dans le scénario EV30@30, dans lequel la part des véhicules légers électriques atteint presque 7 % en 2030 et plus de 47 % en 2050. Les engagements politiques en faveur de l'électrification pris au niveau des villes, des régions et des pays seront les principaux moteurs de cette évolution. L'industrie automobile contribuera également à l'expansion attendue du parc mondial de véhicules électriques en proposant divers types de véhicules dans différentes gammes de prix.

Les plus importants déterminants de la diffusion des véhicules électriques pourraient être l'évolution de la maturité technologique et du rapport coût-efficacité des éléments qui les composent, ainsi que les réponses apportées aux attentes des consommateurs en termes d'autonomie et de temps de rechargement, par exemple. Si des progrès notables ont été accomplis dans la mise au point de batteries, il reste d'importants défis à relever. Les obstacles technologiques sont principalement liés au rythme auquel les batteries sont améliorées (Tollefson, 2008). Les modèles actuels se caractérisent par une densité énergétique relativement faible, ce qui oblige à recourir à des batteries lourdes et encombrantes pour assurer une autonomie adéquate aux véhicules. En plus des avancées technologiques, une baisse significative du coût des batteries s'impose pour que les véhicules électriques deviennent compétitifs. L'amélioration des technologies devrait faire passer le prix des batteries en dessous de 500 USD/kWh en 2020 (Mahmoudzadeh Andwari, Pesiridis, Rajoo, Martinez-Botas, & Esfahanian, 2017), mais cela restera bien supérieur au prix optimal, estimé selon les sources à 150 USD/kWh (Burke, 2007) ou à moins de 200 USD/kWh (Delucchi & Lipman, 2001). D'autres défis consisteront à réduire le coût pour les propriétaires sur l'ensemble du cycle de vie, à améliorer la sécurité et la durée de vie, ainsi qu'à raccourcir les temps et à multiplier les points de recharge (Pollet, Staffell, & Shang, 2012).

L'achat de véhicules électriques est largement encouragé par les pouvoirs publics en Europe – notamment en Allemagne, au Royaume-Uni, en Espagne, au Danemark, en France et en Norvège –, ainsi qu'aux États-Unis, au Japon, en Chine et en Inde. En l'occurrence, les mesures d'incitation se divisent en deux grandes catégories : celles qui visent à stimuler la demande de véhicules électriques, et celles qui visent à développer les infrastructures nécessaires à leur utilisation (Leurent & Windisch, 2011). Les mesures qui agissent sur la demande sont multiples : primes à l'achat, incitations fiscales, remises sur les primes d'assurance, stationnement gratuit ou à tarif réduit, autorisation de circuler sur des voies prioritaires ou réservées aux transports collectifs, accès sans frais à certains services ou installations, gratuité des transports publics pour les propriétaires de véhicules électriques, etc. Pour favoriser la mise en place d'infrastructures, les pays recourent le plus souvent à des subventions, des financements publics ou des avantages fiscaux (Leurent & Windisch, 2011).

L'impact concret de ces incitations sur les ventes de véhicules électriques dépendra des habitudes de déplacement et de la répartition modale qui prévalent au départ, du consentement à changer de comportement en matière de déplacements et de l'élasticité de la demande. Les incitations financières ont tendance à être plus efficaces que les mesures autorisant la circulation sur des voies prioritaires ou permettant de stationner gratuitement (Sierzchula, Bakker, Maat, & van Wee, 2014; Lieven, 2015). Dans la plupart des pays, les pouvoirs publics sont réticents à investir dans les infrastructures de recharge et préfèrent proposer des incitations financières (Lieven, 2015), ce qui entravera à terme une large diffusion des véhicules électriques (Dernbach & Tyrrell, 2010). Un autre aspect à prendre en compte est la production d'électricité et la hausse de la demande. Il est de plus urgent de décarboner cette production, ce qui obligera à investir massivement dans les moyens de production renouvelable et la mise en place de nouvelles infrastructures.

Dans les pays développés, même en cas de politiques inchangées, les émissions imputables aux transports urbains devraient baisser de 40 % d'ici à 2050 d'après les projections. Cependant, si les pouvoirs publics faisaient preuve d'une plus grande ambition, la décarbonation des transports urbains s'en trouverait sensiblement accélérée, puisque les émissions diminueraient de 86 % au cours de la même période. Dans les pays non membres de l'OCDE, les émissions dues au transport urbain de personnes devraient augmenter de 10 % d'ici à 2050, mais elles baisseraient au contraire de 61 % en cas de mesures d'atténuation plus ambitieuses.

Des mesures d'atténuation plus ambitieuses peuvent freiner la hausse attendue des émissions imputables au transport non urbain de personnes

Le transport non urbain de personnes comprend le transport interurbain et le transport infrarégional, c'est-à-dire l'ensemble des activités régionales qui ne relèvent pas du transport urbain ni du transport international. Ses modes sont les véhicules particuliers, les autobus, les trains et les avions. L'évolution de ses émissions sera déterminée principalement par la demande de déplacements en véhicule particulier et déplacements aériens, dans la mesure où ces deux modes sont nettement plus émetteurs de carbone par passager-kilomètre que le rail.

Les véhicules électriques ouvrent des perspectives prometteuses de décarbonation du transport routier de personnes. Ces perspectives sont en revanche plus limitées dans le secteur aérien, où les solutions de substitution économiquement viables aux énergies fossiles sont rares. La hausse rapide de la demande de transport aérien rendra donc les efforts d'atténuation particulièrement difficiles dans ce secteur. La réduction des émissions du transport aérien est en outre compliquée par le fait que celles-ci ne sont pas confinées à l'intérieur de frontières nationales. C'est aussi la raison pour laquelle elles ne sont pas visées par l'Accord de Paris. Cependant, l'Organisation de l'aviation civile internationale (OACI) travaille avec ses pays membres à la mise au point de mesures pour limiter la contribution du transport aérien au changement climatique. Ces mesures vont de l'amélioration de l'efficience opérationnelle à la mise en place d'un Régime de compensation et de réduction du carbone pour l'aviation internationale (CORSIA).

Graphique 2.7. Émissions de CO₂ dues au transport non urbain intérieur de personnes par mode dans les deux scénarios

Pays de l'OCDE (en haut) et pays non membres de l'OCDE (en bas), en millions de tonnes

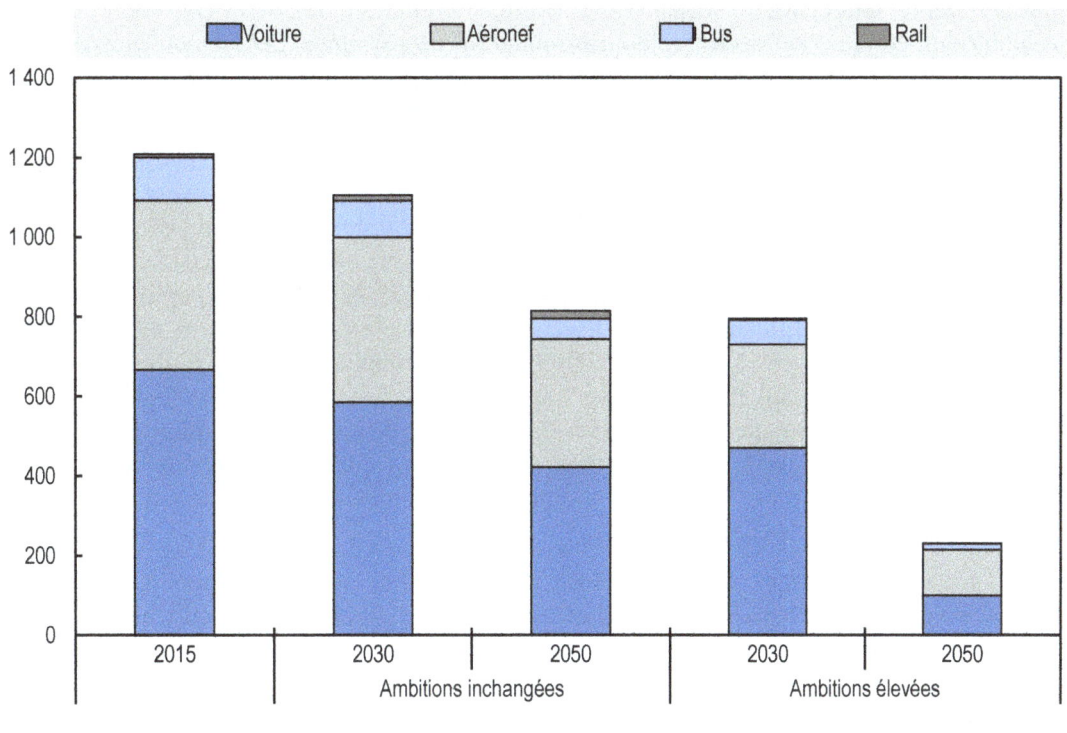

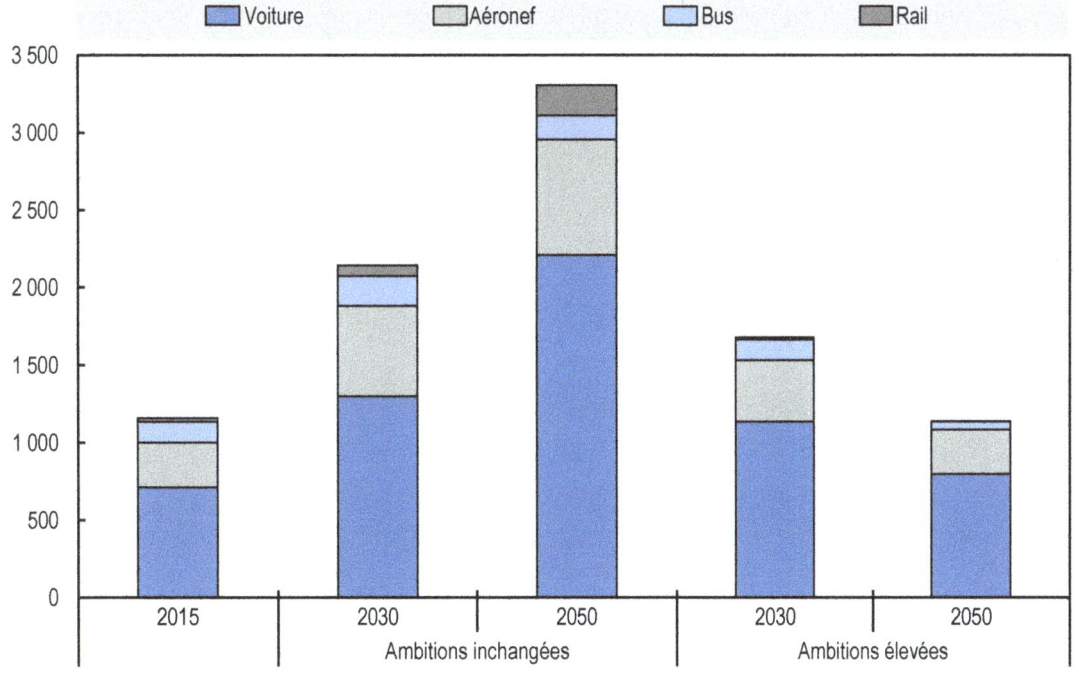

StatLink 🔗 http://dx.doi.org/10.1787/888933972411

Dans le secteur du transport non urbain de personnes, le scénario d'ambitions inchangées table sur la poursuite des efforts d'atténuation actuels, avec notamment unehausse de la tarification du carbone modeste d'ici à 2050. Les évolutions technologiques anticipées – concernant par exemple la diminution de la consommation de carburant des véhicules et des aéronefs – sont celles du scénario « Nouvelles politiques » de l'AIE. Dans le scénario d'ambitions élevées, la baisse de la consommation de carburant des véhicules est plus rapide et la tarification du carbone s'intensifie de façon substantielle jusqu'en 2050.

Le scénario d'ambitions inchangées prévoit une diminution de 40 % des émissions imputables au transport non urbain de personnes dans les pays de l'OCDE d'ici à 2050. Dans les pays non membres de l'OCDE, en revanche, ces émissions devraient bondir de près de 181 %. La croissance des émissions de CO_2 du transport non urbain de personnes sera en majeure partie le fait des déplacements en voiture (+211 % entre 2015 et 2050) et en aéronef (+157 %). Dans le scénario d'ambitions élevées, la mise en œuvre de mesures d'atténuation plus énergiques amplifie le recul des émissions dans les pays de l'OCDE, qui s'établit alors à 81 % à l'horizon 2050. Cette action plus ambitieuse atténue aussi fortement l'accroissement des émissions dans les pays non membres de l'OCDE, qui n'est plus que de 11 % entre 2015 et 2050. La trajectoire de croissance ininterrompue des émissions de CO_2 du transport non urbain de personnes que connaissent les pays non membres de l'OCDE dans le scénario d'ambitions inchangées s'explique par une forte hausse de la demande dans ces pays.

Dans le secteur aérien, dans le cadre du CORSIA, les exploitants d'aéronefs compenseront collectivement les émissions de CO_2 qui dépassent un seuil basé sur la moyenne des émissions de 2019/20. À l'issue d'une phase d'essai (2021-23) et d'une phase facultative (2024-26), la participation deviendra obligatoire, avec cependant quelques dérogations accordées aux pays les moins avancés. Le CORSIA est l'un des premiers mécanismes mondiaux de réduction des émissions mis en place à l'échelle d'un secteur. Son but est d'empêcher l'augmentation des émissions de l'aviation internationale après 2020 malgré la hausse de la demande de transport aérien.

Graphique 2.8. Émissions de CO$_2$ du transport aérien intérieur et international dans les deux scénarios

Millions de tonnes de CO$_2$ émis, avant compensation

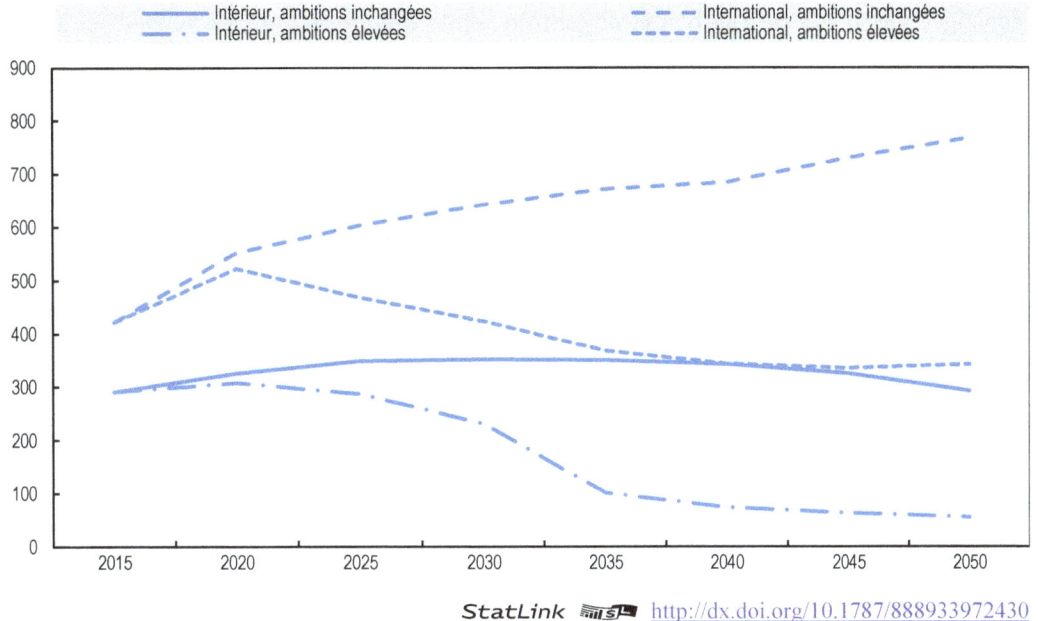

StatLink 🖳 http://dx.doi.org/10.1787/888933972430

Dans le scénario d'ambitions inchangées, les émissions totales dues au transport aérien de passagers augmentent de près de 50 % d'ici à 2050, et cette hausse est intégralement imputable aux vols internationaux : les émissions produites par le trafic aérien international de passagers progressent ainsi de 82 %, tandis que celles attribuables aux vols intérieurs restent stables. L'évolution des émissions représentée dans le Graphique 2.8 ne tient pas compte des compensations carbone qui deviendront obligatoires dans le cadre du CORSIA, et qui sont destinées à assurer la neutralité carbone de la croissance du secteur aérien international après 2020 (par rapport à la moyenne des années 2019 et 2020). Dans le scénario d'ambitions élevées, les émissions de CO$_2$ de l'aviation internationale baissent de 19 % et celles du transport aérien intérieur chutent de 81 %. Cette réduction découle des hypothèses d'électrification des vols court-courriers et de durcissement de la tarification du carbone.

Des mesures d'atténuation plus ambitieuses peuvent prévenir en grande partie la hausse des émissions prévue dans le transport de marchandises

En ce qui concerne le transport de marchandises, le scénario d'ambitions inchangées prend en compte les politiques et règlements existants, les avancées technologiques prévues dans le scénario « Nouvelles politiques » de l'Agence internationale de l'énergie (AIE) et les projections des échanges internationaux jusqu'en 2050 établies à l'aide du modèle ENV-Linkages de l'OCDE (Château, Dellink, & Lanzi, 2014). Il table sur une élasticité des échanges par rapport au PIB relativement faible (FIT, 2017).

Le scénario d'ambitions élevées, en revanche, prend pour hypothèse une électrification plus large du transport de surface de marchandises suivant les paramètres du scénario EV30@30 de l'AIE, ainsi qu'une contraction des échanges de combustibles fossiles sous l'effet de la baisse de la demande de ces combustibles. En 2016, le pétrole, le gaz et le charbon représentaient au total 41 % du commerce maritime international (CNUCED, 2017). Si le volume de ces échanges venait à baisser notablement, cela aurait un impact non négligeable sur les flux internationaux de marchandises.

Le scénario d'ambitions élevées débouche ainsi sur une diminution progressive des échanges mondiaux de charbon et de pétrole : cette diminution atteint 50 % d'ici à 2035 dans le cas du charbon et 33 % dans celui du pétrole, ce qui correspond à une baisse annuelle moyenne de respectivement 3.35 % et 2.1 %. Ces facteurs de réduction sont semblables à ceux pris pour hypothèse par l'Organisation maritime internationale (OMI) dans le profil représentatif d'évolution de concentration 2.6 (RCP 2.6), qui table pour cette même période sur un recul de la demande de transport de 48 % pour le charbon et de 28 % pour le vrac liquide, pétrole compris.

Dans l'ensemble, les mesures d'atténuation du scénario d'ambitions élevées font baisser les émissions mondiales dues au transport de marchandises de 45 % par rapport au scénario d'ambitions inchangées d'ici à 2050. Comme le montre le Graphique 2.9, cette baisse est majoritairement le fait du fret routier et maritime. Le transport aérien de marchandises affiche en 2050 des émissions presque identiques dans les deux scénarios, car il connaît une forte hausse de la demande et n'offre que des possibilités limitées de décarbonation.

Graphique 2.9. Émissions de CO$_2$ du transport de marchandises par mode : situation en 2015 et projections à 2050

Scénarios d'ambitions inchangées et d'ambitions élevées, en millions de tonnes

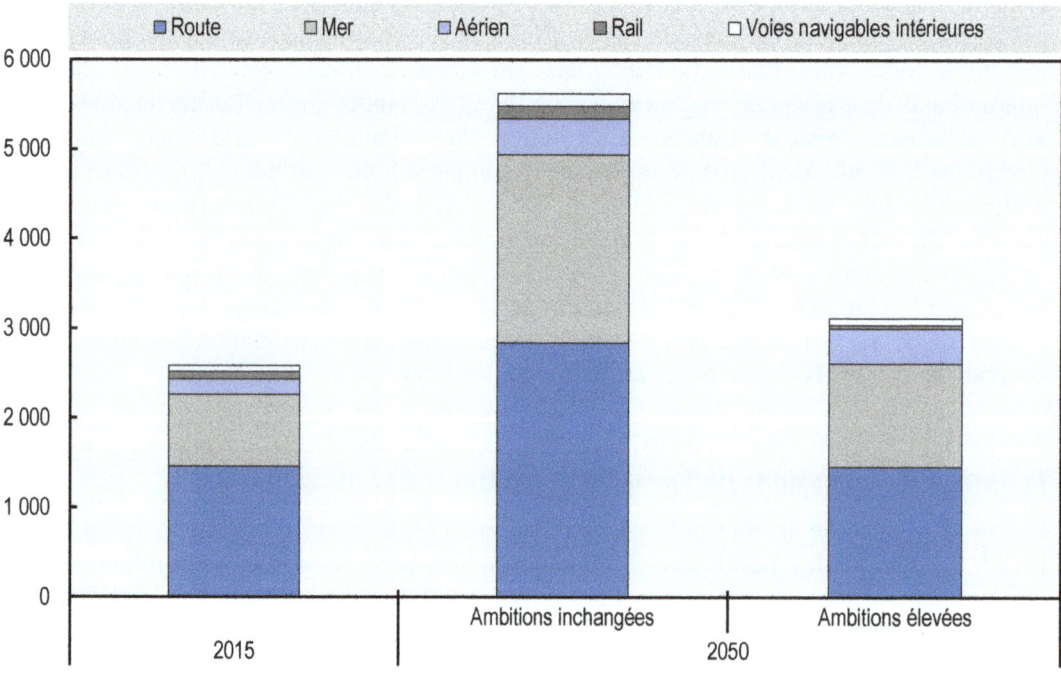

StatLink 🔗 http://dx.doi.org/10.1787/888933972449

Graphique 2.10. Projections du transport international de marchandises et de ses émissions de CO₂

Scénarios d'ambitions inchangées et d'ambitions élevées par axe majeur de transport

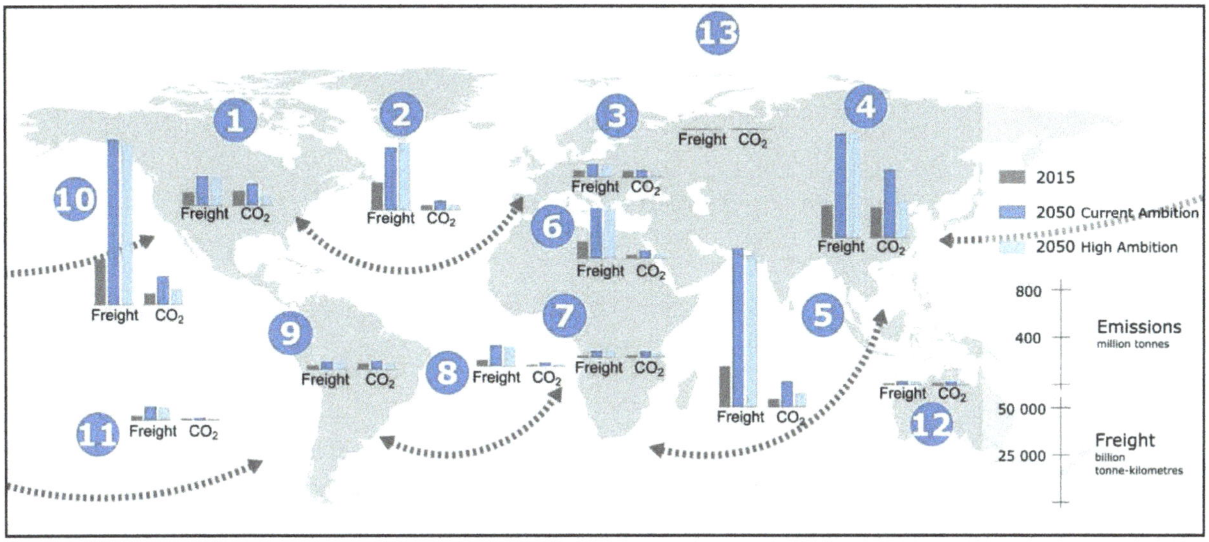

Note : 1. Amérique du Nord ; 2. Atlantique Nord ; 3. Europe ; 4. Asie ; 5. Océan indien ; 6. Méditerranée et mer Caspienne ; 7. Afrique ; 8. Atlantique Sud ; 9. Amérique latine ; 10. Pacifique Nord ; 11. Pacifique Sud ; 12. Océanie ; 13. Route maritime du Nord.

StatLink 2 http://dx.doi.org/10.1787/888933972468

D'ici à 2050, la demande de transport de marchandises augmente notablement sur l'ensemble des axes majeurs de transport dans le scénario d'ambitions inchangées comme dans celui d'ambitions élevées. Les volumes de marchandises attendus ne diffèrent pas beaucoup d'un scénario à l'autre, et les mesures d'atténuation prévues dans le scénario d'ambitions élevées n'ont donc qu'un impact limité sur la demande de transport de marchandises. C'est le transport de marchandises à destination, en provenance et à l'intérieur de l'Asie qui connaît la plus forte croissance. Le Graphique 2.11 montre que les émissions de CO₂ du transport de surface – et en particulier routier – de marchandises augmentent sur tous les continents dans le scénario d'ambitions inchangées.

Cette hausse atteint alors 39 % dans les pays de l'OCDE et 122 % dans les pays non membres de l'OCDE à l'horizon 2050. Dans le scénario d'ambitions élevées, ces mêmes émissions chutent de 44 % dans les pays de l'OCDE durant la même période, et progressent de 16 % dans les pays non membres. Dans ces derniers, les retombées de l'amélioration des technologies et de l'efficience logistique sont de fait plus que compensées par l'impact de la hausse de la demande de transport de marchandises. Dans les pays de l'OCDE comme dans les pays non membres, les émissions de CO₂ du transport de surface de marchandises sont majoritairement le fait du transport routier non urbain. Dans le scénario d'ambitions élevées, la baisse des émissions du transport routier interurbain découle des hypothèses de fort taux d'électrification du parc et de décarbonation du secteur de l'énergie.

Comme le montre le Graphique 2.12, les mesures prises dans le scénario d'ambitions élevées permettent une baisse significative de l'intensité d'émission de CO₂ du transport routier de marchandises par rapport au scénario d'ambitions inchangées. Au niveau mondial, cette intensité (mesurée par véhicule-kilomètre) chute en effet de 63 % en moyenne d'ici à 2050, contre 26 % dans le scénario d'ambitions inchangées. Dans plusieurs régions, les émissions par véhicule-kilomètre cessent de diminuer dans le scénario d'ambitions inchangées, ce qui s'explique par le recours accru aux poids lourds dans le transport non urbain. On trouvera dans le chapitre 5 une description plus détaillée de la demande de transport par mode dans chacun de ces scénarios.

Graphique 2.11. Émissions de CO$_2$ du transport de surface de marchandises, projections par mode et par groupe de pays

Scénarios d'ambitions inchangées (en haut) et d'ambitions élevées (en bas), en millions de tonnes.

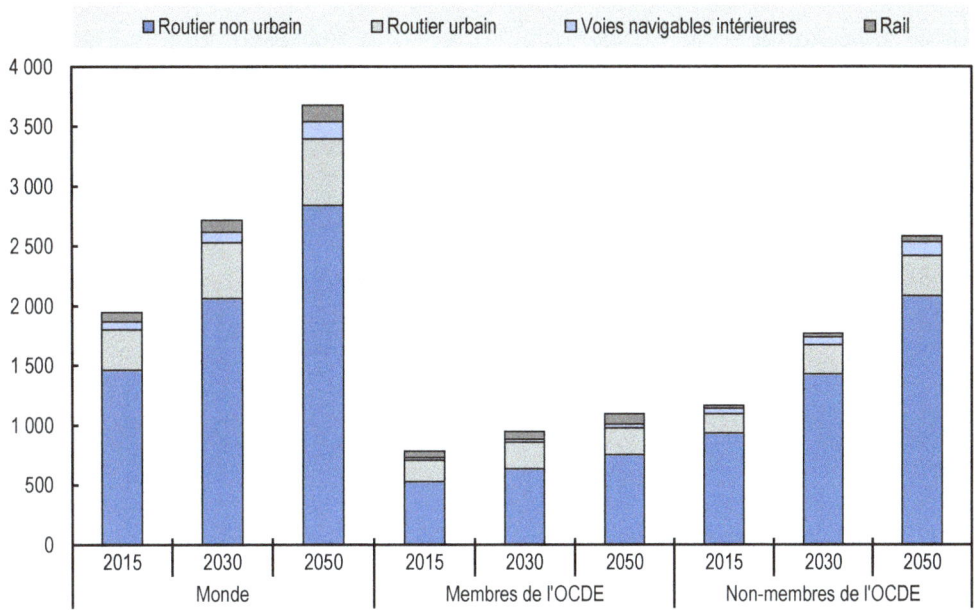

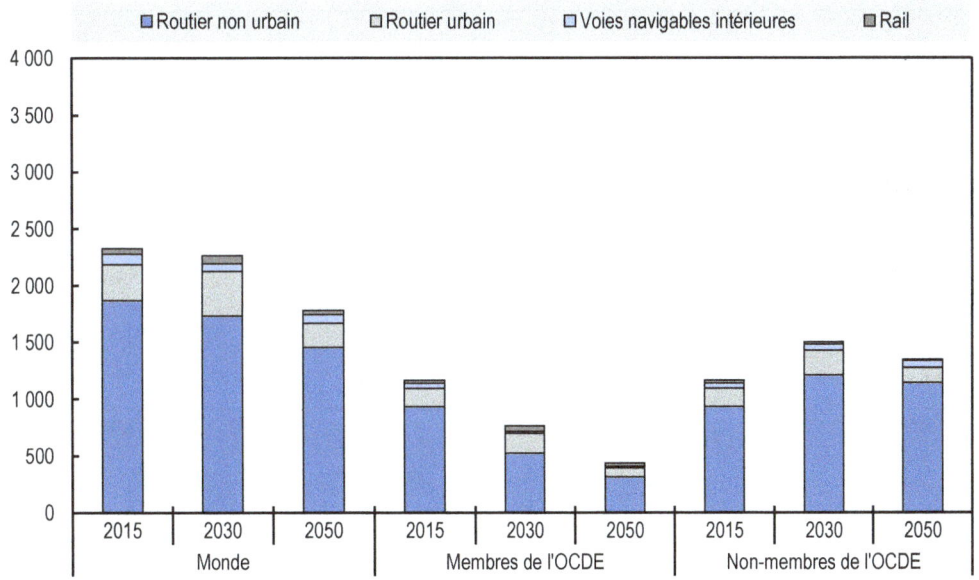

StatLink ⬛ http://dx.doi.org/10.1787/888933972487

Graphique 2.12. Intensité d'émission de CO₂ du transport routier de marchandises par région dans les deux scénarios

Scénarios d'ambitions inchangées (en haut) et d'ambitions élevées (en bas), en tonnes de CO₂ par véhicule-kilomètre.

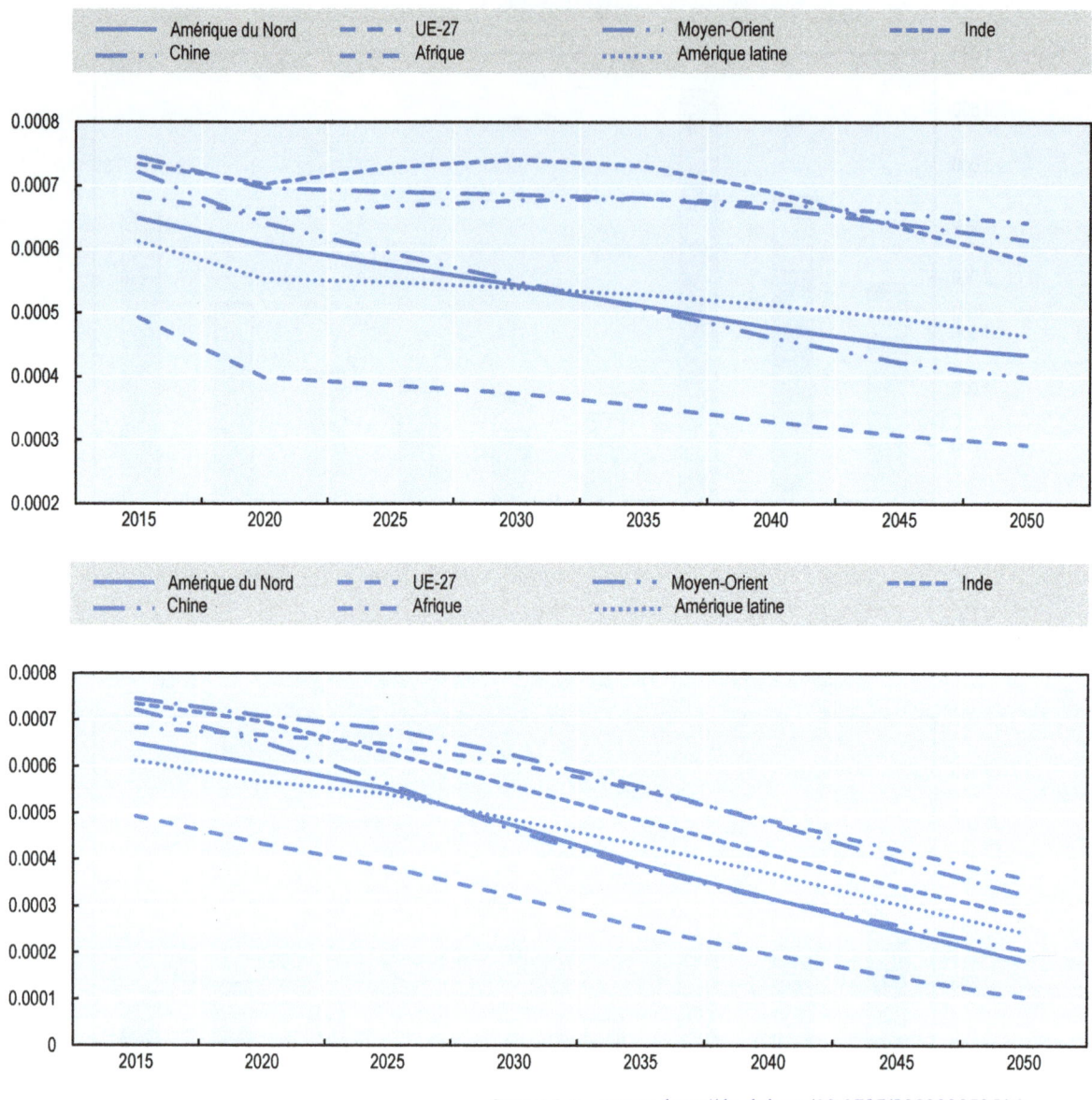

StatLink <http://dx.doi.org/10.1787/888933972506>

Encadré 2.2. Le projet du FIT sur la décarbonation des transports

La signature de l'Accord de Paris en décembre 2015 a établi un cadre politique pour les efforts d'atténuation du changement climatique, en instituant un cycle d'examens quinquennaux des engagements nationaux de décarbonation qui débuteront en 2020. Le projet du FIT sur la décarbonation des transports répond directement aux besoins des acteurs mondiaux dans l'optique de la définition de politiques efficaces de réduction des émissions de CO_2 dans le secteur des transports.

Ce projet promeut une mobilité neutre en carbone afin d'aider à enrayer le changement climatique. Il donne des outils aux décideurs pour sélectionner des mesures d'atténuation des émissions de CO_2 qui leur permettent de tenir leurs engagements climatiques. Le projet ne prône pas des mesures ou politiques spécifiques. À partir d'une évaluation des effets d'atténuation fondée sur des observations factuelles, il met en évidence des solutions envisageables par les décideurs pour atteindre des objectifs comme ceux définis dans les contributions déterminées au niveau national, ou ceux fixés au niveau de secteurs, d'entreprises ou de villes.

Les évaluations du projet sur la décarbonation des transports s'appuient sur des activités d'analyse de données et de modélisation avancée. Le cadre de modélisation du FIT permet d'établir des projections des activités de transport à partir de l'analyse des déterminants de la demande de transport. Il est ensuite utilisé pour modéliser l'effet des évolutions des habitudes de mobilité sur les émissions de CO_2 des transports. En l'occurrence, le projet sur la décarbonation des transports se décline en cinq activités énumérées ci-dessous.

- *Suivi des progrès :* cette activité évalue en quoi les mesures d'atténuation en vigueur contribuent à la réalisation des objectifs de réduction des émissions de CO_2 des transports.

- *Études sectorielles approfondies :* cette activité met en évidence des politiques efficaces pour décarboner le transport urbain de personnes, le transport routier de marchandises, le transport maritime, le transport aérien et le transport non urbain.

- *Études ciblées :* cette activité analyse des aspects particuliers de la décarbonation, et ses résultats alimentent d'autres travaux.

- *Profils d'évolution nationaux :* cette activité évalue les leviers que peuvent actionner les pouvoirs publics pour décarboner les transports dans une optique nationale. Des analyses régionales ou infranationales peuvent également être réalisées.

- *Dialogue sur les politiques à suivre :* cette activité consiste en l'organisation d'un dialogue mondial sur les transports et le changement climatique au travers de tables rondes à haut niveau, de séances d'information et d'ateliers techniques. Elle permet de relayer les contributions du secteur aux négociations sur le changement climatique.

Le projet sur la décarbonation des transports rassemble plus de 70 gouvernements, organisations, institutions, fondations et entreprises. Les partenaires y contribuent de différentes façons, y compris par des apports de fonds et de savoir. Le projet a été lancé en 2016 grâce à un financement de base du Comité de partenariat d'entreprise du FIT. Il compte parmi ses autres partenaires financiers actuels des États, des universités et établissements de recherche, des organisations intergouvernementales, des banques multilatérales de développement, des organisations professionnelles et sectorielles, des villes et régions, des organisations non gouvernementales et des fondations philanthropiques.

En reconnaissance des travaux réalisés par le Forum international des transports dans le contexte de son projet sur la décarbonation des transports, le Secrétariat de la Convention-cadre des Nations Unies sur les changements climatiques (CCNUCC) l'a désigné organisation référente pour les transports dans le cadre de son Partenariat de Marrakech. En cette qualité, le FIT fait office de mécanisme d'échange d'informations entre le secteur des transports et la CCNUCC et contribue au processus de celle-ci. Plus d'informations sont disponibles sur : www.itf-oecd.org/dt

Des innovations de rupture seront nécessaires pour tenir les objectifs de décarbonation dans le secteur des transports

Il ressort des projections des émissions de CO_2 liées aux transports qu'un déploiement plus énergique des mesures d'atténuation connues pourrait ramener les émissions annuelles du secteur de 7 230 Mt en 2015 à 5 026 Mt en 2050. Cela représente une baisse de 30 % et un niveau d'émission de CO_2 très inférieur à celui qui serait atteint en 2050 en cas d'ambitions inchangées par rapport à aujourd'hui (11 585 Mt). Pourtant, même une diminution de cette ampleur des émissions de CO_2 ne serait pas à la hauteur des efforts nécessaires pour contenir l'élévation de la température moyenne mondiale nettement en dessous de 2 °C par rapport aux niveaux préindustriels. Des stratégies innovantes – et, à vrai dire, des stratégies de rupture – seront nécessaires pour que la trajectoire des émissions liées aux transports soit inférieure à celle du scénario d'ambitions élevées. Il sera crucial que ces stratégies concilient réduction des émissions et satisfaction de la demande en croissance rapide de mobilité et de transport de marchandises.

Plusieurs facteurs pourraient entraîner une rupture par rapport aux habitudes de transport actuelles et aux trajectoires d'évolution future des émissions. Certains dépendent dans une large mesure de l'action des pouvoirs publics, par exemple des mesures adoptées pour encourager le développement de la mobilité partagée ou des véhicules autonomes. D'autres dépendent de forces qui sont en grande partie extérieures au secteur des transports, comme l'essor du commerce électronique ou l'évolution des échanges internationaux. Que les déterminants de ces évolutions de rupture soient exogènes ou liés à l'action publique, la façon dont elles se matérialiseront aura des conséquences significatives pour l'avenir des transports. Fait important, l'impact des facteurs exogènes sur la demande de transport et les émissions du secteur dépendra en partie de la façon dont les responsables de l'action gouvernementale choisiront de les gérer. Ceux-ci devront être prompts à adapter les politiques de transport aux évolutions de rupture à l'œuvre dans un large éventail de domaines afin d'en récolter les fruits potentiels et d'en limiter les éventuels effets préjudiciables.

Les modélisations présentées dans les chapitres suivants portent sur un certain nombre d'évolutions possibles qui pourraient bouleverser à l'avenir la demande de transport et les émissions de CO_2 dans le transport urbain et non urbain de personnes et le transport de marchandises. Elles visent à mieux faire appréhender le sens et l'ampleur des répercussions que pourraient avoir ces évolutions de rupture, ainsi que le rôle que peuvent jouer les politiques de transport sur l'influence qu'auront en définitive les tendances exogènes sur les systèmes de transport de demain.

Dans un secteur des transports appelé à changer, les responsables de l'action gouvernementale doivent s'attacher à anticiper autant que possible les changements à venir, mais aussi et surtout à déterminer comment ils prévoient d'y répondre. La tâche est compliquée, car la nature des possibles évolutions et leurs conséquences pour les habitudes de transport sont entourées d'une grande incertitude et il est de plus en plus urgent de décarboner le secteur. Les projections présentées dans les *Perspectives des transports du FIT 2019* visent à contribuer à un dialogue de fond tourné vers l'avenir dans l'optique de l'objectif plus que jamais d'actualité de la mobilité durable.

Notes

[1] Ce chiffre cadre globalement avec l'estimation des émissions liées aux transports produite par l'AIE, qui est de 7 738 Mt pour 2015.

[2] Ces chiffres correspondent aux émissions imputables à l'utilisation des véhicules (émissions « du réservoir à la roue »), et ne tiennent donc pas compte de celles produites par l'extraction, le raffinage et le transport des carburants avant leur consommation (émissions « du puits au réservoir »). Ces émissions indirectes représentent une proportion plus ou moins importante des émissions totales selon le type de carburant et le type de véhicule. À titre d'exemple, d'après une étude, les émissions indirectes « du puits au réservoir » ont représenté environ 28 % des émissions totales (« du puits à la roue ») du transport routier de marchandises en Europe en 2005 (ICCT, 2016).

Références

AIE. (2017). *CO2 Emissions From Fuel Combustion Highlights 2017.* Agence internationale de l'énergie.

AIE. (2017). Energy Technology Perspectives 2017: Catalysing Energy Technology Transformations. doi:https://dx.doi.org/10.1787/energy_tech-2017-en

AIE. (2018). *CO2 emissions from fuel combustion: Highlights.* Retrieved 01 24, 2019, from https://webstore.iea.org/co2-emissions-from-fuel-combustion-2018-highlights

AIE. (2018). *Global EV Outlook 2018: Towards cross-modal electrification.* Agence internationale de l'énergie, Paris. doi:https://dx.doi.org/10.1787/9789264302365-en

AIE. (2019). CO2 emissions by product and flow. *IEA CO2 Emissions from Fuel Combustion Statistics.* doi:https://dx.doi.org/10.1787/data-00430-en

Burke, A. (2007). Batteries and Ultracapacitors for Electric, Hybrid, and Fuel Cell Vehicles. *Proceedings of the IEEE, 95*(4), 806-820. doi:10.1109/JPROC.2007.892490

CCNUCC. (2016). *Effet global des contributions prévues déterminées au niveau national : mise à jour.* Retrieved from https://undocs.org/fr/FCCC/CP/2016/2

Château, J., Dellink, R., & Lanzi, E. (2014). An Overview of the OECD ENV-Linkages Model : Version 3. Dans *Documents de travail de l'OCDE sur l'environnement* (Vol. 2014). Éditions OCDE, Paris. doi:https://dx.doi.org/10.1787/5jz2qck2b2vd-en

CNUCED. (2017). *Étude sur les transports maritimes 2017.* Retrieved from https://unctad.org/fr/PublicationsLibrary/rmt2017_fr.pdf

Delucchi, M., & Lipman, T. (2001). An analysis of the retail and lifecycle cost of battery-powered electric vehicles. *Transportation Research Part D: Transport and Environment, 6*(6), 371-404. doi:10.1016/S1361-9209(00)00031-6

Dernbach, J., & Tyrrell, M. (2010). Federal Energy Efficiency and Conservation Laws. *SSRN Electronic Journal.* doi:10.2139/ssrn.1684201

FIT. (2017). ITF Transport Outlook 2017. doi:https://dx.doi.org/10.1787/9789282108000-en

FIT. (2018). *Policy Priorities for Decarbonising Urban Passenger Transport.* FIT, Paris. Retrieved 10 23, 2018, from https://www.itf-oecd.org/sites/default/files/docs/policy-priorities-decarbonising-urban-passenger-transport_0.pdf

FIT. (2018). *The Social Impacts of Road Pricing.* Retrieved 01 28, 2019, from https://www.itf-oecd.org/sites/default/files/docs/social-impacts-road-pricing.pdf

FIT. (2018). *Transport CO2 and the Paris Climate Agreement.* Retrieved 01 25, 2019, from https://www.itf-oecd.org/sites/default/files/docs/transport-co2-paris-climate-agreement-ndcs.pdf

GIEC. (2014). *Changements climatiques 2014: Rapport de synthèse, Résumé à l'intention des décideurs.* Retrieved 03 13, 2019, from https://www.ipcc.ch/site/assets/uploads/2018/02/SYR_AR5_FINAL_full_fr.pdf

GIEC. (2014). Transport. *Working Group III - Mitigation of Climate Change,* 117. Retrieved 01 24, 2019, from https://www.ipcc.ch/site/assets/uploads/2018/02/ipcc_wg3_ar5_chapter8.pdf

GIEC. (2018). Global Warming of 1.5 °C. 2. Retrieved 10 10, 2018, from http://report.ipcc.ch/sr15/pdf/sr15_spm_final.pdf

Groupe consultatif de haut niveau sur le transport durable. (2014). *Mobilizing Sustainable Transport for Development.* Organisation des Nations Unies. Retrieved 04 29, 2019, from https://sustainabledevelopment.un.org/topics/sustainabletransport/highleveladvisorygroup

ICCT. (2016). *Reducing CO2 emissions from road transport in the European Union: An evaluation of policy options.* Retrieved 02 14, 2019, from https://www.theicct.org/sites/default/files/publications/ICCT_EU-CO2-policies_201606.pdf.

Leurent, F., & Windisch, E. (2011). Triggering the development of electric mobility: a review of public policies. *European Transport Research Review, 3*(4), 221-235. doi:10.1007/s12544-011-0064-3

Lieven, T. (2015). Policy measures to promote electric mobility – A global perspective. *Transportation Research Part A: Policy and Practice, 82,* 78-93. doi:10.1016/J.TRA.2015.09.008

Mahmoudzadeh Andwari, A., Pesiridis, A., Rajoo, S., Martinez-Botas, R., & Esfahanian, V. (2017). A review of Battery Electric Vehicle technology and readiness levels. *Renewable and Sustainable Energy Reviews, 78,* 414-430. doi:10.1016/j.rser.2017.03.138

Nyborg, K., Anderies, J., Dannenberg, A., Lindahl, T., Schill, C., Schlüter, M., . . . De Zeeuw, A. (2016). *Social norms as solutions.* doi:10.1126/science.aaf8317

Pollet, B., Staffell, I., & Shang, J. (2012). Electrochimica Acta Current status of hybrid, battery and fuel cell electric vehicles: From electrochemistry to market prospects. *Electrochimica Acta, 84,* 235-249. doi:10.1016/j.electacta.2012.03.172

PPMC-SLoCaT. (2016). *Nationally-Determined Contributions (NDCs) Offer Opportunities for Ambitious Action on Transport and Climate Change.* Retrieved 01 25, 2019, from http://www.ppmc-transport.org/wp-content/uploads/2015/06/NDCs-Offer-Opportunities-for-Ambitious-Action-Updated-October-2016.pdf

Sierzchula, W., Bakker, S., Maat, K., & van Wee, B. (2014). The influence of financial incentives and other socio-economic factors on electric vehicle adoption. *Energy Policy, 68*, 183-194. doi:10.1016/J.ENPOL.2014.01.043

Tollefson, J. (2008). Car industry: Charging up the future. *Nature, 456*(7221), 436-440. doi:10.1038/456436a

Zheng, J., Scott, M., Rodriguez, M., Sierzchula, W., Platz, D., Guo, J., & Adams, T. (2009). Carsharing in a University Community Assessing Potential Demand and Distinct Market Characteristics. *Transportation Research Record*(2110), 18-26. doi:https://doi.org/10.3141/2110-03

Chapitre 3. Ruptures dans le transport urbain de personnes

Ce chapitre examine la situation actuelle du transport urbain de personnes et un certain nombre d'évolutions technologiques et économiques porteuses de bouleversements futurs dans ce secteur. Deux scénarios sont analysés : un dans lequel l'action publique est adaptée pour accompagner les bouleversements induits par ces évolutions, et un autre dans lequel les pouvoirs publics ne procèdent à aucun ajustement. Les résultats indiquent que les évolutions porteuses de ruptures peuvent susciter des transferts modaux qui aggravent la congestion et les émissions d'ici à 2050, et que des politiques ciblées seront nécessaires pour orienter ces évolutions de façon à réduire au minimum leurs externalités négatives et à maximiser leurs retombées bénéfiques.

La mobilité urbaine connaît une mutation rapide

Les trajets effectués à l'intérieur des régions urbaines représentent aujourd'hui la plupart des déplacements, et leur nombre devrait continuer de croître au rythme de la population et du produit intérieur brut (PIB) des villes. Partout dans le monde, la mobilité est source de défis, mais aussi d'opportunités pour ces régions. D'une part, c'est dans les villes que les limites de la panoplie actuelle des solutions de transport se feront le plus ressentir. D'autre part, les zones urbaines offrent un terreau fertile pour des innovations susceptibles de changer la donne. Cette conjonction de facteurs dissuasifs et incitatifs n'est pas nouvelle. L'innovation en situation de contraintes a toujours été un facteur de changement systémique, y compris dans le secteur des transports. À l'heure actuelle, nous assistons à une nouvelle accélération du cycle d'innovation, avec une convergence rapide de technologies, de modèles d'affaires et de services qui sont porteurs de ruptures, en particulier dans les zones urbaines. Cette convergence s'observe tout particulièrement dans le domaine de la mobilité urbaine, mais concerne aussi de nombreux autres domaines de l'économie et de la société.

Ces évolutions de rupture vont-elles s'enraciner et, surtout, atteindront-elles une échelle suffisante ? Dans l'affirmative, les transports de demain pourraient bien s'inscrire dans un cadre sociotechnique différent de celui qui caractérise aujourd'hui la mobilité urbaine. Pour les villes, il sera primordial de comprendre les conditions entraînant de telles ruptures, de cerner leurs conséquences possibles et de réfléchir aux moyens de les orienter et de les encadrer par l'action publique.

Graphique 3.1. Part de la population vivant en zone urbaine par région, 1950-2050

Pourcentages

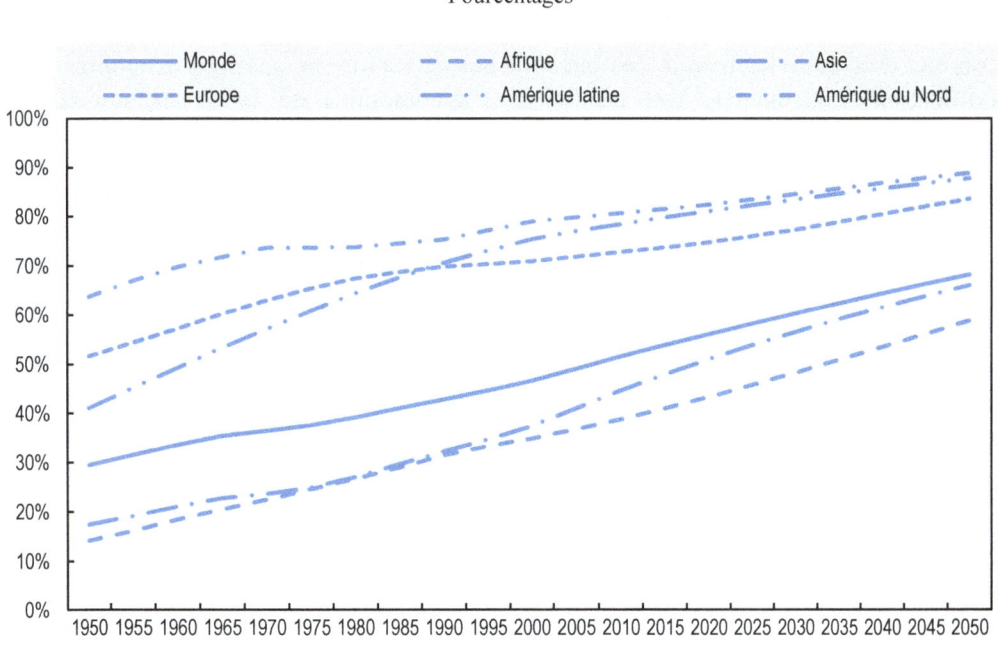

Source : DAES-ONU (DAES, 2018).

StatLink ᴹˢᴸ http://dx.doi.org/10.1787/888933972525

Les nombreux milieux urbains différents de la planète ne connaîtront pas tous les mêmes changements. Du fait des particularités de chaque zone urbaine en termes d'action publique et de contexte socioéconomique et géographique, les innovations n'auront pas partout les mêmes conséquences. Certaines pourront se révéler un facteur de rupture à Beijing ou Los Angeles, mais avoir un impact moindre à Bruxelles ou Lagos, par exemple. De même, le moment où les effets de rupture se produiront et leur durée peuvent varier d'une ville à l'autre et d'un pays à l'autre.

Enfin, ces innovations de rupture conféreront en général des avantages immédiats à ceux qui les mettront à profit – et en particulier à leurs premiers adeptes. À l'échelle de la collectivité, leur impact global pourra néanmoins être positif, négatif ou insignifiant. Des politiques volontaristes sont clairement de mise pour faire en sorte que l'action publique encadre les phénomènes de rupture afin d'en maximiser les avantages et d'en réduire au minimum les répercussions négatives. Bien évidemment, cela n'est pas aisé lorsque les évolutions de rupture se présentent dans un premier temps comme des phénomènes atypiques négligeables avant de monter en puissance.

Étant donné que les caractéristiques des différentes zones urbaines varient en fonction du contexte et du fait de la nature même des phénomènes de rupture, il est difficile de prévoir le profil d'évolution de ceux-ci. Dans ce chapitre des *Perspectives des transports*, nous examinons trois phénomènes de rupture possibles pour la mobilité urbaine, ainsi que leur conjonction, dans le cadre de différents scénarios.

En l'occurrence, ces phénomènes sont les suivants :

1. un très large recours au télétravail et à la téléprésence plus généralement ;

2. une hausse significative de la conduite autonome et automatisée dans les villes ;

3. une adoption massive des services de mobilité partagée et optimisée.

Si on met de côté le télétravail, ces phénomènes de rupture ne sont pas tributaires d'une modification fondamentale des technologies automobiles de base qui sous-tendent l'écosystème de la mobilité urbaine. La conduite autonome et la mobilité partagée continueront de s'appuyer sur des véhicules circulant sur le réseau ferré et routier urbain. Ces véhicules ressembleront peu ou prou aux voitures, minibus, bus, trains, vélos et divers moyens de transport individuel motorisé que nous connaissons aujourd'hui. La montée en puissance de ces deux phénomènes de rupture pourrait être d'autant plus aisée qu'ils ne remettent pas en question le système sociotechnique actuel, articulé autour de la construction, de l'entretien, du ravitaillement, de l'assurance et de l'immatriculation de véhicules. Bien entendu, les deux – isolément et en conjonction – bouleversent la façon d'utiliser les véhicules et peuvent faire émerger des modèles d'affaires et comportements nouveaux en matière de déplacements. Pour leur part, le télétravail et la téléprésence peuvent éliminer une partie de l'activité de transport et remplacer le système sociotechnique sous-jacent par une autre configuration fondée sur la présence virtuelle.

Les trois phénomènes ont pour points communs de faire appel aux technologies informatiques et des communications, aux informations et aux données, et de donner naissance à de nouveaux modèles d'affaires rendus possibles par la transformation numérique. Dans le cas du télétravail, la présence virtuelle des travailleurs ne peut être utile et productive que grâce à l'omniprésence des réseaux et des technologies connexes.

En ce qui concerne la conduite autonome, le remplacement des conducteurs humains par des systèmes fondés sur l'intelligence artificielle et mus par des algorithmes nécessite de mettre au point et de déployer des technologies expertes d'observation, de traitement et de commande, et ouvre de nouveaux domaines de production industrielle et de développement de services commerciaux. Il suscitera également des changements dans les activités de soutien comme les services juridiques, l'assurance, le codage et le dessin industriel. Les véhicules autonomes peuvent renforcer la sécurité et réduire les coûts des exploitants de flottes de véhicules, et potentiellement déboucher sur de nouveaux modèles de fourniture de services susceptibles d'être couplés avec des services de mobilité partagée et des programmes dans lesquels la mobilité est conçue comme un service (MaaS).

De même, ces phénomènes de rupture amélioreront l'adéquation entre l'offre et la demande et favoriseront une intégration harmonieuse des différents modes, créant les conditions d'une large adoption de nouveaux services de mobilité. Les coûts de déplacement peuvent s'en trouver modifiés, avec à la clé une remise à plat des choix des utilisateurs en matière de mode de transport et, à terme, l'émergence de nouvelles habitudes de déplacement. L'adoption massive de la mobilité partagée, étayée par la conception de la mobilité comme un service (MaaS), promet notamment de faire évoluer deux paradigmes qui dominent depuis longtemps les services de mobilité urbaine : celui de la possession d'un mode de locomotion individuel et celui des horaires des transports en commun. De nouveaux modèles de mobilité créeraient les conditions d'un partage à la demande optimisé des véhicules et d'une intégration harmonieuse des modes, et permettraient aux fournisseurs de mobilité de mieux cibler les besoins et les souhaits individuels des voyageurs.

Un formidable obstacle se dresse toutefois sur la route de ces trois évolutions de rupture, à savoir la toute-puissance du modèle de mobilité fondé sur la voiture particulière. Dans quelle mesure elles parviendront – seules ou en conjonction – à bouleverser le *statu quo* dépendra des contraintes rencontrées par les voyageurs à l'intérieur du système de mobilité actuel, du degré auquel les cadres réglementaires favorisent ou au contraire freinent les nouveaux modèles de mobilité, et enfin des coûts relatifs des nouveaux services par rapport à ceux des services existants (ainsi que de l'évolution de ces coûts dans le temps).

Contribution possible des politiques de transport urbain à la réduction des émissions

Le modèle de transport urbain de personnes mis au point par le Forum international des transports (FIT) permet d'évaluer l'activité de transport, la répartition modale et les émissions correspondantes dans le cadre de différents scénarios d'action des pouvoirs publics pour l'ensemble des zones urbaines de plus de 50 000 habitants dans toutes les régions du monde jusqu'en 2050[1]. Ce cadre de modélisation évolue en permanence grâce à l'incorporation de nouvelles sources des données et à l'amélioration des méthodes d'analyse. L'Encadré 3.1 met en exergue les derniers perfectionnements en date.

Deux scénarios de mobilité urbaine ont été élaborés pour cette édition des *Perspectives des transports* : un scénario d'ambitions inchangées et un scénario d'ambitions élevées (leurs caractéristiques sont présentées dans le Tableau 3.1). Dans ce contexte, le terme ambition renvoie aux efforts entrepris par les parties prenantes pour faire baisser les émissions de CO_2 et mettre en place des mesures à cet effet. La hausse attendue de la demande de mobilité urbaine est satisfaite de manière différente dans chaque scénario (Graphique 3.2), de sorte que les émissions de CO_2 produites par le secteur varient sensiblement entre les scénarios (Graphique 3.3). On verra plus loin dans ce chapitre d'autres scénarios qui rendent compte de l'impact potentiel de possibles évolutions de rupture sur la demande de déplacements et les émissions de CO_2 correspondantes.

Encadré 3.1. Améliorations récentes du modèle de transport urbain de personnes du FIT

Depuis sa présentation en 2017, le modèle de transport urbain de personnes du FIT (FIT, 2017) a fait l'objet de plusieurs améliorations. En voici les principales :

1. *Meilleure représentation de différents modes de transport et de leur interaction :* le modèle englobe à présent les services de mobilité partagée (services avec chauffeur dans le cadre desquels plusieurs voyageurs partagent un même véhicule pendant au moins une partie de leur déplacement, comme les minibus et les taxis partagés), ainsi que les systèmes de partage de véhicules (voitures, vélos, motocycles et scooters) dans le cadre desquels les usagers ne partagent pas nécessairement leurs déplacements avec d'autres personnes. Il comprend également un paramètre d'intégration, qui rend compte de la facilité avec laquelle les voyageurs peuvent changer de mode de transport, par exemple passer d'un mode nouveau à un mode classique et inversement.

2. *Estimations affinées concernant le PIB et la motorisation :* ces estimations sont désormais propres aux villes alors qu'elles étaient auparavant établies au niveau des pays.

3. *Représentation plus détaillée des zones urbaines de taille restreinte* (50-300 000 habitants) grâce à la création de la nouvelle catégorie « petites villes ». Dans ces villes, la répartition modale n'est pas la même que dans celles de plus grande taille, entre autres parce qu'il n'existe souvent pas de transports collectifs lourds.

Le scénario d'ambitions inchangées pour le transport urbain de personnes

Le scénario d'ambitions inchangées table sur le maintien des politiques actuelles en matière de transport urbain, comprenant les politiques annoncées qui doivent entrer en vigueur dans les années à venir (Tableau 3.1). Dans ce scénario, les technologies et le déploiement de la mobilité autonome et partagée progressent à un rythme modeste. L'électrification des parcs automobiles urbains avance comme prévu dans le scénario « Nouvelles politiques » (NPS) de l'Agence internationale de l'énergie (AIE, 2018). L'intégration des modes de transport est limitée ; des obstacles significatifs continuent d'empêcher les voyageurs urbains de se déplacer sans rupture entre différents modes. L'offre de transports publics se développe au même rythme que par le passé. La densité des zones urbaines ne change pas de façon spectaculaire, mais l'étalement des villes se poursuit dans certaines régions.

Dans la logique des tendances récentes, certaines villes appliquent des mesures de restriction de la circulation automobile dans leur centre, étayées par des politiques de stationnement *ad hoc*, afin de lutter contre la hausse de la congestion et de la pollution. En l'occurrence, le scénario d'ambitions inchangées table sur des mesures publiques plus fortes que le scénario de référence de l'édition 2017 des *Perspectives des transports* (FIT, 2017). Il tient ainsi compte de la prise de conscience accrue des problèmes que soulève le transport urbain de personnes et de l'impact des mesures d'atténuation prises récemment ou en passe d'être appliquées par les villes pour y faire face. L'activité de transport globale progresse au rythme des projections de croissance du PIB et de la population. Le recours accru au télétravail ralentit quelque peu la hausse du nombre total de passager-kilomètres, laquelle s'établit ainsi à 38 % d'ici à 2030 et à 104 % d'ici à 2050 en milieu urbain par rapport à 2015.

La part des passager-kilomètres parcourus en ville en véhicules particuliers (taxis non collectifs compris) diminue dans le scénario d'ambitions inchangées, passant d'environ 70 % en 2015 à 40 % en 2050. Les modes partagés[2] – qui comprennent les systèmes de véhicules partagés (comme les voitures, vélos, trottinettes ou scooters en libre-service avec ou sans stations)[3] et les services de mobilité partagée optimisés (comme les taxis ou minibus partagés avec chauffeur) – progressent pour représenter plus de 20 % de la demande totale dans les villes en 2050. Ils sont dominés par les services optimisés, dans le cadre desquels plusieurs voyageurs partagent un même véhicule avec chauffeur pour effectuer au moins une partie de leur trajet. La part des modes de transport collectif plus classiques (bus, rail, métro) dans le total des passager-kilomètres parcourus en milieu urbain progresse légèrement, passant de 30 % en 2015 à plus de 35 % en 2050. Si les modes partagés et les transports en commun connaissent une hausse de la demande, c'est principalement parce que l'offre de nouveaux services de mobilité partagée mieux adaptés aux besoins des voyageurs augmente progressivement, et parce que les services de transports collectifs lourds continuent de s'améliorer.

Les émissions de CO_2 dues aux déplacements urbains diminuent de 20 % entre 2015 et 2050 dans le scénario d'ambitions inchangées, bien que le nombre total de passager-kilomètres double. Cela tient en grande partie à la progression des taux d'occupation des véhicules (grâce à l'augmentation de la part des services de mobilité partagée optimisés et des transports collectifs) et à la diminution de la consommation de carburant des véhicules. Les émissions moyennes de CO_2 par passager-kilomètre parcouru passent d'environ 126 g en 2015 à 50 g en 2050. Les émissions de CO_2 d'une voiture moyenne (mesurées en grammes par véhicule-kilomètre) chutent de 48 % en Amérique du Nord, de 54 % en République populaire de Chine et en Inde, et de 43 % à l'échelle mondiale, ce qui rejoint le scénario « Nouvelles politiques » de l'AIE.

Le scénario d'ambitions élevées pour le transport urbain de personnes

Dans ce scénario, les pouvoirs publics appliquent une série de mesures ambitieuses pour optimiser l'utilisation de l'espace public limité et réduire les externalités négatives du transport urbain. Le déploiement des véhicules électriques est accéléré, suivant le Scénario EV30@30 (AIE, 2018). Les modes de transport sont mieux intégrés que dans le scénario d'ambitions inchangées, de sorte que la part des transports publics et des modes actifs de déplacement (marche et vélo) est plus élevée. Des investissements plus importants sont consacrés aux transports collectifs lourds, et des politiques intégrées en matière de transport et d'aménagement urbain ont pour effet de densifier les zones urbaines.

Les pouvoirs publics s'efforcent en outre de maîtriser la circulation automobile et de réguler plus activement le stationnement pour créer des incitations en faveur de transports plus économes en espace, réduire la congestion et faire baisser les émissions de gaz à effet de serre. Le télétravail est encouragé, ce qui diminue le nombre de déplacements par rapport au scénario d'ambitions inchangées. Comme l'effet de la mobilité partagée et autonome sur le niveau global des déplacements (et donc sur les émissions de CO_2) est incertain, le scénario d'ambitions élevées ne comprend pas de mesures susceptibles d'accélérer le déploiement de ces potentielles sources de bouleversements; l'offre de modes partagés et de mobilité autonome est donc la même que dans le scénario d'ambitions inchangées.

Les projections fondées sur le scénario d'ambitions élevées montrent une diminution de la distance cumulée des déplacements urbains dans les prochaines décennies. En 2050, le total des passager-kilomètres parcourus en milieu urbain est ainsi inférieur de 15 % à celui du scénario d'ambitions inchangées. Cette baisse s'explique par le raccourcissement des déplacements sous l'effet de la densification des villes qui découle des politiques d'aménagement urbain. La part plus importante des trajets effectués en transports en commun et le recours accru aux modes partagés jouent également dans le raccourcissement des déplacements moyens par rapport à ceux effectués en véhicule particulier. Le télétravail, enfin, entraîne une décrue modérée de l'activité de transport globale.

La part des modes de déplacement individuel dans le total des passager-kilomètres parcourus en ville tombe à 30 % en 2050, contre environ 40 % dans le scénario d'ambitions inchangées et approximativement 70 % en 2015. Cette évolution découle à la fois de politiques qui ciblent davantage l'utilisation de la voiture et le stationnement et de mesures fortes soutenant l'intégration des différents services de transport. La baisse des émissions de CO_2 est accentuée par l'augmentation de l'occupation moyenne des véhicules et le fort déploiement des véhicules électriques. En 2050, ces émissions tombent alors à environ 20 % de leur niveau de 2015 et sont réduites de 70 % par rapport au scénario d'ambitions inchangées. Le niveau moyen des émissions de CO_2 par passager-kilomètre descend à 17 g dans toutes les régions du monde. En 2050, la consommation de carburant d'une voiture moyenne chute d'environ 75 % par rapport à 2015 sous l'effet des mesures prévues dans le scénario d'ambitions élevées.

Tableau 3.1. Caractéristiques des scénarios d'ambitions inchangées et d'ambitions élevées dans le domaine du transport urbain

Mesures d'atténuation		Ambitions inchangées	Ambitions élevées
	Amélioration de l'efficacité énergétique et déploiement des véhicules électriques	Le pourcentage des véhicules électriques en circulation en 2050 varie selon les régions : par exemple, entre 1 et 22 % pour les voitures (selon (AIE, 2018) – NPS)	Le pourcentage des véhicules électriques en circulation en 2050 varie selon les régions : par exemple, entre 42 et 64 % pour les voitures (selon (AIE, 2018) - EV30@30)
	Conception de Mobility as a Service (MaaS)	En 2050, 20 % des voyageurs ont recours à des systèmes de MaaS pour planifier leurs déplacements	En 2050, 50 % des voyageurs ont recours à des systèmes de MaaS pour planifier leurs déplacements
	Intégration et expansion des transports collectifs	Les évolutions antérieures se poursuivent jusqu'en 2050	Les évolutions antérieures observées en Europe se poursuivent jusqu'en 2050 dans toutes les régions du monde
	Politiques d'aménagement urbain pour densifier les zones urbaines	Selon les régions, étalement urbain stable ou léger jusqu'en 2050	Selon les régions, densification des zones urbaines de 5 à 10 % jusqu'en 2050
	Restrictions de circulation des voitures	En 2050, 20 % des déplacements en voiture sont concernés par des mesures de restriction (par exemple, zones à faibles émissions)	En 2050, 40 % des déplacements en voiture sont concernés par des mesures de restriction
	Tarification du stationnement	Égal ou supérieur de jusqu'à 20 % du pouvoir d'achat estimé des voyageurs en 2050 suivant la région.	Supérieur de 10 à 40 % du pouvoir d'achat escompté des voyageurs en 2050 suivant la région.
Facteurs potentiels de rupture		**Ambitions inchangées**	**Ambitions élevées**
	Véhicules autonomes	Selon les régions, entre 0 et 2.5 % des déplacements en voiture sont autonomes en 2050	Identique au scénario d'ambitions inchangées
	Mobilité partagée	Les évolutions antérieures de l'offre de moyens de transport partagés se poursuivent jusqu'en 2050 (croissance annuelle du parc comprise entre 50 et 150 % selon les régions)	Identique au scénario d'ambitions inchangées
	Télétravail	Entre 2 et 20 % des déplacements sont concernés d'ici à 2050 selon les régions	Entre 3 et 25 % des déplacements sont concernés d'ici à 2050 selon les régions

Graphique 3.2. Répartition modale de la mobilité urbaine : situation en 2015 et projections à 2050

Scénarios d'ambitions inchangées et d'ambitions élevées, en milliards de passager-kilomètres

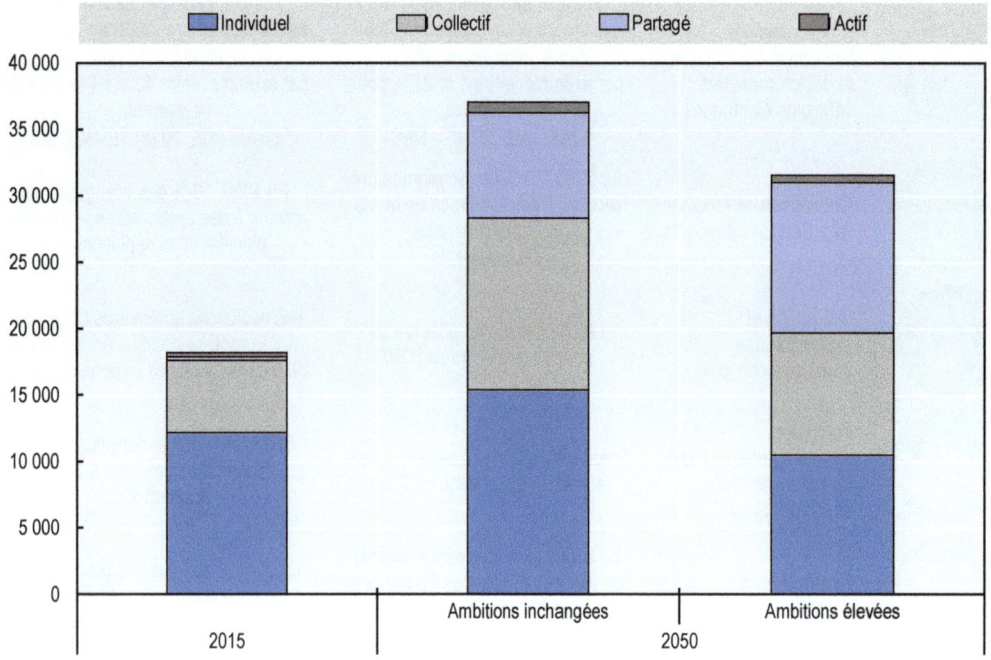

Note : Individuel renvoie aux véhicules particuliers motorisés et taxis. Collectif désigne le bus, le métro, le tram et le rail. Partagé correspond aux véhicules partagés motorisés et non motorisés, ce qui comprend les systèmes de partage (de voitures, vélos et autres véhicules en libre-service avec ou sans station) et les services de mobilité partagée optimisés (taxis ou minibus partagés avec chauffeur). Actif renvoie aux déplacements effectués à pied, à vélo ou par tout autre mode faisant appel à l'énergie musculaire humaine (hormis les véhicules partagés publics).

StatLink ᴍᴤᴸ http://dx.doi.org/10.1787/888933972544

Graphique 3.3. Émissions de CO$_2$ par mode : situation en 2015 et projections à 2050

Scénarios d'ambitions inchangées et d'ambitions élevées, en millions de tonnes

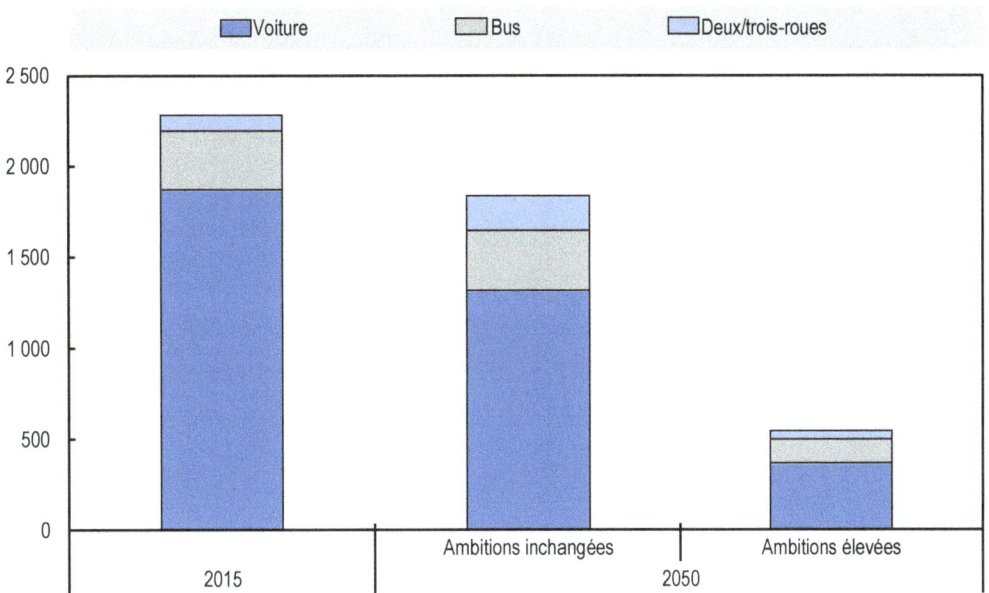

Note : Voir la note du Graphique 3.2.

StatLink http://dx.doi.org/10.1787/888933972563

Mobilité urbaine par région

Dans les prochaines décennies, c'est l'Afrique qui connaîtra la plus forte progression relative de la demande de mobilité urbaine. Entre 2015 et 2050, le transport urbain y est presque multiplié par quatre dans le scénario d'ambitions inchangées, et la part du continent africain dans le nombre total de passager-kilomètres parcourus dans le monde double pour passer de 5 à 10 %. Dans d'autres régions en développement rapide comme la Chine, l'Inde, le Moyen-Orient et d'autres parties de l'Asie, la demande de mobilité urbaine est multipliée par plus de deux d'ici à 2050 (voir Graphique 3.4). En Chine et en Inde, elle s'accroît d'environ 7 000 milliards de passager-kilomètres entre 2015 et 2050 dans le scénario d'ambitions inchangées, ce qui représente la plus forte augmentation absolue enregistrée dans le monde. En 2050, ces deux pays représentent ainsi un tiers environ du total mondial des passager-kilomètres parcourus en zone urbaine, contre environ un quart en 2015.

Même dans les régions où l'accroissement du nombre de passager-kilomètres urbains est le plus faible, il est significatif, puisqu'il atteint 30 % dans la région OCDE Pacifique et 40 % dans les pays en transition[4].

Graphique 3.4. Répartition de la mobilité urbaine par région du monde, situation en 2015 et projections à 2050

Scénarios d'ambitions inchangées et d'ambitions élevées, en milliards de passager-kilomètres

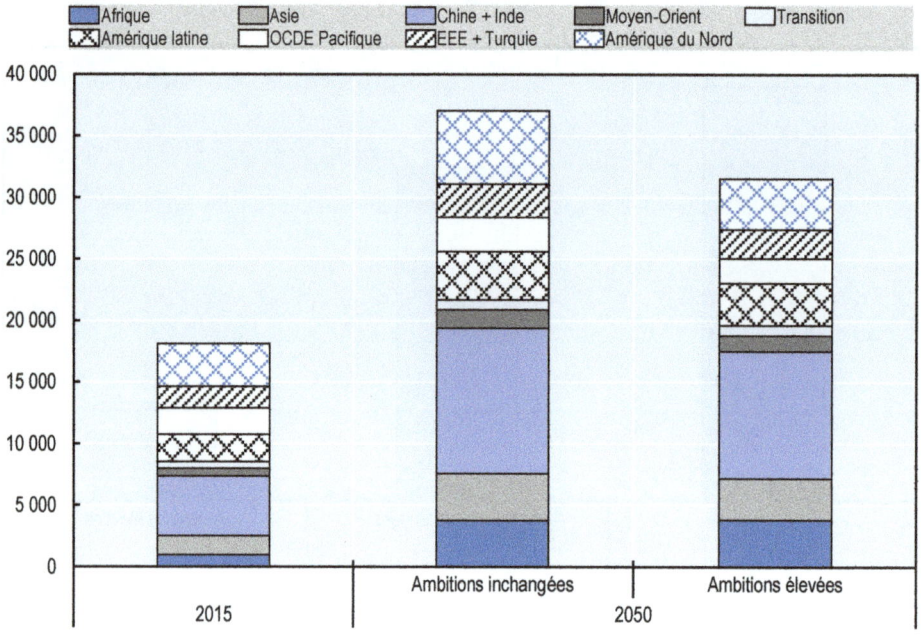

StatLink ⟨⟩ http://dx.doi.org/10.1787/888933972582

Polluants locaux

Les transports urbains constituent une importante source de pollution atmosphérique locale, principalement du fait de leurs émissions d'oxydes d'azote (NO_x), de sulfate (SO_4) et de particules de diamètre égal ou inférieur à 2.5 microns ($PM_{2.5}$). Ces polluants sont en partie responsables de pathologies graves comme les maladies cardiovasculaires et respiratoires et de nombreux cancers. Selon les estimations de l'Organisation mondiale de la santé, plus de 90 % de la population mondiale vit dans des zones où la pollution atmosphérique dépasse les limites fixées en matière de qualité de l'air (OMS, 2016).

La contribution des transports urbains aux émissions de CO_2 et leur contribution à la pollution atmosphérique locale ne sont pas nécessairement corrélées. Les émissions de CO_2 sont strictement proportionnelles à la consommation de carburant des véhicules, alors que la quantité de polluants locaux rejetés dans les gaz d'échappement par unité de carburant consommé peut être très variable. Dans ces *Perspectives des transports*, nous utilisons les coefficients d'émission du modèle Roadmap de l'International Council on Clean Transportation (ICCT, 2019) pour estimer les émissions de polluants locaux qui découlent des niveaux de mobilité urbaine prévus par les deux scénarios. Ce modèle tient notamment compte de l'évolution attendue des normes de consommation des véhicules ainsi que de leur taux de pénétration probable dans les parcs automobiles à l'horizon 2050.

Dans le scénario d'ambitions inchangées, les émissions totales de particules et de SO_4 diminuent au cours des prochaines décennies, tandis que les émissions de NO_x du transport urbain demeurent relativement stables jusqu'en 2050 (voir Graphique 3.5). Cela étant, dans certaines régions du monde, la pollution de l'air urbain augmente sensiblement faute de mesures destinées à y remédier. Au Moyen-Orient, les émissions de NO_x, de SO_4 et de $PM_{2.5}$ progressent de respectivement 73 %, 197 % et 185 %. En Afrique, la hausse prévue atteint 78 % pour les NO_x, 136 % pour le SO_4 et 136 % également pour les $PM_{2.5}$. Dans ces régions, l'intensification de la pollution atmosphérique imputable aux transports est liée à la croissance des villes, mais aussi à la montée en puissance des transports individuels motorisés. En revanche, les émissions polluantes diminuent notamment dans les zones où la marge de progression du recours à la voiture est limitée et où les véhicules électriques gagnent du terrain, en particulier dans l'Espace économique européen (EEE) et en Turquie.

Comme le montre le scénario d'ambitions élevées, des mesures d'atténuation permettraient de limiter la croissance des émissions polluantes dues à la mobilité urbaine. Le facteur qui améliore le plus la situation par rapport au scénario d'ambitions inchangées est la pénétration accrue des véhicules à zéro émission. Néanmoins, certaines villes voient la pollution de l'air imputable aux transports augmenter même dans le scénario d'ambitions élevées. Le Graphique 3.6 montre la variation en pour cent de la pollution de l'air urbain imputable aux transports entre l'année de référence 2015 et l'année 2050 dans le cadre du scénario d'ambitions élevées. On remarque que les émissions de NO_x augmentent malgré tout dans 5 % des villes réparties dans différentes régions du monde. La hausse des émissions de SO_4 et de $PM_{2.5}$ est davantage concentrée géographiquement, surtout en Afrique et au Moyen-Orient.

Graphique 3.5. Émissions polluantes dues aux transports par région

Scénarios d'ambitions inchangées et d'ambitions élevées, en milliers de tonnes rejetées dans les gaz d'échappement

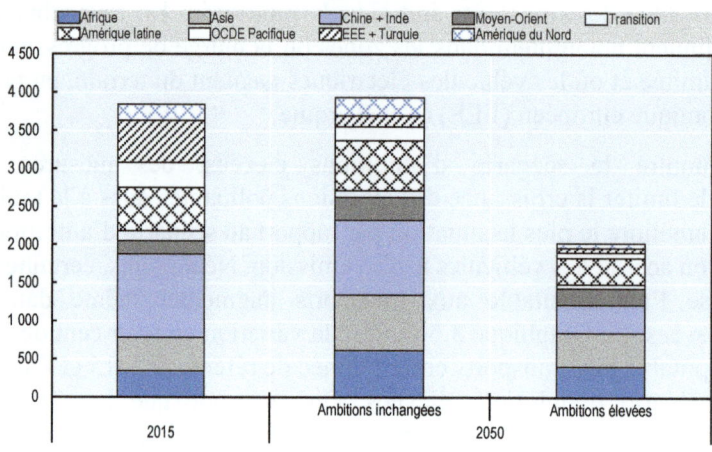

Émissions de NO$_x$

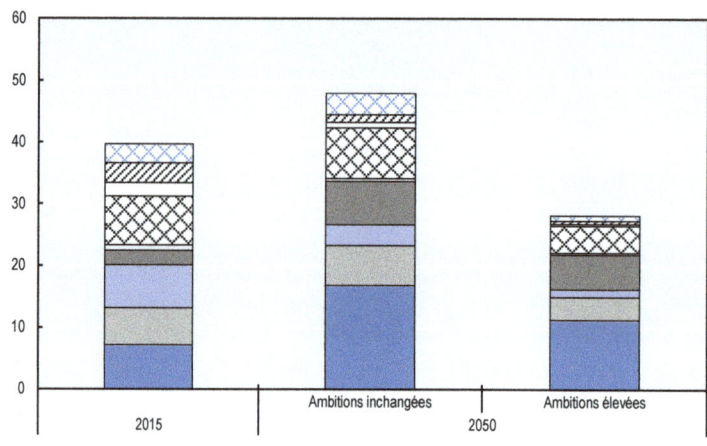

Émissions de SO$_4$

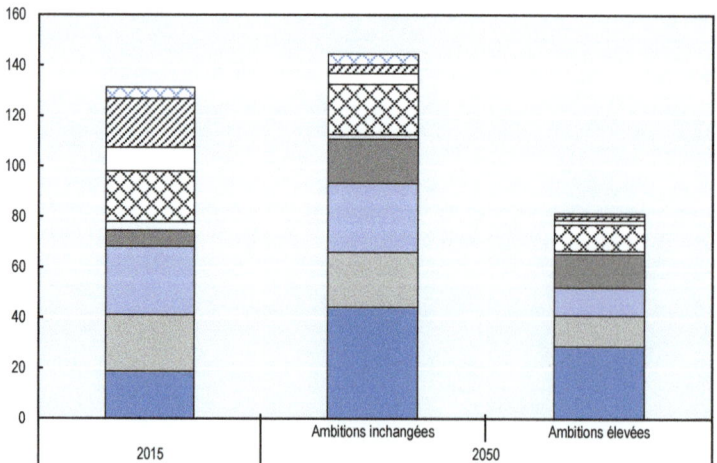

Émissions de particules

StatLink [1] http://dx.doi.org/10.1787/888933972601

Graphique 3.6. Émissions polluantes dues aux transports

Variation en pourcentage entre 2015 et 2050 dans le scénario d'ambitions élevées

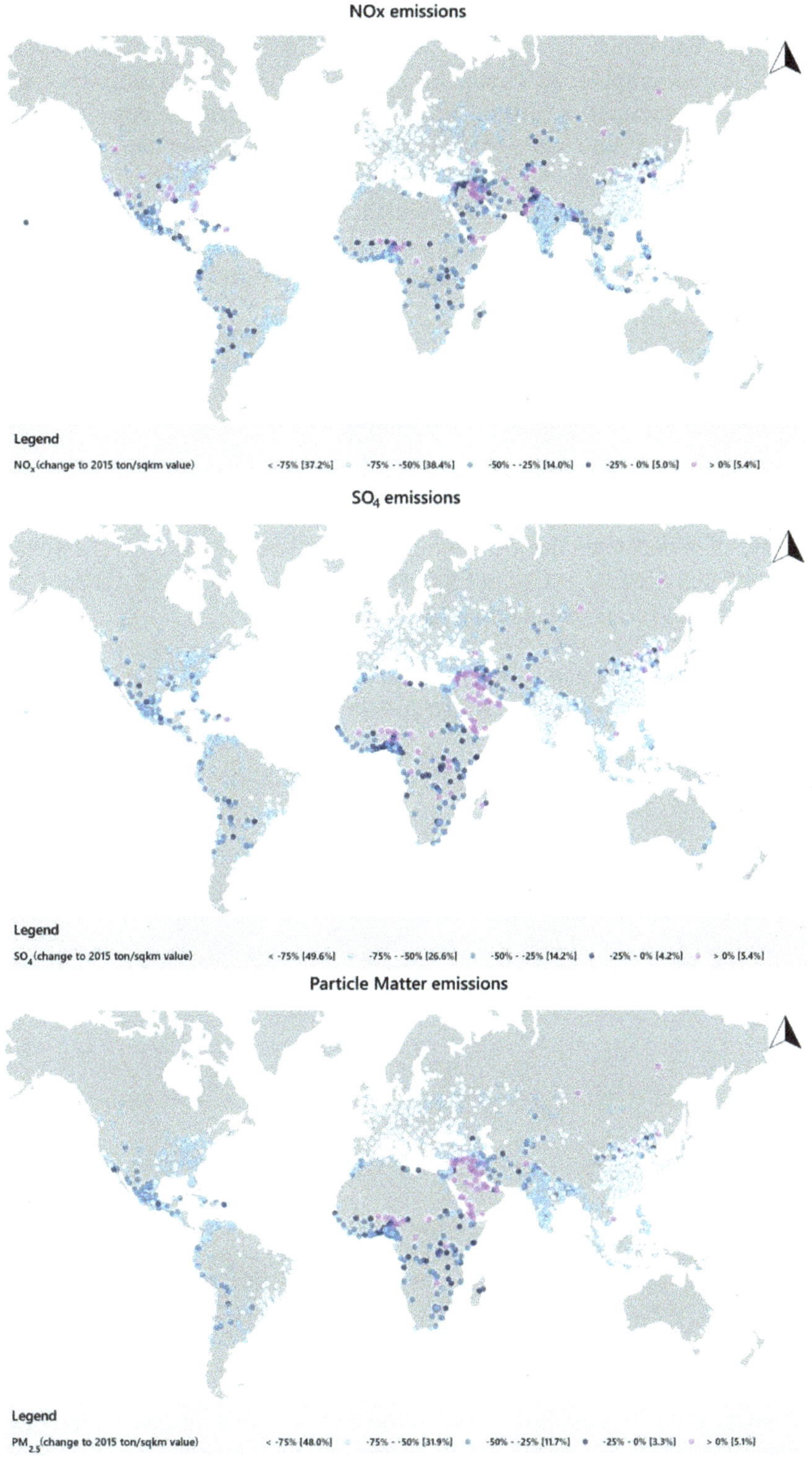

NOx emissions

Legend

NO$_x$ (change to 2015 ton/sqkm value)   < -75% [37.2%]   -75% - -50% [38.4%]   -50% - -25% [14.0%]   -25% - 0% [5.0%]   > 0% [5.4%]

SO$_4$ emissions

Legend

SO$_4$ (change to 2015 ton/sqkm value)   < -75% [49.6%]   -75% - -50% [26.6%]   -50% - -25% [14.2%]   -25% - 0% [4.2%]   > 0% [5.4%]

Particle Matter emissions

Legend

PM$_{2.5}$ (change to 2015 ton/sqkm value)   < -75% [48.0%]   -75% - -50% [31.9%]   -50% - -25% [11.7%]   -25% - 0% [3.3%]   > 0% [5.1%]

Il est difficile de prévoir les conséquences de ces scénarios sur le plan sanitaire. Les estimations présentées tiennent compte uniquement des émissions des pots d'échappement et ignorent donc, par exemple, les particules rejetées par l'usure des freins et des pneumatiques. En outre, les transports ne sont bien évidemment pas les seuls responsables des émissions de polluants locaux. D'autres facteurs entrent en ligne de compte, dont la topographie, le climat ou encore la présence d'activités industrielles. Néanmoins, les projections réalisées pour la présente édition des *Perspectives des transports* montrent que cette hausse interviendra en grande partie dans des villes qui sont aujourd'hui déjà en proie à des problèmes de pollution de l'air, et où le surcroît d'émissions aggravera sans doute les effets sanitaires. Il convient de redoubler d'efforts pour développer des transports collectifs à émissions faibles ou nulles, surtout dans les villes de taille moyenne où l'investissement dans le ferroviaire n'est pas forcément envisageable.

Encadré 3.2. Le cadre d'analyse de l'accessibilité urbaine du Forum International des Transports

L'accessibilité constitue une priorité croissante de l'action publique. Il est de plus en plus admis que le but ultime des politiques de transport n'est pas tant d'accélérer et de désengorger les déplacements que de rendre plus aisé l'accès des citoyens aux biens, aux services et aux activités. Il est toutefois rare que des indicateurs rendant compte de l'accessibilité soient utilisés dans la prise de décisions.

Graphique 3.7. Part de la population urbaine située à plus de 30 minutes en voiture de l'hôpital le plus proche en Europe

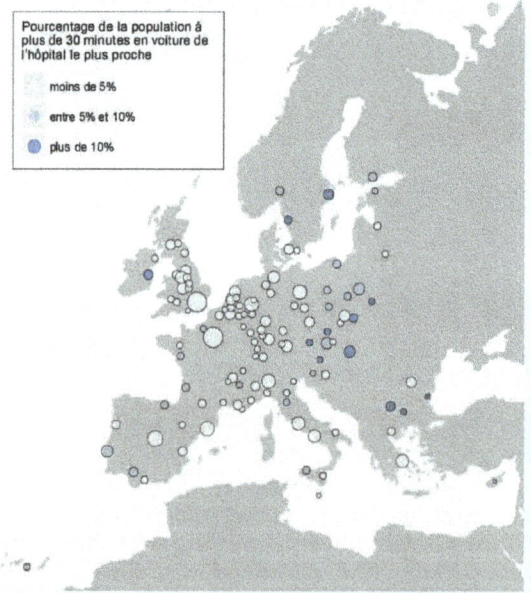

Note : le diamètre des cercles est proportionnel au nombre total d'habitants.

Le cadre d'analyse de l'accessibilité urbaine du FIT propose un ensemble d'indicateurs, de méthodes de calcul et de bases de données permettant de réaliser des études d'accessibilité à grande échelle (FIT, 2017). Il permet d'évaluer l'accessibilité à l'aune de différents types de destinations, comme les lieux d'emploi et les établissements

---

d'enseignement et de soins. Il offre également la possibilité d'isoler dans les analyses l'influence de la vitesse et de la proximité sur l'accessibilité.

Dans un rapport à paraître prochainement, intitulé *Benchmarking Accessibility in Cities: Measuring the impact of proximity and transport performance* (FIT, à paraître), le FIT présente les résultats de l'application du cadre d'analyse à l'ensemble des villes européennes de plus de 500 000 habitants. Il en ressort que l'accessibilité moyenne des biens et services est très élevée dans ces villes, mais cette moyenne masque d'importantes disparités. Par exemple, il apparaît que plus de 97 % des habitants se trouvent à moins de 30 minutes en voiture d'un hôpital.

En revanche, dans beaucoup de villes d'Europe de l'Est, comme Sofia (Bulgarie), Budapest (Hongrie) ou Lublin (Pologne), cette part tourne autour de 90 %. Elle tombe même en dessous de 70 % parmi les habitants de bassins d'emploi. Dans ces zones, une part significative de la population urbaine doit donc rouler plus de 30 minutes pour se rendre dans un hôpital. Ce constat a des implications évidentes pour l'action des pouvoirs publics, sachant que l'accès à des services de santé essentiels de qualité est l'une des cibles des Objectifs de développement durable (ODD) des Nations Unies.

Le cadre d'accessibilité urbaine du FIT a été mis au point dans le cadre d'un projet financé par la Commission européenne et réalisé en collaboration avec le Centre de l'OCDE pour l'entrepreneuriat, les PME, les régions et les villes.

Le phénomène de rupture du télétravail

Le télétravail, comme d'autres formes de téléprésence, peut augmenter l'accessibilité, la productivité et la compétitivité. Il peut créer des emplois et stimuler la croissance intelligente tout en contribuant au bien-être global des employés. Dans le secteur des transports, il a pour effet d'aider à réduire le nombre de trajets domicile-travail, et par conséquent d'alléger le trafic sur les réseaux de transport aux heures de pointe. Dans la mesure où il peut limiter les déplacements motorisés, il réduit aussi les émissions de CO_2. Promouvoir le télétravail peut donc être l'une des options des stratégies de gestion de la demande de déplacements visant à décarboner les transports.

Le télétravail, au sens large, est le fait d'exercer une activité professionnelle en dehors des locaux de son employeur tout en y restant connecté grâce aux technologies de réseau. Il peut également recouvrir les modalités de travail flexibles destinées à reporter les trajets domicile-travail aux heures creuses. Cependant, dans le contexte de cette analyse, nous entendons par télétravail les modalités de travail permettant de réduire le nombre total de trajets vers le lieu de travail[5].

Le concept de télétravail a été proposé pour la première fois en tant qu'aménagement officiel en 1973 aux États-Unis, en réaction à la hausse des prix pétroliers et à l'entrée en vigueur de la loi environnementale (« Clean Air Act ») de 1970. On a d'abord pensé qu'il révolutionnerait le monde du travail pour devenir l'habitude d'une part importante de la population active. Pourtant, il était encore une exception un quart de siècle plus tard : aux

États-Unis en 1997, seuls 7 % d'actifs travaillaient de chez eux au moins une fois par semaine (Eurofound, Sixth European Working Conditions Survey, 2017). Dans l'Union Européenne (UE) en 2000, seulement 5 % de la population active effectuait au moins un quart de ses heures de travail à distance (Eurofound, Telework in the European Union, 2010).

Le taux de télétravail a augmenté depuis, principalement avec l'essor de l'internet et de la technologie mobile, et parce qu'employeurs et employés voient cette pratique sous un jour de plus en plus favorable. En 2010, près de 10 % de la population active aux États-Unis travaillait à distance au moins une fois par semaine. De toutes les options existantes en termes de déplacement domicile-travail, le télétravail est celle qui connaît la plus forte croissance, particulièrement parmi les citadins (Mateyka, Rapino, & Landivar, 2012).

Faute de de collectes de données et d'une définition harmonisées du télétravail, il est difficile d'établir des comparaisons internationales. Les données disponibles permettent néanmoins de mettre en évidence certains schémas et tendances d'ordre général.

Tout d'abord, le taux de télétravail est très variable : il peut aller de 2 % à 40 % selon la région du monde et le secteur (Gschwind, et al., 2017). En Europe, les chiffres sont les plus élevés au Danemark, en Finlande et aux Pays-Bas, où respectivement environ 34 %, 32 % et 29 % de la population déclare télétravailler. Dans tous les pays, le groupe ayant le plus recours au télétravail est celui des employés hautement qualifiés comme les cadres de direction, les professions intellectuelles et scientifiques et les professions intermédiaires (Eurofound, Sixth European Working Conditions Survey, 2017). Le Graphique 3.8 rend compte des taux de télétravail au sein de l'UE.

Graphique 3.8. Part de la population active travaillant à domicile plusieurs fois par mois, 2015

En pourcentage

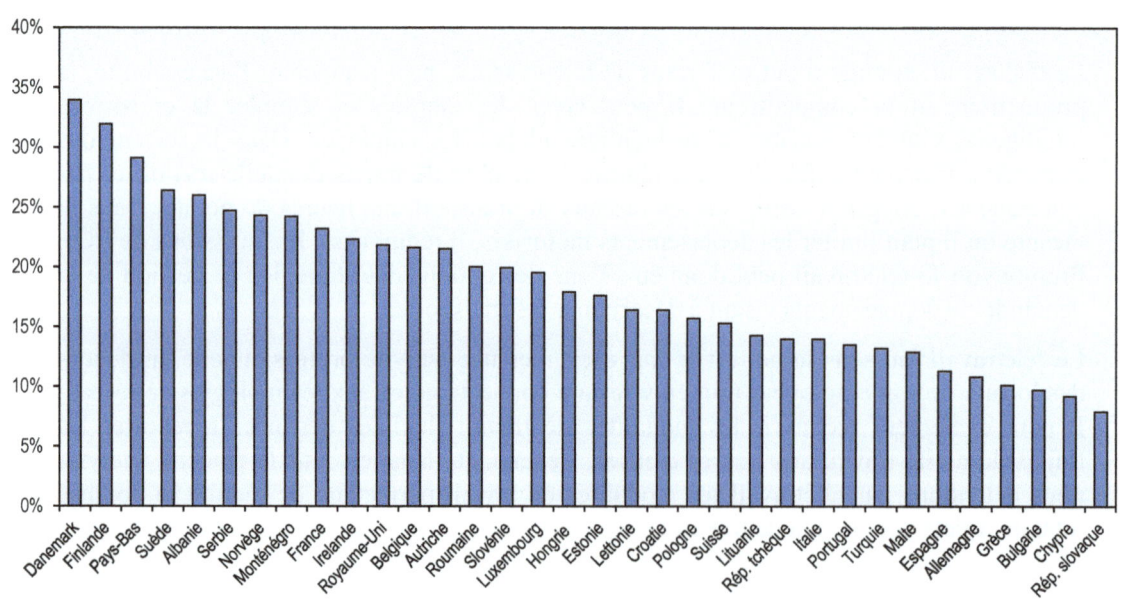

Source : Eurofound (2017)

StatLink 🔗 http://dx.doi.org/10.1787/888933972620

Des taux de télétravail relativement bas sont observés dans les pays d'Europe du Sud, avec 10 % en Grèce, 11 % en Espagne et 14 % en Italie (Eurofound, 2017). Le constat est le même en Allemagne, où seulement 11 % de la population active travaille à domicile plusieurs fois par mois. Des auto-déclarations recueillies au cours d'une enquête mondiale auprès de travailleurs des professions intellectuelles supérieuresdans les régions de l'Asie Pacifique et d'Afrique-Moyen-Orient semblent indiquer des taux plus faibles que dans la plupart des pays à revenu élevé (PGi, 2015)[6].

Tableau 3.2. Taux de télétravail dans une sélection de pays non-UE

Pays	Groupe	Année	Taux de télétravail (%)
Argentine	Tous les travailleurs	2011	2.0
Inde	Employés du secteur structuré non agricole	2015	19
Japon	Tous les travailleurs	2010	16.5
États-Unis	Tous les travailleurs	2015	24.1
Canada	Tous les travailleurs	2015	12.8

Note : En Inde, le secteur structuré non agricole n'emploie qu'environ 15 % de l'ensemble des travailleurs du pays d'après ILO-Eurofound, (Sixth European Working Conditions Survey, 2017). Par conséquent, le taux de télétravail dans l'ensemble de la population active indienne est certainement inférieur au chiffre susmentionné.

Source : Rapports nationaux rassemblés dans Eurofound (2017), sauf indication contraire ; Données pour le Japon obtenues du Ministère des Affaires générales et des Communications (2011) ; Données pour les États-Unis du Bureau of Labor Statistics (2016) ; Données pour le Canada de Statistique Canada (2016) ; Données pour l'Australie du MIAESR (2013).

Pourquoi télétravailler ?

Le télétravail doit se prêter à une mission compatible, c'est-à-dire des tâches que les technologies permettent de réaliser à distance. Il exige également que la personne concernée dispose du matériel nécessaire, des compétences lui permettant d'utiliser ce matériel, et de conditions de travail propices (avec accès à l'internet et espace physique adapté). Enfin, il est essentiel qu'il y ait un accord officiel ou officieux entre l'employé et l'employeur concernant cette activité.

La propension à télétravailler et la fréquence du télétravail dépendent également de plusieurs autres facteurs, parmi lesquels les caractéristiques sociodémographiques, les mentalités, et l'accessibilité géographique. Les femmes, les travailleurs à haut revenu et les diplômés de l'enseignement supérieur ont tendance à plus télétravailler que d'autres groupes ; c'est aussi le cas des personnes vivant dans un ménage avec enfants (Walls, Safirova, & Jiang, 2006; Singh, Paleti, Jenkins, & Bhat, 2013; Loo & Wang, 2018).

Il existe une corrélation positive et régulière entre la propension au télétravail et la longueur des trajets domicile-travail (Helminen & Ristimäki, 2007; Melo & de Abreu e Silva, 2017). Le lien de causalité n'est cependant pas évident. Plus on met de temps à se rendre à son travail, plus on peut avoir tendance à télétravailler, mais en même temps, l'opportunité du télétravail peut conduire à choisir un lieu de résidence plus éloigné (Melo & de Abreu e Silva, 2017). En réalité, la corrélation observée est probablement le résultat de ces deux effets combinés.

Le télétravail est réglementé. Il subit également l'influence des normes culturelles. Les disparités entre les pays au niveau du cadre juridique et des comportements sociaux expliquent en partie la grande variation des taux de télétravail dans le monde. Une culture du « présentéisme » – la pression d'être physiquement présent à son travail – peut constituer un extraordinaire facteur de dissuasion (Wilton & Scott, 2011).

L'attitude du personnel encadrant joue un rôle important dans l'acceptation progressive du télétravail au sein d'une organisation (Haddad & Chatterjee, 2009; Mayo, Gomez-Mejia, Firfiray, Berrone, & Villena, 2016). Les cadres peuvent être peu disposés à soutenir le télétravail par peur d'incidences préjudiciables sur l'implication des employés et la culture d'entreprise. Ils peuvent également ne pas vouloir perdre le contrôle managérial direct du temps des employés en télétravail. Cette attitude prudente caractérise le rapport managérial au télétravail en Chine et en Inde, par exemple – des pays où les avantages potentiels d'un télétravail plus important sont non négligeables. Certaines analyses laissent entendre que ces inquiétudes sont, en moyenne, infondées (Gajendran & Harrison, 2007).

Une étude récente portant sur des employés chinois a également constaté que le télétravail, en améliorant la productivité, constitue une stratégie de management rentable (Bloom, Liang, Roberts, & Ying, 2015). D'autres éléments factuels laissent à penser qu'en rendant plus visible l'action du secteur public en matière de télétravail, on incite à recourir à cette pratique (Mokhtarian, 1991). Un certain nombre de pays ont adopté des lois ou des résolutions visant à rendre le télétravail plus accessible à leurs citoyens, dont la Chine, la République tchèque, la Colombie, le Japon et la Roumanie.

Dans ce contexte, il semble important de souligner l'émergence de l'économie dite « à la demande », qui concerne les travailleurs indépendants enchaînant des contrats à court terme d'activités qu'ils peuvent ou non exécuter en ligne. Aux États-Unis, selon des estimations de la Réserve fédérale, l'économie à la demande emploie environ 31 % des travailleurs, la plupart d'entre eux occupant d'autres formes d'emploi en plus de leur activité indépendante. Près de la moitié (16 %) participent à la cyberéconomie à la demande, par exemple en exécutant à distance les opérations prévues aux termes de contrats à la tâche[7]. Si ce dernier groupe remplace progressivement les emplois de bureau à plein temps, la téléprésence pourrait atteindre un niveau suffisant pour réduire le volume des déplacements liés au travail. Cette évolution s'accompagne de la multiplication du nombre d'espaces de travail hors site comme WeWork conçus pour les travailleurs indépendants. Il existe peu de statistiques sur la taille et la nature de l'économie à la demande, mais de telles formes de travail pourraient avoir, dans le futur, une incidence croissante sur la demande de déplacements, particulièrement lorsqu'elles comportent des tâches réalisées entièrement à distance.

Comment le télétravail modifie-t-il les comportements de mobilité ?

Le télétravail a pour principal effet sur les transports de réduire la demande de déplacements pendant les heures de pointe, ce qui limite la congestion et la pollution atmosphérique, aide à éviter des accidents de la circulation et atténue la pression sur l'infrastructure de transports publics[8].

Il ressort de données empiriques que le télétravail peut diminuer le volume du trafic de pas moins de 2.7 % (Choo, Mokhtarian, & Salomon, 2005; O'Keefe, Caulfield, Brésil, & White, 2016; Giovanis, 2018). Mais l'ampleur de ses effets, quelle que soit leur nature, dépend grandement du contexte. Le degré de réduction des émissions, par exemple, dépend de facteurs tels que les modalités des trajets domicile-travail, les conditions météorologiques et les habitudes de consommation d'énergie induite, mais également des caractéristiques des bureaux de l'employeur et de l'espace de télétravail (domicile ou autre), ou encore de la composition du mix électrique (Kitou & Horvath, 2003). Dans les régions où l'on emprunte beaucoup les transports publics, par exemple, le télétravail réduira sans doute moins les émissions de CO_2 que là où l'on se rend au travail de préférence en véhicule à moteur à combustion interne.

Les effets nets du télétravail peuvent être ambigus, en particulier si l'on prend en compte les effets indirects, souvent de nature comportementale. Des éléments factuels montrent que le télétravail peut s'accompagner d'une hausse du nombre de déplacements non liés au travail (Kitou & Horvath, 2003; Glogger, Zängler, & Karg, 2008; Falch, 2012; Zhu, Wang, Jiang, & Zhou, 2018). Selon d'autres études, le télétravail est positivement associé à une augmentation de la fréquence des déplacements non urbains et de la consommation d'énergie domestique (Kitou & Horvath, 2003).

Cumulés, ces effets indirects peuvent créer des effets rebond, c'est-à-dire, de fait, augmenter le volume total de déplacements et réduire l'impact positif global éventuel du télétravail sur la demande de déplacements et les émissions par exemple (Melo & de Abreu e Silva, 2017). Le télétravail pourrait même accentuer l'étalement urbain, dans la mesure où il incite les travailleurs à habiter plus loin de leur lieu de travail (Nilles, 1991). Cependant, les données fournies par les travaux publiés dépendent très fortement du type d'activité et de la fréquence de télétravail (par exemple un ou trois jours par semaine) : il convient d'en tenir compte lorsqu'on analyse des données empiriques sur les effet du télétravail (Ben-Elia, Lyons, & Mokhtarian, 2018)[9].

Des résultats d'enquête indiquent que la perception du télétravail est positive. Plus de 50 % des télétravailleurs interrogés dans toutes les régions ont déclaré vouloir travailler à distance plus souvent (PGi, 2015). L'évolution parallèle des technologies facilitera le télétravail et pourrait ainsi considérablement favoriser sa généralisation.

D'un autre côté, l'amélioration des transports publics pourrait rendre le télétravail moins attractif en raccourcissant les trajets domicile-travail et en les rendant plus agréables. Des véhicules à moteur à combustion interne moins gourmands en carburant ou des véhicules électriques plus avancés (meilleure infrastructure de recharge, plus grande diversité de modèles) pourraient aussi limiter l'incitation financière à télétravailler. Même si, avec la décarbonation du secteur des transports, le télétravail perdait en valeur en termes de réduction du CO_2, il continuerait de contribuer à faire baisser la congestion dans les villes.

Résultats de la simulation

Le modèle d'analyse du transport urbain de voyageurs élaboré par le FIT a été utilisé pour exécuter un scénario simulant les effets d'une augmentation du télétravail sur la demande de déplacements. Ces effets sont estimés à partir des impacts recensés dans la littérature scientifique. Il sont ensuite comparés avec le scénario d'ambitions inchangées, qui prévoit uniquement une progression très modérée du télétravail. Dans les scénarios qui simulent une rupture de la trajectoire de développement du transport, le télétravail touche entre 3 % et 30 % des déplacements urbains à l'horizon 2050 selon la région. Les résultats de la simulation montrent qu'un recours plus important au télétravail réduit les volumes des déplacements urbains mondiaux exprimés en passager-kilomètres et les émissions de CO_2 connexes d'environ 2 % par rapport à leur niveau dans le scénario d'ambitions inchangées à l'horizon 2050.

Recours massif à la mobilité partagée

L'essor de la mobilité partagée est l'un des phénomènes de rupture les plus remarquables de ces dernières années, dans le secteur des transports mais aussi en dehors. Dans l'économie du partage, les acteurs s'emploient à maximiser l'utilité des actifs sous-exploités en mettant directement en relation l'offre et la demande et en recourant le plus souvent pour ce faire à des plates-formes en ligne. Ils profitent de la transformation numérique tous azimuts pour mettre en place des services meilleurs et plus efficaces, et de nouveaux modèles d'affaires capables de bouleverser les systèmes de transport classiques.

Il existe déjà aujourd'hui un large éventail de services de mobilité partagée et quasi partagée. On peut citer l'autopartage avec ou sans station (*free-floating*) la location de voitures de courte durée entre particuliers par l'intermédiaire d'applications, les services de transport à la demande individuel ou partagé, les services de minibus à la demande à itinéraire flexible, le covoiturage entre particuliers, ainsi que les services de micromobilité et de vélos partagés (voir Tableau 3.3).

Tableau 3.3. Le paysage évolutif de la mobilité urbaine

Modes de déplacement	Applications de mobilité	Modèles de services	Modèles opérationnels	Modèles d'affaires
Voiture/vélo/autre véhicule de particuliers	Applications commerciales de partage	Possession	Trajets en boucle à partir d'une station	Services fournis par des entreprises à des consommateurs
Taxi	Applications de suivi de la mobilité	Services avec adhésion	Trajets en trace directe avec stations	Services fournis par des administrations à des consommateurs
Voiture de location	Applications de partage entre particuliers	Services sans adhésion	Trajets en trace directe sans station (*free-floating*)	Services fournis par des entreprises à des administrations
Transports en commun	Applications de transport en commun	Services entre particuliers		Services interentreprises
Vélopartage	Applications d'information en temps réel	Services à la demande		Marché de la mobilité entre particuliers
Autopartage	Applications de transport à la demande	Services de transports en commun		Propriété partagée
Micro-transports collectifs	Applications de maraude électronique des taxis			
Rickshaws	Applications de navigation multimodale			
Autopartage entre particuliers				
Covoiturage				
Transport à la demande				
Micromobilité partagée				
Partage de scooters				
Navettes				

Note : Le vélopartage désigne l'accès à la demande à des vélos attachés ou non à des bornes pour effectuer des trajets en trace directe (d'un point à un autre) ou en boucle (retour au point de départ) ; l'autopartage désigne l'accès aux véhicules d'une entité à laquelle l'utilisateur a adhéré et qui entretient une flotte de voitures et/ou camionnettes ; par micro-transports collectifs, on entend les services de transport collectif exploités par des acteurs privés ou publics et faisant appel à des technologies modernes qui consistent généralement à transporter plusieurs voyageurs par navette ou par minibus, à la demande ou à horaires définis, et en empruntant un itinéraire fixe ou flexible ; les rickshaws renvoient aux services de transport à la demande de voyageurs dans un véhicule léger motorisé ou mû par l'énergie musculaire humaine qui compte trois roues ou plus et un habitacle ; l'autopartage entre particuliers désigne le partage par des particuliers de leur propre véhicule, par l'intermédiaire d'une entreprise qui règle les transactions entre eux et les utilisateurs des véhicules ; le covoiturage correspond à l'utilisation conjointe, dans un cadre formel ou informel, d'un véhicule par son conducteur et des passagers qui souhaitent effectuer le même trajet que lui ; les services de transport à la demande sont des services rémunérés de transport qui sont fournis à la demande et font l'objet d'un arrangement préalable, dans le cadre duquel chauffeurs et passagers sont mis en relation au moyen d'applications numériques ; la micromobilité partagée renvoie à l'accès payant à une flotte de véhicules (principalement) électriques tels que des trottinettes, qui sont déployés et entretenus par un opérateur ; le partage de scooters renvoie à l'accès payant à une flotte de scooters/cyclomoteurs déployés et entretenus par un opérateur ; par navettes, on entend des véhicules partagés (généralement des bus ou des minibus) qui assurent le transport de voyageurs entre un lieu donné et une gare, un centre commercial, un établissement d'hébergement, un lieu de travail, etc.
Source : D'après SAE (2018).

Ces services exploitent les technologies aujourd'hui disponibles pour élargir l'éventail des choix de mobilité. Portés par le développement des plates-formes MaaS, ils sont aussi de plus en plus intégrés avec les transports en commun. C'est le cas notamment lorsque la mobilité partagée permet de rabattre des usagers vers des services de transports collectifs lourds efficients. Cette évolution est sous-tendue par le développement ininterrompu des technologies numériques et leur entrée dans tous les domaines de l'économie et de la vie quotidienne.

Pourquoi opte-t-on pour la mobilité partagée ?

Pour appréhender l'évolution possible des habitudes de déplacement sous l'effet du recours massif aux services de mobilité partagée et de la substitution de ceux-ci à la mobilité individuelle, il importe de comprendre les différences qui existent en termes d'aménagement de l'espace, d'offre de transport et de culture. La configuration spatiale des villes détermine les besoins en matière de mobilité motorisée et la longueur moyenne des déplacements. Le profil d'une zone métropolitaine sur le plan de la mobilité peut être déterminé par la densité et la mixité de son aménagement, mais aussi par la structure des migrations pendulaires dont elle est le théâtre. Les infrastructures de transport et l'offre de transports en commun constituent un autre paramètre fondamental.

L'écosystème de la mobilité et de l'accessibilité est façonné par une multitude d'éléments, et il influence à son tour les taux de motorisation et les choix de mode de déplacement qui en découlent. Une ville relativement dense et peu étendue peut être propice à une forte proportion de déplacements non motorisés, mais des transports en commun médiocres et l'étalement urbain peuvent encourager des habitudes de mobilité qui font la part belle à la voiture. La présence d'importants réseaux de bus dans certaines villes signale qu'une partie des voyageurs préfère aujourd'hui ce mode aux véhicules particuliers, que ce soit pour des raisons financières ou par choix personnel. À cet égard, il importe de prendre en compte un certain nombre de caractéristiques des villes (répartition modale, qualité et étendue des services de transport en commun, caractéristiques socioéconomiques, etc.) pour évaluer l'avantage comparatif de la mobilité partagée par rapport aux solutions de transport existantes. À titre d'exemple, il ressort d'études menées par le FIT en faisant appel à des groupes de réflexion que, dans la capitale finlandaise Helsinki, les citoyens sont particulièrement demandeurs de services reliant entre eux différents quartiers périphériques de la ville (FIT, 2017). Dans la capitale irlandaise Dublin, les services partagés pourraient être utiles pour le rabattement des banlieusards vers les transports publics (FIT, 2018).

Le recours au transport à la demande est souvent motivé par la tarification et les difficultés du stationnement et par la volonté de ne pas prendre le volant après avoir consommé de l'alcool. Aux États-Unis, les voyageurs qui privilégient ce mode de transport par rapport aux transports collectifs, au vélo ou à la marche le font souvent pour des raisons de commodité et de confort. L'utilisation des services de transport à la demande a tendance à culminer le matin et (plus encore) le soir (tard). Ces pics coïncident avec les heures de forte circulation et alimentent donc le phénomène de congestion. Parmi les autres facteurs qui influent sur le recours aux diverses solutions de mobilité partagée figurent peut-être aussi la confiance, le coût et la facilité d'utilisation (paiement, temps d'attente, interface logicielle, etc.). Dans la mesure où elles favorisent la confiance et la facilité d'utilisation, les applications mobiles et plates-formes MaaS jouent un rôle essentiel dans le développement de la mobilité partagée.

Quelles sont les conséquences du recours à la mobilité partagée pour le transport urbain ?

L'essor des services de mobilité partagée a suscité dans de nombreuses villes de la planète un débat sur leur régulation et sur la façon dont les villes devraient interagir avec les protagonistes (les taxis, par exemple). Le débat concerne aussi les effets des services de mobilité partagée sur la sécurité et leur influence sur les habitudes de déplacement. Il ressort de certaines études que ces services contribuent à faire baisser le taux de motorisation et entraînent un recours accru aux transports collectifs. Selon d'autres études, les premiers à adopter les nouveaux services sont des usagers des transports en commun qui n'en sont pas satisfaits et qui, en les abandonnant au profit de véhicules partagés, ne font qu'aggraver la congestion. En outre, il se peut que l'effet à court et moyen termes de la mobilité partagée sur le choix modal et le taux de motorisation ne compense pas l'amplification de l'étalement urbain qu'elle risque de provoquer à long terme en l'absence de mesures publiques visant à lutter contre ce phénomène.

Plusieurs études ont été consacrées à l'impact du développement de la mobilité partagée sur le marché de la mobilité urbaine. Beaucoup se concentrent sur les effets observés des entreprises de mobilité partagée et les effets sur les indicateurs de performances environnementales (Shaheen, et al., 2017). D'autres prennent un caractère davantage prospectif, que ce soit en analysant à l'aide de simulations l'adoption future de solutions de mobilité partagée à grande échelle (Ciari, Schuessler, & Axhausen, 2013; Spieser, et al., 2014; Liu, Kockelman, Boesch, & Ciari, 2017; Zachariah, Gao, Kornhauser, & Mufti, 2014; Fagnant & Kockelman, 2016) ou en faisant évaluer par des experts les effets cumulés d'une adoption massive de la mobilité partagée dans différents contextes urbains (Shaheen, Chan, Bansal, & Cohen, 2015; Clewlow & Mishra, 2017; Ronald, et al., 2017; Fulton, 2018).

La plupart des études ont examiné les effets observés de l'autopartage, du covoiturage et des nouveaux services des entreprises de mobilité partagée sur le choix modal, la mobilité motorisée totale (véhicule-kilomètres parcourus, par exemple) et les taux de motorisation. Certains effets positifs ont été relevés, dont un léger recul de l'utilisation des voitures particulières, une baisse des taux de motorisation et une fréquentation accrue des transports en commun (Shaheen, et al., 2017). Néanmoins, une proportion non négligeable d'utilisateurs choisit la mobilité partagée au détriment des transports en commun et des modes actifs pour une partie des déplacements de moyenne distance. En outre, l'accessibilité accrue qui découle des services de mobilité partagée peut aggraver l'étalement urbain si elle incite les habitants et les entreprises à s'établir à plus grande distance des centres-villes. Il a aussi été démontré que les systèmes de mobilité partagée avaient entraîné un surcroît de déplacements dans certaines villes où les véhicules sont nombreux (Bliss, 2017; Bliss, 2017). Des mesures publiques peuvent alors être nécessaires pour faire en sorte que la mobilité partagée ait un impact positif (Karim, 2017).

L'impact de la mobilité partagée sur le nombre total de véhicule-kilomètres parcourus, la congestion et les émissions dépend du taux d'occupation moyen des véhicules en circulation et de leur sobriété (FIT, 2016). En cas de recours à des véhicules partagés de grande capacité permettant d'atteindre un taux d'occupation moyen supérieur à six passagers, les avantages sont beaucoup plus importants (Alonso-Mora, Samaranayake, Wallar, Frazzoli, & Rus, 2017; FIT, 2017).

Les effets potentiels des services de mobilité partagée caractérisés par de forts taux d'occupation ont été analysés dans le cadre de plusieurs études basées sur des simulations, que le FIT a consacrées à différentes villes, dont Lisbonne et sa zone métropolitaine au Portugal (FIT, 2015 ; FIT, 2016 ; FIT, 2017), la zone métropolitaine d'Helsinki en Finlande (FIT, 2017), celle d'Auckland en Nouvelle-Zélande (FIT, 2017), le Grand Dublin an Irlande (FIT, 2018) et la zone métropolitaine de Lyon en France (FIT, Shared Mobility Simulations for Lyon, à paraître). Ces études ont examiné l'impact de différents niveaux de diffusion de services de mobilité partagée se substituant aux déplacements effectués dans des véhicules particuliers et des bus circulant peu fréquemment. Dans l'ensemble, il apparaît que l'ampleur des retombées bénéfiques de la mobilité partagée dans les centres urbains dépend en grande partie des caractéristiques de ceux-ci, ainsi que de certains aspects de la conception des systèmes de mobilité partagée considérés.

Les résultats montrent aussi que les villes densément peuplées et bien desservies par les transports en commun sont susceptibles d'offrir un terreau plus fertile pour le développement des solutions de mobilité partagée que celles caractérisées par un certain étalement et une moins bonne accessibilités aux transports en commun. Cependant, on peut raisonnablement penser que les villes relativement peu denses ont beaucoup à gagner de services de mobilité partagée abordables qui assurent le rabattement vers le réseau de transports publics. Dans un scénario où l'utilisation de véhicules particuliers cesse complètement au profit d'un recours massif à la mobilité partagée couplée aux réseaux de transports collectifs existants, les véhicule-kilomètres parcourus et les émissions de CO_2 baissent de 30 à 60 % par rapport à un scénario d'habitudes de mobilité inchangées. Si la mobilité partagée se développe moins vite et ne remplace que 20 % des déplacements en voiture particulière, le nombre de véhicule-kilomètres parcourus diminue malgré tout de plus de 10 % dans certains cas. Un tel taux d'adoption relativement modeste paraît plausible au vu des avis recueillis auprès des utilisateurs dans le cadre des enquêtes de préférences déclarées et des groupes de réflexion organisés dans certaines des villes étudiées.

Dans l'ensemble, il ressort des données disponibles que les actuels fournisseurs décentralisés de mobilité partagée ne suscitent pas de diminution significative du nombre total de véhicule-kilomètres parcourus dans les villes. De fait, les tendances actuelles en matière de mobilité partagée n'ont en définitive modifié que de façon superficielle les déplacements personnels et même fait baisser la fréquentation des transports en commun (Graehler, Mucci, & Erhardt, 2018). Les avantages observés des solutions de mobilité partagée sont au nombre de trois : elles peuvent tout d'abord encourager le recours à des technologies automobiles plus efficientes ; elles peuvent ensuite réduire le parc de voitures particulières, dont le stationnement est consommateur d'espace urbain ; elles peuvent enfin offrir également des services de transport interurbain. Ces solutions proposées par des entreprises comme BlaBlaCar en France peuvent représenter jusqu'à 5 % des déplacements interurbains sur certains marchés. Cela étant, les déplacements interurbains partagés ne remplaceront sans doute pas entièrement les déplacements particuliers, et leur part de marché restera même probablement inférieure à 50 % (Shaheen, Stocker, & Mundler, 2017).

Le développement futur de la mobilité partagée dépendra des cadres réglementaires et de sa relation avec les transports en commun. Les opérateurs de transport public en place peuvent considérer qu'elle risque de se substituer à leurs services au lieu de les compléter, même si c'est de moins en moins le cas. Un autre défi tient au fait que son développement peut faire chuter les coûts de mobilité et entraîner ainsi une progression de l'accessibilité urbaine. L planification urbaine et régional doit tenir compte de ces possibles effets et empêcher que la mobilité partagée soit un facteur d'étalement urbain. Il est essentiel que les pouvoirs publics favorisent la densification urbaine et une coordination approfondie avec les réseaux de transports collectifs (FIT, 2017).

Pour que les importants avantages potentiels de la mobilité partagée se matérialisent, il est indispensable que des mesures de régulation appropriées soient mises en place concernant les déplacements à vide, les structures tarifaires et l'intégration avec les transports en commun, mais aussi la conception de l'algorithme qui attribue les courses aux chauffeurs. Autrement, la congestion et les émissions de CO_2 risquent d'être amplifiées au lieu d'être réduites (Shaheen, Chan, Bansal, & Cohen, 2015; Santi & Ratti, 2017). L'interaction entre la mobilité partagée, l'électromobilité et les technologies de conduite autonome peut en outre stimuler le développement de services à plus bas coût et accélérer la décrue des taux de motorisation (Fulton, 2018).

Encadré 3.3. La conception de la mobilité comme un service ou MaaS

En règle générale, la mobilité urbaine est le fait d'un ensemble hétéroclite de fournisseurs de services peu optimisés et sans lien entre eux, qui utilisent des infrastructures à la fois publiques et privées sans véritablement se coordonner. Les écosystèmes de mobilité urbaine évoluent sous l'effet de l'apparition de nouveaux modes de transport. Mais on constate aussi une évolution de la façon dont les utilisateurs accèdent à la mobilité et la paient, ainsi que des modèles de services, des modèles opérationnels et des modèles d'affaires qui la sous-tendent (Tableau 3.3).

On assiste à une révolution sans précédent des possibilités offertes aux acteurs des transports d'optimiser des objectifs et des résultats multiples et convergents grâce à l'omniprésence des appareils d'observation et de détection, des capacités informatiques portables, à distance et en périphérie, des infrastructures deSI, des nouveaux protocoles de traitement et d'analyse de données, des algorithmes alimentés par les données et des réseaux de communication rapides, fiables et robustes. Au fond, le concept de MaaS conduit à coordonner par le numérique différents services de transport, d'information et de paiement en vue d'aboutir à une expérience fluide et fiable en prise directe avec le client.

La transformation numérique promet de décloisonner les services aujourd'hui réglementés séparément dans le secteur des transports et de donner naissance à une mobilité basée non sur une transaction ponctuelle avec un opérateur unique ou portant sur un mode unique, mais sur toute une gamme de services offrant aux voyageurs un moyen fiable de satisfaire leurs besoins et envies d'accès – c'est tout le sens de la mobilité conçue comme un service ou MaaS. Au niveau mondial, les pays non membres de l'OCDE occupent une place prépondérante dans ces nouveaux services : la Chine représente ainsi 68 % du marché mondial de la mobilité à la demande (et le vélopartage y domine légèrement le transport à la demande). L'un des principaux moteurs du développement des nouveaux services de mobilité et des MaaS sera la mise en place d'une législation cadre et l'existence de protocoles de données normalisés assurant une intégration harmonieuse des fournisseurs de services, des déplacements, des options de paiement et des déclarations administratives (Yanocha, 2018).

Les effets potentiels des systèmes MaaS dépendront des modèles d'affaires dont relèvent ses offres, ainsi que des mesures prises (ou non) par les pouvoirs publics pour influencer la façon dont les individus modifient leur comportement en réaction à la nouvelle offre. Dans l'ensemble, les incidences liées aux transports sont également susceptibles de varier

---

en intensité et selon le stade de développement et de diffusion des systèmes MaaS, avec des effets qui pourraient être plus importants en phase de transition qu'à un stade avancé de leur adoption. En l'occurrence, un système MaaS pourrait avoir des incidences sur la congestion, la consommation d'énergie, les émissions de CO_2 et de polluants classiques, la santé et la sécurité, l'occupation des sols et le marché immobilier.

Dans la mesure où les systèmes de MaaS facilitent l'adoption de services de mobilité partagée, ils ont – et continueront d'avoir – des incidences significatives sur les systèmes de transport urbain. Les études existantes s'accordent sur le fait que, dans un premier temps, les services de transport à la demande ne se substituent que dans une mesure modeste aux déplacements en voiture, car leurs premiers adeptes sont majoritairement des personnes habituées à se déplacer en transports en commun, à pied ou à vélo. Il y a toutefois des variations à l'intérieur des zones urbaines et entre elles, et la situation dépend vraisemblablement de la qualité et de la fréquence des services existants de transport en commun, ainsi que de la sécurité des déplacements à vélo. Il apparaît que les effets de substitution aux déplacements en voiture sont plus importants dans les villes de taille moyenne et les zones périphériques qu'ailleurs. Le rôle de la régulation centralisée dans la réduction ou l'élimination de ces incidences a été démontré par une série d'études de modélisation, même si un tel système n'a pas encore été déployé à l'échelle commerciale (FIT, 2015 ; FIT, 2016 ; FIT, 2017 ; FIT, 2017 ; FIT, 2017). D'autres éléments tendent à indiquer que les foyers pratiquant l'autopartage ont tendance à posséder moins de voitures que les autres foyers comparables, à utiliser plus souvent les transports en commun et à vivre dans des zones urbaines où il existe des solutions pour se déplacer autrement qu'en voiture (Shaheen, et al., 2017).

L'impact d'autres formes de mobilité partagée n'a pas fait l'objet d'études aussi approfondies. Le vélopartage et la micromobilité partagée peuvent entraîner un abandon de la voiture pour certains déplacements courts, surtout dans les zones où celle-ci est le mode de déplacement dominant. En présence de transports publics de qualité et d'un bon rapport qualité-prix, le vélopartage et la micromobilité partagée peuvent servir de modes de rabattement vers ceux-ci, mais ils remplacent alors souvent la marche. Dans les zones où la fréquence ou la qualité des transports en commun laisse à désirer, ces modes peuvent en revanche s'y substituer.

Ces premières conclusions sont susceptibles d'évoluer, en particulier dans un contexte où beaucoup de ces services sont mis en relation de façon dynamique pour permettre des déplacements abordables, commodes, d'une grande fiabilité et sans rupture de charge. Elles pourront aussi être influencées par les mesures publiques adoptées en faveur des transports en commun et de la mobilité active.

Résultats des simulations

L'impact d'un recours massif à la mobilité partagée dépendra dans une très large mesure du cadre réglementaire accompagnant cette évolution. Deux scénarios ont donc été élaborés et testés.

Dans le premier, le développement des modes partagés est deux fois plus rapide qu'auparavant et très peu encadré par la réglementation. Il en résulte un recours accru aux systèmes de véhicules partagés – vélos, voitures, etc. –, souvent par des personnes seules. La situation ainsi créée favorise un faible taux d'occupation des véhicules et n'incite pas à utiliser les transports collectifs. Les systèmes de véhicules partagés encouragent au contraire les usagers des transports en commun à abandonner ceux-ci au profit de moyens de transport individuel. L'utilisation de voitures particulières diminue le cas échéant, mais le faible taux d'occupation des véhicules partagés empêche le nombre total de véhicule-kilomètres parcourus et les externalités associées de baisser.

Dans le second scénario, le développement des modes partagés est également deux fois plus rapide qu'auparavant, mais des mesures réglementaires fortes assurent l'optimisation des modes partagés en soutenant les systèmes de MaaS. En l'occurrence, elles encouragent le recours à la mobilité partagée pour le rabattement vers les modes de transport en commun plus classiques comme le bus ou le rail. Des véhicules tels que des minibus avec chauffeur parcourent des itinéraires prédéfinis à horaires fixes pour rabattre les voyageurs vers des services de transports en commun de plus grande capacité. Le nombre de véhicule-kilomètres parcourus à vide est très restreint. Dans ce scénario, les voyageurs renoncent à l'usage de la voiture particulière au profit de ce type de solutions plus efficientes caractérisées par un taux d'occupation des véhicules élevé. Le Tableau 3.4 résume les résultats des simulations correspondant aux deux scénarios en les comparant au scénario d'ambitions inchangées (dans lequel les modes partagés connaissent un développement plus modeste, conforme aux tendances antérieures). Ainsi, le développement accéléré des modes de mobilité partagée dans un contexte de réglementation peu contraignante se solde par une hausse de 6 % des véhicule-kilomètres parcourus à l'horizon 2050. Les systèmes de véhicules partagés (voitures, vélos...) prennent alors des parts de marché aux deux et trois-roues. Le déficit d'intégration des transports en commun classiques avec les autres modes fait augmenter l'utilisation de la voiture particulière. Dans ces conditions, les émissions de CO_2 des transports augmentent de 18 % d'ici à 2050 par rapport au scénario d'ambitions inchangées.

Tableau 3.4. Effets prévus des deux scénarios de mobilité partagée

Variation en pourcentage par rapport au scénario d'ambitions inchangées

Scénario de mobilité partagée	Passager-kilomètres		Véhicule-kilomètres		Émissions de CO_2	
	2030	2050	2030	2050	2030	2050
Réglementation peu contraignante (Progression d'une mobilité partagée dominée par les modes classiques et caractérisée par des taux d'occupation faibles)	6	5	5	6	15	18
Réglementation forte (Progression de services optimisés de mobilité partagée caractérisés par des taux d'occupation élevés et adossés à des solutions de mobilité-service)	1	-4	-24	-51	-3	-34

À l'inverse, dans le scénario où le développement accéléré des modes partagés s'accompagne de mesures réglementaires fortes, la demande accrue de mobilité partagée est satisfaite par des services optimisés fondés sur les systèmes de MaaS et bien intégrés avec les transports en commun. Il en résulte une baisse significative des véhicule-kilomètres parcourus et donc des émissions de CO_2. En l'occurrence, les premiers s'affichent en recul de plus de 50 % grâce aux forts taux d'occupation des véhicules et à l'utilisation moindre des voitures particulières, si bien que les secondes sont inférieures de plus de 30 % en 2050 au niveau qu'elles atteignent dans le scénario d'ambitions inchangées.

Véhicules autonomes

C'est désormais à vive allure qu'un peu partout dans le monde, les systèmes de conduite automatisée qui assistent ou remplacent l'humain au volant sont conçus, testés puis généralement déployés à titre expérimental[10]. L'automatisation est partielle quand le système effectue une partie des tâches de conduite, et totale quand il peut les exécuter dans tous les cas de figure (topologie, type de route, état du trafic, conditions météorologiques, événement/incident) auxquels un conducteur humain saurait faire face. Dans ce cas, le véhicule est dit « autonome ».

Certaines fonctions contextuelles d'ordre secondaire, comme le stationnement, le maintien dans la file et la conduite en condition de circulation dense, sont déjà automatisées dans les véhicules de transport de personnes et de marchandises qui sont aujourd'hui commercialisés. Tous les grands constructeurs automobiles et équipementiers sont en train de chercher à élever le niveau d'automatisation de leurs produits.

Même si le succès des technologies d'automatisation a des répercussions très claires sur les politiques sectorielles et confère aux entreprises qui les introduisent une position dominante sur le marché, l'intérêt qu'elles suscitent tient pour beaucoup aux avantages qui pourraient en découler en termes de sécurité routière. Les gains de sécurité procurés par les véhicules automatisés, par rapport à la conduite humaine, seront donc à la fois un moteur et une condition de leur adoption.

Les véhicules automatisés promettent de faire disparaître un nombre non négligeable d'erreurs humaines, notamment d'appréciation, fréquemment commises au volant (Fagnant & Kockelman, 2015; Anderson, et al., 2016). Il est toutefois réducteur de penser que l'erreur humaine a été inscrite en bonne et due forme dans la liste des facteurs d'accident par les accidentologues ou que tous les accidents impliquant une erreur humaine auraient pu être évités s'il y avait été remédié.

Un autre élément à prendre en considération lorsqu'on examine dans quelle mesure l'automatisation pourrait améliorer la sécurité en supprimant l'erreur humaine des causes potentielles d'accident est que cela ne signifie pas pour autant qu'il soit raisonnable d'espérer pouvoir éviter le moindre accident imputable à une erreur humaine (Noy, Shinar, & Horrey, 2018). En définitive, l'apport de l'automatisation en termes de sécurité routière dépendra de la manière dont les systèmes automatisés fonctionneront, autrement dit de leur faculté technique à effectuer les manœuvres sans erreur, sans problème ou sans effet imprévu.

S'agissant des effets de l'automatisation, il importe de garder à l'esprit que les systèmes n'affichent – ou ne ciblent – pas tous les mêmes résultats. Leurs fonctionnalités vont de la simple assistance au pilotage automatique dans certaines situations. Un certain nombre de technologies qui interviennent dans le premier cas équipent déjà les voitures et camions disponibles dans le commerce (par exemple, assistance au maintien sur la voie, stationnement automatique, pilote automatique limité), tandis que, dans le second cas, les véhicules concernés se trouvent actuellement à divers stades d'essai.

Le Graphique 3.9 décrit les cinq niveaux d'automatisation des véhicules définis par la Société internationale des ingénieurs automobiles (*International Society of Automotive Engineers - SAE*) (SAE, 2018) en fonction du niveau et de l'étendue des tâches de conduite dont le conducteur humain, le système, ou les deux à la fois, sont responsables. S'agissant de la sécurité, la question centrale est de savoir si la délégation des fonctions s'effectue efficacement aux niveaux SAE 2 et 3 quand le système ne perçoit pas bien l'environnement, ou encore au niveau SAE 4 si la situation de conduite ne cadre plus avec les capacités du système automatisé. Les niveaux SAE permettent d'établir une taxonomie complète des fonctionnalités des systèmes de conduite automatisée et du périmètre de leurs fonctions. Sur le fond, toutefois, deux questions priment (FIT, 2015; Noy, Shinar, & Horrey, 2018) :

- L'objet du système automatisé est-il d'assister ou de remplacer le conducteur, autrement dit l'automatisation est-elle partielle ou totale ?

- Le système automatisé intervient-il à certains moments, dans certaines situations, ou à tout moment et en toutes circonstances ?

Graphique 3.9. Les cinq niveaux d'automatisation de la conduite définis la Society of Automotive Engineer (SAE)

Niveau SAE	Intitulé	Description	Direction, accélération, décélération	Surveillance de l'environnement de conduite	Contrôle dynamique de la conduite	Capacité du système (modes de conduite)
0	Pas d'automatisation	A tout moment, la totalité des fonctions dynamiques de conduite relèvent du conducteur humain, même lorsque le véhicule est équipé de dispositifs d'avertissement ou d'intervention.	conducteur	conducteur	conducteur	
1	Aide à la conduite	Lorsqu'il est activé, un système d'aide à la conduite exécute des fonctions de direction ou d'accélération-décélération à l'aide de données sur l'environnement de conduite ; le conducteur humain exécute toutes les autres tâches dynamiques de conduite	 conducteur	 conducteur	 conducteur	Certains modes
2	Automatisation partielle	Lorsqu'ils sont activés, un ou plusieurs systèmes d'aide à la conduite exécutent à la fois les fonctions de direction et d'accélération-décélération à l'aide de données sur l'environnement de conduite ; le conducteur humain exécute toutes les autres tâches dynamiques de conduite	 système / conducteur	 conducteur	 conducteur	Certains modes
3	Automatisation conditionnelle	Lorsqu'il est activé, un système de conduite automatisée exécute l'ensemble des tâches dynamiques de conduite ; le conducteur humain répond de manière appropriée à toute demande d'intervention.	 système	 système	 système	Certains modes
4	Automatisation élevée	Lorsqu'il est activé, un système de conduite automatisée exécute l'ensemble des tâches dynamiques de conduite, même lorsque le conducteur humain ne répond pas de manière appropriée à une demande d'intervention.	 système	 système	 système	Certains modes
5	Automatisation totale	Un système de conduite automatisée exécute à tout moment l'ensemble des tâches dynamiques de conduite dans toutes les conditions de route et d'environnement auxquelles un conducteur humain saurait faire face	 système	 système	 système	Tous les modes

Le conducteur humain surveille l'environnement de conduite (niveaux 0 à 2)

Le système de conduite automatisée surveille l'environnement de conduite (niveaux 3 à 5)

Source : D'après SAE (2018)

Le Graphique 3.10 illustre la classification des systèmes de conduite automatisée en fonction du niveau d'automatisation et selon qu'ils interviennent à certains moments ou en permanence.

Graphique 3.10. Classification bidimensionnelle des systèmes de conduite automatisée

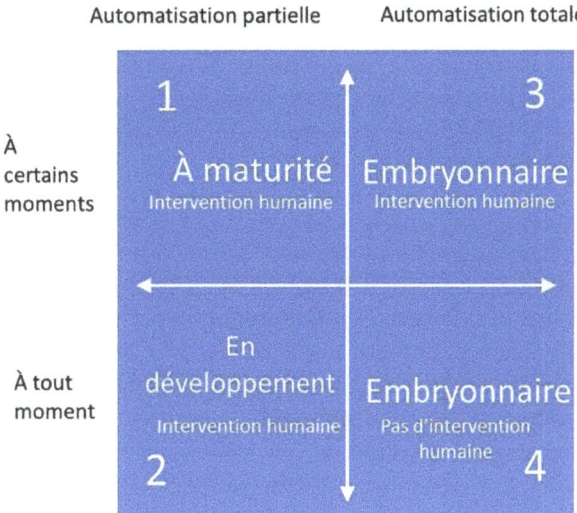

Source : Adapté de Noy, Shinar et Horrey (2018).

Les systèmes d'aide à la conduite remplissent déjà des fonctions relativement avancées d'automatisation partielle intervenant à certains moments (carré 1 : maintien dans la file, contrôle automatique de la vitesse), tandis que les capacités des systèmes d'automatisation partielle enclenchées en toutes circonstances ne cessent de se développer (carré 2 : assistance au maintien sur la voie, régulation autonome de la vitesse, changement de voie, etc.). Bien qu'embryonnaires, les technologies qui permettent une automatisation totale de la conduite, à certains moments et dans certaines situations, progressent elles aussi (carré 3 : pilotage automatique sur l'autoroute ou assistance dans les bouchons). Un fossé les sépare encore des systèmes qui prendraient la place des humains, en permanence et en toutes circonstances. Dans les carrés 1, 2 et 3, comme dans les niveaux SAE 1 à 3, l'humain conserve un rôle non négligeable à bord du véhicule : il conduit, est prêt à reprendre la main et/ou supervise le système. Ce dédoublement des rôles pose intrinsèquement des questions de sécurité (FIT, 2018).

Tous les niveaux d'automatisation reposent sur la capacité du véhicule à percevoir (« capter ») son environnement, à traiter cette information de manière à établir quels éléments sont utiles pour accomplir en toute sécurité la tâche de conduite (« planifier »), à décider des manœuvres à effectuer, à les exécuter avec succès en déclenchant les systèmes voulus, par exemple de direction, de freinage et de signalisation (« agir »), puis à évaluer le résultat de l'action exécutée (« analyser ») (Parasuraman, Sheridan, & Wickens, 2000). Ces étapes correspondent à celles de la conduite humaine, mais en diffèrent par la capacité et la vitesse d'exécution.

La technologie a désormais atteint le point où la fusion des capteurs, systèmes de traitement et actionneurs permet d'imiter le conducteur humain et, dans certains cas, de conduire mieux que lui. Cette convergence porte en elle le germe de la révolution promise par l'automatisation élevée et totale de la conduite. Elle n'est toutefois pas complète : il reste des domaines importants dans lesquels les systèmes de conduite automatisée sont loin d'atteindre les capacités du conducteur humain.

L'humain surpasse encore les systèmes à capteur unique en matière de raisonnement et d'anticipation, de perception et de sensation pendant la conduite. Pour y remédier (dans certaines conditions), la fusion multi-capteurs est une nécessité. L'application de cette stratégie est actuellement monnaie courante sur les banc d'essais. Les capacités humaines continuent toutefois de l'emporter sur les systèmes dans certaines scènes complexes et problématiques. Ainsi, il reste des configurations classiques de circulation que tous les systèmes de conduite automatisée ne savent pas gérer. Leur efficacité laisse aussi à désirer lorsqu'il s'agit de déterminer dans quel sens les vélos roulent et d'anticiper leur trajectoire (NHSTA, 2017; Schoettle, 2017).

Un moyen de réduire les risques encourus dans ces situations et autres scénarios de danger serait d'enrichir les capteurs embarqués des données fournies par les véhicules et l'infrastructure alentour. La nécessité de changer de paradigme en matière de sécurité, en passant d'un mode « réactif » (seules les fonctionnalités disponibles à bord du véhicule sont exploitées) à un cadre « proactif » (le véhicule est intégré dans un réseau de communication afin de mieux faire face au danger) fait actuellement l'objet d'un débat animé. Les systèmes automatisés connectés, qui peuvent « voir » ce qui échappe à l'œil humain (par exemple, au-delà de la ligne de vision) et s'échanger ces informations, promettent de dépasser les capacités humaines. Cela dit, la stratégie de la voiture communicante n'est pas exempte de dangers et défis nouveaux, surtout eu égard à la cybersécurité (FIT, 2018). Au-delà de l'efficacité des fonctions de perception et de prise de décision se pose la question de savoir comment les autorités de la réglementation doivent valider le système pour en autoriser la mise en service (Stolte, Hosse, Becker, & Maurer, 2016).

Pourquoi choisit-on les véhicules autonomes ?

Un certain nombre de facteurs favorisent l'automatisation, sans nécessairement compatibles avec un déploiement rapide des technologies. Non seulement ces facteurs influeront sur l'évolution des véhicules fortement automatisés et, à terme, des véhicules entièrement autonomes, mais ils détermineront aussi les modalités de leur introduction. Autrement dit, seront-ils principalement détenus individuellement ou exploités par des propriétaires de flottes ?

La sécurité, comme on l'a déjà souligné, est un facteur important, qui le sera probablement plus encore à mesure que les systèmes de conduite automatisée sauront gérer un champ de plus en plus vaste de situations. Les rares accidents survenus jusqu'ici ont néanmoins refroidi l'enthousiasme pour les véhicules automatisés dans certaines régions. Ailleurs, où les niveaux de motorisation sont moindres (de même que l'expérience de la conduite), l'acceptation des véhicules automatisés est bien plus forte. C'est notamment le cas en Chine.

Cette acceptation est probablement liée à l'idée que l'on se fait d'une conduite performante et aux attentes qui en découlent. Il est à prévoir que le propriétaire d'une voiture automatisée sera méfiant à l'égard d'un système qui ne « conduit » pas comme il le ferait, même si le gain de sécurité est démontré. À l'inverse, l'utilisateur d'une voiture automatisée provenant d'une flotte exploitée par un opérateur affichera probablement des attentes différentes et une acceptation plus grande : il souhaitera avoir affaire à un système « sûr », à l'image de ce que le passager d'un taxi attend du chauffeur.

L'accessibilité peut être un facteur non négligeable, en particulier pour l'expansion des systèmes de flotte qui améliorent l'accessibilité en général. Cela peut concerner les personnes handicapées, les personnes âgées et les jeunes qui, n'ayant pas de permis de conduire, empruntent actuellement les modes traditionnels de transport en commun. D'où l'importance de la robustesse face aux menaces informatiques, surtout si la poursuite d'une trajectoire de déploiement dépend d'une connectivité accrue.

La question du coût sera décisive. La possibilité d'abaisser ses dépenses de stationnement et de se consacrer à d'autres activités pendant le trajet pourrait renforcer l'attrait des véhicules fortement automatisés et favoriser leur essor, en particulier auprès des ménages aisés qui contribuent déjà proportionnellement davantage au trafic global en véhicule-kilomètres. Il y a toutefois fort à parier que l'élévation du coût unitaire de la composante technologique viendra faire obstacle à la mobilité automatisée individuelle, tout au moins au début.

Cette contrainte de coût explique en partie pourquoi les constructeurs qui travaillent sur les véhicules fortement automatisés sont nombreux à vouloir les commercialiser sous la forme de flottes à exploiter (par exemple, Waymo, Renault-Nissan, Ford). De même, l'automatisation promet de réduire les coûts d'exploitation des poids lourds et autres véhicules de livraison, ce qui donne à penser que le secteur du transport routier de marchandises sera certainement l'un des premiers à connaître l'automatisation totale (FIT, 2015 ; FIT, 2017). Cela devrait intervenir d'autant plus vite que le secteur a du mal à recruter du personnel qualifié pour absorber la hausse de la demande.

Le facteur primordial sera peut-être le cadre réglementaire qui régira l'automatisation de la conduite. L'incertitude à cet égard est immense car ce cadre est lié aux conséquences que la technologie aura sur la sécurité et la circulation, et que l'on s'efforce encore d'appréhender. La réglementation dont de nombreux pays se sont déjà dotés pour autoriser les tests ne préfigure pas nécessairement les futurs régimes d'homologation et de certification. En outre, un certain nombre d'autorités régionales et municipales de transport ont fait part de leur intention d'instaurer une réglementation contraignante compte tenu de l'éventualité que les systèmes de conduite automatisée n'exacerbent l'encombrement du trafic et l'étalement urbain. On ignore encore si de tels régimes seront mis en place et, dans l'affirmative, de quelle manière, sous quelle forme et avec quelle robustesse juridique.

Quelles seront les incidences des véhicules autonomes sur le transport urbain ?

Comme toute technologie, l'automatisation des véhicules apportera son lot d'avantages et d'inconvénients. Pour ce qui est de ceux, nombreux que l'on peut déjà prévoir, les avantages devraient l'emporter sur les inconvénients quel que soit le modèle de déploiement dominant. S'agissant en revanche des incidences imprévisibles, il n'est pas certain, quoique probable, que la balance penche du même côté.

L'une des grandes incertitudes qui entoure le déploiement à grande échelle des véhicules automatisés concerne son incidence sur le trafic global en véhicule-kilomètres, la congestion et le report modal en défaveur des transports publics et des modes de mobilité active.

Les scénarios axés sur la mobilité automatisée individuelle prévoient une hausse, dans certains cas considérable, du nombre de véhicule-kilomètres effectués. D'après les estimations de Wadud, MacKenzie et Leiby (2016), la demande induite par les groupes d'usagers désavantagés (jeunes, personnes âgées, personnes handicapées) fera croître le trafic dans une proportion comprise entre 2 % et 10 % par an. Harper, Hendrickson et Samaras (2016) annoncent une estimation haute de 14 %, tandis que Brown, Gonder et Repac (2014) la chiffrent à 40 %. Childress et al. (2015) concluent à une augmentation de 20 % du nombre de véhicule-kilomètres effectués, en prenant pour hypothèse une hausse de 30 % de la capacité de l'infrastructure routière, une diminution de 65 % des temps de trajet et des coûts de stationnement divisés par deux. Schoettle et Sivak (2015) estiment à 75 % la croissance du nombre de véhicule-kilomètres effectués par an et tablent sur une baisse de 43 % de la motorisation individuelle. Pour Fagnant et Kockelman (2015), l'évolution du nombre de véhicule-kilomètres effectués dépendra du taux de pénétration des véhicules autonomes : d'après leurs calculs, il augmentera de 2 % si le taux de pénétration est de 10 %, et gonflera de 90 % si le taux est lui aussi de 90 %.

Gruel et Stanford (2016), s'appuyant sur une approche dynamique des systèmes, ont montré que tous les scénarios considérés promettaient une augmentation du trafic en véhicule-kilomètres susceptible d'entraîner une hausse globale de la consommation d'énergie et des émissions. L'ampleur de cette hausse varie grandement d'un scénario à l'autre. Dans celui qui repose sur l'hypothèse d'une incidence nulle sur le choix modal, les véhicules autonomes procurent surtout des avantages. Dans celui fondé sur un engouement accru pour la voiture, la forte intensification du trafic qui en résulte fait croître les niveaux de congestion et d'émission, ainsi que l'étalement urbain. Dans le scénario fondé sur l'essorde la mobilité partagée, le taux de motorisation baisse, mais le nombre de véhicule-kilomètres augmente encore plus fortement sous l'effet de la réaffectation des trajets. D'autres études prédisent une augmentation du nombre de véhicule-kilomètres effectués par les véhicules autonomes de services de transport exploités en flotte (WEF/BCG, 2018). La mise en service de flottes de véhicules automatisés pourrait produire des effets similaires à ceux observés avec l'arrivée des opérateurs de services de VTC, à savoir, en général, une augmentation du nombre de véhicule-kilomètres effectués aux premiers stades du déploiement (FIT, 2018). Ces effets pourraient s'atténuer au fil du temps si une part non négligeable des automobilistes se tournaient vers ces systèmes, en combinaison avec les transports en commun ou les modes actifs.

Néanmoins, le FIT a montré dans ses simulations sur la mobilité partagée (FIT, 2015 ; FIT, 2016 ; FIT, 2017) que la présence d'un régulateur centralisé chargé d'optimiser la réaffectation des véhicules partagés pouvait empêcher le gonflement du trafic, ce qui suppose l'aménagement de places de stationnement et de dépôts destinés à accueillir les véhicules immobiles.

La relation entre les incidences que l'automatisation élevée de la conduite a sur le nombre de véhicule-kilomètres et la congestion dépend de trois principaux facteurs (Anderson, et al., 2016). Toutes choses égales par ailleurs, une hausse du trafic peut mécaniquement faire grimper les niveaux de congestion. Des accidents de la circulation moins nombreux et moins graves signifieraient moins de fermetures de voies et de retards, ce qui se traduirait par une amélioration globale des flux de circulation. La congestion peut diminuer davantage, toutes choses égales par ailleurs, sous l'effet d'une régularité accrue des flux de circulation et de l'optimisation du profil de vitesse (Simonite, 2013). D'après les estimations de Tientrakool, Ho et Maxemchuk (2011), l'utilisation des véhicules autonomes pourrait faire croître de 273 % la capacité de l'infrastructure routière. L'automatisation promet en outre d'améliorer sensiblement le débit aux intersections (Tientrakool, Ho, & Maxemchuk, 2011). Comme dans le cas des mesures classiques de réduction de la congestion, cela ne sera possible qu'avec le recours à des techniques de gestion de la demande, consistant par exemple à définir un prix destiné à réduire ou à éliminer le phénomène d'induction de trafic (FIT, 2018).

Le déploiement à grande échelle des véhicules autonomes permettrait certainement d'affecter à d'autres usages les espaces actuellement réservés au stationnement dans les centres villes. Cela dit, en facilitant les déplacements et en permettant de se livrer à d'autres occupations au lieu de conduire, il risque aussi de stimuler l'étalement urbain et l'essor des banlieues, ce qui ferait reculer la densité démographique des aires métropolitaines et, par ricochet, croître le volume de trafic en véhicule-kilomètres, le niveau des émissions de CO_2 connexes, la pollution et la consommation d'énergie. L'amplification du trafic due à l'étalement pourrait de surcroît exacerber la congestion.

L'adoption de l'automatisation totale, ou ne serait-ce que partielle, rendra certainement la conduite plus efficace en termes de vitesse, de fluidité d'accélération et de décélération et, partant fera baisser la consommation de carburant. Une baisse de la congestion se traduira même par une vitesse plus stable et réduira ainsi la consommation de carburant dans une proportion pouvant aller jusqu'à 10 % (NRC, 2010). L'amélioration des conditions de sécurité permettrait aux constructeurs de fabriquer des véhicules plus légers, ce qui pourrait abaisser encore de 14 % la consommation de carburant (Bagloee, Tavana, Asadi, & Oliver, 2016). À l'inverse, le surcroît de véhicule-kilomètres effectués entraînera une hausse de la consommation de carburant comprise entre 10 % et 40 % selon les études susmentionnées (sous réserve que la consommation de carburant augmente proportionnellement au volume du trafic).

Résultats des simulations

Les modèles du FIT ont également servi à tester un scénario fondé sur l'introduction des véhicules autonomes afin d'établir les incidences que les voitures autonomes, en propriété individuelle ou en partage, de même que les flottes de véhicules autonomes destinés au transport collectif de personnes (par exemple, bus) pourraient avoir sur la demande de transport urbain et les émissions de CO_2. Ce scénario repose sur l'hypothèse que, selon la région, entre 25 % et 40 % des trajets effectués en voiture en 2050 le seront à bord de véhicules autonomes (contre 0 %-2.5 % dans le scénario d'ambitions inchangées).

Les hypothèses retenues dans ce scénario tiennent compte de l'évolution des coûts d'utilisation des différents modes, des gains de temps de productivité réalisés par les passagers (conducteurs dans le scénario sans automatisation) et de la hausse potentielle du nombre de véhicule-kilomètres effectués à vide dès lors que des restrictions de stationnement ou des redevances s'appliquent (par exemple, aux véhicules circulant sans passager). L'évolution des coûts d'utilisation rejaillit de façon variable sur les choix de déplacement et de mode ; elle dépend aussi de la structure des coûts qui caractérise chaque mode de transport dans le scénario d'ambitions inchangées pour l'année de référence.

Selon toute vraisemblance, l'automatisation des véhicules fera croître le nombre de passager-kilomètres effectués dans la plupart des régions. En effet, la mobilité automatisée partagée et les transports publics gagneront en popularité à la faveur d'une baisse des coûts (par rapport à un scénario sans automatisation) ; or, en général, leur utilisation allonge la distance parcourue par les usagers. Cela dit, une forte fréquentation de ces services de transport contribue à désencombrer le trafic et à abaisser le niveau des émissions de CO_2.

Tableau 3.5. Incidence prévue en cas de réalisation du scénario fondé sur les véhicules autonomes

Variation en % par rapport au scénario d'ambitions inchangées

Région	Passager-kilomètres		Émissions de CO_2	
	2030	2050	2030	2050
Afrique	-1	5	-2	0
Asie	-1	-1	-3	-10
Chine et Inde	1	5	0	0
Moyen-Orient	-2	-6	-3	-11
Économies en transition	0	2	0	0
Amérique latine	-3	0	3	-4
OCDE-Pacifique	-1	1	-2	-7
EEE et Turquie	1	7	0	0
Amérique du Nord	-1	-3	-1	-7

Encadré 3.4. La place des drones dans le système de transport

Le secteur des transports recourt déjà aux drones pour inspecter et surveiller l'état des infrastructures. Dans un avenir proche, ils fourniront également des services novateurs de livraison de marchandises et de transport de personnes. Vu la rapidité avec laquelle le secteur évolue, il incombe aux décideurs d'encadrer l'utilisation des drones de manière à autoriser l'innovation sans sacrifier à l'intérêt général. Certes, le public n'est probablement pas encore disposé à embarquer à bord d'appareils sans pilote (alors que le niveau d'automatisation des avions est déjà élevé). Il n'empêche que, comme dans le cas des voitures, bus et camions sans conducteur, les technologies de drone sont en passe de quitter le monde de la science-fiction pour offrir des services bien réels.

Les avancées technologiques ont permis de fabriquer de nouveaux types de véhicules aéroportés et de les intégrer dans les systèmes existants de transport (aérien) (Schwab, 2016). Malgré une demande de transport de marchandises et de voyageurs en hausse à l'échelle mondiale, des marchés potentiels restent inaccessibles par voie de surface dans de nombreuses régions. En particulier dans les pays en développement et les économies émergentes, la mise en place de services de drone fiables et efficients pourrait sensiblement améliorer la connectivité régionale. Attiré par ces débouchés, le secteur privé est la principale force agissante du développement des drones et en expérimente actuellement des applications innovantes qui couvrent un large éventail d'emplois.

On ne mesure pas encore pleinement toutes les conséquences qui pourraient découler de la mise en service de vastes flottes de drones à usage commercial. Des études sont en cours dans le secteur aérien, mais la question est rarement examinée sous l'angle transsectoriel. Les drones destinés à la livraison de marchandises en ville et, à terme, au transport de personnes auront certainement des effets bénéfiques (par exemple, rapprochement des régions, désencombrement du trafic, raccourcissement des temps de parcours) et préjudiciables (par exemple, en termes de sécurité, de respect de la vie privée, de bruit, de consommation d'énergie, d'affectation des sols et d'aménités paysagères) (FIT, 2018). Les décideurs doivent également réfléchir aux incidences qu'auront les millions d'aéroports pour drones appelés à apparaître ainsi qu'à la manière de les intégrer dans le système de transport et la société en général.

Bien que très hétérogènes, les prévisions convergent pour annoncer qu'il s'agira d'un marché de plusieurs milliards de dollars dans cinq à dix ans. Dans un rapport (PwC, 2017), le marché mondial de l'utilisation commerciale des drones civils est estimé à 127 milliards USD. D'après une enquête de Blyenburgh menée en (2018), le nombre des missions de transport de marchandises effectuées par drone aurait été multiplié par trois au cours de la période 2017-18 et des acteurs d'envergure mondiale comme Alphabet et Amazon expérimentent déjà l'exploitation de services de transport de personnes et de marchandises par drone en différents points du globe.

Jusqu'où les citoyens sont-ils prêts à accepter l'apparition de flottes de drones ? Cela dépendra de la compréhension qu'ils auront des avantages et inconvénients du phénomène, ainsi que du succès des dispositions prises pour en limiter les effets potentiellement préjudiciables. Les travaux de quantification de ces effets étant encore trop rares, le groupe de travail du FIT chargé d'étudier la place des drones dans le système de transport de demain a entrepris de rassembler les connaissances acquises partout dans le monde pour faire avancer la compréhension des incidences des drones.

Scénarios de rupture dans le transport urbain de personnes

Cette section analyse la conjonction de trois phénomènes de rupture susceptibles d'affecter les transports à l'avenir : le télétravail, le recours massif à la mobilité partagée et les véhicules autonomes. Dans le transport urbain de personnes, les incidences de ces phénomènes sont au mieux incertaines. L'incertitude a trait aux effets induits sur les habitudes de déplacement et la demande de transport, les destinations et les itinéraires choisis par les individus, la répartition modale, l'accessibilité des territoires et les externalités du système de transport, telles que les émissions et la congestion. Elle concerne aussi la structure future de l'écosystème du secteur des transports urbains, l'arrivée de nouveaux acteurs et services et leur réglementation, ainsi que le rôle des constructeurs et des fournisseurs de services historiques. L'impact global des trois phénomènes de rupture variera en fonction du degré auquel ils interviennent indépendamment les uns des autres (par exemple, certains peuvent ne pas prendre des proportions significatives), en différentes phases (certains peuvent se manifester avant ou après les autres) ou de façon simultanée, se renforçant alors le cas échéant, pour le meilleur et pour le pire.

L'impact dépendra aussi des mesures publiques en place au moment où les phénomènes de rupture apparaissent ou prennent de l'ampleur. En cas de mauvais alignement des politiques, les potentielles conséquences négatives comme la congestion ou les émissions peuvent s'en trouver amplifiées. En adaptant les politiques, on peut réduire ou éviter les incidences dommageables lorsque les nouveaux services et nouvelles technologies montent en puissance pour répondre à la demande future de transport urbain.

Les paragraphes qui suivent présentent à titre d'illustration deux scénarios de rupture qui permettent d'apprécier l'impact de *l'action publique* sur l'avenir des systèmes de transport urbain. Tous deux prennent pour hypothèse le développement simultané de la conduite autonome, d'un recours massif à la mobilité partagée et du télétravail.

Cependant, dans le premier scénario, ces évolutions interviennent dans un contexte où il n'existe pas de politiques publiques visant à en orienter les conséquences en termes d'utilisation et d'accès des voitures (stationnement payant, tarification, réglementation de l'accès des véhicules aux zones urbaines, etc.), de fréquentation des transports en commun ou d'adoption de modes actifs. Il n'y a pas d'encadrement explicite, par les pouvoirs publics, de l'évolution des phénomènes de rupture ou de la syntaxe élémentaire des données ; les critères d'interopérabilité et d'« open access » ne sont donc pas remplis, de sorte que le déploiement des systèmes de MaaS laisse à désirer et ne concerne qu'un petit nombre de villes. Ce scénario est celui du non-encadrement des phénomènes de rupture.

À l'inverse, dans le scénario d'encadrement de ces phénomènes, des mesures publiques sont mises en place. Un vaste écosystème ouvert soutenant les systèmes de MaaS aide les citoyens à adopter de nouvelles habitudes de déplacement. Dans ce scénario, les déplacements multimodaux se font sans rupture de charge et sont suffisamment pratiques, fiables et abordables pour bien souvent devenir la solution privilégiée spontanément, devant l'autosolisme.

Le Tableau 3.6 récapitule les caractéristiques des scénarios d'encadrement et de non-encadrement des phénomènes de rupture. Tous deux s'inscrivent dans le contexte du scénario d'ambitions élevées, et prennent donc pour hypothèse que d'autres évolutions favorisent la réduction des émissions de CO_2 des transports, comme l'électrification du parc automobile (selon le scénario EV30@30 de l'AIE). Il s'agit ainsi de refléter le fait que les ambitions en matière de réduction des émissions de CO_2 évolueront sans doute indépendamment des autres tendances technologiques susceptibles d'entraîner des bouleversements dans le secteur des transports.

Les résultats des simulations montrent qu'en l'absence de mesures publiques d'encadrement, les phénomènes de rupture produisent des résultats indésirables. Ils ne permettent pas de faire l'économie de telles mesures. Ils nécessitent au contraire de ré-étalonner les cadres réglementaires pour produire les conditions qu'attendent les citoyens et que les pouvoirs publics sont chargés de garantir. Par exemple, faute de restrictions adéquates imposées à l'autosolisme, le scénario de non-encadrement se traduit par un important glissement de la mobilité urbaine des services partagés vers les véhicules particuliers par rapport au scénario d'encadrement. Cela tient au fait que l'automatisation des véhicules réduit le coût des déplacements pour les utilisateurs et augmente leur utilité aux yeux de ceux-ci (puisqu'ils peuvent consacrer le temps passé à se déplacer à d'autres activités).

Un autre enseignement clé du scénario de non-encadrement est qu'il importe d'intégrer les solutions de mobilité partagée avec d'autres services de transport. Cette intégration permet aux voyageurs de passer sans rupture d'un mode de transport à un autre, alors qu'en son absence, l'autosolisme reste plus attrayant et plus fiable que des déplacements multimodaux.

Des mesures fortes de restriction de l'autosolisme dans les zones urbaines denses conjuguées à un écosystème de MaaS solide et convaincant sont de nature à inverser la tendance d'augmentation du recours à la voiture particulière. Une telle évolution serait bénéfique pour la société en réduisant bon nombre d'externalités négatives liées à la circulation de véhicules transportant uniquement leur conducteur en milieu urbain dense et, plus généralement, les émissions de polluants et de CO_2. Elle profiterait également aux citoyens, qui disposeraient ainsi de solutions de déplacement plus fiables, pratiques, confortables et abordables.

Tableau 3.6. Caractéristiques des scénarios de rupture dans le transport urbain de personnes

Mesures d'atténuation	Ambitions élevées	Non-encadrement des phénomènes de rupture	Encadrement des phénomènes de rupture
Conception de Mobility as a Service (MaaS)	En 2050, 50 % des voyageurs ont recours à des systèmes de MaaS pour planifier leurs déplacements	20 % des voyageurs utilisent des systèmes de MaaS pour planifier leurs déplacements en 2050	100 % des voyageurs utilisent des systèmes de MaaS pour planifier leurs déplacements en 2050
Restrictions de circulation des voitures	En 2050, 40 % des déplacements en voiture sont concernés par des mesures de restriction	20 % des déplacements en voiture sont concernés en 2050	60 % des déplacements en voiture sont concernés en 2050
Tarification du stationnement	Supérieur de 10 à 40 % du pouvoir d'achat escompté des voyageurs en 2050 suivant la région	Selon les régions, les tarifs de stationnement augmentent de 0 à 20 % par rapport au pouvoir d'achat anticipé	Selon les régions, les tarifs de stationnement augmentent de 10 à 40 % par rapport au pouvoir d'achat anticipé
Évolutions susceptibles de marquer une rupture	**Ambitions élevées**	**Non-encadrement des phénomènes de rupture**	**Encadrement des phénomènes de rupture**
Télétravail	Entre 3 et 25 % des déplacements sont concernés d'ici à 2050 selon les régions	Entre 3 et 30 % des déplacements sont concernés d'ici à 2050 selon les régions	Entre 3 et 30 % des déplacements sont concernés d'ici à 2050 selon les régions
Mobilité partagée	L'offre de modes partagés progresse au même rythme que par le passé	L'offre de modes partagés progresse deux fois plus vite que par le passé	L'offre de modes partagés progresse deux fois plus vite que par le passé
Véhicules autonomes	Selon les régions, entre 0.0 et 2.5 % des déplacements en voiture sont autonomes en 2050	Selon les régions, entre 25 et 40 % des déplacements en voiture sont autonomes en 2050	Selon les régions, entre 25 et 40 % des déplacements en voiture sont autonomes en 2050

Note : Dans tous les scénarios, la diffusion des véhicules électriques suit le scénario EV30@30. Les mesures entraînent une densification des régions urbaines de 5 à 10 % d'ici à 2050. Dans toutes les régions, l'évolution de l'offre de transports publics lourds suit les tendances observées dans le passé en Europe.

Le scénario d'encadrement des phénomènes de rupture illustre l'impact considérable des politiques publiques sur la répartition modale future dans les zones urbaines (Graphique 3.11). Une intégration optimale de différentes solutions de transport dans le cadre d'un écosystème de MaaS peut faire progresser notablement la part des services assimilables à des transports en commun, et permettre de répondre à la demande de mobilité avec nettement moins de véhicules. Dans le scénario d'encadrement des phénomènes de rupture, les moyens de transport en commun (bus et rail) représentent près de 50 % des passager-kilomètres parcourus en 2050, et le nombre total de véhicule-kilomètres diminue de 19 % par rapport au scénario d'ambitions inchangées. Cela étant, la simulation n'entre pas dans le détail de la nature des services assimilables à des transports en commun : beaucoup de modèles sont possibles, et il est vraisemblable que les « transports en commun » que nous connaissons aujourd'hui feront demain intervenir des acteurs plus variés, dont l'activité sera idéalement régie par des règles plus flexibles privilégiant la performance.

Le niveau relatif des prix de l'énergie et des frais de fonctionnement aura également une influence, qui pourra parfois se manifester sous des formes inattendues. Dans les zones urbaines, la part des modes de transport individuels baisse notablement entre 2015 et 2050 dans les scénarios d'ambitions inchangées, d'ambitions élevées et d'encadrement des phénomènes de rupture, mais pas dans le scénario de non-encadrement de ces phénomènes (Tableau 3.7).

Graphique 3.11. Évolution de la mobilité urbaine dans le monde par mode de transport dans différents scénarios, 2015-50

En milliards de passager-kilomètres

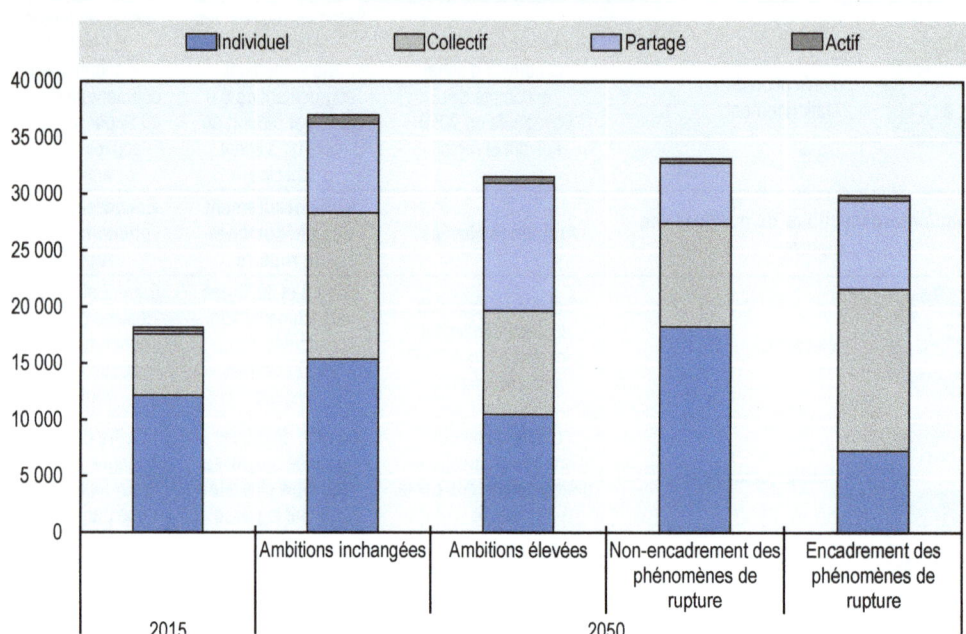

Note : Voir le glossaire pour des informations plus détaillées sur les regroupements.

StatLink ⟨⟨⟨⟩⟩⟩ http://dx.doi.org/10.1787/888933972639

En 2050, les émissions de CO_2 du transport urbain sont sensiblement plus élevées dans le scénario d'ambitions inchangées que dans tous les autres. C'est un résultat encourageant – bien que partiel – car même en l'absence d'encadrement des phénomènes de rupture, ces phénomènes ajoutés aux politiques susceptibles d'être adoptées à l'avenir font baisser le volume des émissions de CO_2 du transport urbain. Dans le scénario de non-encadrement des phénomènes de rupture, le niveau de ces émissions se situe en effet entre celui du scénario d'ambitions élevées et celui du scénario d'ambitions inchangées (voir Graphique 3.12 et Tableau 3.8).

Ce résultat s'explique en grande partie par la progression de la part modale de l'autosolisme découlant du développement de la conduite autonome dans le scénario de non-encadrement. Dans une situation où la conduite autonome prend des parts de marché aux services de mobilité partagée disponibles, toutes choses égales par ailleurs, les émissions de CO_2 augmentent. Ainsi, le scénario de non-encadrement des phénomènes de rupture se traduit par des émissions globales de CO_2 dues aux transports urbains supérieures de près de 50 % à celles du scénario d'ambitions élevées. Leur niveau n'en est pas moins nettement inférieur à celui atteint dans le scénario d'ambitions inchangées.

L'importance des politiques d'encadrement apparaît clairement lorsqu'on compare les émissions de CO_2 du transport urbain dans les scénarios d'encadrement et de non-encadrement des phénomènes de rupture. La création d'un vaste écosystème de MaaS intégrant les transports en commun et d'autres formes de mobilité partagée aide à juguler le risque de hausse des émissions de CO_2 sous l'effet de la diffusion des véhicules autonomes. Les émissions de CO_2 imputables aux déplacements urbains ont un niveau comparable dans les scénarios d'ambitions élevées et d'encadrement des phénomènes de rupture, précisément parce que des politiques publiques restreignent la croissance de la distance parcourue par des véhicules autonomes transportant une seule personne.

Tableau 3.7. Répartition de la mobilité urbaine dans les différentes régions du monde dans différents scénarios, situation en 2015 et projections à 2050

En pourcentage du nombre total de passager-kilomètres

Région	Modes de déplacement individuel					Transport en commun				
	2015	2050				2015	2050			
		AI	AE	NR	ER		AI	AE	NR	ER
Afrique	61	46	39	56	29	36	43	41	33	60
Asie	63	44	32	45	21	34	40	39	40	62
Chine et Inde	59	34	29	46	21	38	35	25	28	46
EEE et Turquie	65	25	30	65	20	30	44	25	20	42
Amérique latine	52	30	30	51	21	46	51	40	36	60
Moyen-Orient	78	59	45	63	30	20	31	36	28	57
Amérique du Nord	94	66	41	82	39	3	9	7	6	15
OCDE Pacifique	62	35	27	52	18	33	40	30	29	51
Transition	59	39	35	53	22	38	47	43	37	64
Région	Transports partagés					Modes actifs				
	2015	2050				2015	2050			
		AI	AE	NR	ER		AI	AE	NR	ER
Afrique	0	9	17	9	9	2	3	2	2	1
Asie	0	14	26	14	16	2	2	2	1	2
Chine et Inde	1	29	44	25	32	2	2	2	1	2
EEE et Turquie	1	26	42	14	34	3	5	3	2	4
Amérique latine	1	18	28	12	18	1	2	1	1	1
Moyen-Orient	1	8	17	7	12	1	2	2	1	1
Amérique du Nord	3	24	51	12	45	0	1	1	0	1
OCDE Pacifique	3	24	41	18	30	1	2	2	1	1
Transition	1	11	20	9	12	2	3	2	1	2

Note : AI : scénario d'ambitions inchangées ; AE : scénario d'ambitions élevées ; NR : scénario de non-encadrement des phénomènes de rupture ; ER : scénario d'encadrement des phénomènes de rupture.

Tableau 3.8. Émissions totales de CO$_2$ dues au transport urbain dans les différentes régions du monde

Selon quatre scénarios, en millions de tonnes

Région	2015	2050			
	Année de référence	Scénario d'ambitions inchangées (AI)	Scénario d'ambitions élevées (variation en % par rapport à AI)	Scénario de non-encadrement des phénomènes de rupture (variation en % par rapport à AI)	Scénario d'encadrement des phénomènes de rupture (variation en % par rapport à AI)
Afrique	86	186	-62	-52	-66
Asie	150	211	-67	-56	-69
Chine et Inde	409	319	-69	-48	-74
EEE et Turquie	187	84	-66	-34	-70
Amérique latine	197	193	-61	-47	-61
Moyen-Orient	91	142	-63	-53	-68
Amérique du Nord	853	547	-81	-69	-84
OCDE Pacifique	247	111	-73	-61	-73
Transition	61	46	-57	-43	-63
Monde	2281	1839	-70	-56	-73

Les effets de la congestion générée par les activités de déplacement soulignent également la nécessité d'un encadrement des phénomènes de rupture par les pouvoirs publics. Pour mesurer ces effets, on compare les flux de circulation routière modélisés à la capacité de la voirie existante. Plus les deux valeurs sont proches, plus le réseau routier est congestionné. Le Graphique 3.13 et le Tableau 3.9 comparent les niveaux de congestion atteints dans chaque scénario avec celui du scénario d'ambitions inchangées. Dans le scénario de non-encadrement des phénomènes de rupture, les niveaux de congestion augmentent globalement de 38 % dans les zones urbaines de la planète. En Europe, cette hausse marquée s'explique par celle des distances parcourues par les véhicules autonomes, ainsi que par le niveau élevé du recours aux voitures particulières, qui est favorisé par le caractère de plus en plus abordable des véhicules électriques. En l'absence d'évolution des infrastructures et de services plus efficaces de mobilité partagée, ces facteurs entraînent un accroissement notable de la congestion en Europe. En revanche, les mesures d'accompagnement appliquées dans le scénario d'encadrement des phénomènes de rupture ramènent les niveaux de congestion en dessous de ceux du scénario d'ambitions inchangées, et même en dessous de ceux du scénario d'ambitions élevées. Ainsi, si les émissions de CO$_2$ baissent en principe de façon substantielle dans tous les scénarios de rupture d'ici à 2050 – et davantage encore si des mesures d'encadrement sont prises –, la congestion est appelée à augmenter en l'absence de mesures d'encadrement adéquates.

Graphique 3.12. Émissions de CO$_2$ dues au transport urbain par mode dans les différents scénarios

Millions de tonnes

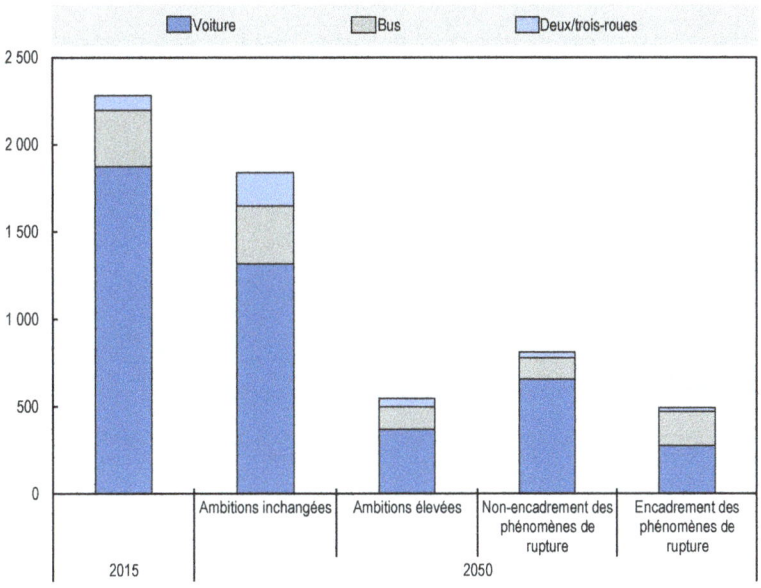

StatLink ᔕ http://dx.doi.org/10.1787/888933972658

Tableau 3.9. Projections des niveaux de congestion urbaine dans les différentes régions du monde en 2050

Variation en pourcentage par rapport au scénario d'ambitions inchangées

Région	Scénario d'ambitions élevées	Scénario de non-encadrement des phénomènes de rupture	Scénario d'encadrement des phénomènes de rupture
Pays non membres de l'OCDE	-16	36	-24
Pays de l'OCDE	-20	43	-21
Afrique	-16	20	-31
Asie	-26	8	-43
Chine et Inde	-20	52	-17
EEE et Turquie	7	113	7
Amérique latine	3	55	-5
Moyen-Orient	-22	3	-42
Amérique du Nord	-39	5	-36
OCDE Pacifique	-36	7	-42
Transition	-9	36	-28
Monde	-17	38	-24

Graphique 3.13. Projections des niveaux de congestion urbaine dans le monde en 2050

Selon trois scénarios, variation en pourcentage par rapport au scénario d'ambitions inchangées

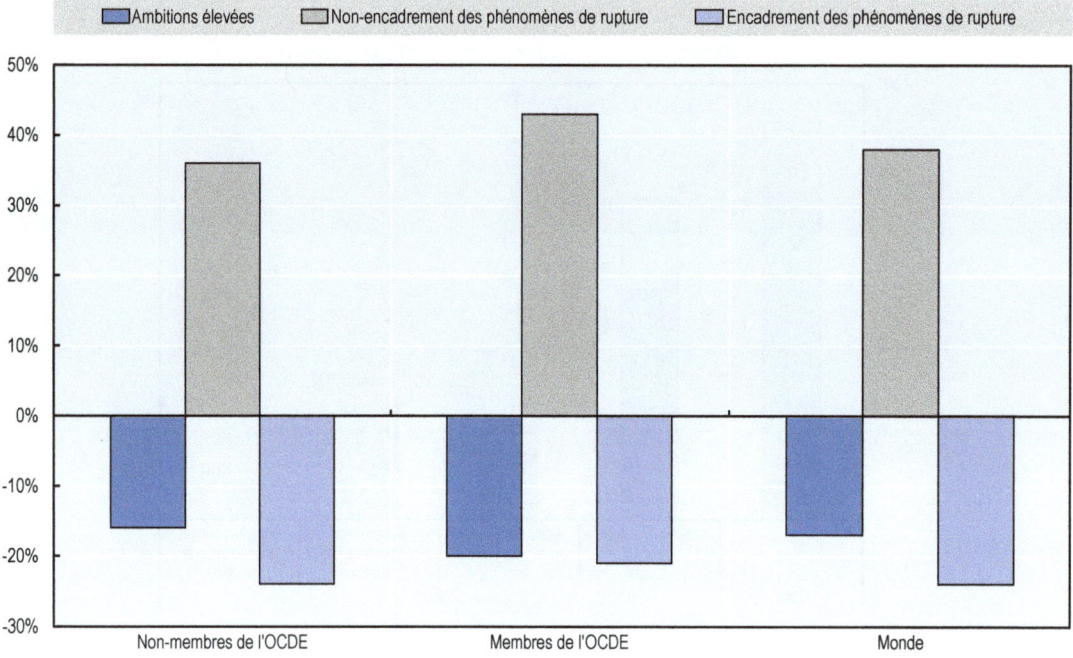

StatLink ⬛🔟 http://dx.doi.org/10.1787/888933972677

Tableau 3.10. Mobilité urbaine dans les différentes régions du monde en 2050

Selon quatre scénarios, en milliards de passager-kilomètres

| Région | 2015 | | 2050 | | |
	Année de référence	Scénario d'ambitions inchangées (AI)	Scénario d'ambitions élevées (variation en % par rapport à AI)	Scénario de non-encadrement des phénomènes de rupture (variation en % par rapport à AI)	Scénario d'encadrement des phénomènes de rupture (variation en % par rapport à AI)
Afrique	982	3 787	1	7	-2
Asie	1 546	3 825	-11	-8	-17
Chine et Inde	4 865	11 833	-13	-7	-17
EEE et Turquie	1 733	2 695	-14	-8	-18
Amérique latine	2 180	3 924	-13	-8	-16
Moyen-Orient	619	1 446	-12	-9	-17
Amérique du Nord	3 504	5 920	-30	-28	-34
OCDE Pacifique	2 164	2 803	-29	-27	-32
Transition	571	808	-1	2	-8
Monde	18 164	37 040	-15	-10	-19

Notes

[1] Voir www.itf-oecd.org/outlook pour plus de détails sur le modèle.

[2] Hors transports en commun ; voir le glossaire pour plus de détails.

[3] Voir la définition du « *free-floating* » dans le glossaire.

[4] OCDE Pacifique : Australie, Corée du Sud, Japon, Nouvelle-Zélande. Économies en transition : pays de l'ex-Union soviétique et pays d'Europe du Sud-Est non membres de l'UE.

[5] Même si les modalités de travail flexibles faisant intervenir du télétravail ne réduisant pas les trajets domicile-travail peuvent également influer sur les profils de la demande de déplacements et la congestion, elles entraînent des réductions des émissions inférieures à celles qu'on observe avec du télétravail réduisant le nombre total de déplacements vers le lieu de travail.

[6] L'échantillon de l'enquête de PGi ne visant que des travailleurs ayant accès au numérique, il est probable qu'il surestime la proportion de télétravailleurs parmi la population active totale.

[7] https://www.federalreserve.gov/publications/2018-economic-well-being-of-us-households-in-2017-employment.htm

[8] Il existe de nombreux effets non liés au transport, dont l'amélioration de la productivité, une moindre exposition à la pollution atmosphérique, un meilleur accès à l'emploi et un plus grand bien-être des employés.

[9] Ben-Elia et al. (2018) recommandent de conduire des travaux sur la relation entre les TIC (dont le télétravail) et les comportements de mobilité, afin d'étudier la potentielle simultanéité entre les deux, de même que la possibilité que des facteurs de confusion non observés soient responsables des effets directs recensés jusqu'à maintenant dans les publications.

[10] En 2018, le FIT a publié un rapport intitulé *Safer Roads with Automated Vehicles?* (FIT, 2018a), dont la présente section est en grande partie inspirée.

Références

AIE. (2018). *Global EV Outlook 2018: Towards cross-modal electrification.* Agence internationale de l'énergie, Paris. doi:https://dx.doi.org/10.1787/9789264302365-en

AIE. (2018). World Energy Outlook 2018. doi:https://dx.doi.org/10.1787/weo-2018-en

Alonso-Mora, J., Samaranayake, S., Wallar, A., Frazzoli, E., & Rus, D. (2017). On-demand high-capacity ride-sharing via dynamic trip-vehicle assignment. *Proceedings of the National Academy of Sciences, 114*(3), 462-467. doi:10.1073/pnas.1611675114

Anderson, J., Kalra, N., Stanley, K., Sorensen, P., Samaras, C., & Oluwatola, O. (2016). *Autonomous Vehicle Technology: A Guide for Policymakers.* Retrieved 01 29, 2019, from https://www.rand.org/content/dam/rand/pubs/research_reports/RR400/RR443-2/RAND_RR443-2.pdf

Bagloee, S., Tavana, M., Asadi, M., & Oliver, T. (2016). Autonomous vehicles: challenges, opportunities, and future implications for transportation policies. *Journal of Modern Transportation, 24*(4), 284-303. doi:10.1007/s40534-016-0117-3

Ben-Elia, E., Lyons, G., & Mokhtarian, P. (2018). Epilogue: the new frontiers of behavioral research on the interrelationships between ICT, activities, time use and mobility. *Transportation, 45*(2), 479-497. doi:10.1007/s11116-018-9871-x

Bliss, L. (2017). *Stop Asking Whether Uber Is Transit's Enemy.* CityLab. Retrieved 09 15, 2017, from https://www.citylab.com/transportation/2017/02/uber-lyft-transportation-network-companies-effect-on-transit-ridership-new-york-city/517932/

Bliss, L. (2017). *The Ride-Hailing Effect: More Cars, More Trips, More Miles.* CityLab. Retrieved 09 15, 2017, from https://www.citylab.com/transportation/2017/10/the-ride-hailing-effect-more-cars-more-trips-more-miles/542592/

Bloom, N., Liang, J., Roberts, J., & Ying, Z. (2015). Does Working from Home Work? Evidence from a Chinese Experiment *. *The Quarterly Journal of Economics, 130*(1), 165-218. doi:10.1093/qje/qju032

Blyenburgh. (2018). *Drone Operations: Today & Tomorrow.*

Brown, A., Gonder, J., & Repac, B. (2014). An Analysis of Possible Energy Impacts of Automated Vehicles. Springer, Cham. doi:10.1007/978-3-319-05990-7_13

Childress, S., Nichols, B., Charlton, B., & Coe, S. (2015). Using an Activity-Based Model to Explore the Potential Impacts of Automated Vehicles. *Transportation Research Record: Journal of the Transportation Research Board, 2493*(1), 99-106. doi:10.3141/2493-11

Choo, S., Mokhtarian, P., & Salomon, I. (2005). Does telecommuting reduce vehicle-miles traveled? An aggregate time series analysis for the U.S. *Transportation, 32*(1), 37-64. doi:10.1007/s11116-004-3046-7

Ciari, F., Schuessler, N., & Axhausen, K. (2013). Estimation of Carsharing Demand Using an Activity-Based Microsimulation Approach: Model Discussion and Some Results. *International Journal of Sustainable Transportation, 7*(1), 70-84. doi:https://doi.org/10.1080/15568318.2012.660113

Clewlow, R., & Mishra, G. (2017). Disruptive Transportation: The Adoption, Utilization, and Impacts of Ride-Hailing in the United States. *Ucd-Its-Rr-17-07*(October). Retrieved from https://itspubs.ucdavis.edu/wp-content/themes/ucdavis/pubs/download_pdf.php?id=2752

DAES. (2018). *World Urbanization Prospects: The 2018 Revision, Key Facts.* Organisation des Nations Unies, Département des affaires économiques et sociales, Division de la population. doi:(ST/ESA/SER.A/366)

Eurofound. (2010). *Telework in the European Union.* Fondation européenne pour l'amélioration des conditions de vie et de travail. Retrieved 01 28, 2019, from https://www.eurofound.europa.eu/publications/report/2010/telework-in-the-european-union

Eurofound. (2017). Sixth European Working Conditions Survey. Retrieved from https://www.eurofound.europa.eu/surveys/european-working-conditions-surveys/sixth-european-working-conditions-survey-2015

Fagnant, D., & Kockelman, K. (2015). Preparing a nation for autonomous vehicles: opportunities, barriers and policy recommendations. *Transportation Research Part A: Policy and Practice, 77,* 167-181. doi:10.1016/J.TRA.2015.04.003

Fagnant, D., & Kockelman, K. (2016). Dynamic ride-sharing and fleet sizing for a system of shared autonomous vehicles in Austin, Texas. *Transportation,* 1-16. doi:10.1007/s11116-016-9729-z

Falch, M. (2012). Environmental impact of ICT on the transport sector. *Telecommunication Economics,* 126-137. doi:10.1007/978-3-642-30382-1_17

FIT. (2015). Automated and Autonomous Driving : Regulation under Uncertainty. Dans *International Transport Forum Policy Papers* (Vol. 2015). Éditions OCDE, Paris. doi:https://dx.doi.org/10.1787/5jlwvzdfk640-en

FIT. (2015). Urban Mobility System Upgrade : How shared self-driving cars could change city traffic. Dans *International Transport Forum Policy Papers* (Vol. 2015). Éditions OCDE, Paris. doi:https://dx.doi.org/10.1787/5jlwvzdk29g5-en

FIT. (2016). Shared Mobility : Innovation for Liveable Cities. Dans *International Transport Forum Policy Papers* (Vol. 2016). Éditions OCDE, Paris. doi:https://dx.doi.org/10.1787/5jlwvz8bd4mx-en

FIT. (2017). ITF Transport Outlook 2017. doi:https://dx.doi.org/10.1787/9789282108000-en

FIT. (2017). Managing the Transition to Driverless Road Freight Transport. Dans *International Transport Forum Policy Papers.* Éditions OCDE, Paris. doi:https://dx.doi.org/10.1787/0f240722-en

FIT. (2017). Shared Mobility Simulations for Auckland. Dans *International Transport Forum Policy Papers.* Éditions OCDE, Paris. doi:https://dx.doi.org/10.1787/5423af87-en

FIT. (2017). Shared Mobility Simulations for Helsinki. Dans *International Transport Forum Policy Papers.* Éditions OCDE, Paris. doi:https://dx.doi.org/10.1787/3d340a2a-en

FIT. (2017). Transition to Shared Mobility : How large cities can deliver inclusive transport services. Dans *International Transport Forum Policy Papers.* Éditions OCDE, Paris. doi:https://dx.doi.org/10.1787/b1d47e43-en

FIT. (2018). *(Un)certain Skies? Drones in the World of Tomorrow.* Forum international des transports, Paris. Retrieved 01 29, 2019, from www.itf-oecd.org

FIT. (2018). Safer Roads with Automated Vehicles? Dans *International Transport Forum Policy Papers.* Éditions OCDE, Paris. doi:https://dx.doi.org/10.1787/b2881ccb-en

FIT. (2018). Shared Mobility Simulations for Dublin. Dans *International Transport Forum Policy Papers.* Éditions OCDE, Paris. doi:https://dx.doi.org/10.1787/e7b26d59-en

FIT. (à paraître). Benchmarking Accessibility in Cities: Measuring the impact of proximity and transport performance.

FIT. (à paraître). Shared Mobility Simulations for Lyon. *International Transport Forum Policy Papers*.

Fulton, L. (2018). Three Revolutions in Urban Passenger Travel. *Joule*. doi:10.1016/j.joule.2018.03.005

Gajendran, R., & Harrison, D. (2007). The Good, the Bad, and the Unknown About Telecommuting: Meta-Analysis of Psychological Mediators and Individual Consequences. doi:10.1037/0021-9010.92.6.1524

Giovanis, E. (2018). The relationship between teleworking, traffic and air pollution. *Atmospheric Pollution Research, 9*(1), 1-14. doi:10.1016/j.apr.2017.06.004

Glogger, A., Zängler, T., & Karg, G. (2008). The Impact of Telecommuting on Households' Travel Behaviour, Expenditures and Emissions. In *Road Pricing, the Economy and the Environment* (pp. 411-425). Springer Berlin Heidelberg, Berlin, Heidelberg. doi:10.1007/978-3-540-77150-0_21

Graehler, M., Mucci, R., & Erhardt, G. (2018). *Understanding the Recent Transit Ridership Decline in Major US Cities: Service Cuts or 1 Emerging Modes?* 98e réunion annuelle du Transportation Research Board. Retrieved 03 01, 2019, from https://www.researchgate.net/publication/330599129_Understanding_the_Recent_Transit_Ridership_Decline_in_Major_US_Cities_Service_Cuts_or_Emerging_Modes

Gruel, W., & Stanford, J. (2016). Assessing the Long-term Effects of Autonomous Vehicles: A Speculative Approach. *Transportation Research Procedia, 13*, 18-29. doi:10.1016/J.TRPRO.2016.05.003

Gschwind, L., Messenger, J., Boehmer, S., Vargas Llave, O., Wilkens, M., & Vermeylen, G. (2017). *Working anytime, anywhere : the effects on the world of work.* Retrieved 01 29, 2019, from https://www.eurofound.europa.eu/publications/report/2017/working-anytime-anywhere-the-effects-on-the-world-of-work

Haddad, H., & Chatterjee, K. (2009). An examination of determinants influencing the desire for and frequency of part-day and whole-day homeworking. *Journal of Transport Geography, 17*(2), 124-133. doi:10.1016/J.JTRANGEO.2008.11.008

Harper, C., Hendrickson, C., & Samaras, C. (2016). Cost and benefit estimates of partially-automated vehicle collision avoidance technologies. *Accident Analysis & Prevention, 95*, 104-115. doi:10.1016/J.AAP.2016.06.017

Helminen, V., & Ristimäki, M. (2007). Relationships between commuting distance, frequency and telework in Finland. *Journal of Transport Geography, 15*(5), 331-342. doi:10.1016/J.JTRANGEO.2006.12.004

ICCT. (2019). *Transportation Roadmap.* Retrieved 03 13, 2019, from https://www.theicct.org/transportation-roadmap

Karim, D. (2017). Creating an Innovative Mobility Ecosystem for Urban Planning Areas. In *Disrupting Mobility*. Springer.

Kitou, E., & Horvath, A. (2003). *Energy-related emissions from telework.* American Chemical Society. doi:10.1021/es025849p

Liu, J., Kockelman, K., Boesch, P., & Ciari, F. (2017). Tracking a system of shared autonomous vehicles across the Austin, Texas network using agent-based simulation. *Transportation, 44*(6), 1261-1278. doi:10.1007/s11116-017-9811-1

Loo, B., & Wang, B. (2018). Factors associated with home-based e-working and e-shopping in Nanjing, China. *Transportation, 45*(2), 365-384. doi:10.1007/s11116-017-9792-0

Mateyka, P., Rapino, M., & Landivar, L. (2012). *Home-Based Workers in the United States: 2010.* Retrieved 01 29, 2019, from https://www.census.gov/prod/2012pubs/p70-132.pdf

Mayo, M., Gomez-Mejia, L., Firfiray, S., Berrone, P., & Villena, V. (2016). Leader beliefs and CSR for employees: the case of telework provision. *Leadership & Organization Development Journal, 37*(5), 609-634. doi:10.1108/LODJ-09-2014-0177

Melo, P., & de Abreu e Silva, J. (2017). Home telework and household commuting patterns in Great Britain. *Transportation Research Part A: Policy and Practice, 103*, 1-24. doi:10.1016/J.TRA.2017.05.011

MIAESR. (2013). *A Statistical Report on Waves 1 to 10 of the Household, Income and Labour Dynamics in Australia Survey.* Retrieved 04 29, 2019, from http://library.bsl.org.au/jspui/bitstream/1/3517/1/statreport-v8-2013.pdf

Ministre des Affaires générales et des Communications. (2011). *Efforts to Promote Telework in Japan.* Retrieved 04 29, 2019, from http://www.soumu.go.jp/main_sosiki/joho_tsusin/eng/presentation/pdf/110908_1.pdf

Mokhtarian, P. (1991). Telecommuting and travel: state of the practice, state of the art. *Transportation, 18*(4), 319-342. doi:10.1007/BF00186563

NHSTA. (2017). *Automated Driving Systems 2.0: A Vision for Safety.* Retrieved 01 30, 2019, from https://www.nhtsa.gov/sites/nhtsa.dot.gov/files/documents/13069a-ads2.0_090617_v9a_tag.pdf

Nilles, J. (1991). Telecommuting and urban sprawl: mitigator or inciter? *Transportation, 18*(4), 411-432. doi:10.1007/BF00186567

Noy, I., Shinar, D., & Horrey, W. (2018). Automated driving: Safety blind spots. *Safety Science, 102*, 68-78. doi:10.1016/J.SSCI.2017.07.018

NRC. (2010). *Hidden Costs of Energy.* doi:10.17226/12794

O'Keefe, P., Caulfield, B., Brésil, W., & White, P. (2016). The impacts of telecommuting in Dublin. *Research in Transportation Economics, 57*, 13-20. doi:10.1016/J.RETREC.2016.06.010

OMS. (2016). *L'OMS publie les estimations nationales de l'exposition à la pollution de l'air et les effets sur la santé.* Retrieved 03 13, 2019, from https://www.who.int/fr/news-room/detail/27-09-2016-who-releases-country-estimates-on-air-pollution-exposure-and-health-impact

Parasuraman, R., Sheridan, T., & Wickens, C. (2000). *A Model for Types and Levels of Human Interaction with Automation.* Retrieved 01 29, 2019, from http://hci.cs.uwaterloo.ca/faculty/elaw/cs889/reading/automation/sheridan.pdf

PGi. (2015). *The State of Telecommuting Around the World.* Retrieved 01 29, 2019, from http://go.pgi.com/gen-genspec-15telesur-SC1129

PwC. (2017). *Clarity from above: transport infrastructure The commercial applications of drone technology in the road and rail sectors.* Retrieved 01 29, 2019, from www.dronepoweredsolutions.com

Ronald, N., Navidi, Z., Wang, Y., Rigby, M., Jain, S., Kutadinata, R., & Thompson, R. (2017). Disrupting Mobility. *Disrupting Mobility*, 275-290. doi:10.1007/978-3-319-51602-8

SAE. (2018). *Taxonomy and Definitions for Terms Related to Driving Automation Systems for On-Road Motor Vehicles.* Retrieved 01 29, 2019, from https://saemobilus.sae.org/content/j3016_201806

SAE. (2018). *Taxonomy and Definitions for Terms Related to Shared Mobility and Enabling Technologies.* Retrieved 04 29, 2019, from https://saemobilus.sae.org/content/J3163_201809/

Santi, P., & Ratti, C. (2017). A future of shared mobility. *Journal of Urban Regeneration and Renewal, 10*(4), 328-333.

Schoettle, B. (2017). *Sensor Fusion: A Comparison of Sensing Capabilities of Human Drivers and Highly Automated Vehicles.* Retrieved 01 30, 2019, from http://umich.edu/~umtriswt/PDF/SWT-2017-12.pdf

Schoettle, B., & Sivak, M. (2015). *Potential Impact of Self-driving Vehicles on Household Vehicle Demand and Usage.* Retrieved 01 30, 2019, from http://www.umich.edu/~umtriswt

Schwab, K. (2016). *The Fourth Industrial Revolution.* Retrieved 01 29, 2019, from www.weforum.org

Shaheen, S., Chan, N., Bansal, A., & Cohen, A. (2015). Shared Mobility a Sustainablity and Technology Workshop: Definition, Industry Development and Early Understanding. *University of California Berkeley Transportation Sustainability Research Center*, 30. Retrieved from http://innovativemobility.org/wp-content/uploads/2015/11/SharedMobility_WhitePaper_FINAL.pdf

Shaheen, S., Chan, N., Bansal, A., & Cohen, A. (2015). Shared Mobility. Definitions, Industry Developments, and Early Understanding. *University of California Berkeley Transportation Sustainability Research Center*, 30. Retrieved from http://innovativemobility.org/wp-content/uploads/2015/11/SharedMobility_WhitePaper_FINAL.pdf

Shaheen, S., Cohen, A., Zohdy, I., Berman, W., United States, Federal Highway Administration, & Booz Allen & Hamilton. (2017). *Shared mobility : current practices and guiding principles.* U.S. Department of Transportation. Retrieved from http://www.ops.fhwa.dot.gov/publications/fhwahop16022/index.htm

Shaheen, S., Stocker, A., & Mundler, M. (2017). Online and App-Based Carpooling in France: Analyzing Users and Practices—A Study of BlaBlaCar. In *Disrupting Mobility. Impacts of Sharing Economy and Innovative Transportation on Cities* (pp. 181-196). doi:10.1007/978-3-319-51602-8_12

Simonite, T. (2013). *Data Shows Google's Robot Cars Are Smoother, Safer Drivers Than You or I - MIT Technology Review.* MIT Technology Review. Retrieved 01 30, 2019, from https://www.technologyreview.com/s/520746/data-shows-googles-robot-cars-are-smoother-safer-drivers-than-you-or-i/

Singh, P., Paleti, R., Jenkins, S., & Bhat, C. (2013). On modeling telecommuting behavior: option, choice, and frequency. *Transportation, 40*(2), 373-396. doi:10.1007/s11116-012-9429-2

Spieser, K., Treleaven, K., Zhang, R., Frazzoli, E., Morton, D., & Pavone, M. (2014). Toward a systematic approach to the design and evaluation of automated mobility-on-demand systems: A case study in Singapore. In *Road Vehicle Automation* (pp. 229-245). pp. 0-16, Springer. doi:http://dx.doi.org/10.1007/978-3-319-05990-7_20

Statistique Canada, S. (2016). *Enquête sociale générale - Les Canadiens au travail et à la maison.*

Stolte, T., Hosse, R., Becker, U., & Maurer, M. (2016). On Functional Safety of Vehicle Actuation Systems in the Context of Automated Driving. *IFAC-PapersOnLine, 49*(11), 576-581. doi:10.1016/J.IFACOL.2016.08.084

Tientrakool, P., Ho, Y.-C., & Maxemchuk, N. (2011). *Highway Capacity Benefits from Using Vehicle-to-Vehicle Communication and Sensors for Collision Avoidance.* IEEE. doi:10.1109/VETECF.2011.6093130

U.S. Bureau of Labor Statistics. (2016). *24 percent of employed people did some or all of their work at home in 2015*. Retrieved 04 29, 2019, from https://www.bls.gov/opub/ted/2016/24-percent-of-employed-people-did-some-or-all-of-their-work-at-home-in-2015.htm

Wadud, Z., MacKenzie, D., & Leiby, P. (2016). Help or hindrance? The travel, energy and carbon impacts of highly automated vehicles. *Transportation Research Part A: Policy and Practice, 86*, 1-18. doi:10.1016/J.TRA.2015.12.001

Walls, M., Safirova, E., & Jiang, Y. (2006). *What Drives Telecommuting? What Drives Telecommuting? The Relative Impact of Worker Demographics, Employer Characteristics, and Job Types*. Resource for the Future. Retrieved 01 29, 2019, from https://pdfs.semanticscholar.org/5555/609f5a39c2b7aa5320c87f573356fca2bded.pdf

WEF/BCG. (2018). *System Initiative on Shaping the Future of Mobility Reshaping Urban Mobility with Autonomous Vehicles Lessons from the City of Boston*. Retrieved 01 30, 2019, from http://www3.weforum.org/docs/WEF_Reshaping_Urban_Mobility_with_Autonomous_Vehicles_2018.pdf

Wilton, R., & Scott, D. (2011). Why do you care what other people think? A qualitative investigation of social influence and telecommuting. *Transportation Research Part A: Policy and Practice, 45*(4), 269-282. doi:10.1016/J.TRA.2011.01.002

Yanocha, D. (2018). *Optimising New Mobility Services*. Documents de référence du Forum international des transports. Retrieved 01 29, 2019, from www.itf-oecd.org

Zachariah, J., Gao, J., Kornhauser, A., & Mufti, T. (2014). *Uncongested Mobility for All: A Proposal for an Area Wide Autonomous Taxi System in New Jersey*.

Zhu, P., Wang, L., Jiang, Y., & Zhou, J. (2018). Metropolitan size and the impacts of telecommuting on personal travel. *Transportation, 45*(2), 385-414. doi:10.1007/s11116-017-9846-3

Chapitre 4. Ruptures dans le transport non urbain de personnes

L'objet de ce chapitre est d'évaluer les effets potentiels de phénomènes de rupture sur le transport non urbain de personnes. Trois formes de rupture sont prises en compte : une extension des services aériens à bas prix aux vols long-courriers ; la mise en service de trains à très grande vitesse ; et la disponibilité à grande échelle de sources d'énergie de substitution pour l'aviation. En plus d'analyser les deux scénarios d'évolution des transports dans l'hypothèse d'une action publique aux ambitions soit inchangées, soit élevées, on étudiera trois scénarios complémentaires qui examinent les effets combinés des ruptures identifiées sur le transport non urbain de personnes et donnent des projections de la trajectoire de la demande de transport non urbain et de ses émissions de CO_2 à l'horizon 2050.

Une demande de transport non urbain de personnes appelée à augmenter fortement

On estime que les déplacements non urbains représentaient près de 60 % du transport mondial de personnes en 2015. Si les tendances actuelles se poursuivent, la demande mondiale de transport intérieur et international de voyageurs devrait croître de 225 % entre 2015 et 2050, c'est-à-dire plus de deux fois plus vite que la demande de transport urbain, pour laquelle on prévoit une hausse de 104 % au cours de la même période. Les principaux déterminants de cette évolution seront les augmentations concomitantes des revenus et de la population. La progression sera particulièrement forte dans les pays en développement et pour les déplacements sur de longues distances, par exemple le transport ferroviaire non urbain intérieur et le transport aérien international.

S'agissant du bilan carbone, le transport non urbain émettait près de la moitié des volumes de CO_2 rejetés par le transport de personnes en 2015 et devrait en émettre les deux tiers en 2050, du fait de la croissance prévue de la demande. Un deuxième facteur explique cette augmentation : l'absence de politiques concrètes de décarbonation du transport non urbain, qui contraste fortement avec les nombreux instruments d'action mis en œuvre pour cibler les effets de la voiture et les émissions en zone urbaine. On peut bien sûr soutenir que si cette différence existe, c'est parce qu'au contraire de ceux du transport non urbain, les inconvénients de la mobilité urbaine, comme la congestion et la pollution de l'air, ont pour la plupart un impact plus immédiat sur la vie de la population.

Pour les besoins de cette étude, le transport non urbain de personnes recouvre à la fois le transport international et le transport intérieur. Le premier englobe les déplacements entre deux pays par la route (bus et voiture), le rail ou les airs. Le second désigne les déplacements non urbains à l'intérieur d'un même pays. Il peut être lui-même divisé en deux catégories : le transport interurbain (transport routier, ferroviaire ou aérien entre deux zones urbaines) et le transport régional (transport routier ou ferroviaire à l'intérieur d'une même région, effectué au départ d'une zone non urbaine).

Si, au cours des dernières décennies, le transport non urbain n'a connu aucun bouleversement majeur, excepté une forte croissance de la demande depuis le début des années 2000, en particulier sur le segment du transport aérien international, il pourrait voir sa situation évoluer radicalement. En effet, plusieurs phénomènes de rupture pourraient impacter le transport non urbain et le transport interurbain de voyageurs en particulier. Chacun de ces phénomènes pourrait influer sur la demande, le choix modal ou les externalités à des degrés divers, et pas toujours de façon positive. Les effets dépendront également du contexte politique, social, géographique ou économique et, par conséquent, pourraient différer d'un pays ou d'une région à l'autre.

L'analyse qui suit examine trois potentiels phénomènes de rupture modifiant la trajectoire de la demande du transport non urbain de personnes :

1. *L'extension des services aériens à bas prix aux vols long-courriers* : les compagnies aériennes à bas prix proposent déjà des vols moyen-courriers et long-courriers, mais pas à l'échelle de leur offre sur le segment des vols court-courriers. Une augmentation du nombre de transporteurs à bas prix sur le segment long-courrier pourrait faire baisser le prix des billets et stimuler davantage la demande de transport aérien international.

2. *L'essor du transport par voie de surface à très grande vitesse* : il existe déjà des solutions de transport par voie de surface à très grande vitesse comme le Maglev et l'Hyperloop, et d'autres sont en cours de planification dans certaines parties du

monde, mais leur déploiement est encore limité. Une extension de l'actuel réseau ferré à grande vitesse et la création de nouvelles voies de surface de type Maglev ou Hyperloop pourraient induire de la demande ou attirer une partie des passagers aériens, même s'il est peu probable que ces solutions se substituent à grande échelle aux services aériens (de Rus, 2008).

3. *La disponibilité à grande échelle de sources d'énergie de substitution pour l'aviation* : les sources d'énergie de substitution destinées à l'aviation, comme l'électricité ou les carburants de synthèse, offrent la perspective d'un transport aérien décarboné ou à zéro émission nette. Elles permettraient au secteur aérien de se développer, même dans un cadre réglementaire strict exigeant qu'il réduise drastiquement ses émissions de CO_2.

Les trois principaux phénomènes de rupture examinés dans ce chapitre n'ont pas d'incidences directes sur le transport routier au-delà du report modal. L'évolution des coûts liés au carbone, en particulier, impactera plus faiblement ce segment puisque des solutions à faibles émissions ou à zéro émission existent déjà pour les véhicules routiers. Cependant, d'autres bouleversements pourraient aussi modifier les caractéristiques du transport non urbain de personnes dans les années à venir. Le transport routier, qui représente près de 40 % des déplacements interurbains, pourrait se transformer avec l'essor des véhicules électriques, des véhicules autonomes et des solutions de mobilité partagée. Dans ce chapitre, la mobilité partagée en contexte non urbain désigne le covoiturage et les autres services de partage qui accroissent le taux moyen d'occupation des véhicules. L'impact de ces bouleversements sur le transport de personnes sera sans doute moins marqué en milieu non urbain qu'en milieu urbain, mais il ne doit pas être négligé.

Certaines décisions des pouvoirs publics pourraient aussi se répercuter sur le coût du transport non urbain et partant sur la demande. En particulier, l'importance croissante accordée aux effets des émissions de CO_2 sur le climat donne lieu à des politiques d'atténuation des externalités de la production d'énergie fossile. Dans le secteur aérien, l'Organisation de l'Aviation Civile Internationale (OACI) a adopté une nouvelle norme sur les émissions de CO_2 des aéronefs (OACI, 2017) et procède à la mise en œuvre d'un Régime de compensation et de réduction de carbone pour l'aviation internationale (CORSIA) (OACI, 2016). En vertu de ce régime, les transporteurs aériens compenseront collectivement leurs émissions de CO_2 au-delà d'un seuil fixé sur la base du niveau moyen des émissions de CO_2 en 2019/20. Ce régime deviendra obligatoire en 2026, après une phase d'essai entre 2021 et 2023 et une phase de volontariat entre 2024 et 2026. Quelques exceptions seront faites, par exemple pour les pays les moins développés.

Les politiques applicables au transport non urbain de personnes et leur potentiel d'atténuation

Le Forum International des Transports (FIT) a élaboré un modèle international du transport non urbain de personnes permettant d'évaluer la demande de transport, la répartition modale et les émissions connexes à l'horizon 2050 dans toutes les régions du monde, en fonction de plusieurs scénarios de politiques publiques.

Les deux principaux scénarios étudiés dans ce chapitre sont un scénario d'ambitions inchangées et un scénario d'ambitions élevées. Ils reflètent tous deux les tendances qui pourraient peser sur les déplacements non urbains ; mais ils diffèrent quant à leurs hypothèses concernant le volontarisme des politiques adoptées pour réduire les émissions de CO_2 du transport non urbain. Le scénario d'ambitions inchangées est une extrapolation des trajectoires technologiques et stratégiques actuelles, autrement dit un scénario tendanciel. Il suppose que les progrès technologiques, l'action publique et les investissements se poursuivront comme prévu aujourd'hui, conformément aux mesures existantes et aux engagements d'atténuation déjà annoncés. La tendance reste la même pour les politiques d'ouverture de l'espace aérien et la part des sièges proposés par les compagnies à bas prix reste stable. Dans l'ensemble, la demande de transport aérien croît concomitamment aux projections d'augmentation du PIB et de la population. L'efficacité énergétique des avions s'améliore et le coût relatif des déplacements aériens baisse au fil du temps suivant la tendance actuelle, à mesure qu'évoluent les prix des carburants.

De telles politiques entraînent une hausse des coûts du transport pour tous les modes qui dépendent des énergies fossiles. Dans le scénario d'ambitions inchangées, les sources d'énergie de substitution restent trop coûteuses pour faire concurrence aux carburants fossiles et l'aviation électrique n'apparaît qu'à la moitié du siècle. S'agissant du transport de surface, des normes d'efficacité énergétique sont en place pour les voitures, les bus et les trains. Les seules nouvelles voies ferrées à grande vitesse construites sont celles qui sont déjà planifiées. La part des véhicules autonomes dans le transport non urbain reste marginale, tandis que celle des déplacements partagés en voiture particulière augmente faiblement. Ces hypothèses sur le transport par voie de surface sont cohérentes avec le scénario « Nouvelles politiques » de l'Agence Internationale de l'Énergie (AIE) (AIE, 2018).

Le scénario d'ambitions élevées reflète des aspirations plus audacieuses quant au déploiement des technologies et à l'action publique. Les critères retenus pour l'application de ces deux scénarios au transport non urbain de personnes figurent dans le Tableau 4.1.

Tableau 4.1. Spécifications des scénarios d'ambitions inchangées et élevées concernant le transport non urbain de personnes

Mesures d'atténuation	Ambitions inchangées	Ambitions élevées
Tarification du carbone	100 USD par tonne de CO_2	500 USD par tonne de CO_2
Amélioration de l'efficacité énergétique et déploiement des véhicules électriques	La part des véhicules électriques en circulation varie, selon les régions, entre 0.4 % et 17.4 % pour les voitures et entre 1 % et 31.7 % pour les bus.	La part des véhicules électriques en circulation varie, selon les régions, entre 29.4 % et 53.7 % pour les voitures et entre 10.5 % et 56.5 % pour les bus.
Facteurs potentiels de rupture	**Ambitions inchangées**	**Ambitions élevées**
Vols long-courriers à bas prix	Part très faible des compagnies à bas prix sur le segment long-courrier (tendance actuelle)	Part très faible des compagnies à bas prix sur le segment long-courrier (tendance actuelle)
Innovations énergétiques dans l'aviation	Le coût des carburants de substitution est quatre fois plus élevé que celui des carburants conventionnels en 2015. Le rayon d'action des avions électriques atteint 1 000 km en 2050.	Le coût des carburants de substitution est trois fois plus élevé que celui des carburants conventionnels en 2015. Le rayon d'action des avions électriques atteint 1 600 km en 2050.
Véhicules autonomes	La part des véhicules autonomes en circulation varie, selon les régions, entre 0 % et 2.5 % pour les voitures et entre 0 % et 1.25 % pour les bus.	
Mobilité partagée	La part des déplacements partagés dans le total des déplacements en voiture est égale à 6.7 %.	La part des déplacements partagés dans le total des déplacements en voiture varie, selon les régions, entre 13.3 % et 20 %
Train à très grande vitesse	Les lignes dont la construction est actuellement en cours ou planifiée sont bien mises en service.	Les lignes dont la construction est actuellement en cours ou planifiée sont bien mises en service.

Note : les valeurs utilisées pour les véhicules électriques proviennent de l'AIE (World Energy Outlook 2018, 2018) pour le scénario d'ambitions inchangées et de l'AIE (2018) pour le scénario d'ambitions élevées.

Le prix du carbone retenu pour chaque scénario traduit une moyenne mondiale. En réalité, il varie d'une région à l'autre. Dans le scénario d'ambitions inchangées, la taxe ou la compensation carbone atteint 100 USD en 2050. Dans le scénario d'ambitions élevées, ce chiffre monte jusqu'à 500 USD en 2050, ce qui traduit les objectifs d'atténuation plus ambitieux des accords internationaux et de certaines législations nationales. Par exemple, la France a l'intention de porter le prix de la tonne de CO_2 à 250 EUR d'ici 2030 (Quinet, 2019).

Encadré 4.1. Modifications apportées au cadre d'analyse du transport non urbain de personnes

Le précédent modèle utilisé par le FIT pour l'aviation internationale a été élargi pour inclure toutes les solutions de mobilité non urbaine des personnes quel que soit le mode

---

de transport (à l'exception des déplacements maritimes comme les croisières qui sont principalement des activités de loisirs et non une activité de transport induite).

Le modèle distingue le trafic interurbain du trafic régional non déjà mesuré dans le modèle du transport urbain de voyageurs. On évalue le trafic interurbain en appliquant une approche de modélisation à quatre étapes : génération de la demande de transport – propension à se déplacer (pour différentes fourchettes de distances), choix de la destination, choix du mode, affectation d'un itinéraire (pour la composante aviation). L'ensemble constitue un modèle unifié à l'intérieur duquel les modes de transport par voie de surface peuvent être utilisés comme des modes de « rabattement » pour l'aviation et les propensions à se déplacer calculées pour chacun des modes sont interdépendantes, tout en permettant le report modal,.

Les résultats du modèle régional sont issus d'un modèle de génération de l'activité de déplacement ; la demande de transport est alors répartie entre les modes de transport par voie de surface disponibles dans chaque région en fonction des variables du contexte local (par exemple, infrastructure, motorisation). Le modèle est présenté de façon plus détaillée à l'annexe 4. Les principales modifications peuvent être résumées comme suit :

1. *Une désagrégation plus fine* : le modèle le plus récent comprend 1 191 centroïdes, sources de l'ensemble de l'activité interurbaine dans le monde. Ces points ont été déterminés à partir de l'ensemble des aéroports de moyenne ou de grande taille dotés d'une autorisation pour le trafic aérien international. Les aéroports sont regroupés par codes d'aéroports urbains lorsqu'ils sont considérés de cette façon par l'OACI ou lorsqu'un aéroport se trouve à moins de 100 km de l'aéroport principal et dans le même pays.

2. *Intégration du trafic régional et national* : le modèle peut être utilisé pour évaluer l'évolution du trafic intérieur comme celle du trafic régional, ainsi que l'impact des politiques de transport ou de facteurs exogènes sur ces trafics.

3. *Propension à se déplacer plutôt que propension à prendre un vol* : le modèle intègre le concept de disponibilité modale à plusieurs échelles de déplacements. Il permet également d'étudier des solutions de substitution qui pourraient apparaître à l'avenir avec le déploiement de nouvelles infrastructures de transport ou la modification du coût des différents modes de transport.

4. *Intermodalité* : l'accès à l'aéroport d'une région peut se faire par plusieurs voies de surface (par exemple, train, voiture ou bus), ce qui permet d'étendre la zone d'influence des aéroports urbains et de moins surestimer les trajets déclenchant un transport aérien.

Les politiques actuelles ne découpleront pas la demande de transport non urbain des émissions

En 2015, les déplacements non urbains ont atteint un chiffre estimé à 26 000 milliards de passager-kilomètres (pkm), dont 17 000 milliards pkm de déplacements régionaux. À titre de comparaison, le trafic aérien totalisait 7000 milliards de passagers-kilomètres (pkm). On estime que d'ici 2050, le nombre total de déplacements non urbains atteindra 85 000 milliards pkm, dont 60 000 milliards pkm pour le transport régional. La part du trafic régional dans le total des émissions de CO_2 du transport non urbain, qui était de 51 % en 2015, devrait passer à 67 % à l'horizon 2050.

Du fait des politiques mises en œuvre et des objectifs d'amélioration de l'efficacité énergétique de tous les modes de transport et avec l'électrification croissante du transport par voie de surface, les émissions de CO_2 des déplacements non urbains devraient croître en proportion bien moindre que le nombre de passager-kilomètres. Dans le scénario d'ambitions inchangées, le transport non urbain bondit de 225 % tandis que les émissions augmentent de 74 %.

Le transport régional, qui représente une grande partie du transport non urbain, est le principal déterminant des émissions dans ce scénario (Graphique 4.1 et Graphique 4.3). Il totalise les deux tiers de la demande de transport non urbain en 2015, l'année de référence, une proportion qui devrait atteindre 70 % en 2050.

Graphique 4.1. Prévisions de croissance de la demande de transport non urbain par secteur et par scénario jusqu'en 2050

En milliards de passager-kilomètres

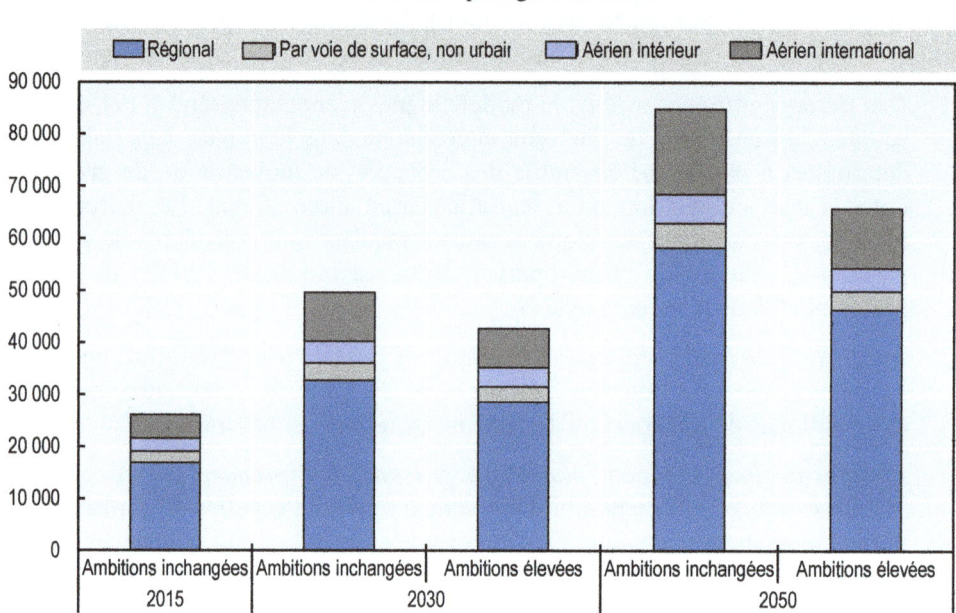

StatLink ᐧᐧᔑᓫ http://dx.doi.org/10.1787/888933972696

Dans l'hypothèse du scénario d'ambitions inchangées, les déplacements intérieurs et les émissions devraient augmenter drastiquement dans les pays non membres de l'OCDE. En particulier, le transport non urbain intérieur devrait y avoir gonflé de 332 % en 2050, sous l'effet de l'augmentation de la population et du PIB. À titre de comparaison, la hausse prévue dans les pays de l'OCDE n'est que de 35 %.

La différence est encore plus prononcée en termes d'émissions de CO_2. Les politiques prévues dans les pays de l'OCDE pour le parc automobile peuvent réduire les émissions de 40 % par rapport à leurs niveaux de 2015. En revanche, les pays non membres de l'OCDE ne sont pas en mesure, malgré les évolutions technologiques, d'absorber la demande croissante dans le scénario d'ambitions inchangées. Il en résulte une hausse des émissions non urbaines de 181 % à l'horizon 2050. La progression plus importante, s'agissant à la fois de la demande de transport non urbain et des émissions de CO_2, est attendue en Asie (excepté l'Inde, la République populaire de Chine et les pays de l'OCDE du Pacifique) et en Afrique (Graphique 4.3). En Asie en particulier, le transport non urbain et les émissions connexes croissent à la même vitesse. Si l'Inde et la Chine sont appelées à rester les plus gros pays contributeurs en valeur absolue, en pkm comme en émissions, le reste de l'Asie devrait rapidement se hisser à leur niveau pour chacun de ces deux paramètres.

Le transport aérien connaîtra lui aussi une forte croissance à la fois sur les marchés intérieurs et sur le marché international. La demande est stimulée par l'augmentation du nombre d'accords relatifs à l'ouverture du ciel (FIT, 2019) et le coût relativement faible des billets, du fait de l'efficacité énergétique accrue des appareils et de la stabilité à long terme des projections concernant les prix des carburants (AIE, 2018).

Le transport aérien international sera le mode de déplacement non urbain qui connaîtra le plus fort taux de croissance annuel composé, à 3.8 % à l'horizon 2050. Dans le scénario d'ambitions inchangées, les vols internationaux devraient totaliser 16 500 milliards pkm, soit 3.6 fois le volume de 2015. Le transport aérien domestique ne progressera pas aussi vite que le transport aérien international puisque les vols court-courriers sont en concurrence directe avec les modes de transport de surface. Néanmoins, il devrait plus que doubler pour atteindre 5 520 milliards pkm, soit 2.2 fois son niveau de 2015.

Entre 2015 et 2050, le réseau aérien croît à un taux annuel moyen de 2.8 %. La hausse la plus importante est attendue dans les pays en développement, en particulier en Asie (excepté la Chine et l'Inde). Malgré la meilleure efficacité énergétique des avions de la nouvelle génération, les émissions de CO_2 totales du secteur devraient être 49 % plus élevés en 2050 qu'en 2015, à 1 061 millions de tonnes. Comme le scénario d'ambitions inchangées prévoit également un développement considérable de la demande de transport de surface, la part des émissions du secteur aérien dans le total des émissions du transport non urbain décroît pour passer de 30 % en 2015 à 25 % en 2050.

S'agissant de la demande exprimée en nombre de voyageurs, l'Afrique, l'Asie et l'Amérique latine connaîtront les augmentations les plus importantes à l'horizon 2050, sous l'effet de la hausse des revenus. Près de 180 millions de personnes devraient se déplacer entre ces régions et l'Amérique du Nord en 2050, contre 63 millions en 2015. Dans le scénario d'ambitions inchangées, c'est en Chine et en Inde qu'est créée la plus forte nouvelle demande de transport aérien international, un résultat en accord avec les projections de l'Association du transport aérien international (IATA) (IATA, 2016). À l'horizon 2050, près d'un milliard de déplacements par les airs auront pour origine l'un de ces deux pays, un chiffre à comparer aux 130 millions comptabilisés en 2015. Près des deux tiers de cette nouvelle demande concernent des vols à destination d'autres pays d'Asie (Tableau 4.1). Dans les économies développées, les marchés du transport aérien sont déjà libéralisés et saturés, en particulier en Europe et en Amérique du Nord. Leur croissance y est donc limitée, à plus forte raison du fait de la concurrence de la grande vitesse ferroviaire.

Tableau 4.2. Prévisions du nombre de passagers pour le transport aérien international par région, 2050

En millions de passagers

Région d'origine	Région de destination	Nombre de passagers en 2015	Nombre de passagers en 2050	Croissance absolue 2015-50 (en nombre de passagers)
Chine et Inde	Asie	39	382	344
Asie	Chine et Inde	40	376	336
OCDE Pacifique	Chine et Inde	44	247	203
Chine et Inde	OCDE Pacifique	44	247	203
Afrique	Afrique	33	180	146
Asie	Asie	78	214	136
Moyen-Orient	Chine et Inde	8	135	127
Chine et Inde	Moyen-Orient	8	135	127
Chine et Inde	Chine et Inde	37	157	120
Amérique latine	Amérique latine	24	90	66

Le nombre de passagers dans les aéroports suit la même tendance. Ce sont les aéroports d'Asie (en particulier, de l'Inde) et d'Afrique qui attireront la plus grande part du surcroît de passagers. En Chine, certains aéroports pourraient finir par devenir les plus gros du monde, avec plus de 500 millions de passagers par an dans des villes comme Beijing ou Shanghai. Les aéroports d'Amérique latine devraient aussi croître significativement, en particulier ceux des grandes villes et des destinations touristiques comme les îles des Caraïbes et les villes péruviennes.

Graphique 4.2. Prévision de croissance du trafic dans les aéroports, 2015-50

Scénario d'ambitions inchangées, en millions de passagers

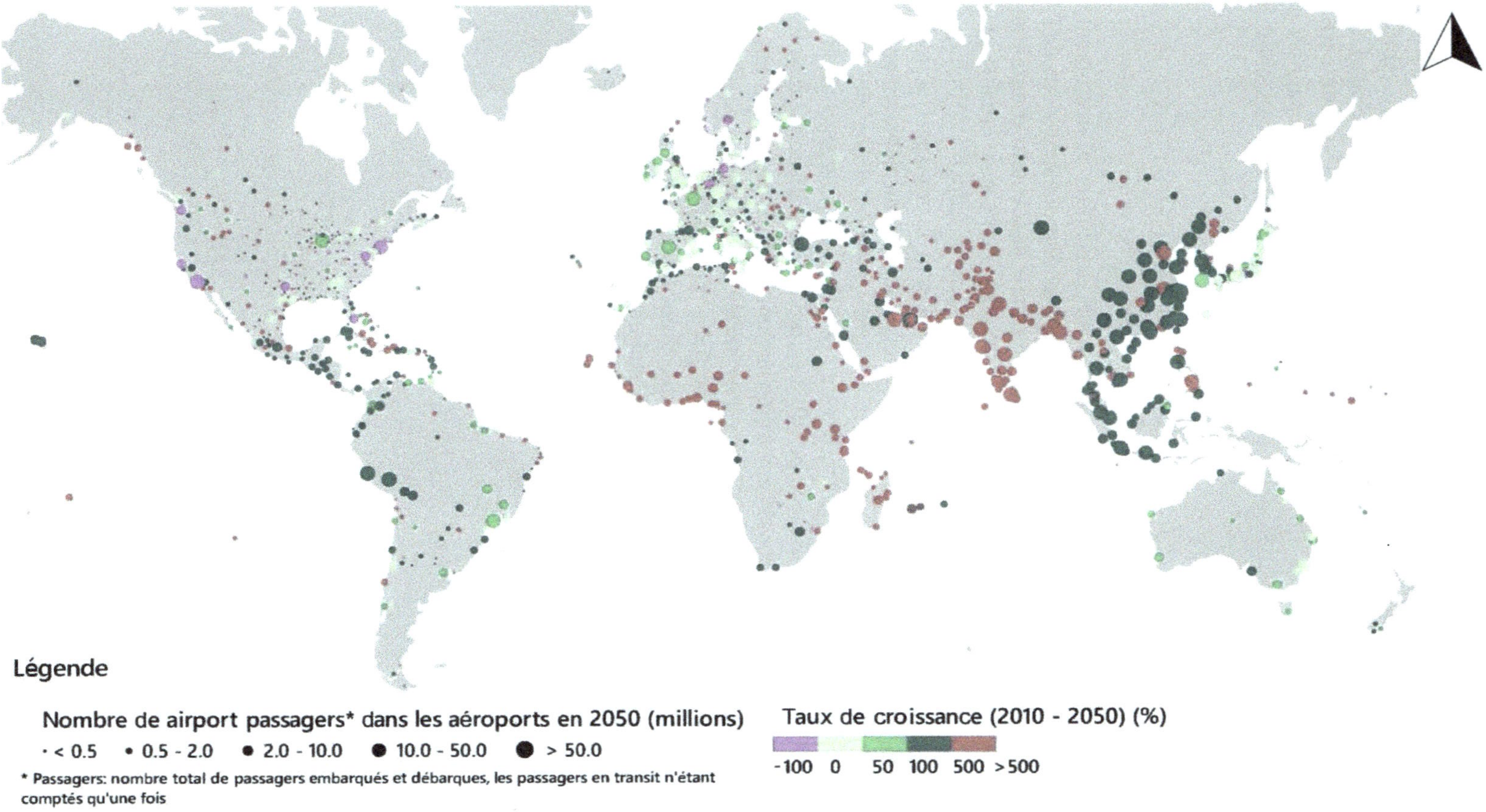

Légende

Nombre de airport passagers* dans les aéroports en 2050 (millions)

· < 0.5   • 0.5 - 2.0   ● 2.0 - 10.0   ● 10.0 - 50.0   ● > 50.0

* Passagers: nombre total de passagers embarqués et débarqués, les passagers en transit n'étant comptés qu'une fois

Taux de croissance (2010 - 2050) (%)

-100   0   50   100   500   >500

Au contraire, dans les aéroports européens, la croissance du nombre de passagers pourrait ralentir par rapport à la tendance de ces dernières années. Certains aéroports de villes d'Europe du Nord pourraient même voir leur nombre de passagers diminuer légèrement. Une telle évolution tient aux facteurs démographiques et au fait que le modèle du réseau en étoile est de moins en moins pertinent pour le trafic aérien intra-européen. Le trafic pourrait aussi décroître dans certains aéroports des États-Unis, en particulier ceux des plus grandes villes. En effet, et c'est un facteur déterminant, les États-Unis prévoient de déployer un réseau ferré à grande vitesse qui pourrait absorber une part importante du transport aérien intérieur. Le second facteur est l'essor des compagnies à bas prix qui tendent à éviter les gros aéroports et à ajouter des liaisons directes entre aéroports plus petits.

Il est possible de réduire les émissions de CO_2 du transport non urbain de personnes

Le scénario d'ambitions élevées suppose un ensemble d'instruments d'action et d'évolutions technologiques susceptibles de faire baisser les émissions de CO_2 du secteur des transports au-delà de ce qui serait obtenu dans le scénario d'ambitions inchangées. Les politiques mises en œuvre rendent les déplacements non urbains plus coûteux (de 500 USD par tonne de CO_2 en moyenne) que dans le scénario d'ambitions inchangées. Cette évolution, en impactant d'abord et avant tout le transport aérien dépendant des énergies fossiles, devrait favoriser un développement et un déploiement plus rapides de moyens de transport aérien utilisant d'autres sources d'énergie, par exemple les carburants de synthèse ou l'électricité et, en définitive, l'émergence d'un transport aérien neutre en carbone à un prix compétitif. Les modes de transport par voie de surface ne bénéficient d'aucun investissement supplémentaire ; le réseau ferré à grande vitesse reste le même que dans le scénario d'ambitions inchangées, c'est-à-dire que les seules lignes construites sont celles qui sont déjà planifiées. En revanche, les véhicules électriques connaissent un essor accéléré et le taux d'occupation des véhicules augmente. Les hypothèses technologiques du scénario d'ambitions élevées suivent globalement celle du scénario EV30@30 de l'agence internationale de l'énergie (AIE, 2018).

Graphique 4.3. Prévisions de croissance de la demande de transport non urbain de personnes par région et par scénario, 2050

En milliards de passager-kilomètres

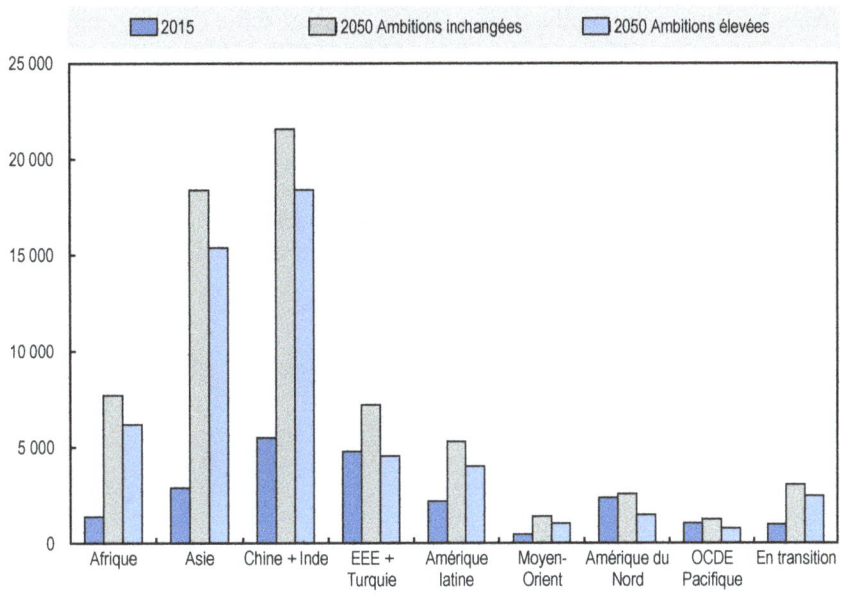

StatLink ᵐˢᴾ http://dx.doi.org/10.1787/888933972715

Dans le scénario d'ambitions élevées, la demande de transport non urbain subit très fortement la hausse des coûts de déplacement causée par celle des coûts des émissions. À l'échelle mondiale, le transport non urbain totalise 65 750 milliards pkm en 2050, soit 22 % de moins que dans le scénario d'ambitions inchangées. L'augmentation des coûts liés aux carburants touche plus fortement les longs déplacements puisque la part du carburant dans le coût total est dans ce cas plus élevée. C'est pourquoi, la réduction est plus prononcée dans le secteur aérien, en particulier le transport aérien international qui affiche pour l'année 2050 un nombre de pkm inférieur de 30 % à ce que prévoit le scénario d'ambitions inchangées. Cependant, la distance totale parcourue diminue pour tous les modes de transport.

À mesure que le coût du transport non urbain augmente, la demande de déplacements interurbains devrait décroître plus rapidement que la demande de transport régional. Dans le scénario d'ambitions élevées, la demande de transport régional est estimée à 46 000 milliards pvkm en 2050, soit 22 % de moins que dans le scénario d'ambitions inchangées. Le mode de transport régional qui subit la plus forte contraction est celui du déplacement en voiture (25 %). Si le transport régional connaît une baisse plus faible que le transport interurbain, c'est qu'il est essentiellement composé de déplacements indispensables à la vie quotidienne des personnes résidant hors des villes. Au contraire, l'une des composantes importantes du transport interurbain est le tourisme qui n'est pas un déplacement indispensable.

Les politiques de décarbonation et les progrès technologiques plus ambitieux du scénario d'ambitions élevées montrent la voie d'une décarbonation du transport non urbain de voyageurs. Malgré une croissance du transport non urbain de 150 % entre 2015 et 2050, les émissions de CO_2 en 2050 sont égales à 58 % de ce qu'elles étaient en 2015, l'année de référence. C'est le résultat d'évolutions aussi bien dans la zone OCDE que dans les pays non membres. Dans les pays de l'OCDE, le parc automobile est presque entièrement électrique en 2050 et la demande de transport décroît de 18 %. De ce fait, les émissions de CO_2 du transport non urbain de voyageurs n'atteignent que 14 % de leur niveau de 2015. Dans les pays non membres de l'OCDE, les émissions de CO_2 chutent de 10 % au cours de la même période, malgré une progression de la demande de transport non urbain de 257 %. Ces chiffres n'incluent pas le transport international, dont les émissions de CO_2 reculent de 25 % alors même que le nombre de passager-kilomètres augmente de 150 %.

Graphique 4.4. Prévisions d'évolution des émissions de CO_2 du transport non urbain de personnes par secteur et par scénario, 2050

En millions de tonnes de CO_2

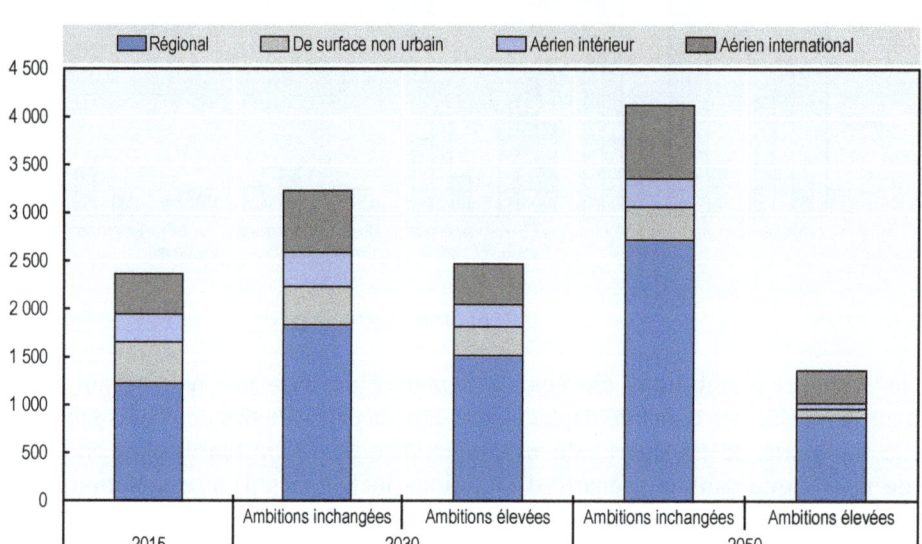

StatLink
http://dx.doi.org/10.1787/888933972734

Pour mettre fin à la dépendance du transport aérien aux énergies fossiles, l'une des solutions consiste à concevoir des avions électriques, au moins pour les vols court-courriers. Dans le scénario d'ambitions élevées, les avions électriques desservent la plupart des lignes aériennes commerciales court-courriers jusqu'à 1600 kilomètres, de sorte que ces lignes deviennent véritablement à émission zéro à supposer que l'électricité soit issue de sources renouvelables. Si, comme le suppose le scénario d'ambitions élevées, des avions alimentés en carburants de synthèse sont bien commercialisés à des prix compétitifs à l'horizon 2050, alors l'effet combiné de ces deux progrès technologiques serait considérable. Le transport aérien intérieur ne rejetterait en 2050 que 20 % de ses volumes de CO_2 de 2015, en dépit d'une augmentation prévue de la demande de 78 % au cours de la même période. De même, le transport aérien international réussirait à réduire ses émissions de CO_2 de 20 % par rapport à leurs niveaux de 2015, malgré un taux de croissance annuel composé de 2.7 % qui porterait le nombre de passagers-kilomètres de 4500 milliards en 2015 à 11 500 milliards en 2050.

Encadré 4.2. Réduire la masse des véhicules : une transition possible vers un déploiement à grande échelle de véhicules « zéro émission »

Au cours des 40 dernières années, la masse moyenne d'une voiture particulière a augmenté d'environ 40 % dans l'Union européenne. En 2015, un véhicule pesait en moyenne 1400 kg, contre un peu moins de 1000 kg en 1975. Or, un surcroît de masse équivaut à davantage d'énergie consommée et de CO_2 rejeté. C'est pourquoi, une réduction de la masse des véhicules peut aider à réduire leurs émissions de CO_2.

Avec un scénario élaboré pour mesurer l'impact d'une réduction de la masse des véhicules, le Forum international des transports a montré que les émissions de CO_2 des utilitaires légers pourraient être 21 % plus faibles en 2050 qu'en 1990 dans le scénario de référence, en raison d'une amélioration de l'efficacité énergétique et d'une augmentation modérée de la part de marché des véhicules électriques. En allégeant progressivement les véhicules jusqu'à 1000 kg pour les nouvelles voitures particulières et 1 100 kg pour les nouveaux utilitaires légers, on arrive à presque doubler la baisse des émissions de CO_2 par rapport à leur niveau dans le scénario de référence : elles chutent de 39 % par rapport à 1990. Cette diminution est due pour 85 % aux voitures particulières.

Cependant, ces réductions seraient insuffisantes pour atteindre l'objectif fixé par l'Union européenne d'un recul de 60 % des quantités de CO_2 du secteur du transport routier rejetées par ces types de véhicules en 2050 par rapport au niveau de 1990. Pour combler l'écart, il faudrait que la part des voitures particulières à zéro émission dans le total des ventes de véhicules neufs augmente. Si la part des véhicules à zéro émission atteignait 64 % des voitures particulières et 68 % des utilitaires légers, alors les objectifs d'émission fixée par l'UE pourraient être atteints.

Une telle réduction de la masse des véhicules se traduirait par un gain financier pour les consommateurs en plus du bénéfice environnemental pour la société. Les seules baisses des prix d'achat et du réapprovisionnement en carburant économiseraient aux automobilistes 213 EUR par tonne de CO_2 non rejetée. Le bilan serait moins favorable pour les utilitaires légers car, dans ce cas, réduire la masse est une opération plus coûteuse qui revient à augmenter le prix d'achat : les propriétaires d'un véhicule paieraient 977 EUR par tonne de CO_2 non rejetée et le montant des bénéfices environnementaux ne dépasserait pas la hausse des coûts pour les consommateurs.

Source : FIT (2017)

Train à très grande vitesse

La grande vitesse ferroviaire s'est avérée être une technologie flexible et attractive pour les usagers et s'est développée dans différents contextes économiques et culturels. En 2018, plus de 43 000 kilomètres de voies ferrées était adaptés à des vitesses supérieures à 250 kilomètres par heure (km/h). À l'origine, les premiers réseaux à grande vitesse ont été déployés au Japon, avec le Shinkansen en 1961, puis en Europe, avec le

TGV en France en 1981. Les premières lignes desservaient de grandes zones métropolitaines distantes de 200 à 400 km, c'est-à-dire des trajets où la demande était forte et où la grande vitesse ferroviaire pouvait concurrencer le transport aérien.

Jusqu'en 2010, le réseau s'est développé lentement, avec une grande majorité de lignes en Europe de l'Ouest et au Japon. Mais, ces dix dernières années, le déploiement s'est accéléré. La grande vitesse ferroviaire chinoise a en particulier pris son essor au cours des 15 dernières années : le pays possède aujourd'hui 30 000 km de voies, soit 75 % du total mondial. À l'heure actuelle, 10 000 km de voies ferrées à grande vitesse sont en construction dans le monde et 40 000 km supplémentaires sont prévus ou en discussion (UIC, 2018).

La très grande vitesse ferroviaire est le prochain bouleversement technologique qui pourrait remettre en cause les profils de déplacement actuels. Contrairement au train à grande vitesse traditionnel, à propulsion électrique, qui roule sur des rails en acier et capte son électricité grâce à des caténaires, le train à très grande vitesse est à sustentation électromagnétique. Il pourrait atteindre des vitesses maximales réalisables comprises en théorie entre 500 et 1200 km/h, à comparer aux quelque 300 km/h du train à grande vitesse. La technologie des systèmes de trains à très grande vitesse n'est pas nouvelle mais elle suscite aujourd'hui un intérêt renouvelé, sans doute parce qu'on prévoit pour elle de nouvelles avancées dans un avenir proche. Deux solutions existent déjà aujourd'hui : Maglev et Hyperloop.

Les trains Maglev ont pour seul mode de propulsion la sustentation électromagnétique. Mis au point à partir de la fin des années 1960 en Allemagne et au Japon, ils visent des vitesses maximales réalisables d'environ 500 km/h. Si la technologie a déjà été appliquée à certains projets de trains à petite vitesse au Royaume-Uni, en Allemagne, au Japon et en Corée du Sud, ce sont les trains Maglev à grande vitesse qui sont les plus susceptibles de modifier radicalement les habitudes de déplacement. Peu de trains Maglev à grande vitesse sont déjà en service, mais de nombreux projets de déploiement ont été proposés ces dernières années. En Chine, une courte ligne Maglev à grande vitesse a été ouverte en décembre 2003 entre l'aéroport de Shanghai et Pudong, le quartier des affaires de la ville. Au Japon, un train Maglev à grande vitesse devrait relier Tokyo à Osaka à compter de 2027. D'autres lignes devraient aussi voir le jour en Inde, en Chine et en Iran, notamment.

La technologie Hyperloop est dérivée du concept de train dans des tubes sous vide (vactrain). Elle utilise la sustentation magnétique comme la technologie Maglev, mais les voitures du train sont ici des capsules scellées propulsées à l'intérieur d'un tube à basse pression. Parce que la mise sous vide supprime presque tous les frottements de l'air, les véhicules peuvent atteindre des vitesses allant jusqu'à 1200 km/h. Un modèle conceptuel open-source a été publié en 2013 pour encourager les améliorations technologiques en vue d'une future commercialisation d'un système Hyperloop (Musk, 2013).

Plusieurs entreprises préparent actuellement la commercialisation de la technologie Hyperloop et plusieurs prototypes sont déjà opérationnels. Les capsules peuvent être conçues pour transporter des voyageurs, des véhicules et des marchandises, même si une étude préliminaire donne à penser que l'intérêt de l'Hyperloop pour le transport de marchandises est limité (Taylor et al., 2016). Des études de faisabilité et des propositions en vue de la construction de lignes Hyperloop ont été soumises un peu partout dans le monde, notamment pour relier San Francisco et Los Angeles, Chicago et Pittsburgh, Chicago et Seattle, Helsinki et Stockholm, Toronto et Montréal, Édimbourg et Londres, Glasgow et Liverpool, Mumbai et Pune, Shengaluru et Chennai, et Paris à Amsterdam.

Comment promouvoir le développement du train à très grande vitesse ?

Le taux d'utilisation des lignes à très grande vitesse dépendra principalement des coûts de construction effectifs, du prix des billets calculé sur cette base et de la demande correspondante. Comme les services de transport Maglev et Hyperloop sont comparables à de nombreux niveaux aux services ferroviaires traditionnels – des trajets fiables entre centres urbains avec un processus d'embarquement fluide –, la demande finale dépendra surtout des tarifs. Les trains à très grande vitesse seront compétitifs si ces tarifs s'accordent avec la propension des usagers à payer pour davantage de vitesse et si la demande est suffisante pour couvrir les investissements initiaux. Les coûts d'investissement – par conséquent les tarifs nécessaires pour les couvrir – seront les principaux déterminants du taux d'utilisation.

Les coûts d'investissement dans les systèmes de train à très grande vitesse demeurent largement incertains, étant donné qu'aucun système de ce type n'a encore été déployé à grande échelle. Selon diverses sources, les estimations des coûts sont très variables (Tableau 4.3). La viabilité financière de l'Hyperloop, en particulier, a fait l'objet de critiques – voir McLean et Nicolas (2016) pour une analyse détaillée des coûts. Et si l'estimation initiale du projet de liaison Los Angeles-San Francisco était de 10 millions USD par kilomètre en 2013, des propositions commerciales ultérieures évaluent le montant à 40 millions USD. Des experts indépendants ont également laissé entendre que les coûts d'investissement du système Hyperloop (coût des véhicules inclus) pourraient dépasser 75 millions USD par km (pour de plus amples informations, voir Walker (2018)).

Il ne faut pas oublier non plus que ces estimations excluent le coût de l'acquisition foncière ainsi que les diverses dépenses techniques et juridiques requises pour les grands projets d'infrastructure. Il se pourrait aussi que les estimations reflètent un biais d'optimisme qu'on retrouve dans le calcul des coûts de nombreux grands projets de transport – une étude *ex-post* des déploiements de lignes à grande vitesse en France a montré par exemple que les coûts de construction réels étaient en moyenne supérieurs de 20 % aux coûts prévus à l'origine (Meunier & Quinet, 2010). Enfin, les trains à très grande vitesse doivent suivre des trajectoires relativement rectilignes pour éviter des forces latérales excessives. Les coûts pourraient donc grimper à des niveaux impossibles à tenir en pratique dans les régions montagneuses, les zones protégées et là où les prix du foncier sont élevés.

Tableau 4.3. Coûts d'investissement dans les systèmes de train à grande et très grande vitesse

Type	Vitesse d'exploitation (maximale/moyenne, km/h)	Coût par kilomètre de voie (millions USD)
Hyperloop	1 000/750	10-75
Maglev	450/300	30-60
Trains à grande vitesse conventionnels	300/200	17-22

Note : les vitesses moyennes sont calculées sur le parcours de l'origine à la destination. Les coûts mentionnés pour le Maglev et l'Hyperloop sont des estimations et excluent les coûts fonciers. Les coûts mentionnés pour les trains à grande vitesse conventionnels sont *ex post* et incluent les coûts de l'acquisition foncière.
Source : Walker (2018), pour Hyperloop et Maglev ; Cour des comptes (2014), pour le train à grande vitesse conventionnel.

S'agissant de la technologie Maglev, des trains sont déjà en service. Le développement ultérieur dépend donc principalement du modèle financier. Comme les investissements initiaux sont importants, le retour sur investissement à long terme est incertain et les risques considérables. Il est probable qu'à court terme, les futures infrastructures Maglev ne seront pas financées par des sources privées. Le soutien des pouvoirs publics sera essentiel, comme il l'a été pour le train à grande vitesse. Comme les économies d'échelle devraient réduire les coûts et comme la demande de liaisons plus rapides devrait augmenter, il est possible qu'à long terme, d'autres modèles financiers deviennent viables.

La mise en exploitation de trains Hyperloop, en revanche, nécessite encore des progrès technologiques. Les entreprises engagées sur cette voie ont à relever de grands défis techniques pour atteindre l'objectif d'un système entièrement opérationnel dès 2023. L'un des plus grands d'entre eux est de maintenir le vide dans un tube long de plusieurs centaines de kilomètres. Pour le moment, la vitesse maximale atteinte par un prototype à petite échelle sur un site d'essai est d'un peu moins de 400 km/h. À titre de comparaison, les trains à grande vitesse traditionnels ont déjà atteint des vitesses d'essai de 570 km/h.

Des questions se posent également quant à la faisabilité de la proposition de valeur de l'Hyperloop. La proposition initiale envisageait le transport d'un nombre de voyageurs pouvant aller jusqu'à 3600 par heure, dans l'hypothèse du départ d'une capsule de 28 sièges toutes les 30 secondes. Or, plusieurs experts ont avancé qu'une fréquence de départ de 80 secondes serait plus réaliste, compte tenu du délai minimum requis pour l'arrêt du véhicule dans des conditions de sécurité. À une telle fréquence, la capacité de transport du système diminuerait fortement. À cela s'ajoutent d'autres préoccupations concernant la sécurité et le confort des voyageurs.

Quels impacts des trains à très grande vitesse sur le transport de voyageurs ?

La construction de lignes à très grande vitesse pourrait radicalement modifier les habitudes de transport. Adapté en priorité aux trajets de 400 à 800 km, le train à très grande vitesse pourrait attirer des voyageurs qui comptent aujourd'hui sur les vols court-courriers. L'impact serait notable dans les régions où les déplacements aériens intérieurs sont très nombreux, comme aux États-Unis et en Chine. Cette nouvelle technologie pourrait aussi supplanter les trains à grande vitesse. Étant donné que les personnes dont le niveau de revenu augmente ont tendance à accorder plus de valeur à la réduction de leurs temps de trajet, des projets de trains à très grande vitesse pourraient être préférés à des projets de train à grande vitesse, en particulier dans les pays comme les États-Unis et le Royaume-Uni où il n'existe pas encore de réseau ferré à grande vitesse conventionnel.

Des systèmes Hyperloop ou Maglev pourraient ainsi aider à limiter la congestion des couloirs aériens et des aéroports, tout en contribuant à réduire fortement les émissions de CO_2 liées aux transports. Les vols court-courriers sont particulièrement émetteurs de carbone, tandis que le train à très grande vitesse à propulsion électrique peut avoir une faible empreinte carbone, à condition que la source de l'électricité soit suffisamment propre. Cela étant, en termes de consommation d'énergie, il n'est pas dit que le train à très grande vitesse soit plus économe. Les trains Maglev nécessitent plus d'énergie par passager-kilomètre que les trains traditionnels puisque les frottements de l'air augmentent rapidement avec la vitesse, sans pour autant garantir des économies substantielles comparativement au transport aérien. Au contraire, l'Hyperloop consomme peu d'énergie puisque la très basse pression limite les frottements de l'air. Sa consommation d'énergie pourrait donc être inférieure de 80 % à celle d'un train américain moyen et des panneaux solaires pourraient même en principe être montés directement sur les tubes pour l'alimenter (Taylor et al., 2016).

Le train à très grande vitesse pourrait également améliorer l'accessibilité et favoriser le développement économique au niveau régional. On a pu observer cet effet avec les lignes à grande vitesse, qui peuvent booster l'activité des entreprises locales en modifiant le profil économique de la région. Les projets de trains à grande vitesse modifient la relation entre accessibilité et productivité urbaine. Comme l'a montré un corpus important de publications du domaine de la Nouvelle économie géographique, la concentration spatiale des activités économiques induit des avantages productifs, ce qu'on appelle des économies d'agglomération.

Par exemple, les projections concernant la ligne à grande vitesse planifiée entre Londres et le nord de l'Angleterre prévoient des augmentations de productivité dont la valeur pourrait être comprise entre 700 millions et 1.3 milliard EUR par an. Le train à très grande vitesse devrait avoir des effets analogues, à des ordres de grandeur bien supérieurs, même s'il est difficile d'effectuer une évaluation plus précise à ce stade. Les économies desservies devraient s'en trouver transformées et on devrait assister au déménagement de nombre de foyers et d'entreprises. Cela ne signifie pas pour autant que le train à très grande vitesse a plus d'avantages que le transport aérien. Simplement, les nouvelles voies de surface à très grande vitesse généreraient des bénéfices qui viendraient s'ajouter à ceux des liaisons aériennes.

Il peut donc être judicieux d'étendre encore le réseau ferré à grande vitesse conventionnel. Une analyse du FIT portant notamment sur la demande, les coûts et les distances a montré qu'il existe encore environ 200 paires de villes entre lesquelles la construction d'une ligne à grande vitesse pourrait être économiquement viable. Ce potentiel non exploité représente quelque 50 000 km de voies, dont 75 % en Amérique du Nord – illustrant le fait que, jusqu'à présent, la grande vitesse ferroviaire ne s'est pas beaucoup étendue dans cette région.

Cette opportunité de développement est déjà prise en compte dans une certaine mesure : les États-Unis s'y intéressent de plus en plus depuis dix ans. Dans un plan stratégique relatif à la grande vitesse ferroviaire (*High Speed Rail Strategic Plan*), la *Federal Railroad Association* américaine a ainsi identifié des couloirs stratégiques totalisant 10 000 km de voies envisageables pour le train à grande vitesse. La Californie a déjà lancé un projet de construction : s'il est mené à son terme, 1 200 km de voies verront le jour.

L'intérêt de la grande vitesse ferroviaire deviendra d'autant plus important que la demande de transport et la propension à payer augmenteront. Aux 50 000 kilomètres de voies déjà mentionnées pourraient venir s'ajouter 25 000 kilomètres de plus à l'horizon 2050. À cette échelle de temps, le train à grande vitesse devrait également s'imposer dans les pays à revenus intermédiaires, notamment en Inde, en Amérique latine et, dans une moindre mesure, en Afrique du Nord. On observe déjà les signes d'un intérêt croissant pour la grande vitesse ferroviaire dans les pays à revenus intermédiaires. En Asie centrale, l'Ouzbékistan exploite un réseau de 600 km de voies ferrées sur lesquelles les trains peuvent circuler jusqu'à 250 km/h. En Inde, la construction de la première liaison à grande vitesse qui doit relier Mumbai à Ahmedabad a démarré en 2017 pour une mise en service actuellement prévue en 2022. Enfin, en Afrique du Nord, la liaison Tanger-Casablanca, qui a ouvert en 2018, est le premier tronçon d'un réseau de 1 500 km de lignes à grande vitesse prévu au Maroc.

Graphique 4.5. Prévisions de déploiement de voies ferrées dans le monde à l'horizon 2050

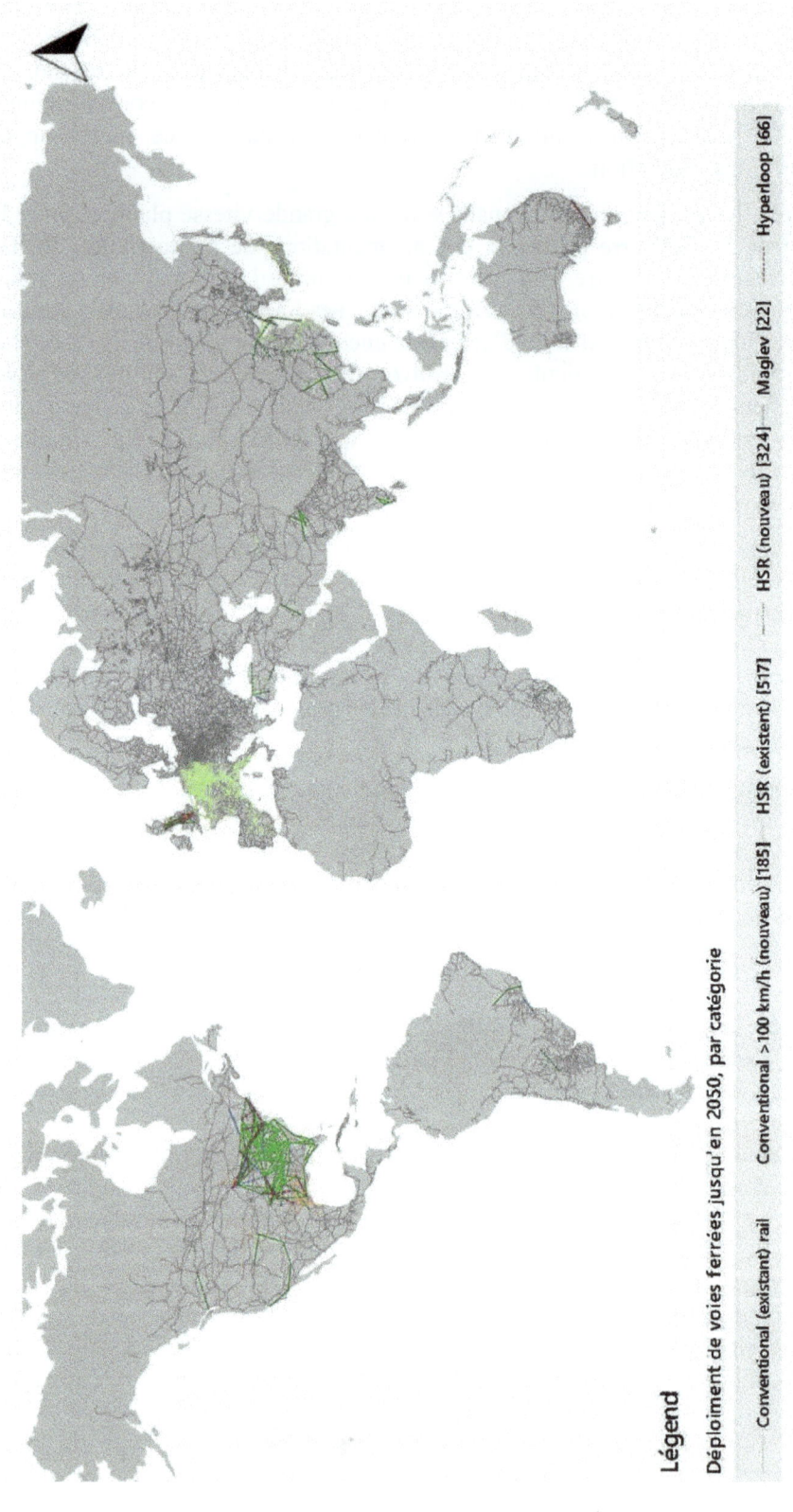

Légend

Déploiement de voies ferrées jusqu'en 2050, par catégorie

Conventional (existant) rail   Conventional >100 km/h (nouveau) [185]   HSR (existant) [517]   HSR (nouveau) [324]   Maglev [22]   Hyperloop [66]

Note : LGV = lignes à grande vitesse. Les nombres de lignes sont indiqués entre crochets.

La généralisation des trains à grande vitesse ou à très grande vitesse n'est pas la seule évolution possible à plus long terme. L'optimisation des services ferroviaires conventionnels pourrait en être une autre dans de nombreux cas. Ces services ne feraient pas directement concurrence aux avions ou aux trains à grande vitesse en termes de temps de trajet, mais ils pourraient être très compétitifs s'agissant du prix des billets et pourraient donc attirer une autre catégorie de voyageurs.

Résultats de la simulation

Investir dans le rail à grande vitesse peut augmenter significativement le trafic ferroviaire exprimé en passager-kilomètres. Selon les projections, ce nombre pourrait avoir augmenté de 170 milliards en 2050 si tous les projets de lignes à grande vitesse économiquement réalisables sont mis en œuvre dans l'intervalle. En 2050, le trafic ferroviaire interurbain serait alors supérieur de 14 % à son niveau de 2015.

Plus de la moitié de cette augmentation se manifesterait en Chine et en Inde. Toutefois, la fréquentation des trains augmenterait aussi beaucoup sur le continent américain, avec 35 milliards pkm de plus en Amérique du Nord et 23 milliards pkm de plus en Amérique latine. Pour les paires de villes distantes de 400 à 800 km, la part de marché du rail devrait dépasser les 50 % d'ici à 2050. Une telle évolution traduit le fait que la grande vitesse ferroviaire sera de plus en plus compétitive face à la voiture et à l'avion, avec l'augmentation attendue des prix des carburants et la mise en place progressive de régimes de taxation du carbone. Il est à noter que le trafic total attendu sur ces nouvelles lignes à grande vitesse sera même plus important encore car une part substantielle de la fréquentation viendra des services ferroviaires traditionnels. La fréquentation totale des nouvelles lignes à grande vitesse devrait atteindre près de 400 milliards pkm en 2050 selon les estimations du FIT.

Pourtant, à l'échelle du globe, l'impact sur le trafic ferroviaire total sera faible. Les liaisons ferroviaires entre grandes villes ne représentent que 8 % du transport ferroviaire non urbain : le rail à grande vitesse ne devrait donc pas significativement augmenter le taux de fréquentation des trains. Les 170 milliards pkm supplémentaires que prévoient les projections ne constituent en effet que 1 % du total de la fréquentation ferroviaire. L'impact du rail à grande vitesse sur les émissions du transport non urbain sera lui aussi limité : les projets de lignes à grande vitesse, s'ils sont mis en œuvre, réduiraient les émissions de CO_2 de 5 millions de tonnes, soit moins de 1 % des émissions du transport non urbain intérieur.

Les perspectives du train à très grande vitesse sont plus limitées encore. Sous réserve que tous les obstacles technologiques soient levés et en supposant l'absence de subventions importantes, nos estimations prévoient un potentiel de 10 000 kilomètres de voies à très grande vitesse, principalement en Europe de l'Ouest, en Amérique du Nord et en Chine. Ce résultat donne à penser que les systèmes de trains à très grande vitesse en tant que tels pourraient être viables. Pour autant, leur impact sur les habitudes de transport serait négligeable. Le train à très grande vitesse génèrerait 40 milliards pkm de plus, dont plus de la moitié provenant d'un report modal depuis le transport aérien.

Vols long-courrier à bas prix

Le secteur de l'aviation civile était auparavant très fermé, strictement réglementé et dominé par les transporteurs traditionnels. Avec sa libéralisation, on a vu apparaître de nouveaux acteurs et de nouveaux modèles économiques (Carmona Benitez & Lodewijks, 2008 ; FIT, 2015). Le modèle économique du vol à bas prix, appliqué pour la première fois aux États-Unis par SouthWest Airlines, s'articule autour d'un service de point à point, d'une réduction des temps de rotation et d'un dégroupage des services (Doganis R. , 2005 ; Doganis R. , 2010). Il a été de plus en plus utilisé, sous ses différentes variantes (Alamdari & Fagan, 2017), au cours des 30 dernières années, jusqu'à dominer le segment court-courrier. En 2017, la part de marché des compagnies à bas prix dépassait la moitié des sièges proposés dans certaines régions : elle était notamment de 57 % en Asie du Sud et de 53 % en Asie du Sud-Est. En Europe et en Amérique du Nord, elle se maintient solidement à respectivement 37 % et 32 % des sièges réservés.

Il importe de noter que, depuis quelque temps, la frontière entre les différents modèles économiques du transport aérien tend à se brouiller : les transporteurs traditionnels proposent des billets moins chers en dégroupant leurs services, tandis que les compagnies à bas prix offrent des options plus haut de gamme, presque de classe affaires, à leurs passagers. Il reste quand même une différence principale entre les transporteurs traditionnels et les compagnies à bas prix. Les premiers appliquent depuis longtemps une stratégie centrée sur de grosses plateformes d'interconnexion depuis lesquelles sont programmés des vols vers une multitude de destinations : ce modèle de réseau en étoile leur permet de réunir une demande suffisante pour desservir un grand nombre de destinations dans des conditions rentables. Cette stratégie est d'autant plus fondamentale pour les vols moyens et long-courriers, qui nécessitent de plus gros appareils, mais sont moins demandés.

Au contraire, les compagnies à bas prix proposent des vols court-courriers assurant surtout des liaisons directes de point à point, ce qui leur donne un avantage concurrentiel sur les transporteurs traditionnels. Les passagers aériens bénéficient grâce à elles d'importants avantages, notamment des tarifs plus bas et la desserte de nouvelles destinations principalement sur le segment court-courrier. Il est donc important d'examiner ce qui se passerait sur le segment long-courrier si les compagnies à bas prix y faisaient massivement leur entrée.

Un certain nombre de transporteurs traditionnels, de compagnies à bas prix, d'entrepreneurs et d'autres acteurs ont tenté de transférer le modèle économique à bas prix au segment long-courrier (Morrell, 2008). La plupart ont échoué, ce qui met en évidence les différences entres les vols court-courriers et les vols long-courriers.

- L'insuffisance de la demande de l'origine à la destination limite la viabilité d'une exploitation de point à point sur le segment long courrier.

- L'achat du carburant est un poste de coût proportionnellement plus important sur le segment long-courrier, ce qui laisse moins de marge de manœuvre pour d'éventuelles économies.

- Le taux de remplissage des long-courriers est déjà élevé, ce qui limite la possibilité de réduire les coûts en optimisant l'occupation des appareils.

- Le confort et la qualité du service à bord sont plus importants pour les passagers sur les vols long-courriers.

- Les coûts de la main d'œuvre sont beaucoup plus élevés sur les lignes long-courriers.

Sur le segment long-courrier, les transporteurs traditionnels génèrent une grande partie de leurs profits grâce aux passagers de classe affaires et de première classe et grâce au transport de marchandises. Les compagnies à bas prix ne peuvent pas assurer leurs vols à la fréquence et aux niveaux de fiabilité et de confort qu'attendent les passagers de classe affaires, ni leur proposer les programmes de fidélité ouvrant droit aux avantages auxquels ils sont habitués. Certains aspects matériels pourraient aussi compliquer l'entrée des compagnies à bas prix sur le segment long-courrier. La plupart ont constitué leur flotte en achetant en grand nombre, avec une remise importante sur le prix, plusieurs appareils du même modèle, généralement un avion mono-couloir aussi récent que possible qui consomme peu de carburant. Mais les avions mono-couloir ont un plus faible rayon d'action qui limite leur utilisation sur le segment long-courrier : les nouveaux entrants sur ce segment doivent donc acquérir ou louer des appareils plus gros, ce qui leur fait perdre l'avantage économique d'une flotte d'appareils mono-couloir de même modèle.

Au cours des dernières années, quelques compagnies à bas prix ont néanmoins réussi à percer sur le segment long-courrier, notamment Air Asia X et Norwegian Long Haul. Ces deux entreprises, qui ont profité de la libéralisation du transport aérien et opèrent sur la base des cinquième et sixième libertés aériennes, desservent avec succès des destinations long-courriers. Les libertés aériennes sont des droits autorisant les transporteurs à voler vers des destinations situées dans d'autres pays que l'État dont ils ont la nationalité ; en particulier, les cinquième et sixième libertés aériennes accordent le droit de proposer un vol entre deux pays étrangers, sous certaines conditions. Dans une certaine mesure, ces compagnies à bas prix appliquent aussi une stratégie de réseau en étoile, puisqu'elles comptent sur leurs compagnies mères, les transporteurs à bas prix traditionnels AirAsia et Norwegian Air Shuttle, pour amener les passagers jusqu'à leurs propres avions. De plus, en exploitant des avions de la dernière génération, aux moteurs à l'efficacité énergétique bien supérieure, elles ont la possibilité de maintenir une structure de coûts suffisamment réduite pour assurer la viabilité de leur activité. Nuançons ce propos en précisant que cette activité long-courrier concerne principalement les liaisons les plus empruntées du marché et que la fréquence des vols est inférieure à celles que peuvent proposer les transporteurs traditionnels[1].

Quels moteurs pour l'expansion des transporteurs à bas prix ?

L'émergence du transport aérien à bas prix a trois raisons principales. Premièrement, *la libéralisation des marchés du transport aérien* facilite dans de nombreuses régions du monde l'entrée de nouveaux acteurs sur des marchés autrefois protégés ou fermés. Les compagnies à bas prix, en particulier, bénéficient de ces évolutions réglementaires et beaucoup pourraient bientôt proposer des vols long-courriers à moindre prix sur les liaisons où la demande existe.

Deuxièmement, *l'évolution technologique des avions* a permis de faire baisser la consommation de carburant des appareils et rend possible l'utilisation de nouveaux mélanges de carburants. Les compagnies à bas prix misent sur des appareils de la toute dernière génération pour maintenir leurs coûts au niveau le plus bas possible, c'est pourquoi elles sont plus en mesure que les transporteurs traditionnels de capter les avantages économiques des progrès du génie aéronautique et, partant, d'augmenter leurs marges. La baisse des coûts en carburant sur les vols de plus longue durée et l'augmentation du rayon d'action des avions mono-couloir placent les compagnies à bas prix en bonne position pour concurrencer les transporteurs traditionnels sur certaines liaisons long-courriers où la demande est élevée.

Troisièmement, *la hausse de la demande de transport aérien* contribue aussi à la croissance de l'activité des compagnies à bas prix sur le segment long-courrier. Plus les passagers souhaitent atteindre des destinations spécifiques, plus la taille du marché correspondant devient suffisante pour autoriser l'entrée de nouveaux concurrents à bas prix. C'est notamment le cas sur les marchés où le transport aérien commence à se développer ainsi que sur les marchés d'Asie. La question de savoir si les compagnies à bas prix génèrent de la demande ou absorbent celle des transporteurs traditionnels fait débat depuis longtemps. L'opinion qui prévaut à l'heure actuelle est que le transport aérien à bas prix n'ajoute pas de nouvelle demande, même s'il doit absorber la demande des transporteurs traditionnels afin d'être viable (Gillen & Morrison, 2003; Gillen & Lall, 2004; de Wit & Zuidberg, 2012). C'est pourquoi, comme la demande augmente et devrait continuer d'augmenter, de plus en plus de liaisons deviendront viables pour les compagnies à bas prix.

Du fait de leurs caractéristiques spécifiques, les liaisons long-courriers sont moins rentables que les liaisons court-courriers pour les compagnies à bas prix. Ces compagnies sont donc très sensibles à la variation des coûts et plusieurs qui avaient pourtant réussi leur entrée sur le marché ont dû fermer boutique en raison de la hausse des prix du carburant ou de la contraction du budget disponible de leurs clients potentiels. Les facteurs décrits précédemment rendront probablement plus résilients les transporteurs à bas prix qui desservent les lignes long-courriers.

Les compagnies à bas prix pourraient également absorber des parts de marché des vols charters, comme elles l'ont fait sur le segment court-courrier (Rodríguez & O'Connell, 2018). Cependant, comme les voyageurs habitués des vols charters n'ont pas le même profil que ceux des vols à bas prix et que les services fournis par les deux types de compagnie sont différents, il est peu probable que les compagnies à bas prix remplacent complètement les charters long-courriers. Il n'en demeure pas moins que ce segment du transport aérien risque lui aussi d'être perturbé par les compagnies à bas prix.

Quels impacts des long-courriers à bas prix sur le transport aérien ?

Les compagnies à bas prix ont eu un impact considérable sur le transport aérien court-courrier de passagers. La plupart des transporteurs traditionnels, misant sur leur échec, ont choisi de les ignorer au départ. Or, la stratégie agressive de ces entreprises, associée à la libéralisation du marché aérien, a complètement transformé le secteur. Le développement des compagnies à bas prix a obligé les transporteurs traditionnels à fusionner, à baisser leurs tarifs et à s'aligner sur d'autres aspects du modèle économique à bas prix, notamment le dégroupage des services.

Aujourd'hui, les compagnies à bas prix qui entrent sur le segment long-courrier perturbent une fois de plus le modèle économique des transporteurs traditionnels. Leurs faibles tarifs vont certainement leur permettre d'attirer la partie de la clientèle des transporteurs traditionnels qui cherche à obtenir le meilleur prix. Or, comme le segment long-courrier est l'un des plus profitables pour les transporteurs traditionnels (Morrell,

2008), il est probable que ces derniers se défendent agressivement. Leur marge bénéficiaire plus élevée pourrait même leur permettre de supporter des pertes pendant un certain temps. Dans l'ensemble, l'arrivée des compagnies à bas prix sur le segment long-courrier réduira les coûts de déplacement sur ces liaisons, donc accroîtra la demande vers les destinations correspondantes et par voie de conséquence le trafic. Parce que ces trajets supplémentaires seront relativement longs, ils auront un impact disproportionné sur le nombre de passager-kilomètres parcourus en avion et sur les émissions de CO_2 correspondantes.

À l'heure actuelle, les compagnies à bas prix proposent des vols moyen-courriers et long-courriers principalement entre l'Europe et l'Amérique du Nord, en Asie de l'Est et en Asie du Sud-Est. Leur part de marché dans ces régions était de quelque 10 % en 2018. Il existe peu de compagnies à bas prix sur le segment des vols long-courriers et très long-courriers, ce qui tend à définir une distance maximale pour la rentabilité des services à bas prix. La croissance est plus probable d'abord sur les distances les plus courtes du segment long-courrier, en particulier celles que peuvent couvrir des appareils mono-couloir, puis dans les régions où il existe une demande potentielle de déplacements à laquelle il n'a pas encore été répondu.

Les liaisons qui relèvent de la première catégorie sont celles qui relient notamment l'Amérique du Nord à l'Europe, l'Europe à l'Asie ainsi que l'Amérique centrale et du Sud à l'Amérique du Nord. Celles qui relèvent de la deuxième catégorie desservent l'Asie du Sud, du Sud-Est et de l'Est. De telles liaisons apparaîtront plus probablement d'abord entre les villes déjà caractérisées par une forte demande. Les liaisons que desservent aujourd'hui les vols charters devraient également voir arriver des offres à bas prix, par exemple en partance de l'Europe ou de l'Amérique du Nord vers l'Amérique centrale ou les Caraïbes. Ces offres pourraient être proposées soit par des compagnies à bas prix nouvelles sur le marché, soit par des transporteurs traditionnels proposant un service à bas prix.

Le nombre de sièges sur les vols moyen-courriers et long-courriers proposés par les compagnies à bas prix augmentera parallèlement à la hausse de la demande de transport aérien au cours des prochaines décennies. Cependant, la part de marché des compagnies à bas prix devrait se stabiliser autour de 20 % du marché total du transport aérien, étant donné les conditions planchers à atteindre pour une exploitation rentable à bas prix, les caractéristiques du marché ainsi que les préférences et priorités des passagers.

La poursuite de la libéralisation du marché du transport aérien renforcera la concurrence entre les transporteurs traditionnels et les compagnies à bas prix sur les segments moyen-courriers et long-courriers. Il pourrait en résulter une consolidation encore plus forte du marché, qui réduira le nombre d'acteurs majeurs, lesquels pourraient alors entrer en concurrence de façon plus agressive avec les compagnies à bas prix, soit directement, soit via leurs propres filiales à bas prix. La concurrence se durcira aussi directement entre les compagnies à bas prix, à mesure que celles-ci gagneront des parts de marché.

Résultats de la simulation

Dans le scénario d'ambitions inchangées, un marché international du transport aérien entièrement libéralisé, avec des compagnies à bas prix opérant sur la plupart des segments moyen-courriers et long-courriers, compterait 9.5 % de liaisons aériennes de plus en 2050 qu'en 2015 et 3.6 % de passager-kilomètres de plus. L'intégralité de cette croissance serait portée par le transport aérien international, dont le nombre total de passager-kilomètres augmenterait de 5 %. On se propose ici d'examiner un scénario prévoyant, pour le transport aérien international, 1 000 milliards de passager-kilomètres de plus en 2050 par rapport au niveau du scénario d'ambitions inchangées.

En toute logique, la part des vols à bas prix dans ce scénario est supérieure. Dans le scénario d'ambitions inchangées, la part des compagnies aériennes à bas prix se stabilise autour de 12 à 13 % du nombre total de passager-kilomètres au cours de la période 2015-2050. Dans un scénario où ces compagnies provoquent un phénomène de rupture sur le marché du transport aérien, ce pourcentage passe à 16 % en 2050. Cette hausse, qui peut ne pas paraître importante, correspond néanmoins à une croissance du marché de 20 %. Les progressions les plus fortes des parts de marché des compagnies à bas prix dans un scénario de rupture seraient enregistrées sur les liaisons entre certaines régions, notamment le Moyen-Orient et les pays en transition. En revanche, les progressions les plus fortes en valeur absolue seraient observées dans les régions ou les compagnies à bas prix sont déjà bien implantées, telles que l'Europe et les liaisons entre l'Asie et la Chine ou l'Inde.

Carburants de substitution pour l'aviation

Le transport aérien connaît une croissance record depuis dix ans. Il est actuellement responsable de 2 à 3 % des émissions anthropiques, un pourcentage qui devrait augmenter dans les années à venir, en réponse à la progression de la demande de transport aérien de personnes et de marchandises. Comme il dépend exclusivement des hydrocarbures liquides, la demande de carburant d'aviation gonflera elle aussi. En 2015, le carburant d'aviation représentait 7.5 % de l'ensemble des produits pétroliers (AIE, 2017). Le carburant d'aviation est issu du raffinage et du mélange de produits pétroliers. Sa combustion produit du CO_2, du NO_X et des aérosols, et les particules ainsi produites sont également la cause d'une augmentation de la nébulosité, contribuant au changement climatique (Lee, et al., 2009).

Réduire les émissions de CO_2 du transport aérien passe avant tout par une augmentation de l'efficacité énergétique des nouveaux appareils et l'utilisation de biocarburants. L'amélioration de l'efficacité énergétique des appareils à fuselage étroit pourrait faire baisser la consommation de carburant par passager-kilomètre payant (PKP) de quelque 2 % par an jusqu'en 2050 (Schäfer, Evans, Reynolds, & Dray, 2016), voire de 3 % si des mesures plus ambitieuses sont adoptées (Dray, Author, Schäfer, Al Zayat, & Zayat, 2017). Comme, au cours de la même période, la demande de transport de personnes exprimée en passager-kilomètres devrait croître de 3.6 % par an en moyenne, les gains d'efficacité énergétique ne suffiront pas à eux seuls pour ramener les émissions de CO_2 du transport aérien au-dessous de leur niveau actuel – ils ne peuvent que limiter l'augmentation potentielle. Les biocarburants ont longtemps été considérés comme un moyen de découpler la croissance de la demande de transport aérien de celle des émissions de CO_2. Mais les préoccupations concernant les effets négatifs de leur production, leur coût élevé et leur disponibilité limitée ont jusqu'à présent fait obstacle à leur généralisation.

La propulsion électrique joue un rôle moins important pour le transport aérien que pour les autres modes, du fait des besoins énergétiques considérables des déplacements en avion. Il existe néanmoins des possibilités sur le segment court-courrier, mais le déploiement d'avions électriques est subordonné aux progrès technologiques (Schäfer, Evans, Reynolds, & Dray, 2016). Les vols couvrant des distances inférieures à 1 000 km représentent à l'échelle du globe 15 % du total des passager-kilomètres payants et près de la moitié de l'ensemble des départs. S'ils étaient assurés par des avions électriques, les émissions dues aux décollages et aux atterrissages chuteraient d'environ 40 % et la consommation totale de carburant des avions de ligne baisserait de 15 % (Schäfer, Evans, Reynolds, & Dray, 2016). Mais les avions électriques offrent aussi la possibilité de limiter les émissions d'autres types de gaz à effet de serre ainsi que la pollution sonore.

Les carburants de synthèse eux aussi peuvent aider à réduire les émissions de CO_2. On les produit grâce à des procédés chimiques qui combinent de l'hydrogène et du monoxyde de carbone, ce dernier pouvant être extrait de multiples sources. Le procédé consistant à capter directement le carbone dans l'air est particulièrement prometteur en termes de potentiel de réduction des émissions : on utilise des filtres pour capter directement le CO_2 de l'air, après quoi ce dioxyde de carbone est transformé en monoxyde de carbone utilisable pour créer des produits tels que l'essence ou le carburant d'aviation. Comme le carbone contenu dans le carburant de synthèse a été extrait de l'atmosphère, les émissions dues à la combustion de ce carburant n'augmentent pas la quantité totale de CO_2 dans l'atmosphère. Les carburants de synthèse ont également un degré de pureté plus élevée, ce qui veut dire que les autres polluants sont eux aussi rejetés en plus petites quantités. Cependant, la production de ces carburants de synthèse est très énergivore.

Comment favoriser l'essor des énergies de substitution dans le transport aérien ?

Le potentiel de déploiement d'avions alimentés à l'électricité ou aux carburants de synthèse dépend fortement des progrès technologiques et surtout de ceux concernant les batteries dont le poids et la capacité de stockage sont actuellement un obstacle important à leur utilisation dans un avion. Tant que les contraintes de puissance, de masse et d'autonomie ne seront pas levées, la place des avions électriques restera limitée.

Le coût sera un autre déterminant de l'amplitude et de la vitesse de la transition du secteur aérien vers l'électricité et les carburants de synthèse. En effet, l'essor de ces nouvelles technologies est subordonné à l'évolution des prix du pétrole et de l'électricité. Les coûts du transport aérien commercial sont très sensibles au prix du pétrole, de même que la demande de transport aérien est relativement sensible aux variations de prix (Doganis R. , 2005). Avec les technologies et les prix de l'énergie actuels, les avions tout électriques sont plus coûteux que les appareils conventionnels (Schäfer, Evans, Reynolds, & Dray, 2016). Il faudra donc de fortes incitations en faveur des avions électriques pour combler l'écart de coût entre eux et les avions conventionnels. La disponibilité d'une électricité renouvelable peu coûteuse est indispensable au déploiement à grande échelle de ces nouvelles technologies et déterminera leur trajectoire de croissance.

L'augmentation future des prix du carbone se répercutera sur les prix des billets du transport aérien conventionnel, ce qui pourrait faire diminuer la demande sur ce segment. Au contraire, les prix des vols assurés par des avions alimentés à l'électricité ou aux carburants de synthèse seraient relativement insensibles à une taxe sur le carbone. C'est pourquoi ces nouvelles technologies peuvent contribuer à la décarbonation du transport aérien et assurer que les avions continuent de répondre à nos besoins de mobilité.

Quels impacts des carburants de substitution sur le secteur du transport aérien ?

L'exploitation d'appareils court-courriers à propulsion électrique et la transition vers les carburants de synthèse peuvent substantiellement réduire l'intensité carbone du transport aérien. De fait, la Norvège s'est fixée pour objectif de devenir à l'horizon 2040 le premier pays à exploiter des avions électriques court-courriers. Toutefois, si ces deux technologies sont sans émissions « du réservoir à la roue », il importe de tenir aussi compte des émissions « du puits à la roue », c'est-à-dire des émissions à partir de la production d'énergie, quand on évalue leur potentiel d'atténuation. Pour découpler complètement le transport aérien de la consommation de combustibles fossiles, il faut pouvoir utiliser de l'électricité d'origine renouvelable. Un tel découplage favoriserait une croissance importante de la demande de transport aérien, ce qui pourrait en retour entraîner un report modal depuis les autres modes interurbains tels que le rail et la route. En effet, une proportion croissante de la population évite le transport aérien pour des raisons environnementales : la possibilité d'emprunter des avions à émission zéro l'amènerait à reconsidérer ce mode de transport pour ses besoins de mobilité.

Les avions rejettent une part importante de leurs gaz polluants dans les couches supérieures de l'atmosphère. À ces altitudes, l'impact climatique des autres polluants (hors CO_2) peut être bien supérieur à celui des seules émissions de CO_2 (Wickrama, Henderson, & Vedantham, 1999). L'ordre de grandeur de ce forçage radiatif fait toujours débat chez les scientifiques (Williams, Noland, & Toumi, 2002; Köhler, et al., 2008; Borken-Kleefeld, Berntsen, & Fuglestvedt, 2010). Or, ce forçage radiatif serait substantiellement réduit par le recours à des avions alimentés à l'électricité ou aux carburants de synthèse. En effet, les premiers ne produisent aucune émission du réservoir à la roue tandis que la combustion des seconds produit moins de polluants non-CO_2 que les carburants d'aviation conventionnels.

Les avions électriques ont le potentiel de provoquer un phénomène de rupture sur le segment des vols court-courriers de moins de 1 000 km. Ce segment totalise 15 % des passager-kilomètres payants du transport aérien et environ la moitié de l'ensemble des décollages et des atterrissages (Schäfer, et al., 2018). Étant donné les limitations – en termes de masse, d'encombrement et d'autonomie – des batteries technologiquement envisageables à ce stade, il est peu probable que la propulsion électrique puisse s'étendre au-delà des avions de taille moyenne et des court-courriers. Il y a aussi tout lieu de penser que les avions électriques seront utilisés sur les trajets interurbains où un transport par voie de surface nécessiterait la construction d'une infrastructure coûteuse, par exemple entre des îles ou des zones isolées. L'aviation électrique devrait donc prendre son essor d'abord dans les pays où les préoccupations environnementales sont plus prononcées et où la réglementation relative aux émissions polluantes et sonores de l'aviation est la plus stricte.

S'agissant des avions alimentés aux carburants de synthèse, leur déploiement sera fortement subordonné à l'évolution des coûts des carburants conventionnels (qui pourrait varier d'un pays ou d'une région à l'autre) et des coûts de production des carburants de synthèse eux-mêmes. Dans les régions où l'électricité est relativement peu coûteuse et les produits pétroliers conventionnels relativement chers, la base de coûts des carburants d'aviation conventionnels sera moins attractive que celle des carburants de synthèse, qui seront donc d'autant plus rapidement déployés. Les taxes sur les carburants ou la tarification du carbone pourrait également contribuer à rendre les carburants de synthèse économiquement plus avantageux que les carburants conventionnels.

Résultats de la simulation

L'impact des carburants de substitution sur les émissions totales du transport aérien ne dépend pas seulement du développement des technologies correspondantes et de leurs coûts. La décision de se tourner vers une nouvelle source d'énergie dépendra principalement du coût, à quelques exceptions près. C'est pourquoi le coût des carburants conventionnels et les instruments d'action correspondants influeront aussi sur la vitesse et l'ampleur du déploiement des énergies de substitution sur le marché du transport aérien.

Dans le scénario d'ambitions inchangées, les carburants conventionnels restent moins chers que les énergies de substitution pour la plupart des vols jusqu'en 2045. Ce n'est qu'en 2050 que les avions électriques deviennent compétitifs et dominent sur certaines liaisons, jusqu'à totaliser 2 % de l'ensemble des vols. Dans un scénario de rupture causée par les carburants de substitution, les progrès technologiques se produisent plus vite et les coûts correspondants baissent plus vite. Toutes choses étant égales par ailleurs, ce sont 42 % de l'ensemble des vols qui sont assurés par des avions électriques, un pourcentage qui comprend la plupart des vols court-courriers puisque le rayon d'action maximal de ces nouveaux appareils est de 1 600 km. Une telle évolution réduit fortement les émissions du segment court-courrier, en particulier sur les liaisons intérieures en 2050. Cette année-là, le transport aérien intérieur émettrait 293 millions de tonnes de CO_2 dans le scénario d'ambitions inchangées, mais seulement 130 millions de tonnes de CO_2 dans le *scénario des carburants de substitution*. Le transport aérien international serait moins touché car il englobe davantage de vols longue distance. Néanmoins, ses émissions, qui seraient de 768 millions de tonnes de CO_2 en 2050 dans le scénario d'ambitions inchangées, seraient de 700 millions de tonnes de CO_2 en 2050 dans le scénario des carburants de substitution.

Le scénario d'ambitions élevées prévoit un cadre d'action et un environnement technologique différents de ceux du scénario d'ambitions inchangées. Dans le premier, l'efficacité énergétique des avions augmente plus vite et les technologies liées aux carburants de substitution parviennent aussi plus vite à maturité, même si elles ne progressent pas aussi vite que dans le scénario de rupture. Plus important encore, les coûts associés aux émissions de carbone atteignent 500 USD en 2050. La combinaison de tous ces facteurs favorise le développement d'une aviation décarbonée ou à zéro émission nette de carbone. Près de 37 % des vols sont assurés par des avions électriques en 2050 et 2 % le sont par des avions alimentés aux carburants de synthèse. Les émissions s'en trouvent réduites, principalement sur le segment du transport aérien intérieur : de 290 millions de tonnes de CO_2 en 2015, on passe à 55 millions de CO_2 en 2050. Sur le segment du transport aérien international, les émissions de CO_2 baissent de 20 % en 2050, pour atteindre 343 millions de tonnes, malgré une augmentation des passager-kilomètres de 2.7. Associée aux hypothèses technologiques du scénario d'ambitions élevées, l'utilisation à grande échelle de carburants de substitution pour l'aviation produit des résultats encore plus spectaculaires. Seuls 24 % de l'ensemble des vols utilisent encore des carburants conventionnels en 2050. Toutes les liaisons de moins de 1 600 km sont assurées par des avions électriques et près de 50 % des vols moyen-courriers et long-courriers sont alimentés par des carburants de synthèse. Les émissions de CO_2 sont alors ramenées en 2050 à 40 % de leur niveau de référence de 2015, soit à 288 millions de tonnes.

Trois scénarios de rupture pour le transport non urbain de personnes

On se propose ici d'analyser les projections de la demande et des émissions à l'horizon 2050 dans trois scénarios prévoyant des phénomènes de rupture et des mesures d'atténuation plus prononcés pour le secteur du transport non urbain de personnes. Les impacts possibles de ces développements sont incertains et dépendent de la demande, des choix des voyageurs, des nouveaux modèles économiques, du rôle des fournisseurs de services et d'autres facteurs exogènes. Les mesures mises en place, ou leur absence, peuvent aussi influer lourdement sur l'impact final des phénomènes de rupture dans le secteur. Un train de mesures bien coordonnées peut favoriser une évolution de la mobilité vers des solutions plus durables, comme le partage de véhicules, qui réduit la congestion et les émissions et augmente la connectivité et la qualité de service. Pour étudier les répercussions de progrès technologiques plus poussés et de mesures politiques dans le domaine du transport non urbain, trois scénarios de rupture ont été mis au point et testés. Le Tableau 4.4 résume chacun de ces trois scénarios.

Le scénario de rupture stratégique fait l'hypothèse que les pays et les organisations internationales, en coopération avec le secteur privé, promeuvent activement la décarbonation du transport routier et aérien, ce qui suppose trois changements majeurs. Premièrement, les coûts liés au carbone (sous la forme d'une taxe ou d'une compensation) sont établis à 1 000 USD par tonne de CO_2 émis. Deuxièmement, les conditions sont favorables pour les compagnies aériennes à bas prix sur le segment long-courrier et le coût de l'ouverture d'une nouvelle liaison aérienne long-courrier est divisé par deux. Troisièmement, du fait de l'augmentation du transport non urbain partagé et de la création de solutions multimodales intégrées pour les voyageurs interurbains, un tiers des déplacements interurbains sont partagés. Mais la vitesse d'intégration des progrès technologiques aux solutions de transports collectifs reste modérée dans ce scénario.

Le scénario de rupture technologique fait l'hypothèse d'une progression technologique spectaculaire des transports ferroviaire, routier et aérien. La mise en œuvre des nouvelles technologies devient une simple question de rentabilité économique. Mais les pouvoirs publics ne font que des efforts modérés pour favoriser ces changements. On suppose notamment que le coût des carburants de substitution pour l'aviation baisse encore plus vite que dans le scénario d'ambitions élevées par rapport au coût des carburants conventionnels, que le rayon d'action des avions électriques atteint 2 000 km, et que des systèmes de trains à très grande vitesse sont déployés partout où c'est rentable. S'agissant du transport routier, la part des véhicules autonomes dans le trafic non urbain atteint 25 % pour les voitures et 12.5 % pour les bus.

Tableau 4.4. Spécifications des trois scénarios de rupture concernant le transport non urbain de personnes

Mesures d'atténuation	Scénario d'ambitions élevées	Scénario de rupture stratégique	Scénario de rupture technologique	Scénario de rupture complète
Tarification du carbone	500 USD par tonne	1 000 USD par tonne	500 USD par tonne	1 000 USD par tonne
Amélioration de l'efficacité énergétique et déploiement des véhicules électriques	Varie selon la région : 29.4 à 53.7 % de voitures et 10.5 à 56.5 % de bus	Varie selon la région : 29.4 à 53.7 % de voitures et 10.5 à 56.5 % de bus	Varie selon la région : 29.4 à 53.7 % de voitures et 10.5 à 56.5 % de bus	Varie selon la région : 29.4 à 53.7 % de voitures et 10.5 à 56.5 % de bus
Facteurs potentiels de rupture	**Scénario d'ambitions élevées**	**Scénario de rupture stratégique**	**Scénario de rupture technologique**	**Scénario de rupture complète**
Vols long-courriers à bas prix	Part très faible des compagnies à bas prix sur le segment long-courrier (tendance actuelle)	Conditions favorables pour les vols long-courriers à bas prix. Réduction de 50 % du coût de création d'une liaison.	Conditions favorables pour les vols long-courriers à bas prix	Conditions favorables pour les vols long-courrier à bas prix. Réduction de 50 % du coût de création d'une liaison
Innovations énergétiques dans l'aviation	Coût divisé par trois en 2050 par rapport à celui des carburants conventionnels. Le rayon d'action des avions électriques atteint 1 600 km en 2050.	Coût divisé par trois en 2050 par rapport à celui des carburants conventionnels. Le rayon d'action des avions électriques atteint 1 600 km en 2050.	Coût divisé par quatre en 2050 par rapport à celui des carburants conventionnels. Le rayon d'action des avions électriques atteint 2 000 km en 2050.	Coût divisé par quatre en 2050 par rapport à celui des carburants conventionnels. Le rayon d'action des avions électriques atteint 2 000 km en 2050.
Véhicules autonomes	Varie selon la région : 0 à 2.5 % de voitures et 0 à 1.25 % de bus	Varie selon la région : 0 à 2.5 % de voitures et 0 à 1.25 % de bus	Varie selon la région : 10 à 25 % de voitures et 5 à 12.5 % de bus	Varie selon la région : 10 à 25 % de voitures et 5 à 12.5 % de bus
Mobilité partagée	13.3 à 20 % de tous les déplacements sont partagés	20.0 à 26.7 % de tous les déplacements sont partagés	13.3 à 20 % de tous les déplacements sont partagés	20.0 à 26.7 % de tous les déplacements sont partagés
Train à très grande vitesse	Projets de grande vitesse ferroviaire en cours ou là où ils sont déjà économiquement faisables	Projets de grande vitesse ferroviaire en cours ou faisables, plus Maglev	Projets de grande vitesse ferroviaire en cours ou faisables, plus Maglev et Hyperloop	Projets de grande vitesse ferroviaire en cours ou faisables, plus Maglev et Hyperloop

Le scénario de rupture complète suppose des progrès technologiques spectaculaires *et* des mesures publiques en faveur de la décarbonation des transports aérien et routier. Il combine ainsi les impacts des deux précédents scénarios.

Chacun de ces trois scénarios fait l'hypothèse d'une proportion de véhicules électriques égale à celle que prévoit le scénario d'ambitions élevées, c'est-à-dire celle du scénario EV30@30 de l'Agence internationale de l'énergie (AIE, 2018).

Chacun d'entre eux prévoit un ensemble de modifications impactant les coûts et les durées de déplacement, ainsi que la commodité des modes de transport. Ces modifications sont en mesure de favoriser ou d'entraver la demande. Ainsi, la demande est favorisée par la promotion des vols long-courriers à bas prix, la baisse du coût des véhicules électriques, l'augmentation de la part de marché des véhicules autonomes et la possibilité de recourir à un mode de transport partagé pour les déplacements interurbains.

L'extension de la grande vitesse ferroviaire, en réduisant le temps de transport, génère aussi de la demande. Enfin, les taux d'occupation des véhicules sont inversement proportionnels à la croissance du PIB ; les élasticités correspondantes sont fondées sur Balcombe (The demand for public transport: a practical guide, 2004). Autrement dit, quand le PIB augmente, le nombre de passager-kilomètres augmente aussi, toutes choses étant égales par ailleurs. Au contraire, la demande se contracte sous l'effet des coûts liés au carbone, qui peuvent être considérables dans tous les scénarios de rupture (Tableau 4.4) et qui, logiquement, augmentent les coûts des déplacements.

Les résultats de l'analyse de ces scénarios de rupture montrent que des coûts du carbone suffisamment élevés peuvent réduire la demande mondiale de transport et donc les émissions de CO_2, malgré la hausse de cette demande suscitée par l'amélioration de la qualité des services et de la commodité des transports (Graphique 4.6). Cette conclusion est analogue à celle du scénario d'ambitions élevées qui, en supposant un niveau moyen pour les coûts liés au carbone, obtient également une réduction importante des émissions de CO_2 par rapport au scénario d'ambitions inchangées.

C'est le scénario de rupture complète qui fait chuter le plus fortement les émissions de CO_2. Le scénario de rupture stratégique appliqué seul présente un potentiel plus élevé que le scénario de rupture technologique qui affiche le moins d'amélioration. Ces résultats confirment l'importance de l'action des pouvoirs publics et du secteur privé, tout en montrant les améliorations qu'il est possible d'obtenir en combinant les effets des politiques de transport et des technologies. Les émissions en milliards de tonnes de CO_2 du transport non urbain passent, en 2030, de 3.25 dans le scénario d'ambitions inchangées à 2.02 dans le scénario de rupture complète et, en 2050, de 4.12 à 0.79.

Les tendances baissières observées pour le nombre de passager-kilomètres et la quantité de CO_2 sont similaires pour le transport par voie de surface régional et intérieur, ainsi que pour le transport aérien intérieur et international (Graphique 4.6). La ventilation par région des déplacements non urbains intérieurs montre que les scénarios de rupture peuvent surtout réduire la demande dans les pays de l'OCDE, mais moins en Asie (Graphique 4.7). Les coûts liés aux émissions de carbone freinent la croissance de la demande dans toutes les régions du monde, mais dans une moindre mesure en Asie.

Dans tous les scénarios, la variation des émissions de CO_2 suit celle de la demande (Graphique 4.6 et Graphique 4.8). L'intensité carbone, qui ne varie pas substantiellement d'un scénario de rupture à l'autre, décroît au cours du temps pour chaque mode de transport (Tableau 4.5). Cependant, l'intensité carbone de la plupart des modes de transport non urbain subit plus fortement les effets des ruptures stratégiques que ceux des ruptures technologiques.

L'intensité carbone du transport aérien décroît beaucoup plus que celle des autres modes de transport. Cela tend à faire de lui un mode durable pour l'avenir, si l'on suppose que la transition vers les avions électriques et les carburants de substitution a bien lieu. Si la diminution des coûts des carburants de substitution pour l'aviation et si l'augmentation de l'autonomie des avions électriques dépendent principalement des progrès technologiques et, par conséquent, ont été affectées au scénario de rupture technologique, les pouvoirs publics et le secteur privé peuvent néanmoins adopter un ensemble de mesures à même d'accélérer la baisse correspondante des émissions de carbone. Il peut s'agir de subventions ou d'incitations fiscales, de mesures destinées à stimuler la recherche et d'un soutien juridique (par exemple, conseil sur la gestion des accords relatifs aux carburants de substitution ou à la conversion des avions) aux acteurs du secteur du transport aérien qui souhaitent effectuer une transition vers des énergies de substitution.

Une comparaison des répartitions modales obtenues avec chacun des cinq scénarios montre que les politiques relatives au transport non urbain devraient cibler l'ensemble de la demande et de l'intensité carbone, plutôt qu'un report important vers les modes de transport plus sobres en carbone. Les parts de marché des différents modes de transport non urbain (en termes de passager-kilomètres et de nombre de voyageurs) ne sont pas particulièrement sensibles aux évolutions technologiques et aux actions publiques considérées : la variance est comprise entre 1 et 2 % pour tous les modes par rapport au scénario d'ambitions inchangées. Dans tous les scénarios de rupture, le ferroviaire augmente légèrement sa part de marché. Le faible niveau de ce changement montre que l'expansion des systèmes de trains à très grande vitesse est peu susceptible d'attirer beaucoup d'usagers des autres modes de transport. Cependant, elle peut contribuer à améliorer l'expérience des voyageurs et à réduire encore davantage l'intensité carbone du transport ferroviaire.

Les coûts liés au carbone auront un impact substantiel sur la demande de transport non urbain et ses émissions de CO_2 dans tous les scénarios. Les résultats du scénario d'ambitions élevées et du scénario de rupture technologique illustrent toutefois les effets des avancées technologiques et de certaines mesures publiques quand le niveau de taxation du carbone reste le même. Cette comparaison montre que les mesures qui favorisent le transport aérien long-courrier à bas prix pourraient entraîner à la hausse le nombre de passager-kilomètres du transport aérien international. En 2050, ce nombre est en effet plus élevé de 14 % dans le scénario de rupture technologique que dans le scénario d'ambitions élevées. À répartition modale presque identique, la distance parcourue supplémentaire a pour origine l'allongement des trajets et non un report modal ou une augmentation substantielle du nombre de voyageurs.

Le nombre de passager-kilomètres augmente aussi dans le secteur du transport ferroviaire. Plus les services ferroviaires sont rapides, plus la clientèle est prête à voyager loin. Par ailleurs, les scénarios de rupture stratégique et technologique affichent une demande très similaire au fil des années et d'un mode à l'autre, ce qui suppose que les ruptures technologiques n'ont pas d'effet très marqué sur la demande de transport non urbain. Au contraire, le scénario de rupture stratégique entraîne une baisse plus importante des émissions, ce qui laisse penser que l'action publique sera certainement plus efficace que les avancées technologiques pour réduire les émissions du transport non urbain des personnes.

Graphique 4.6. Demande de transport par scénario et par type

En milliards de passager-kilomètres

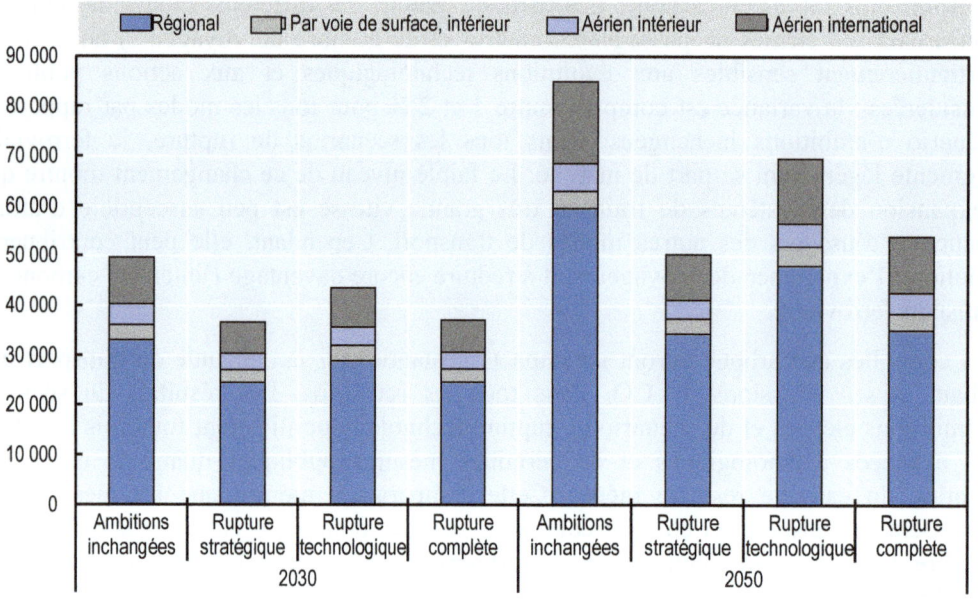

StatLink http://dx.doi.org/10.1787/888933972753

Graphique 4.7. Prévisions d'évolution de la demande de transport non urbain intérieur, par région et par scénario en 2050

Variation (en %) du nombre de passager-kilomètres par rapport au scénario d'ambitions inchangées

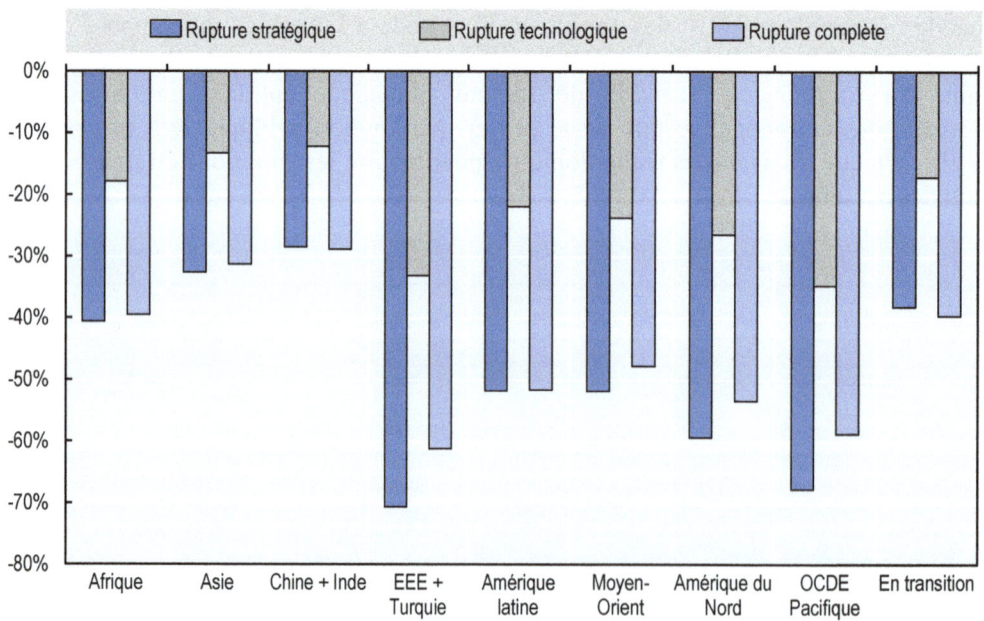

StatLink http://dx.doi.org/10.1787/888933972772

Graphique 4.8. Prévisions d'évolution des émissions de CO$_2$ du transport non urbain, par scénario et par type, 2030-50

En millions de tonnes

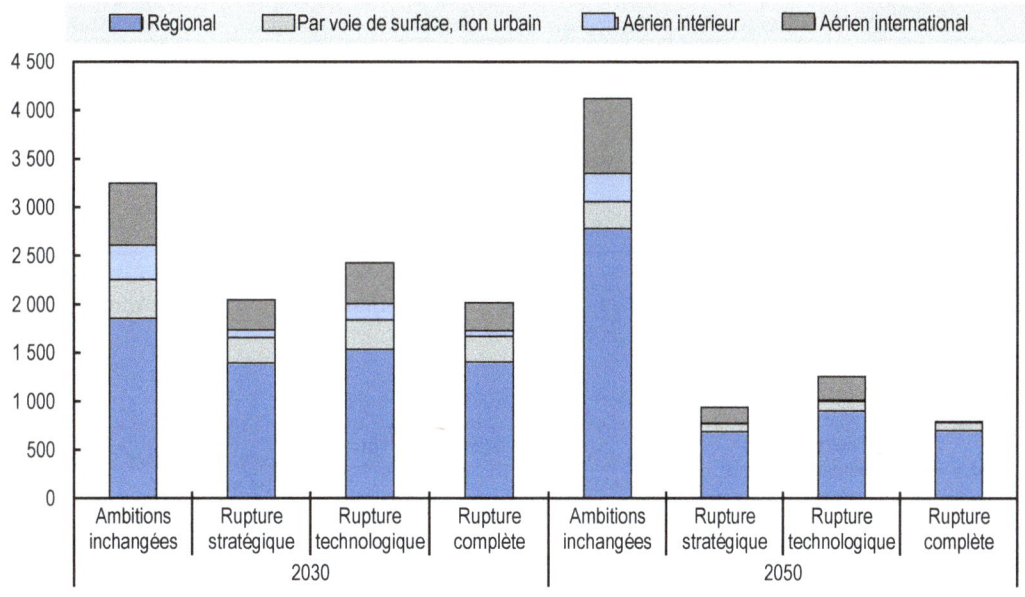

StatLink
http://dx.doi.org/10.1787/888933972791

Tableau 4.5. Évolution de l'intensité carbone, par mode

Grammes de CO_2 par kilomètre

	2015	2030			2050		
	Référence	Rupture stratégique	Rupture technologique	Rupture complète	Rupture stratégique	Rupture technologique	Rupture complète
Ferroviaire	7.15	2.18	2.09	2.08	0.16	0.16	0.16
Route	129	102	96.4	104	34.9	32.5	35.4
Bus	51.6	29.7	29.4	29.8	7.06	7.10	7.28
Aérien intérieur	117	24.8	40.8	18.4	2.25	2.36	0.02
Aérien international	94.0	49.5	53.6	45.8	17.6	17.8	0.68

Tableau 4.6. Prévisions d'évolution de la demande de transport non urbain, par mode et par scénario, en 2050

En milliers de milliards de passager-kilomètres

	Scénario d'ambitions inchangées	Scénario d'ambitions élevées	Scénario de rupture stratégique	Scénario de rupture technologique	Scénario de rupture complète
Ferroviaire	15.7	12.9	10.5	13.5	10.7
Route	36.0	27.8	20.0	29.0	20.6
Bus	11.3	9.1	7.0	9.4	7.1
Aérien intérieur	5.5	4.4	3.7	4.6	3.9
Aérien international	16.5	11.5	9.1	13.0	11.3

Notes

[1] Il existe un important corpus de publications consacrées à l'intérêt possible d'un élargissement du modèle économique à bas prix au segment long-courrier. Certaines se concentrent sur des marchés spécifiques et tentent de déterminer le potentiel de certaines paires origine-destination en particulier : voir De Poret, O'Connell et Warnock-Smith (2015) et Whyte et Lohmann (2015). D'autres s'attachent à analyser les modèles économiques et à identifier les éléments qui expliquent le succès de certaines tentatives : voir Vidović, Štimac et Vince (2013) et Soyk, Ringbeck et Spinler (2017).

Références

AIE. (2017). Key World Energy Statistics. *Statistics*, 82. Retrieved 01 23, 2019, from https://www.iea.org/publications/freepublications/publication/KeyWorld2017.pdf

AIE. (2018). *Global EV Outlook 2018: Towards cross-modal electrification.* Agence internationale de l'énergie, Paris. doi:https://dx.doi.org/10.1787/9789264302365-en

AIE. (2018). World Energy Outlook 2018. doi:https://dx.doi.org/10.1787/weo-2018-en

Alamdari, F., & Fagan, S. (2017). Impact of the adherence to the original low-cost model on the profitability of low-cost airlines. In *Low Cost Carriers* (pp. 73-88). Routledge.

Balcombe, R. (2004). *The demand for public transport: a practical guide.* TRL Limited, Crowthorne.

Borken-Kleefeld, J., Berntsen, T., & Fuglestvedt, J. (2010). Specific Climate Impact of Passenger and Freight Transport. *Environmental Science & Technology, 44*(15), 5700-5706. doi:10.1021/es9039693

Carmona Benitez, R., & Lodewijks, G. (2008). *Literature review of the passenger airline business models: Full service carrier, low-cost carrier and charter airlines.* Transport, Infrastructure and Logistics (TRAIL).

Cour des Comptes. (2014). *Rapport public thématique sur La grande vitesse ferroviaire.* Retrieved 01 30, 2019, from https://www.ccomptes.fr/sites/default/files/EzPublish/20141023_rapport_grande_vitesse_ferrovi aire.pdf

De Poret, M., O'Connell, J., & Warnock-Smith, D. (2015). The economic viability of long-haul low cost operations: Evidence from the transatlantic market. *Journal of Air Transport Management, 42*, 272-281. doi:https://doi.org/10.1016/j.jairtraman.2014.11.007

de Rus, G. (2008). The Economic Effects of High Speed Rail Investment. Dans *Centre Conjoint de Recherche sur les Transports OCDE/FIT : Documents de référence* (Vol. 2008/16). Éditions OCDE, Paris. doi:https://dx.doi.org/10.1787/235171703148

de Wit, J., & Zuidberg, J. (2012). The growth limits of the low cost carrier model. *Journal of Air Transport Management, 21*, 17-23. doi:10.1016/J.JAIRTRAMAN.2011.12.013

Doganis, R. (2005). *Airline business in the 21st century.* Routledge.

Doganis, R. (2010). *Flying off course : airline economics and marketing.* Routledge. Retrieved 04 19, 2019, from https://books.google.fr/books/about/Flying_Off_Course.html?id=2u9juAAACAAJ&redir_esc=y

Dray, L., Author, C., Schäfer, A., Al Zayat, K., & Zayat, A. (2017). *The Global Potential for CO2 Emissions Reduction from Jet Engine Passenger Aircraft.* Retrieved 01 23, 2019, from http://discovery.ucl.ac.uk/10049085/1/Dray%20DrayetalTRB2018_final.pdf

FIT. (2015). *EU Air Transport Liberalisation Process, Impacts and Future Considerations.* Éditions OCDE. doi:https://doi.org/10.1787/5jrw13t57flq-en.

FIT. (2017). Lightening Up : How Less Heavy Vehicles Can Help Cut CO2 Emissions. Dans *International Transport Forum Policy Papers.* Éditions OCDE, Paris. doi:https://dx.doi.org/10.1787/ecf5b956-en

FIT. (2019). *Liberalisation of Air Transport. Les rapports de recherche du FIT.* Retrieved 04 19, 2019, from https://www.itf-oecd.org/liberalisation-air-transport

Gillen, D., & Lall, A. (2004). Competitive advantage of low-cost carriers: some implications for airports. *Journal of Air Transport Management, 10*(1), 41-50. doi:https://doi.org/10.1016/j.jairtraman.2003.10.009

Gillen, D., & Morrison, W. (2003). Bundling, integration and the delivered price of air travel: are low cost carriers full service competitors? *Journal of Air Transport Management, 9*(1), 15-23. doi:10.1016/S0969-6997(02)00071-6

IATA. (2016). *L'IATA prévoit que le nombre de passagers va doubler d'ici 20 ans.* Retrieved 04 19, 2019, from https://www.iata.org/pressroom/pr/Documents/French-PR-2016-10-18-01.pdf

Köhler, M., Rädel, G., Dessens, O., Shine, K., Rogers, H., Wild, O., & Pyle, J. (2008). Impact of perturbations to nitrogen oxide emissions from global aviation. *Journal of Geophysical Research, 113*(D11), D11305. doi:10.1029/2007JD009140

Lee, D., Fahey, D., Forster, P., Newton, P., Wit, R., Lim, L., . . . Sausen, R. (2009). Aviation and global climate change in the 21st century. *Atmospheric Environment, 43*(22-23), 3520-3537. doi:10.1016/J.ATMOSENV.2009.04.024

McLean, N., & Nicholas. (2016). *Comparative analysis of the Hyperloop against high speed rail for commuting between Sydney, Canberra and Melbourne.* The University of Queensland. doi:10.14264/uql.2017.192

Meunier, D., & Quinet, E. (2010). Tips and Pitfalls in PPP design. *Research in Transportation Economics, 30*(1), 126-138. doi:10.1016/j.retrec.2010.10.013

Morrell, P. (2008). Can long-haul low-cost airlines be successful? *Research in Transportation Economics, 24*(1), 61-67. doi:https://doi.org/10.1016/j.retrec.2009.01.003

Musk, E. (2013). *Hyperloop Alpha.* SpaceX. Retrieved 04 18, 2019, from https://www.spacex.com/sites/spacex/files/hyperloop_alpha-20130812.pdf

OACI. (2016). *Exposé récapitulatif de la politique permanente et des pratiques de l'OACI dans le domaine de la protection de l'environnement – Régime mondial de mesures basées sur le marché (MBM).* Retrieved 04 19, 2019, from https://www.icao.int/Meetings/a39/Documents/Resolutions/a39_res_prov_fr.pdf

OACI. (2017). *Le Conseil de l'OACI adopte une nouvelle norme sur les émissions de CO2 pour les aéronefs.* Retrieved 04 19, 2019, from https://www.icao.int/newsroom/pages/icao-council-adopts-new-co2-emissions-standard-for-aircraft.aspx

Quinet, A. (2019). *La valeur de l'action pour le climat. Une valeur tutélaire du carbone pour évaluer les investissements et les politiques publiques.* Retrieved 03 08, 2019, from https://www.strategie.gouv.fr/sites/strategie.gouv.fr/files/atoms/files/fs-2019-rapport-la-valeur-de-laction-pour-le-climat_0.pdf

Rodríguez, A., & O'Connell, J. (2018). Can low-cost long-haul carriers replace Charter airlines in the long-haul market? A European perspective. *Tourism Economics, 24*(1), 64-78.

Schäfer, A., Barrett, S., Doyme, K., Dray, L., Gnadt, A., Self, R., . . . Torija, A. (2018). Technological, economic and environmental prospects of all-electric aircraft. *Nature Energy*, 1. doi:10.1038/s41560-018-0294-x

Schäfer, A., Evans, A., Reynolds, T., & Dray, L. (2016). Costs of mitigating CO2 emissions from passenger aircraft. *Nature Climate Change, 6*(4), 412-417. doi:10.1038/nclimate2865

Soyk, C., Ringbeck, J., & Spinler, S. (2017). Long-haul low cost airlines: A new business model across the transatlantic and its cost characteristics. doi:https://doi.org/10.1016/j.jairtraman.2014.11.007

Taylor et al. (2016). Hyperloop Commercial Feasibility Analysis. (DOT-VNTSC-NASA-16-01). Retrieved 01 30, 2019, from https://rosap.ntl.bts.gov/view/dot/12308

UIC. (2018). *High Speed Rail: Fast Track to Sustainable Mobility.* Retrieved 01 30, 2019, from https://uic.org/IMG/pdf/uic_high_speed_2018_ph08_web.pdf

Vidović, A., Štimac, I., & Vince, D. (2013). Development of business models of low-cost airlines. *ijtte-International Journal for Traffic and Transport Engineering, 3*(1), 69. Retrieved from http://ijtte.com/uploads/2013-03-25/5d57e65e-a0a9-482fIJTTE_Vol%203(1)_7.pdf.

Walker, R. (2018). *Hyperloop : Cutting through the hype.* Transport Research Laboratory, Londres. Retrieved 01 30, 2019, from https://trl.co.uk/sites/default/files/Hyperloop white paper_0.pdf

Whyte, R., & Lohmann, G. (2015). Low-cost long-haul carriers: A hypothetical analysis of a 'Kangaroo route'. *Case Studies on Transport Policy, 3*(2), 159-165. doi:https://doi.org/10.1016/j.cstp.2015.01.003

Wickrama, U., Henderson, S., & Vedantham, A. (1999). *L'aviation et l'atmosphère planétaire. Rapport spécial des Groupes de travail I et III du GIEC.* Retrieved 01 30, 2019, from https://www.ipcc.ch/site/assets/uploads/2018/03/av-fr-1.pdf

Williams, V., Noland, R., & Toumi, R. (2002). Reducing the climate change impacts of aviation by restricting cruise altitudes. *Transportation Research Part D: Transport and Environment, 7*(6), 451-464. doi:10.1016/S1361-9209(02)00013-5

Chapitre 5. Ruptures dans le transport de marchandises

L'objet de ce chapitre est de décrire le contexte dans lequel s'opère la transformation du transport de marchandises et d'établir la portée et les incidences d'éventuels facteurs de rupture comme le commerce électronique, l'impression 3D, les nouvelles routes du commerce international, les camions autonomes et les véhicules de grande capacité. Des scénarios combinant différents phénomènes de rupture y sont également étudiés, qui quantifient les incidences des ruptures envisageables – évolutions à caractère technologique, transformation de la logistique ou chocs exogènes et autres – dans l'hypothèse d'une action publique très ambitieuse. Dans la première section, les scénarios d'ambitions élevées et inchangées sont réexaminés de manière à permettre leur analyse approfondie du point de vue du transport de marchandises.

Essor du transport de marchandises attendu dans un climat de forte incertitude

Les volumes de marchandises transportées continueront de croître vigoureusement, la demande mondiale de fret devant tripler entre 2015 et 2050. En attendant, les secteurs du fret et de la logistique sont en pleine mutation et connaîtront probablement des bouleversements plus importants encore dans l'avenir. Comme la technologie, les modèles d'affaires, le comportement des consommateurs et la modification de la structure des échanges participent, avec d'autres facteurs, au remodelage du paysage des transports, et la manière dont ils évolueront pèsera certainement sur la réalisation des projections de la croissance.

Bien que peu probable, la fonte de la couverture glaciaire arctique créerait des débouchés en matière de navigation commerciale, ce qui raccourcirait grandement les distances qui séparent l'Asie de l'Europe et de l'Amérique du Nord (FIT, 2018). De grands projets d'infrastructure transcontinentales sont appelés à ouvrir de nouvelles voies qui relieront les puissances commerciales partenaires de l'Asie de l'Est et de l'Europe tout en élargissant l'accès aux marchés de l'Asie centrale et d'autres régions, dont l'Afrique. Cela aura certainement une incidence sur l'activité portuaire et l'usage réservé aux voies de surface. Ainsi, le trafic pourrait s'effondrer dans certaines parties des réseaux routier, ferroviaire et fluvial et exploser dans d'autres.

Le commerce électronique, en constante progression, devrait poursuivre sur cette voie. Il est possible que la simplification des conditions d'achat et de retour stimule la demande et favorise les livraisons de colis aux particuliers et faisant ainsi croître le transport de marchandises et la part des modes relativement plus polluants, comme l'aérien et le routier.

L'automatisation grandissante des véhicules constitue une autre source potentielle de bouleversements en ce qu'elle permet de réduire, voire supprimer, les coûts de main-d'œuvre et de renforcer la souplesse d'utilisation des véhicules, ce qui peut faire chuter les coûts du transport et révolutionner le marché du transport de marchandises, notamment et surtout en dopant la demande de fret routier et en favorisant le report modal du fret, du rail et des voies navigables intérieures au profit de la route.

Une grande incertitude demeure quant à l'effet de ralentissement qu'à terme, la relocalisation et l'impression 3D auront sur la croissance du transport de marchandises. Leur généralisation peut théoriquement rejaillir sur le type de biens déplacés, rapprocher les centres de production et de consommation, et ainsi, métamorphoser les chaînes logistiques actuellement longues et complexes. Un amoindrissement notable de la valeur totale des biens échangés à l'échelle internationale risque de fortement comprimer les volumes de transport maritime et aérien.

Les véhicules de grande capacité (VGC), qui transportent une cargaison plus volumineuse que les poids lourds habituels, circulent déjà dans certains pays de l'OCDE, par exemple en Finlande et en Australie. Ils pourraient aider à réduire les émissions, à limiter la congestion et à diminuer le coût global du transport tout en améliorant la sécurité. Cela dit, comme avec d'autres mesures visant à réduire les coûts, leur effet rebond est également à craindre sous la forme d'un report modal inversé du rail vers la route : l'effet net sur les émissions serait alors négatif au-dessus d'un certain seuil.

À court ou moyen termes, peu de camions à émissions nulles ou quasiment nulles achemineront des cargaisons lourdes sur de longues distance. La réalisation des objectifs internationaux de lutte contre le changement climatique exigerait pourtant que de telles solutions soient en usage avant l'horizon 2050. Les technologies de décarbonation actuellement envisageables pour acheminer des marchandises sur de longues distances sont le rechargement direct des véhicules en électricité (« routes électriques »), l'hydrogène, voire les batteries électriques. Leur généralisation à l'horizon 2050 pourrait faire fléchir le volume total des émissions imputables au transport de marchandises, encore que cela suppose également de produire de l'électricité et de l'hydrogène sans rejeter de carbone.

Afin d'estimer l'incidence de ces ruptures potentielles, isolément et de manière combinée aux fins des présentes *Perspectives des transports*, des simulations ont été réalisées à l'aide d'une version actualisée du modèle du FIT relatif au transport de marchandises, qui intègre désormais les modèles (auparavant séparés) dédiés au fret international et au transport de marchandises par voie de surface. Ainsi, les estimations obtenues sont plus cohérentes, il est plus facile d'évaluer l'évolution des choix modaux et l'ensemble du trafic de fret intérieur et international est affecté sur un réseau multimodal et interconnecté, qui englobe les modes maritime, routier, ferroviaire et aérien ainsi que les voies navigables intérieures.

Ce réseau se compose de 7 707 centroïdes, qui représentent les lieux de consommation et de production des biens. Il s'agit de 404 points d'origine et de destination des échanges internationaux et 7 303 points d'origine et de destination des échanges intérieurs. Pour les 253 499 liens du réseau, on dispose de données sur la capacité, le temps de parcours, la distance, le coût par tonne-kilomètre (tkm) et les délais de franchissement des frontières. Le modèle actualisé du FIT dédié au transport de marchandises sert également à estimer l'incidence des politiques envisagées dans les scénarios d'ambitions inchangées et élevées, qui sont présentés dans le chapitre 2. Le Tableau 5.1 récapitule les hypothèses retenues pour ces deux scénarios eu égard au transport de marchandises.

L'élasticité des échanges mondiaux par rapport au PIB décroît depuis la crise financière de 2008 (OMC, 2018), ce qui coïncide avec la multiplication des différends commerciaux et la montée du protectionnisme (OCDE, OMC, & CNUCED, 2018). Leur persistance pourrait faire muter les chaînes logistiques mondiales, mais aussi rejaillir sur le volume des biens et les types de produits échangés, sur le choix modal et sur les distances parcourues. Il importe de ne pas perdre de vue l'éventualité d'une telle rupture. L'impression 3D n'est certes pas directement couverte par la présente étude, mais la technologie étant généralement associée au phénomène de la relocalisation, la simulation de ses effets peut se révéler instructive.

Les ruptures constituent des transformations qualitatives susceptibles d'entraîner des changements de paradigme dans les activités de fabrication, le transport, la logistique, voire l'aménagement du territoire. Cependant, la nature exacte de leurs conséquences est par définition incertaine. Dans les présentes *Perspectives des transports*, les effets potentiels de ces ruptures sont quantifiés à l'intérieur d'un cadre de modélisation méthodique et cohérent, qui tient compte de l'état actuel des connaissances et explore les effets maximaux de ces disruptions. Cependant, comme ils portent sur des phénomènes encore jamais observés, les résultats présentés ici prennent la forme d'un éventail d'incidences susceptibles de bouleverser les transports.

Tableau 5.1. Spécifications des scénarios d'ambitions inchangées et élevées concernant le transport de marchandises

Mesures d'atténuation	Ambitions inchangées	Ambitions élevées
Commerce international, baisse de la consommation de charbon et de pétrole	Baisses modérées suivant le modèle ENV-Linkages de l'OCDE	Baisses accélérées. En volume, recul des échanges de charbon et de pétrole de 50 % et 33 % respectivement à l'horizon 2035.
Efficience logistique	Modeste amélioration de l'efficience conformément au scénario « Politiques nouvelles » de l'AIE	Forte amélioration de l'efficience conformément au scénario AIE EV30@30
Amélioration de l'efficacité énergétique et déploiement des véhicules électriques	Modeste amélioration de l'efficience et généralisation des véhicules électriques conformément au scénario « Politiques nouvelles » de l'AIE	Forte amélioration de l'efficience et généralisation des véhicules électriques conformément au scénario AIE EV30@30

Facteurs potentiels de rupture	Ambitions inchangées	Ambitions élevées
Commerce électronique	Légère augmentation de la demande de fret urbain (5 % dans les régions plus développées à l'horizon 2050)	
Impression 3D	Évolution inchangée	
Nouvelles routes commerciales	Apparition de projets d'expansion des capacités et amélioration de la connectivité	
Transition énergétique dans le transport routier de marchandises sur longues distances	Conformément au scénario « Politiques nouvelles » de l'AIE	Transition énergétique dans le fret lourd sur longues distances
Véhicules de grande capacité (VGC)	Hausse de 5 % de l'utilisation des véhicules de grande capacité dans le fret routier interurbain. Les VGC transportent 50 % en plus pour un coût inférieur de 20 % par tonne-kilomètre.	

Autres hypothèses sous-jacentes	
PIB	Prévisions de la Division des affaires économiques (ECO) de l'OCDE
Population	Perspectives démographiques mondiales de l'ONU
Réseau de transport (maritime, routier, ferroviaire, voies navigables intérieures, aérien)	Réseaux existants (2015). Projets d'expansion portuaire (augmentation de la capacité) ainsi que de liaisons routières et ferroviaires en Asie centrale.
Coûts de transport	Coûts généralisés (actuels) par mode, calibrés par pays.
Conditions de franchissement des frontières	État des lieux actuels. Amélioration prévue en Asie centrale.

Note : Les hypothèses relatives aux facteurs potentiels de rupture correspondent aux niveaux associés à l'absence de rupture qui sont indiqués dans le Tableau 5.7.
Source : Château, Dellink et Lanzi (2014) ; AIE, (2018)

Le potentiel d'atténuation des politiques et les mesures connues à l'égard du transport de marchandises

À l'échelle mondiale, le transport de marchandises représente actuellement 36 % des émissions de CO_2 imputables au secteur des transports. D'après les projections établies sur la base du scénario d'ambitions inchangées, cette part s'élèvera à 48 % en 2050. Ces chiffres révèlent non seulement le poids non négligeable du fret dans les émissions de CO_2, mais également son rôle croissant dans les efforts de décarbonation en général. Il est donc impératif que la décarbonation du transport de marchandises occupe une place de plus en plus grande dans les priorités des pouvoirs publics.

L'une des raisons pour lesquelles les émissions de CO_2 imputables au transport de marchandises ne diminuent pas autant qu'elles le devraient est que la décarbonation du secteur est techniquement difficile à réaliser. Aussi les pouvoirs publics doivent-ils davantage soutenir les efforts déployés dans ce sens, à court terme, en prenant des dispositions relativement faciles à mettre en œuvre, et, à long terme, en prenant des initiatives plus ambitieuses, notamment pour généraliser l'utilisation des carburants de substitution (FIT, 2018; FIT, 2018).

Il ne suffira pas de mettre en œuvre des politiques ambitieuses pour ramener les émissions mondiales de CO_2 sous leur niveau de 2015 à l'horizon 2050. Il faudrait également qu'un éventail complet de mesures logistiques et technologiques soit déployé et que des changements exogènes contribuent à enrayer la croissance de la demande.

La situation diffère grandement d'une région et d'un secteur à l'autre. À l'horizon 2050, des politiques très ambitieuses permettraient de réduire les émissions imputables aux transports par voie de surface de 50 % en Europe et de 41 % dans les pays de l'OCDE. En revanche, l'Asie et l'Afrique continueront d'émettre de plus en plus de CO_2, principalement du fait que plusieurs pays de ces régions verront l'activité de transport s'intensifier tout en affichant une efficience technologique et logistique plus faible. La disparité des conditions géographiques, économiques, réglementaires et infrastructurelles rend préférable d'adopter plusieurs stratégies de décarbonation du transport de marchandises assorties de cibles régionales plutôt que de suivre une seule et même approche.

La poursuite des politiques en cours fera grimper les émissions de carbone liées au transport aérien et maritime jusqu'en 2050. La raison en est que ces modes sont plus fortement sollicités en cas d'intensification des échanges internationaux. À cela s'ajoute la nécessité d'obtenir des progrès considérables en termes d'efficience technique et de réduction de l'intensité carbone. Le transport par voie de surface est plus facile à réglementer à l'échelon national ou interrégional, tandis que les activités de transport aérien et maritime s'effectuent davantage au niveau transnational, voire transcontinental. Les objectifs fixés par l'Organisation Maritime Internationale en matière de réduction d'émissions ne pourront être atteints qu'à la faveur de mesures d'envergure, concernant par exemple la vitesse de navigation, l'efficience énergétique et les carburants de substitution. Le FIT a proposé un tel scénario de décarbonation (FIT, 2018).

L'accélération des efforts de décarbonation dans le domaine des transports et dans des secteurs comme la production d'énergie s'accompagnera également d'une contraction des volumes de carburants et combustibles fossiles déplacés. Dans le scénario d'ambitions inchangées, la part des carburants et combustibles fossiles dans les échanges internationaux diminue par rapport aux autres types de produits de base. Dans le scénario d'ambitions élevées, les volumes de charbon et de pétrole transportés se contractent davantage encore à l'horizon 2035 (voir Tableau 5.1).

Les scénarios d'ambitions inchangées et élevées diffèrent surtout par les hypothèses retenues au sujet de l'efficience logistique et des technologies de véhicule (voir, par exemple, le Graphique 5.1 et le Graphique 5.2). Dans le scénario d'ambitions inchangées, les cibles et politiques annoncées par les pouvoirs publics cadrent avec celles prévues dans le scénario « Nouvelles politiques » de l'AIE. Dans le scénario d'ambitions élevées, en revanche, il est supposé que 30 % des véhicules neufs vendus en 2030 seront électriques et que le réseau ferré sera en grande partie électrifié.

Dans l'immédiat, il importe notamment de porter à l'échelle supérieure les mesures de décarbonation déjà testées et comparativement faciles à mettre en œuvre dans le transport routier de marchandises. S'agissant du fret urbain, les carburants de substitution offrent, ou offriront bientôt, une solution commercialement viable. Les deux scénarios, et davantage encore celui à ambitions élevées, tablent sur la chute des émissions de carbone liées au trafic urbain. Les pouvoirs publics peuvent faciliter l'adoption des carburants de substitution dans l'activité logistique urbaine grâce à la mise en place de mécanismes de tarification et autres dispositifs d'incitation, durcir les normes d'émission, créer des zones à faible ou zéro émission, déployer l'infrastructure de recharge et encourager la conversion de vastes flottes de véhicules aux carburants de substitution.

La décarbonation du transport de marchandises dépend beaucoup de l'amélioration des pratiques de logistique : le potentiel de réduction des émissions serait de l'ordre de 30 % à 50% (FIT, 2018). Les études de cas sur les coûts et avantages sont toutefois très rares. Les quelques cas isolés de réseaux logistiques collaboratifs couvrent encore une échelle limitée. Si les données disponibles ne font pas apparaître un rôle notable des solutions logistiques dans les réductions d'émissions de CO_2, ces données sont trop peu nombreuses pour qu'il soit possible de juger de la situation et d'évaluer les répercussions éventuelles de ces solutions.

Il est difficile d'améliorer l'efficience logistique en milieu urbain. C'est pourquoi le scénario d'ambitions inchangées repose sur une diminution des chargements moyens. Il en résulte une élévation de la congestion qui, contrairement aux émissions, ne saurait être neutralisée par un recours accru aux carburants de substitution. Les gains potentiellement attendus en termes d'efficience logistique sont exposés dans l'encadré 5.1.

Graphique 5.1. Intensité carbone du trafic urbain et non urbain de camions dans les scénarios d'ambitions inchangées et élevées

En tonnes de CO_2 par véhicule-kilomètre, 2015=100

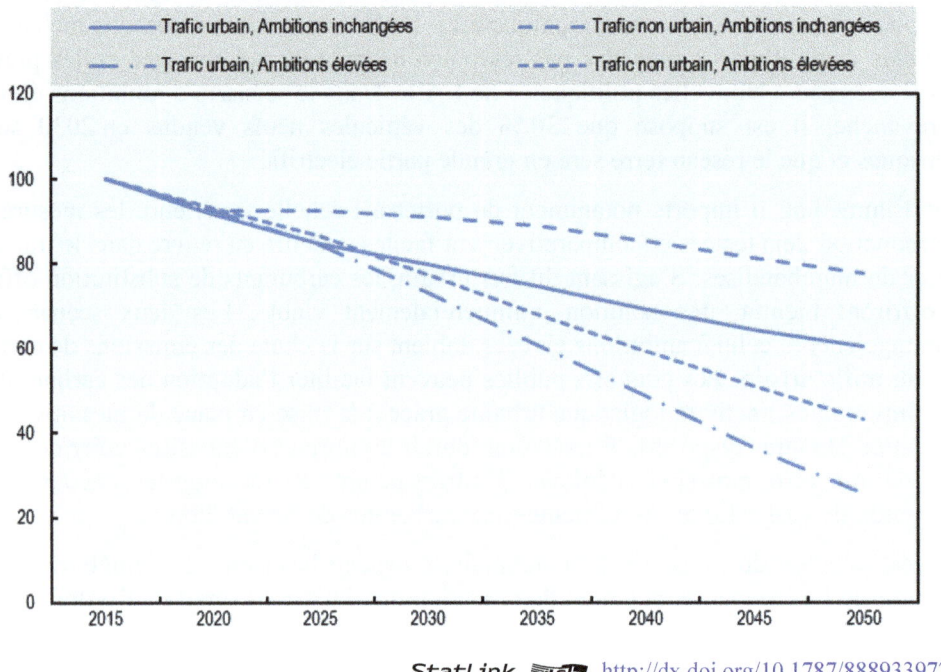

StatLink ⬛ﬁ⬛ http://dx.doi.org/10.1787/888933972810

Graphique 5.2. Charge moyenne transportée par camion en milieu urbain et non urbain dans les scénarios d'ambitions inchangées et élevées

En tonnes par véhicule, 2015=100

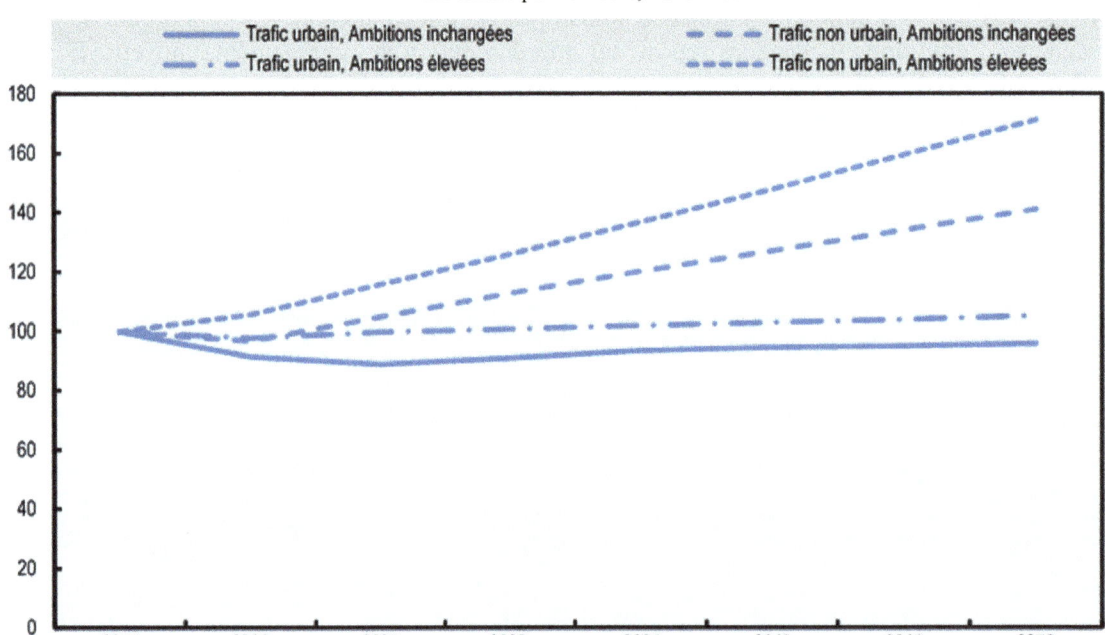

StatLink ⬛ﬁ⬛ http://dx.doi.org/10.1787/888933972829

Encadré 5.1. L'optimisation logistique pour un transport de marchandises à faibles émissions de carbone

En matière de réduction des émissions de CO_2 imputables au transport routier de marchandises, le potentiel offert par les solutions logistiques est loin d'être négligeable. C'est pourtant aux solutions technologiques que l'on accorde la plus grande attention (McKinnon A. , 2018). De manière générale, des opérations de fret plus efficientes pourraient abaisser les émissions connexes de CO_2 dans une proportion comprise entre 45 % et 67 % (Holguín-Veras, et al., 2016). Les mesures logistiques de décarbonation consistent à maximiser le nombre de tonnes de marchandises acheminées par kilomètre parcouru. Parmi ces mesures figurent l'optimisation des itinéraires, l'assouplissement des créneaux horaires de livraison et la mutualisation des moyens des entreprises (FIT, 2018).

Le simple fait d'optimiser les itinéraires peut dégager des économies d'énergie de l'ordre de 1 % à 5 % (AIE, 2017). L'allongement des plages horaires de livraison peut faire reculer les émissions en s'accompagnant d'une diminution de la vitesse, du regroupement des trajets et d'une meilleure utilisation de la charge utile (McKinnon A. , 2016). La modification des horaires de livraison entraîne des économies d'énergie difficiles à estimer, mais probablement comprises entre 5 % et 10 % (AIE, 2017), et peut aider à réduire la congestion, à gagner du temps, à abaisser le niveau de stress du personnel ainsi qu'à améliorer les conditions de sécurité et la fiabilité du service.

Il ressort d'un certain nombre d'études que le maintien de créneaux de livraison étroits peut entraver la rationalisation des capacités (Route Monkey & WBCSD, 2016; Transport & Mobility Leuven, 2017; Sánchez-Díaz, Georén, & Brolinson, 2017). À l'heure où le marché confère aux clients une latitude grandissante en matière d'expédition, modifier les horaires de livraison semble aller à contre-courant. Si les économies induites par les livraisons effectuées aux heures creuses présentent un attrait pour les opérateurs de fret, les consommateurs ont besoin d'être incités à accepter des plages de livraison fluctuantes. Les restrictions locales de livraison en place dans les zones résidentielles, généralement en raison de préoccupations liées au bruit, constituent un autre obstacle. Pour y remédier, il conviendrait d'inciter les transporteurs de marchandises à adopter des technologies de réduction du bruit et des véhicules moins bruyants.

La collaboration à l'intérieur des chaînes logistiques peut accentuer la diminution de la consommation d'énergie, des coûts et des émissions liées au transport de marchandises dès lors que la mutualisation des véhicules, des entrepôts et des effectifs aboutit à des gains d'efficience. Dans un secteur aussi atomisé, la coopération bénéficiera certainement du recours aux outils numériques. Bien que sans doute substanciels, les effets de la collaboration et de la mutualisation des moyens n'en restent pas moins difficiles à chiffrer. Les lois antitrust peuvent bloquer la collaboration horizontale dans le secteur de la logistique. Ces obstacles sont appelés à disparaître avec les plateformes numériques de collaboration, exploitées par des tiers neutres.

À long terme, l'internet physique pourrait révolutionner les façons de procéder sur le terrain. Ce terme désigne un système logistique mondial et ouvert qui se caractérise non seulement par la mutualisation des actifs et la collaboration, mais aussi par l'utilisation d'unités de conditionnement modulaires uniformisés (Montreuil, 2011). Dans l'internet physique, les protocoles d'échange normalisés (concernant par exemple les dimensions des colis et les données d'accompagnement) confèrent des gains d'efficience non négligeables puisqu'ils permettent l'acheminement intermodal d'articles à l'intérieur d'un seul et même réseau commun, de la même manière que les données circulent dans l'internet digital.

L'une des raisons pour lesquelles les mesures logistiques de décarbonation sont difficiles à mettre en œuvre est que l'on manque de données et de travaux de recherche sur les déplacements de marchandises et leurs incidences, sur l'adéquation des effets des mesures de décarbonation avec les objectifs poursuivis par les entreprises à but lucratif et sur les priorités générales du marché, s'agissant de préserver et d'améliorer les services aux consommateurs.

Les camions capables de transporter des charges plus importantes améliorent l'efficience des activités de fret routier. Il ne doit pas nécessairement s'agir de véhicules de grande capacité (VGC). Dans les pays en développement, il suffirait déjà de remplacer le parc actuel par des modèles plus récents et de plus grandes dimensions (par exemple, les poids lourds standards en usage en Europe ou aux États-Unis).

Dans le scénario d'ambitions élevées, le progrès technologique et l'amélioration de l'efficience logistique ont pour effet combiné de réduire sensiblement l'intensité carbone du fret, tous modes confondus, mais cela est partiellement neutralisé par la progression du transport de produits plus légers et la diminution des chargements moyens. Les réductions prévues sont plus importantes pour les modes de surface, en particulier le ferroviaire, que pour les modes aérien et maritime (voir Tableau 5.2). Bien qu'il en découle des gains d'efficience, il n'est pas tenu compte ici des ruptures technologiques à prévoir dans le secteur aérien, qui sont exposées dans le chapitre 4 sur le transport non urbain de voyageurs.

Cela étant, un report modal pur et simple est difficile à concevoir dans la mesure où le transport routier de marchandises confère un niveau de flexibilité, d'accessibilité et de service global à des coûts somme toute compétitifs. En Europe, le report modal au profit du ferroviaire reste très en deçà des attentes, et ce pour plusieurs raisons structurelles (Crozet & Woodburn, 2014). L'Union européenne s'est en effet fixé pour objectif de reporter, vers le rail et les voies navigables intérieures, 30 % des déplacements de marchandises actuellement effectués par route sur plus de 300 kilomètres à l'horizon 2030, et 50 % à l'horizon 2050 (Commission européenne, 2011).

D'après Tavasszy et Meijeren (2011), l'objectif de 2030 suppose que la part globale du ferroviaire approche 40 % et que celle du mode routier dépasse légèrement 50 %. Or, maintenir à son niveau actuel la part du ferroviaire est une tâche qui s'annonce d'ores et déjà difficile, dans la mesure où la demande de certains produits de base actuellement transportés par le rail (vrac lourd de type charbon et autres combustibles ou carburants fossiles) est appelée à tarir et que des camions moins gourmands en carburant pourraient réduire l'écart d'intensité carbone entre le transport routier sur longues distances et le fret ferroviaire. Cela dit, ainsi qu'on le voit dans le Tableau 5.2, le scénario d'ambitions élevées donne des raisons de tabler sur une baisse de l'intensité carbone du ferroviaire, déjà plus faible que celle de tous les autres modes.

Encadré 5.2. Vers la décarbonation du transport routier de marchandises

Le secteur du fret est un important facteur de croissance économique. Le fret routier offre un moyen flexible d'acheminer des marchandises dans la plupart des régions, à un coût compétitif par rapport aux autres modes. Il restera un mode de transport irremplaçable, en particulier pour la logistique du dernier kilomètre. Le transport routier représente actuellement 18 % de l'ensemble des activités de fret et 57 % des émissions connexes de CO_2. D'après les projections, sa part dans les émissions du secteur des transports augmentera, pour atteindre 24 % en 2050, contre 20 % actuellement, sauf innovation de rupture.

Dans le cadre de l'initiative en faveur de la décarbonation des transports pilotée par le FIT, un atelier a été organisé et une enquête menée auprès d'experts en vue de mettre en évidence les mesures qui permettraient d'amoindrir de façon rentable l'empreinte carbone du fret routier tout en améliorant l'efficience des activités de ce secteur. Les principales mesures recommandées sont les suivantes :

- Élargir l'accès aux données dignes d'intérêt et améliorer leur usage analytique au service de la politique de décarbonation du transport routier de marchandises

- Porter à une échelle supérieure les mesures de décarbonation testées et faciles à mettre en œuvre dans le secteur du transport routier de marchandises

- Chercher des moyens de surmonter les obstacles que la réglementation pose dans le secteur de la logistique

- Démontrer le bien-fondé économique d'investir dans les mesures de décarbonation

- À moyen et long termes, généraliser l'utilisation des carburants de substitution à émissions de CO_2 ultra-faibles ou nulles dans le transport routier de marchandises

- Définir des trajectoires de décarbonation adaptées aux spécificités économiques et géographiques des différents groupes de pays considérés.

Pour de plus amples informations, se reporter au document du FIT (2018).

Les potentialités offertes par le report modal pourraient être plus importantes ailleurs qu'en Europe. Le rail gagne en attractivité là où les distances à parcourir sont longues, où le littoral est moins étendu, où les ports sont moins nombreux et où les corridors de transport sont davantage concentrés (par exemple, en Inde, en Chine et en Afrique du Sud).

Tableau 5.2. Diminution prévue de l'intensité carbone du transport de marchandises entre 2015 et 2030/2050

Scénario d'ambitions élevées, diminution en pourcentage du nombre de tonnes de CO_2 émises par tonne-kilomètre

Année	Maritime	Aérien	Routier non urbain	Routier urbain	Ferroviaire	Navigation intérieure
2015-30	-23	-29	-29	-27	-39	-37
2015-30	-56	-51	-63	-76	-80	-68

Graphique 5.3. Projections de l'évolution des émissions de CO_2 du transport par voie de surface, par région et par scénario (2030-50)

Scénarios d'ambitions inchangées et élevées, en millions de tonnes

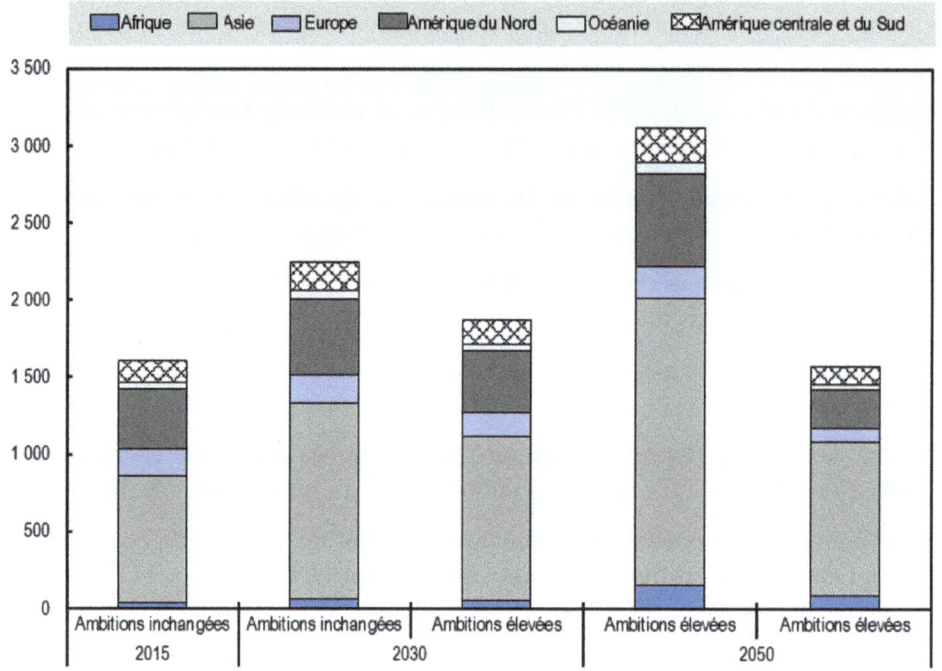

StatLink http://dx.doi.org/10.1787/888933972848

La mise en œuvre de politiques très ambitieuses peut faire chuter les émissions. Dans le scénario d'ambitions élevées, les émissions de CO_2 imputables à l'ensemble des activités de transport de marchandises augmentent de 21 % entre 2015 et 2050, soit à peine moitié moins (45 %) que dans le scénario d'ambitions inchangées. Celles liées au transport par voie de surface (route, rail et voies navigables intérieures) ne reculent que modestement (de 2 %). Toutefois, le tableau diffère grandement selon les régions. En Europe, les émissions liées au transport de marchandises sont pratiquement divisées par deux et se compriment de plus de 40 % dans les pays de l'OCDE, alors qu'elles augmentent de 20 % en Asie et sont multipliées par plus de 2,5 en Afrique.

Tableau 5.3. Évolution des volumes de fret et des émissions de CO$_2$ par scénario

Variation en pourcentage par rapport à 2015

	2030		2050	
Scénarios	Tkm	Émissions de CO$_2$	Tkm	Émissions de CO$_2$
Ambitions inchangées	57	42	226	118
Ambitions élevées	51	18	216	21
Commerce électronique	61	45	238	127
Impression 3D	52	33	135	59
Nouvelles voies commerciales	56	42	220	116
Transition énergétique dans le fret lourd sur longues distances	57	31	228	84
Camions autonomes	57	41	229	115
Véhicules de grande capacité	57	37	225	110
Rupture logistique	49	36	134	64
Rupture technologique	51	13	220	22
Rupture complète	49	13	133	-12

En 2050, ce sont les volumes de fret maritime et aérien qui auront le plus fortement augmenté. Sauf intervention des pouvoirs publics, ces émissions de CO$_2$ qui en résulteront viendront alourdir le total imputable au fret. Les modes aérien et maritime, parce qu'ils relient les quatre coins de la planète, font l'objet d'accords internationaux souvent complexes, tandis que le transport par voie de surface est habituellement réglementé au niveau national ou régional. De plus, des gains d'efficience sont supposés plus faibles dans les transports aérien et maritime que dans le transport par voie de surface (voir Tableau 5.2).

Encadré 5.3. Les modifications apportées au modèle marchandises

Aux fins des présentes *Perspectives des transports*, le modèle marchandises a subi d'importantes modifications, la principale étant que les modèles du FIT dédiés au fret international et au transport de marchandises par voie de surface ont été regroupés pour n'en former plus qu'un. À ce stade, les flux internationaux et intérieurs sont alignés sur les prévisions de déplacements nationaux en tonnes-kilomètres, elles-mêmes calibrées sur la base des données fournies par les pays. Cet alignement est réalisé suivant une procédure de calibrage qui améliore l'affectation, tout en permettant d'évaluer la composante intérieure du transport international de marchandises ainsi que la part du fret urbain. Comme par le passé, le module international sert à estimer les flux de 19 produits de base pour l'ensemble des principaux modes et itinéraires, compte tenu des diverses mesures que les pouvoirs publics peuvent engager dans les domaines des transports et de l'économie (par exemple, aménagement de nouveaux réseaux d'infrastructure ou assouplissement des barrières commerciales). Les projections de l'OCDE concernant l'évolution des échanges sont utilisées pour convertir en masses de marchandises transportées les échanges exprimés en valeur. Le modèle est composé des éléments suivants : 1. modèle de désagrégation des flux commerciaux, 2. modèle de conversion des valeurs en masses, 3. modèle de choix modal et 4. modèle d'affectation d'équilibre. Les principaux changements apportés sont les suivants :

---

1. *Une désagrégation plus fine* : Le modèle comporte désormais 404 centroïdes, avec un niveau de détail plus fin pour l'Asie Centrale et l'Afrique.

2. *Incorporation des coûts :* Une fonction de coût pour chaque mode et chaque pays ou région a été intégrée dans le modèle afin de préciser les estimations calculées pour l'année de référence (2015), mais aussi pour améliorer la sensibilité du modèle aux mesures des pouvoirs publics et ruptures susceptibles de rejaillir sur les coûts du fret (que ce soit à travers du choix modal ou de l'affectation).

3. *Modèle de choix d'itinéraire :* L'étape de l'affectation fait désormais intervenir un modèle de choix d'itinéraire qui calcule les déplacements maritimes, avec les ports possibles et les sites de transbordement, permettant de relier chaque centroïde à un autre. La probabilité de chaque solution est une fonction des coûts de manutention et de transport (carburant et temps) de chaque parcours. On intègre alors l'ensemble dans un algorithme d'équilibrage qui actualise les probabilités de tous les choix d'itinéraire à chaque itération.

4. *Bonne représentation des flux de déplacements par voie de surface et de la répartition modale propres aux pays :* Les volumes de marchandises déplacées par voie de surface dans chaque pays sont estimés sur la base des prévisions économiques. Ces estimations sont converties en flux locaux, qui sont ensuite affectés au réseau de transport de marchandises. Chaque pays est représenté par un ensemble de centroïdes pour le transport de surface , qui représentent toutes les zones de concentration du PIB national distantes d'au moins 100 kilomètres calculées à l'aide d'un modèle d'aire de chalandise. Le modèle détermine, pour chaque paire de centroïdes, le plus court chemin possible, estimé en tonnes-kilomètres. Les estimations ainsi obtenues sont ensuite converties en tonnes déplacées entre centroïdes, sur la base de la distance moyenne estimée et proportionnellement à la concentration de PIB et à la population de chaque centroïde (modèle gravitaire). La répartition modale des flux intérieurs à chaque pays est établie à l'aide d'un modèle logit de choix modal dans lequel le coût de chaque mode utilisé pour relier deux centroïdes est associé à une fonction d'utilité. Cette première affectation produit unvolume de trafic préchargé qui contraint l'affectation à l''équilibre des flux de fret internationaux.

5. *Faculté d'analyser l'incidence des politiques ou de facteurs extérieurs au marché susceptibles de bouleverser le secteur.* Les étapes du modèle et les fonctions de coût spécifiques aux pays ont été adaptées de manière à prendre en compte l'incidence des changements de rupture (évolution technologique, modification de la structure de la demande et de l'offre) sur le secteur du transport de marchandises ainsi qu'à estimer la réaction potentielle des volumes de fret et les externalités associées.

Graphique 5.4. Évolution prévue des volumes de fret par mode, 2030-50

Scénarios d'ambitions inchangées et élevées, en milliards de tonnes-kilomètres

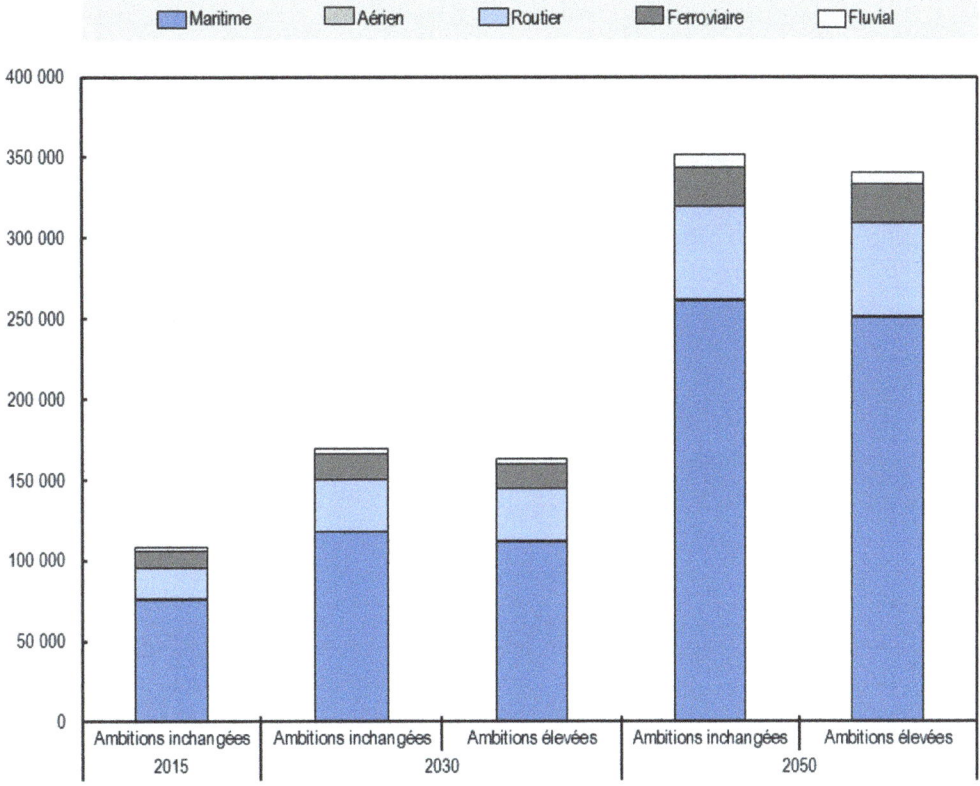

StatLink 🔗 http://dx.doi.org/10.1787/888933972867

Le Graphique 5.5 et le Graphique 5.6 illustrent les flux de transport modélisés pour 2015 ainsi que l'activité portuaire et aéroportuaire.

Graphique 5.5. Flux de marchandises par la mer, la route, le rail et les voies navigables intérieures en 2015

Scénario d'ambitions inchangées, en tonnes

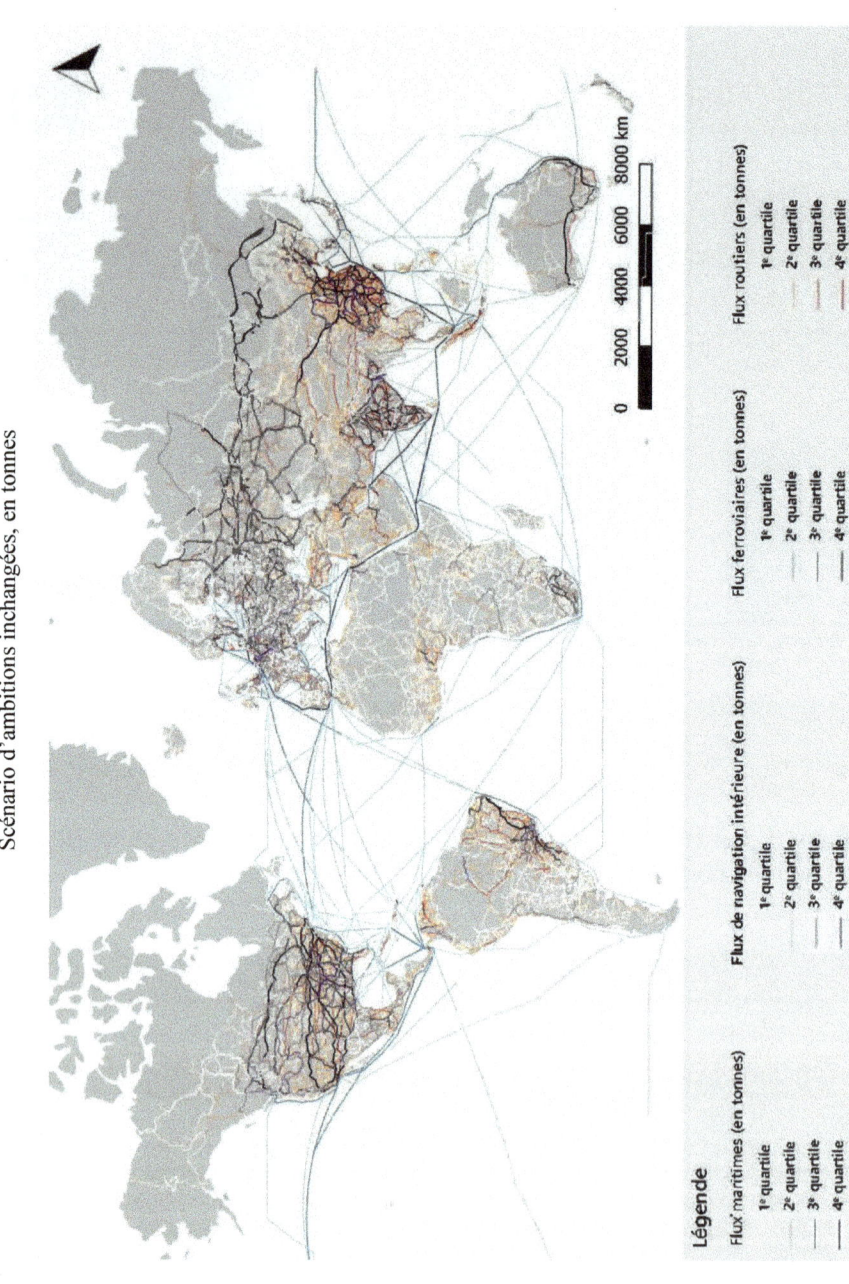

Graphique 5.6. Volume d'activité portuaire et aéroportuaire en 2015

Scénario d'ambitions inchangées, en millions de tonnes et millions d'EVP

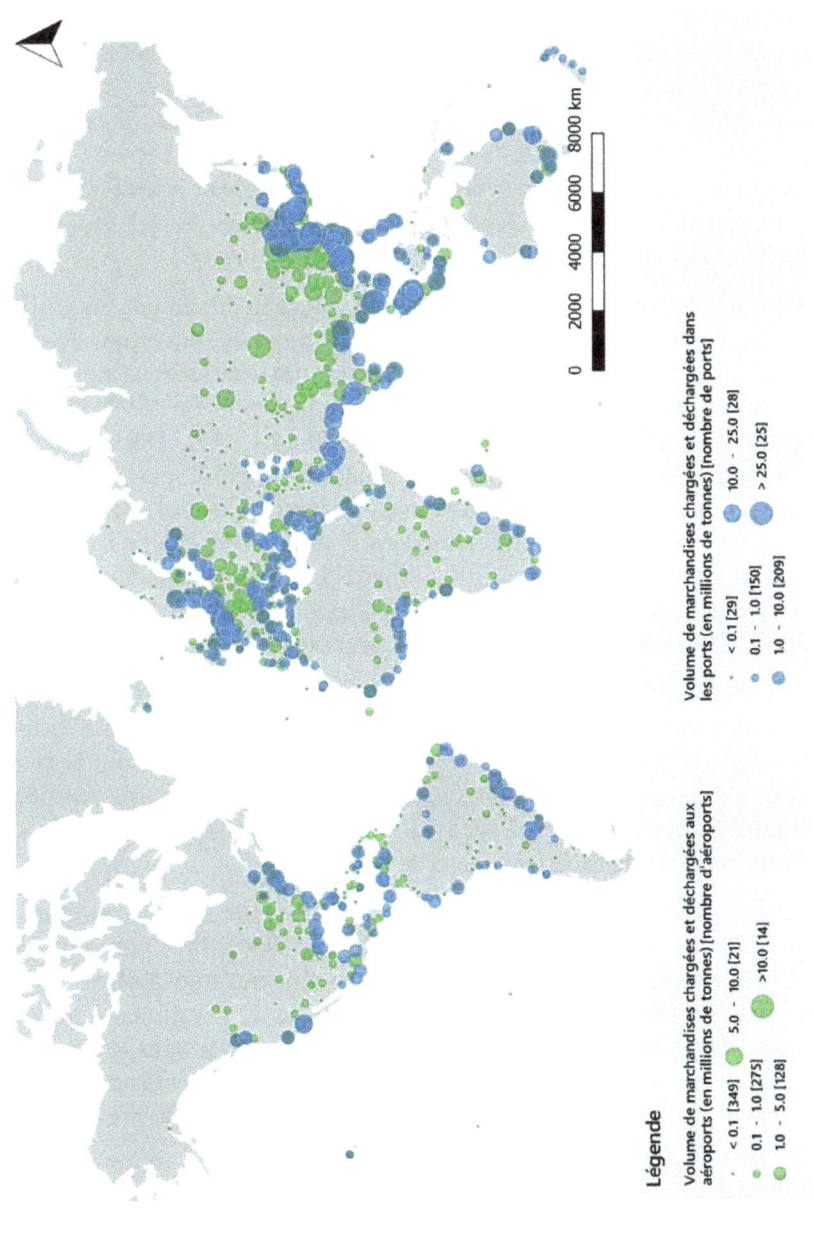

Légende

Volume de marchandises chargées et déchargées aux
aéroports (en millions de tonnes) [nombre d'aéroports]

- < 0.1 [349]   5.0 - 10.0 [21]
- 0.1 - 1.0 [275]   >10.0 [14]
- 1.0 - 5.0 [128]

Volume de marchandises chargées et déchargées dans
les ports (en millions de tonnes) [nombre de ports]

- < 0.1 [29]   10.0 - 25.0 [28]
- 0.1 - 1.0 [150]   > 25.0 [25]
- 1.0 - 10.0 [209]

Le Commerce en ligne (*e-commerce*)

Le commerce en ligne (*e-commerce*) peut se définir comme « la vente ou l'achat de biens ou de services effectué(e) via des réseaux informatiques par des méthodes spécifiquement conçues pour la réception ou la passation de commandes » (OCDE, 2011). Les transactions en ligne se font d'entreprise à entreprise (B2B, *Business to Business*), ou d'entreprise à consommateur (B2C, *Business to Consumer*). La présente analyse porte sur la deuxième catégorie, soit la forme de commerce qui connaît la croissance la plus rapide et qui induit sans doute les répercussions les plus marquées sur les transports – bien que les transactions B2B représentent la valeur totale la plus élevée [1].

Opérationnel dès 1990, le *World Wide Web* est devenu librement accessible au public en 1993. L'essor du commerce électronique a fait suite à l'ouverture du Web à l'usage commercial en 1995. Le lancement de navigateurs internet conçus pour des utilisateurs non spécialistes lui a alors permis de poursuivre son envol. En 1999, les ventes en ligne atteignaient déjà une valeur mondiale de 150 milliards USD. Depuis, le commerce en ligne a continué de croître à un rythme soutenu, impulsé par la progression de la connectivité internet, le développement du commerce international et l'apparition de technologies de transport plus perfectionnées. En 2017, la valeur totale des ventes en ligne mondiales était estimée à 2 300 milliards USD, soit une hausse de 24.8 % par rapport à l'année précédente (eMarketer, 2018). Toujours en 2017, le commerce électronique (B2B comme B2C) représentait environ 10 % du commerce mondial.

Les pays en développement concentrent désormais la plus grande partie des nouvelles transactions de commerce électronique, tandis que sa croissance tend à se tasser dans les pays développés (CNUCED, 2015). Le Graphique 5.8 donne à voir le pourcentage de personnes ayant eu recours au commerce électronique dans les pays européens en 2017 ; le Graphique 5.8 met quant à lui en évidence la croissance régulière de ce taux dans l'Union Européenne et dans certains pays développés.

Les incidences de l'essor du commerce électronique sur le secteur des transports ont été identifiées dès 2001 (OCDE/CEMT, 2001; OCDE, 2004). Presque vingt ans plus tard, l'impact du commerce électronique sur la physionomie des transports est indéniable. Près de 80 % des experts en fret routier sondés par le FIT estiment que le commerce électronique est la tendance la plus susceptible d'être présente dans le secteur d'ici à 2030 (FIT, 2018). Les répondants ont également indiqué que les principaux détaillants en ligne devraient jouer un rôle de plus en plus prépondérant en tant que prestataires de services logistiques dans les années à venir.

Graphique 5.7. Part de la population ayant effectué un achat en ligne en 2017, par pays

En pourcentage

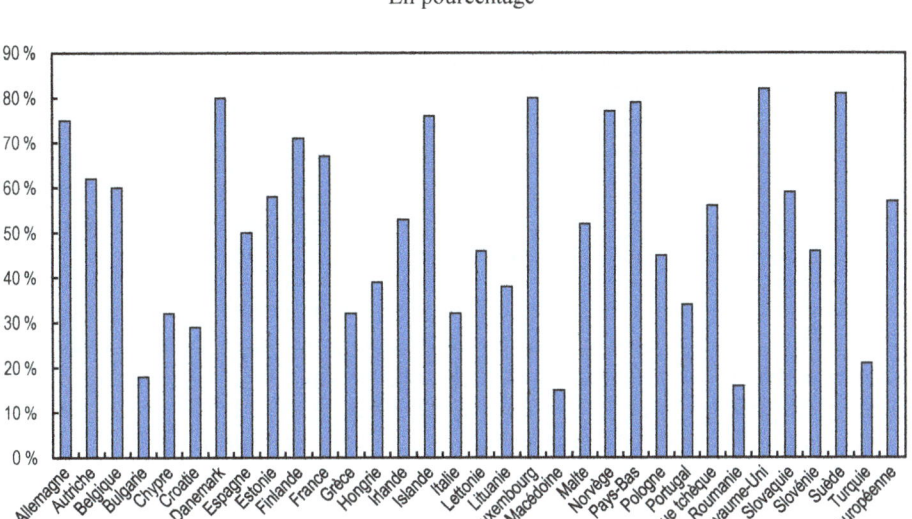

Note : Données non disponibles pour certains pays.
Source : Eurostat (Achats effectués par des particuliers sur l'internet, 2019).

StatLink 🔗 http://dx.doi.org/10.1787/888933972886

Graphique 5.8. Évolution de la part de la population ayant effectué un achat en ligne, 2006-17

En pourcentage

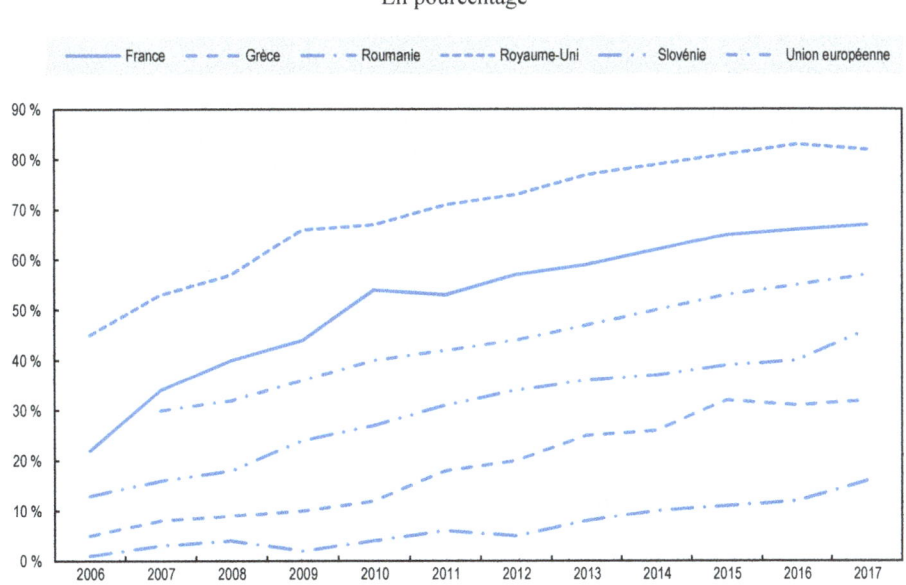

Note : Données non disponibles pour l'UE en 2006.
Source : Eurostat (Achats effectués par des particuliers sur l'internet, 2019).

StatLink 🔗 http://dx.doi.org/10.1787/888933972905

Quels sont les déterminants de l'essor du commerce en ligne ?

Les achats sur l'internet vont de pair avec un certain nombre de caractéristiques sociodémographiques, bien que les observations divergent. De fait, certaines études établissent un lien entre achats en ligne et haut niveau d'études, revenus des ménages supérieurs à la moyenne, et personnes de peau blanche et de sexe féminin (Wang & Zhou, 2015). D'autres, en revanche, montrent que les hommes et les jeunes déclarent avoir plus souvent recours aux achats en ligne que les femmes et les personnes plus âgées (Sener & Reeder, 2012). D'autres encore laissent à penser que les personnes âgées ou handicapées, les ménages à deux revenus et les familles monoparentales portent un plus grand intérêt à ce type d'activité (Mokhtarian P. , 2004).

Ces résultats ne sont guère surprenants compte tenu de la diversité des biens et services proposés en ligne. Les facteurs qui déterminent la propension et la fréquence des achats sur l'internet peuvent varier selon l'objet de la transaction. Du côté de l'offre, la décision d'une entreprise d'opter pour la vente en ligne peut être fonction de sa taille, de son appartenance à une branche d'activité ou de la composition de son marché (consommateurs ou entreprises) (Coad & Duch-Brown, 2017).

Les principales raisons citées par les résidents de l'Union Européenne en 2000 pour justifier le recours aux achats en ligne étaient l'accès à des produits non disponibles à proximité du consommateur, les considérations de prix et la commodité des options de livraison par rapport aux achats en magasin. Les inquiétudes quant au service après-vente, à la confidentialité des données à caractère personnel et aux problèmes de livraison comptaient quant à elles parmi les facteurs dissuasifs (Commission européenne, 2000). À l'heure actuelle, les acheteurs en ligne assidus citent le prix et la commodité comme principaux attraits du commerce électronique. Plus récemment, les acheteurs déclarent ne pas effectuer plus souvent des achats en ligne avant tout parce qu'ils apprécient l'expérience en magasin et la possibilité de repartir chez eux avec le produit (Civic Consulting, 2011). Cette tendance conforte l'idée que les magasins physiques ont toujours leur place, même si le commerce électronique continue de progresser.

À plus grande échelle, le rythme de croissance du commerce électronique est également influencé par les conditions dans lesquelles les entreprises opèrent (l'environnement réglementaire et fiscal, par exemple) ainsi que les progrès technologiques. Les écarts de dynamisme du commerce électronique selon les pays peuvent également s'expliquer par des facteurs tels que les conditions de livraison des biens, les systèmes de paiement, l'accès au très haut débit et la participation des détaillants (Civic Consulting, 2011) ; les facteurs culturels et les normes sociales entrent aussi en ligne de compte (Civic Consulting, 2011). Tel est le cas notamment en Chine, où l'on attache une importance sociale particulière aux achats en ligne, à tel point que la population chinoise y consacre aujourd'hui en moyenne 30 minutes par jour (BCG, 2017).

En parallèle, des tendances à l'œuvre dans d'autres domaines devraient avoir des répercussions notables sur le commerce en ligne – avec en premier lieu la progression constante de la connectivité internet et le développement de l'utilisation des téléphones portables à travers le monde. Les transactions effectuées par l'intermédiaire de téléphones portables représentaient 58.9 % des ventes sur l'internet en 2017 et constituent le mode d'achat en ligne affichant la croissance la plus marquée (eMarketer, 2018). D'aucuns ont également mis en évidence le rôle des avancées technologiques dans des domaines tels que l'internet des objets, les véhicules autonomes, les drones et l'intelligence artificielle en tant que leviers de croissance du commerce électronique (WEF, 2017). Dans un monde converti à l'internet des objets, par exemple, les appareils domestiques connectés pourraient commander automatiquement des produits lorsqu'ils viennent à manquer. Les progrès concernant les véhicules autonomes et les drones pourraient changer la physionomie des transports au niveau du dernier kilomètre de livraison, tandis que l'intelligence artificielle jouera un rôle important dans le développement des véhicules autonomes.

Commerce en ligne : quelles conséquences sur le secteur des transports ?

Déterminer les répercussions potentielles du commerce en ligne sur les transports est une tâche d'une grande complexité. Les relations de cause à effet dans ce domaine sont difficiles à cerner et quantifier avec précision les effets du commerce électronique sur la demande de transport et sur les émissions de CO_2 associées présente de nombreux écueils. La trajectoire et l'ampleur de ces effets dépendent de facteurs tels que la densité urbaine, la répartition modale et le mix énergétique, ainsi que de l'articulation entre les facteurs physiques, psychologiques et sociodémographiques cités plus haut (Cullinane, 2009 ; Kos-Łabędowicz & Urbanek, 2017 ; Mokhtarian P. , 2009 ; van Loon, McKinnon, Deketele, & Dewaele, 2014). En définitive, on ne saurait déterminer les incidences potentielles du commerce électronique sur les transports sans examiner l'influence des achats en ligne sur le comportement des consommateurs, tant du point de vue des habitudes de déplacement que des conséquences en termes de demande de fret. L'augmentation du nombre de livraisons à la demande dans des délais serrés entraînera une réduction de la charge utile des véhicules et les retours de produits achetés en ligne donneront lieu à une hausse des véhicules-kilomètres parcourus par les véhicules de livraison ainsi qu'une diminution de la charge moyenne.

Ces changements de comportement peuvent engendrer trois types de conséquences globales (Mokhtarian P. , 2004). Tout d'abord, le commerce en ligne peut modifier la façon dont les consommateurs achètent leurs produits sans pour autant altérer le volume ou la valeur totale des biens achetés. Ensuite, le niveau généralement plus bas des prix, rendu possible par le commerce en ligne, devrait en principe permettre aux consommateurs d'acheter davantage de produits sans dépenser plus que d'ordinaire. Enfin, la possibilité d'acheter en ligne pourrait entraîner une augmentation de la somme totale dépensée par les consommateurs en créant plus de demande et en augmentant la consommation par habitant.

Les données empiriques semblent indiquer que, dans l'ensemble, l'essor du commerce électronique se traduit par une augmentation nette de la demande de transport. Les données concernant le fret n'étant pas publiques, il est difficile d'effectuer des analyses exhaustives des incidences du commerce électronique sur la demande de fret. Néanmoins, un certain nombre d'études se sont penchées sur cette question, et la plupart ont mis en évidence une corrélation positive entre les deux éléments, bien qu'à des degrés variables (Bonilla, 2016 ; Mangiaracina, Marchet, Perotti, & Tumino, 2015 ; Zanni & Bristow, 2010). En ce qui concerne la demande de transport de voyageurs, les données indiquent que, bien que le commerce électronique d'entreprise à consommateur puisse présenter un caractère aussi bien complémentaire que substitutif, la majorité des travaux sur ce sujet met en évidence la complémentarité, soit une hausse de la demande nette de transport de voyageurs. Globalement, les travaux de recherche tendent en effet à montrer que le commerce électronique a un effet plus complémentaire que substitutif sur les voyages à titre personnel (Ecoplan, 2009 ; Hauptbibliothek, Zürich, Laghaei, Faghri, & Li, 2015 ; Mokhtarian P. , 2009 ; Wang & Lo, 2007)[2]. L'ampleur des incidences du commerce électronique sur les habitudes de transport actuelles dépend également des éventuelles mesures d'atténuation adoptées face à cette demande accrue (voir encadré 5.2.).

Selon les projections, le commerce électronique mondial devrait atteindre en moyenne 40 % de part de marché en 2026, bien que ce chiffre soit appelé à varier selon les secteurs (WEF, 2017). Dans le monde entier, les pouvoirs publics, reconnaissant son rôle potentiel dans la croissance économique, prennent des mesures afin d'encourager activement son expansion (CNUCED, 2018). L'Union Européenne a, par exemple, lancé des initiatives pour stimuler le commerce électronique. Elle a notamment fixé des objectifs en termes de nombres de consommateurs réalisant des achats en ligne au sein des États membres et entre eux (Commission européenne, 2013; Commission européenne, 2016). Par conséquent, le commerce électronique devrait, selon toute vraisemblance, continuer d'exercer une pression à la hausse sur la demande de transport. Cependant, la répartition de cette demande dans le temps, selon les modes de transport, les segments démographiques et les zones dépendra de divers facteurs. Les bouleversements les plus marqués devraient intervenir au niveau du « dernier kilomètre », sous l'effet de l'augmentation des volumes d'activité et de la fragmentation des expéditions.

Le commerce électronique induit une hausse des volumes de marchandises transportées et des émissions

Le commerce électronique bouleverse d'ores et déjà le secteur de la logistique et est en passe de jouer un rôle de plus en plus important dans la façon dont les consommateurs se procurent les biens, ouvrant ainsi la voie à des possibilités de réduction de l'intensité de carbone. Pour autant, si cette transformation n'est pas maîtrisée, elle risque surtout d'entraîner une hausse des émissions et de la congestion dans les villes. De nouveaux modèles économiques prévoient le retour gratuit des produits et imposent des délais de livraison toujours plus serrés, ce qui limite les efforts d'optimisation des opérations et réduit l'utilisation de la capacité disponible. Sans compter que la baisse des coûts de transport et de transaction est susceptible de faire augmenter la demande.

Il est possible de façonner ces évolutions par le biais des politiques. Encourager le recours aux points de retrait, les livraisons en dehors des heures de pointe et la mise en place de zones à zéro émission contribuera à limiter les émissions. D'autres mesures, telles que la tarification en fonction de la distance, pourraient inciter les opérateurs de transport à faire un meilleur usage de la capacité de leurs véhicules et limiter les pratiques privilégiant les transports moins efficients et augmentant la congestion.

Le scénario du commerce électronique est le seul scénario de rupture lié au fret qui fait grimper les émissions de CO_2, avec une hausse de 4 % des émissions totales de CO_2 d'ici à 2050 par rapport au scénario d'ambitions inchangées. Ce résultat est directement lié à l'augmentation du volume d'activité (en t-km) due à la forte croissance du commerce électronique.

Tous les modes de transport ne sont pas affectés au même degré, et l'on prévoit des taux d'adoption différents selon les régions. La part des divers types de marchandises évolue également au fil du temps. La combinaison de ces facteurs explique que l'augmentation de la circulation aérienne soit la plus importante, suivie de celle du fret routier. L'essor du commerce en ligne aura des effets particulièrement marqués sur les activités et les livraisons urbaines. Le transport aérien et le transport routier étant les deux modes à plus forte intensité de carbone, il est donc logique que leur intensification ait un impact particulièrement fort sur les émissions.

Les hausses mises en évidence dans les projections d'émissions ne tiennent pas compte des pertes probables d'efficience ni de la charge moyenne des livraisons urbaines. On ne dispose pas de données irréfutables sur ces aspects, et certains estiment que l'accentuation des économies d'échelle pourrait même donner lieu à des gains d'efficience. Néanmoins, les experts prévoient plutôt un effet négatif sur l'efficience logistique et, par ricochet, une hausse des émissions et de la congestion. Il se pourrait donc que les conséquences du commerce électronique soient encore plus néfastes que prévu.

Tableau 5.4. Prévisions d'évolution des volumes de fret mondiaux par mode de transport, selon
un scénario du commerce électronique, 2030 et 2050

Pourcentage d'évolution par rapport au scénario d'ambitions inchangées

Année	Maritime	Aérien	Routier	Ferroviaire	Par voies navigables intérieures	Transport de marchandises
2030	2	3	3	3	3	2
2050	3	11	6	4	2	4

Graphique 5.9. Prévisions d'évolution des flux de transport selon le scénario du commerce en ligne d'ici à 2050

Pourcentage d'évolution en tonnes par rapport au scénario d'ambitions inchangées

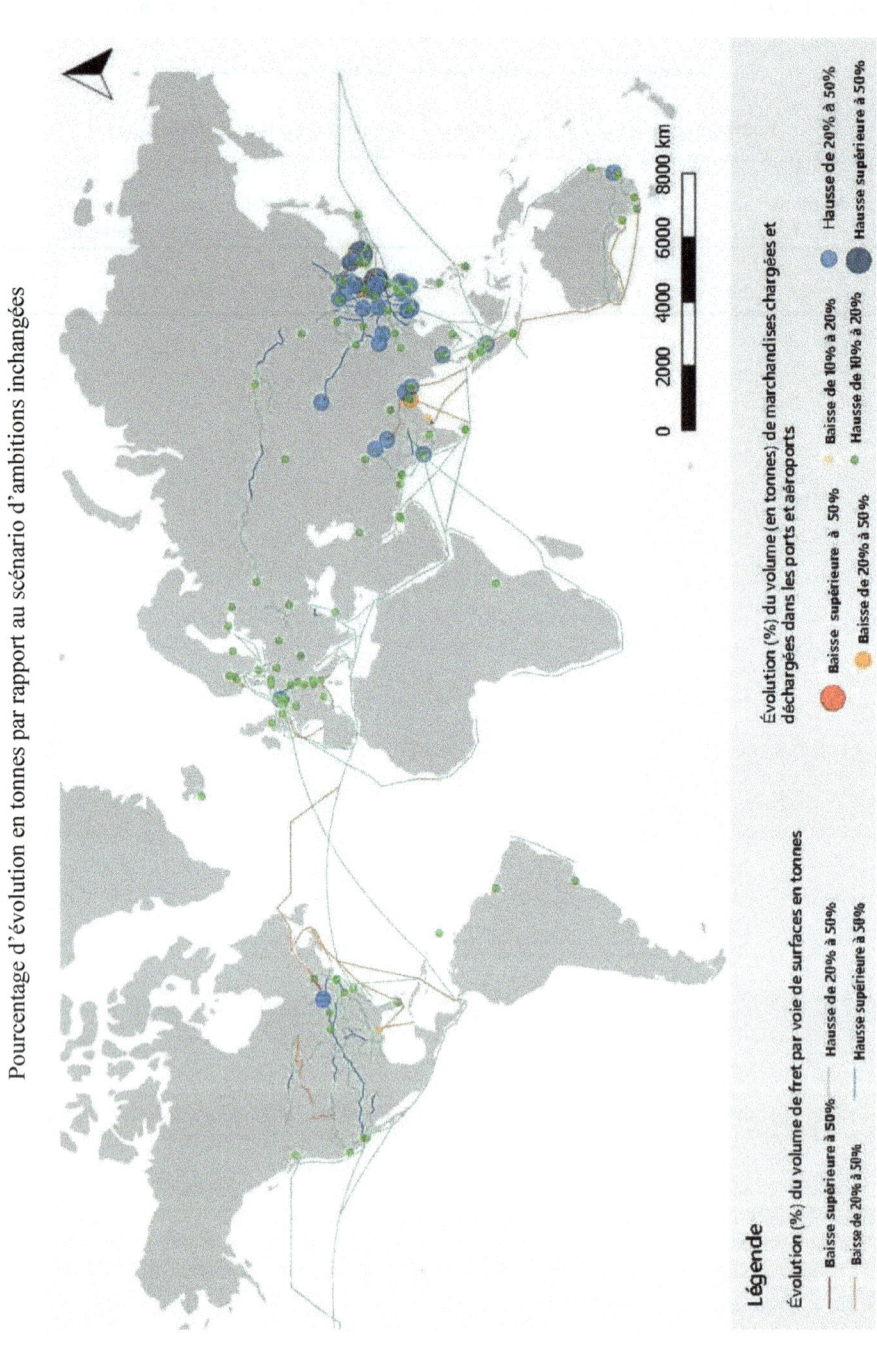

L'impression 3D

Sous réserve d'un déploiement à une échelle suffisante, l'impression en trois dimensions (3D) pourrait bien bouleverser les processus actuels de fabrication des biens, ainsi que la structure des échanges internationaux afférents. Si les processus de fabrication traditionnels consistent généralement à assembler des matériaux produits sur différents sites, l'impression 3D utilise pour sa part un procédé additif qui permet de fabriquer des objets en superposant de très fines couches de matériau jusqu'à obtention du produit fini.

Cette capacité à créer n'importe quelle forme, n'importe où, devrait permettre, en principe, d'éviter l'acheminement de produits semi-finis vers les usines d'assemblage. De même, à petite échelle, les ménages pourraient utiliser l'impression 3D pour imprimer certains biens de consommation à domicile, supprimant ainsi totalement le besoin de transport. Même si l'impression 3D reste pour l'heure une technologie émergente, elle pourrait à terme transformer radicalement les procédés de fabrication de nombreux produits et bouleverser la demande de transport de marchandises (Campbell, Williams, Ivanova, & Garrett, 2011).

À l'heure actuelle, l'impression 3D est avant tout utilisée pour produire des prototypes et pour des applications de niche. Elle sert à fabriquer des outils industriels et les pièces qui les composent (des gabarits et fixations, par exemple), des produits géométriquement complexes ou légers dans le secteur aérospatial, des prototypes de pièces et des outils dans le secteur automobile, des biens de consommation en polymère, ainsi que certains instruments et appareils médicaux et dentaires (ING, 2017; McKinnon A. , 2011).

L'impression 3D joue cependant un rôle de plus en plus important dans la fabrication de composants industriels et de machines-outils. De fait, le nombre d'imprimantes 3D vendues dans le monde a doublé entre 2005 et 2011, et, en 2017, les ventes de systèmes d'impression 3D industriels d'une valeur supérieure à 5 000 USD ont augmenté de 80 % par rapport à l'année précédente (MGI, 2012; Wohlers Associates, 2018). En 2016, les entreprises ont dépensé plus de 6 milliards USD dans des imprimantes 3D et des services connexes (ING, 2017; McKinnon A. , 2011).

Quels facteurs sous-tendent l'adoption de l'impression 3D ?

À mesure que le coût des imprimantes 3D et des matériaux associés baisse, le secteur devrait se développer rapidement. L'évolution future de cette technologie dépendra également du rythme de l'innovation, notamment de l'amélioration de la qualité, de la possibilité d'imprimer des objets de plus grande taille et de la vitesse d'impression. À l'heure actuelle, le coût unitaire des biens fabriqués à l'aide d'imprimantes 3D est élevé comparé à celui des produits fabriqués en petite série dans des usines traditionnelles. De plus, l'éventail et la taille des produits pouvant être fabriqués à l'aide d'imprimantes 3D restent pour l'heure limités. Ces aspects, auxquels s'ajoutent d'autres difficultés techniques liées aux technologies actuelles, constituent les principaux obstacles à l'adoption massive de l'impression 3D dans les foyers (Mckinnon, 2016; OCDE, 2018).

Les facteurs qui sous-tendent la généralisation de l'impression 3D dans les entreprises sont dans l'ensemble les mêmes que pour les ménages. En l'occurrence, l'attrait des imprimantes 3D industrielles dépend des coûts d'achat et de maintenance y afférents, de leur longévité et de la facilité à les intégrer aux processus de production existants. Les coûts des matériaux nécessaires et de leur transport entrent aussi en ligne de compte.

Quelles sont les répercussions potentielles de l'impression 3D sur les transports ?

Lorsque l'on étudie les répercussions potentielles de l'impression 3D sur les transports, il convient d'opérer une distinction entre les usages industriel et domestique. De fait, la fabrication additive pourrait avoir un impact bien plus marqué sur les échanges commerciaux et le fret urbain si la fabrication à domicile d'un large éventail de produits à usage domestique venait à se généraliser (Mckinnon, 2016). Malgré les avantages apparents que pourrait apporter un déploiement de l'activité d'impression 3D, les avis des experts divergent sur la trajectoire et l'ampleur des impacts nets (Boon & van Wee, 2018).

Le procédé de fabrication additive qui caractérise l'impression 3D présente plusieurs avantages par rapport aux méthodes de fabrication traditionnelles par enlèvement de matière : il requiert moins de matériau, produit moins de déchets et permet de fabriquer des biens plus près du lieu d'utilisation finale. L'impression 3D pourrait par conséquent faire baisser la demande de transport de fret en consolidant les activités de transport de matériaux et de fabrication. De fait, l'activité de transport de fret pourrait être considérablement réduite si l'on se bornait à acheminer les matériaux destinés à l'impression 3D jusqu'au lieu de production, dans le cadre de chaînes logistiques simples, plutôt que de fabriquer les pièces sur différents sites, puis de les combiner en s'appuyant sur des chaînes logistiques complexes présentant de multiples liens (Mckinnon, 2016). Les produits ne seraient plus livrés à domicile dans des colis séparés, et les matériaux entrant dans leur composition pourraient être stockés et livrés en masse sur le lieu de destination finale. Avec, à la clé, une réduction drastique du nombre de tonnes-kilomètres de fret en zone urbaine.

L'impression 3D à usage domestique utiliserait, pour la plupart des produits, moins de matériau qu'un assemblage conventionnel en usine, d'où une diminution potentielle des besoins de transport de marchandises entre les usines. Si l'impression 3D se développait en masse, le transport de fret par unité de consommation pourrait fortement chuter, ce qui conduirait à une baisse des coûts, de la congestion et des émissions de CO_2. Une réduction significative des coûts d'impression 3D pourrait entraîner une relocalisation substantielle de la production manufacturière des pays d'Extrême-Orient où les coûts de main-d'œuvre sont faibles vers l'Europe et l'Amérique du Nord (McKinnon A. , 2018). Selon des estimations récentes, l'impression 3D pourrait concentrer jusqu'à 50 % de l'activité de production, ce qui engendrerait une contraction du commerce mondial de 38 % d'ici 2040. Ces estimations révèlent en outre que les secteurs de l'automobile, des équipements industriels et des biens de consommation seraient les plus touchés et verraient les échanges transfrontiers des marchandises qu'ils produisent baisser considérablement (ING, 2017).

Toutefois, des études récentes remettent en cause l'idée selon laquelle l'impression 3D entraînerait un déplacement de la production des usines de fabrication centralisées vers des sites de production régionaux, voire le domicile même des consommateurs. Elles mettent en évidence le fait que les imprimantes 3D fabriquent pour l'heure principalement des pièces et non des produits finis et que, par conséquent, la plupart des produits issus de l'impression 3D doivent encore être assemblés en usine. En outre, les matériaux nécessaires ont toujours besoin d'être livrés aux usines ou au domicile des particuliers.

De même, l'argument selon lequel l'impression 3D permettrait d'éliminer les déchets et d'éviter la surproduction s'avère discutable. Certes, on stocke des biens produits en masse dans des entrepôts afin de pouvoir faire face à la demande prévue, et les coûts de stockage et autres pourraient en principe être évités grâce à l'impression 3D. Pour autant, dans la plupart des secteurs, les invendus représentent en moyenne seulement 5 % du chiffre d'affaires ; leur incidence sur le transport de fret mondial est donc marginale.

Deux des avantages de durabilité les plus plébiscités de l'impression 3D pourraient donc ne pas tenir toutes leurs promesses (OCDE, 2018). Le transport ne constitue en effet qu'une petite partie de l'impact environnemental total d'un produit donné. Le rôle potentiel de l'impression 3D dans la réduction de l'empreinte carbone mondiale du fret semble donc relativement restreint. En tout état de cause, les technologies d'impression 3D se limitent pour l'heure à la fabrication de pièces et non de produits finis, et ces pièces doivent toujours être transportées jusqu'aux sites d'assemblage, avant d'être expédiées vers leur destination finale (OCDE, 2018).

Selon l'ampleur de son adoption, l'impression 3D est à même d'avoir des incidences sur le secteur manufacturier et les chaînes logistiques mondiales. Son déploiement à une échelle supérieure aux prévisions aurait des conséquences majeures en termes de logistique et de fabrication, compte tenu du déplacement des processus de production des usines centralisées vers les consommateurs. Toutefois, au vu de l'état de la technologie et des taux d'adoption actuels, il est peu probable que l'impression 3D perturbe sensiblement les systèmes de logistique et de transport. Elle s'étendra de toute évidence à de nouveaux secteurs, mais sa portée restera limitée, notamment du fait de son incapacité à rivaliser avec les méthodes de fabrication traditionnelles qui permettent de fabriquer en masse un produit donné, à moindre coût. L'impression 3D prendra sûrement de l'importance dans la production de prototypes et la fabrication de produits de petite taille, mais ne passera probablement pas le cap de la production de masse, à moins d'une réduction drastique de ses coûts (OCDE, 2018). Dans une étude menée auprès d'experts en fret routier, la majorité des répondants ont estimé que l'impression 3D n'aurait pas d'incidences majeures sur leur secteur (FIT, 2018).

Selon un scénario fondé sur des hypothèses relativement favorables, mais sans rupture, les équipements d'impression 3D représenteraient 8 % des équipements de fabrication totaux en 2040 (Westerweel, Basten, & Fransoo, 2018). La simulation réalisée aux fins de la présente édition des *Perspectives des transports* s'appuie sur les hypothèses donnant lieu aux perturbations les plus marquées, qui laissent entrevoir une diminution de 38 % des échanges mondiaux. L'évolution qui ressort de cette projection est essentiellement imputable à la baisse des flux de produits à forte valeur qui, à l'heure actuelle, sont fabriqués en Extrême-Orient, puis acheminés en Europe et en Amérique du Nord. Dans la mesure où les produits issus de l'impression 3D pourraient devenir des composantes importantes dans la fabrication de technologies bas carbone telles que les véhicules électriques, il n'est pas exclu que l'impression 3D contribue à faire baisser le coût de ces technologies et, par là même, à accélérer leur pénétration sur le marché.

L'adoption généralisée de l'impression 3D pourrait réduire sensiblement les volumes de fret internationaux

La demande grandissante de fret est la première cause de la hausse des émissions de CO_2. À moins que la croissance de la demande ne reste bien en deçà des prévisions actuelles, ces émissions ne pourront être réduites de façon significative. Les facteurs exogènes peuvent avoir d'importantes répercussions sur les volumes de transport et, par conséquent, jouer un rôle crucial dans la réduction des émissions.

De tous les scénarios de rupture du transport de marchandises, celui de l'impression 3D affiche les effets les plus notables sur les émissions de CO_2 liées au fret, avec une réduction de 27 % de ces émissions d'ici à 2050 par rapport au scénario d'ambitions inchangées. La raison principale tient à une baisse de 28 % des volumes de transport, essentiellement dans le secteur de l'électronique et d'autres biens manufacturés. La réduction est plus nette pour le fret aérien que pour les autres modes de transport, puisque l'impression 3D permet de fabriquer des produits plus légers à forte valeur ajoutée, plus près des centres de consommation. Les charges moyennes tendent à être plus élevées du fait d'une hausse relative du transport de biens plus lourds, avec à la clé une augmentation globale de l'efficacité énergétique du transport de fret.

Des évolutions radicales des chaînes logistiques mondiales sont visibles lorsque les simulations se fondent sur les hypothèses de rupture les plus poussées liées à l'impression 3D, énoncées dans les travaux publiés. Le Graphique 5.10. Prévisions d'évolution des flux de transport selon le scénario d'impression 3D d'ici à 2050Graphique 5.10 montre que les ports et les aéroports par lesquels transitent les volumes les plus élevés de biens manufacturés accuseraient les pertes de trafic les plus importantes. L'Asie de l'Est afficherait ainsi la plus forte baisse du transport de fret. À l'échelle mondiale, on observerait une diminution sensible de la congestion et des excédents de capacité sur tous les réseaux de transport ainsi qu'au niveau de leurs principaux nœuds, du moins par rapport au scénario d'ambitions inchangées.

Tableau 5.5. Prévisions d'évolution des volumes mondiaux de fret, par mode de transport, dans un scénario d'impression 3D, 2030 et 2050

En pourcentage par rapport au scénario d'ambitions inchangées

Année	Maritime	Aérien	Routier	Ferroviaire	Par voies navigables intérieures	Transport de fret
2030	-3	-24	-4	-3	-4	-3
2050	-32	-56	-15	-10	-26	-28

Graphique 5.10. Prévisions d'évolution des flux de transport selon le scénario d'impression 3D d'ici à 2050

Pourcentage d'évolution en tonnes par rapport au scénario d'ambitions inchangées

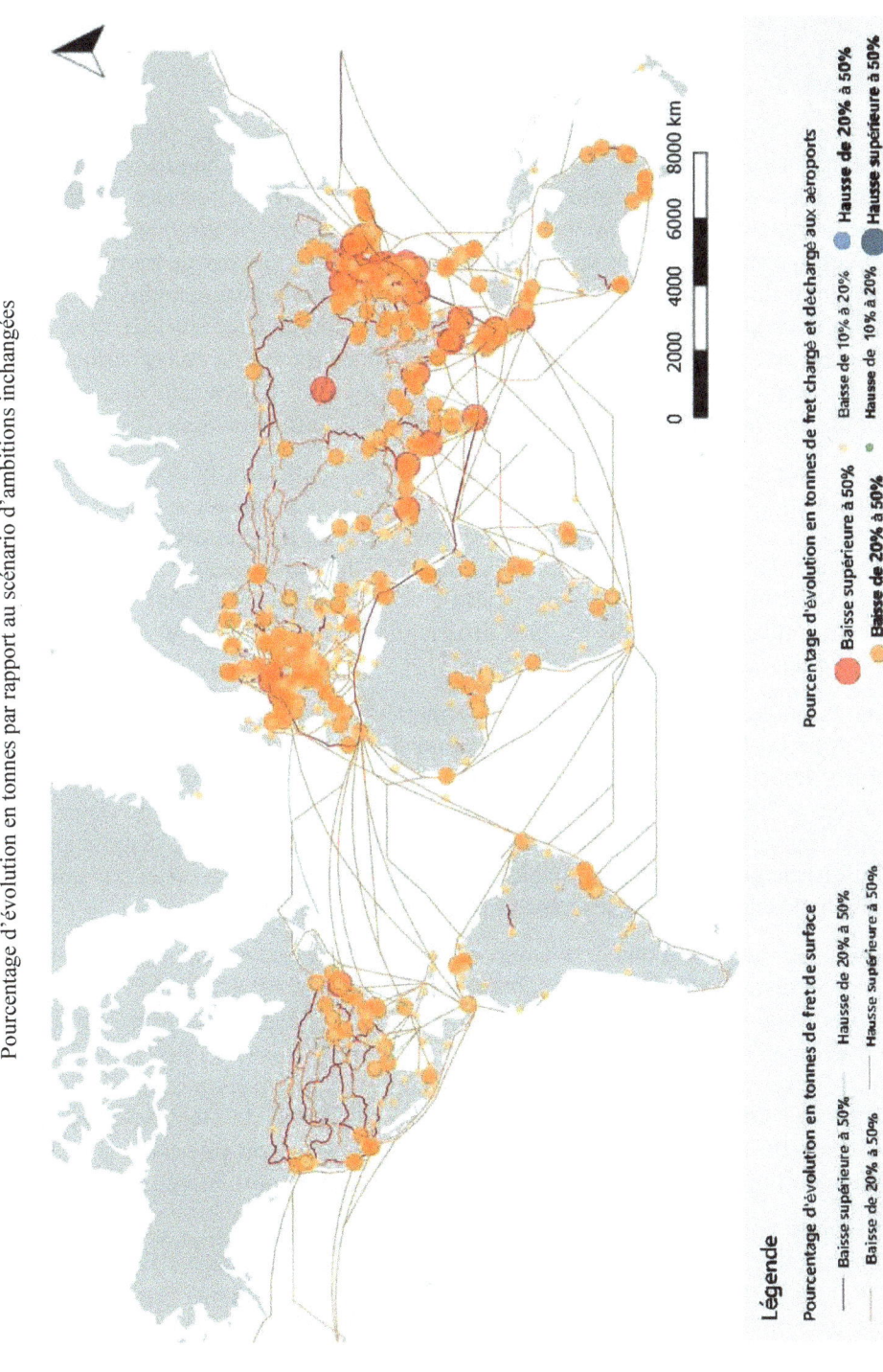

Les nouvelles routes commerciales internationales

Certaines évolutions des routes commerciales internationales pourraient entraîner de profonds changements de la demande de transport de marchandises dans les années à venir. Elles pourraient résulter de la création de nouveaux réseaux de transport ou de l'amélioration de ceux qui existent en Eurasie et en Afrique, et de l'ouverture de nouvelles routes maritimes dans les eaux arctiques. Les réseaux de transport de surface en Amérique du Nord ne devraient pas subir d'importants changements. En Amérique du Sud, l'investissement dans les infrastructures en pourcentage du PIB reste faible, et un scandale de corruption impliquant la plus grande entreprise de construction de la région a mis un terme à de nombreux projets. C'est pourquoi il faudra sans doute du temps pour que des améliorations notables soient apportées aux infrastructures d'Amérique du Sud.

De nouveaux canaux pourraient ouvrir des voies maritimes plus courtes que les routes commerciales existantes. Le canal de Kra, à travers la péninsule malaise, raccourcirait de 1 200 km, soit l'équivalent de deux ou trois jours de mer, la distance parcourue par les pétroliers du Moyen-Orient vers la Chine et le Japon[3]. Le canal prévu au Nicaragua à travers l'isthme centre-américain pourrait venir compléter le canal de Panama et serait mieux à même d'accueillir les plus gros navires. Il est cependant peu probable que ces deux projets se concrétisent rapidement.

Des liaisons ferroviaires régulières permettent déjà de transporter des marchandises d'Europe en Chine à travers la Fédération de Russie. Trois grands axes ferroviaires à travers le continent eurasien relient ainsi la Chine, l'Asie centrale, l'Europe, l'Asie du Sud-Est et l'Asie du Sud. La voie la plus septentrionale - par l'axe du transsibérien ou le réseau ferroviaire du Kazakhstan - est actuellement la seule qui dispose de services et d'infrastructures de transport stables et fiables (UIC, 2017). C'est là par conséquent que les volumes de marchandises transportées sont les plus élevés.

Le rail ne représente que 1 % environ des marchandises transportées entre l'Europe et l'Asie, alors que les navires en transportent plus de 90 % (UIC, 2017). Mais les flux de fret ferroviaire entre l'Asie de l'Est et l'Union européenne ont beaucoup augmenté ces dernières années, passant de 25 000 équivalent vingt pieds (EVP) en 2014 à 145 000 EVP en 2016, ce qui reste très inférieur aux quantités transportées par la voie maritime entre l'Asie et l'Europe. Enfin, l'Azerbaïdjan, le Kazakhstan, la Géorgie et la Turquie sont convenus de construire la Route transcaspienne de transport international (TITR) dans le cadre de l'initiative en faveur des infrastructures de transport intermodal Est-Ouest.

L'Afrique connaît une nette intensification des investissements en infrastructure, dont l'importance pour le développement du continent est désormais reconnue (BAD/OCDE/PNUD, 2017). Plusieurs initiatives visent à renforcer l'intégration régionale, notamment le plan d'action « Stimuler le commerce intra-africain » de l'Union Africaine et l'Accord sur la facilitation des échanges de l'Organisation Mondiale du Commerce (OMC). Les transports routiers, ferroviaires et maritimes font l'objet de projets d'amélioration. C'est en Afrique du Sud que la connectivité du fret est la plus grande à l'heure actuelle. Elle devrait s'améliorer entre l'Afrique du Sud et l'Afrique de l'Est d'ici à 2030, et entre l'Afrique de l'Est et l'Afrique de l'Ouest d'ici 2040.

En ce qui concerne les nouvelles routes maritimes de l'Arctique, les passages du Nord-Est et du Nord-Ouest sont déjà utilisés l'été, lorsqu'ils se trouvent libres de glace. La route maritime transpolaire est navigable toute l'année, mais seulement grâce à de puissants brise-glace. La fonte des glaces dans l'océan Arctique a créé de nouvelles possibilités de navigation commerciale. La route maritime du nord (ou passage du Nord-Est), par exemple, devrait être libre de glace une partie de l'année à un moment ou à un autre entre 2040 et 2050 (Smith & Stephenson, 2013). L'Agence fédérale russe du transport maritime et fluvial fait état d'un volume de 9.7 millions de tonnes de marchandises transportées par cette route en 2017 (Marine Insight, 2018), contre 2 millions de tonnes par an au cours de la première décennie des années 2000. Ce volume ne représente toutefois qu'une part infinitésimale des échanges intercontinentaux et des volumes transportés sur les grandes voies maritimes commerciales.

Quels sont les facteurs d'évolution des routes commerciales internationales ?

L'investissement dans les infrastructures est le facteur qui contribue le plus à la mise en place de nouvelles voies de transport en Eurasie et en Afrique. En Chine, l'important développement de la connectivité ferroviaire avec l'Europe répond à une dynamique politique et le renforcement de la capacité du réseau est porté par une volonté politique forte. Le transport ferroviaire est cinq fois plus coûteux que le transport maritime, mais 1.7 fois plus rapide. Il s'agit par conséquent d'un mode de transport intéressant pour les marchandises très sensibles au facteur temps, comme les produits de l'industrie de la mode, l'électronique, les pièces de voiture et les biens périssables, en particulier les produits alimentaires. La hausse sensible des flux de fret ferroviaire entre l'Asie de l'Est et l'Union Européenne ces dernières années peut être attribuée à la réduction des temps de transport et à l'amélioration de la fiabilité, qui résultent à leur tour du renforcement des infrastructures et de l'efficience accrue des procédures de manutention, de passage en douane et de traversée des frontières.

En Afrique, l'intégration régionale est désormais une priorité et les projets d'infrastructure bénéficient d'investissements croissants. En 2015, les États membres du Marché commun de l'Afrique Orientale et Australe, de la Communauté d'Afrique de l'Est et de la Communauté de Développement d'Afrique Australe ont signé un accord commercial tripartite afin de renforcer l'intégration des marchés, le développement des infrastructures et l'industrialisation. Dans le cadre du programme de développement des infrastructures en Afrique de l'Union Africaine, de nombreux projets d'investissements ferroviaires, routiers et maritimes sont planifiés ou en cours.

Dans l'Arctique, les opérateurs maritimes qui envisagent d'utiliser la route maritime du nord doivent tenir compte à la fois des avantages liés au raccourcissement de la distance parcourue et des coûts plus élevés de la navigation en Arctique. En dehors des conditions météorologiques et de préoccupations de sécurité accrues dans ces eaux, ils doivent faire face à des obstacles logistiques dus à la rareté des infrastructures, à des obligations strictes de certification et à la sévérité des réglementations environnementales, notamment des restrictions sur la planification des traversées, qui visent à protéger les écosystèmes marins (USCG, 2017). Le Code Polaire définit des normes strictes, notamment sur la conception des navires, la formation des équipages, les caractéristiques des cuves de combustible ou les rejets d'eaux usées. Il est possible que des réglementations environnementales encore plus sévères s'appliquent à la navigation en

Arctique à l'avenir, par exemple sur l'utilisation de fioul lourd, déjà interdite en Antarctique. L'application de ces réglementations réduit les bénéfices économiques nets apportés par la réduction du temps de trajet. La route maritime du nord pourrait demeurer une solution économiquement viable dans certaines circonstances - essentiellement pour le transport de vrac en provenance de l'Arctique russe - mais les potentialités pour d'autres types de marchandises restent très incertaines (Kiiski, 2017; USCG, 2017). S'il se confirme que l'Arctique demeure libre de glace dans l'avenir, la probabilité d'un accroissement de la navigation dans ces eaux pourrait s'accroître.

Quelles seront les conséquences des modifications des routes commerciales sur le transport international de marchandises ?

Le développement du transport ferroviaire de marchandises entre la Chine et l'Europe s'accélère. Les flux de fret ferroviaire entre l'Asie de l'Est et l'Union Européenne devraient s'accroître de 14 % par an (UIC, 2017). La modernisation des infrastructures et l'amélioration des procédures douanières aux frontières pourraient réduire de quatre à sept jours les temps de transit sur les axes de transport euro-asiatiques. En Afrique, les effets de l'accroissement des investissements dans les infrastructures commencent à se faire sentir. La construction du corridor Mombasa-Kampala entre le Kenya et l'Ouganda, par exemple, a ramené les trajets de quinze à cinq jours (OCDE, 2011). En Namibie et en Zambie, le Groupe du Corridor de Walvis Bay a permis de ramener le délai moyen de dédouanement de 48 à deux heures.

L'utilisation de la route maritime du nord pour le transport de marchandises entre l'Europe du Nord et le Japon pourrait réduire les distances de 37 % par rapport au trajet par le canal de Suez (Buixadé Farré, et al., 2014). À partir des ports d'Europe du Nord, la distance serait réduite de 31 % vers la Corée, de 23 % vers la Chine et de 17 % vers le Taipei chinois (Bekkers, Francois, & Rojas-Romagosa, 2018). L'utilisation régulière du passage du Nord-Ouest pourrait raccourcir les distances entre l'Amérique du Nord et les grands ports d'Asie du Nord-Est de 20 % (Ørts Hansen, Grønsedt, Lindstrøm Graversen, & Hendriksen, 2016). En ce qui concerne les échanges entre les pays d'Asie du Sud et d'Europe du Sud, la route habituelle par le détroit de Malacca et le canal de Suez reste la plus courte. Melia, Haines et Hawkins (2016) ont modélisé la fonte de la banquise à venir et constaté que le transit entre l'Europe et l'Asie serait réduit de dix jours en 2050 et de treize jours les années suivantes. Entre l'Asie et l'Amérique du Nord, quatre jours seulement seraient économisés, le trajet par le canal de Panama étant relativement court.

Même si elles raccourcissent les distances à parcourir, les nouvelles voies maritimes à travers l'Arctique risquent de ne pas entraîner de réduction sensible des impacts des activités de transport maritime sur le climat, du fait des conditions de navigation difficiles dans l'Arctique et de leurs conséquences sur la consommation de carburant. En eau libre, les navires ne sont pas obligés de modifier constamment leur vitesse et peuvent optimiser la charge-moteur et la consommation de carburant. Ce n'est pas le cas dans l'Arctique. Il arrive souvent que les mauvaises conditions météo et la faible profondeur de l'eau nécessitent des changements de vitesse et de direction, de sorte qu'il devient impossible d'optimiser l'utilisation du moteur. La grande variabilité de la charge-moteur réduit le rendement énergétique et peut entraîner une hausse de 50 % de la production de carbone noir (Lack & Corbett, 2012), dont les effets négatifs sont encore plus graves dans l'Arctique (Yumashev, van Hussen, Gille, & Whiteman, 2017).

Encadré 5.4. Renforcement de la connectivité du fret en Asie centrale

La connectivité du fret est essentielle pour accroître la compétitivité des pays et favorise la croissance économique, l'intégration sociale et le développement. Son renforcement peut être profitable aux pays et aux régions, en offrant aux zones périphériques de meilleurs débouchés commerciaux, nationaux et internationaux, en réduisant les coûts qui pèsent sur l'économie nationale, par l'amélioration des infrastructures et des services, en atténuant les problèmes de congestion et en accroissant les recettes grâce au développement du transit.

L'Asie centrale est caractérisée par une connectivité relativement faible, malgré son rôle historique de passage terrestre entre l'Asie et l'Europe. Les volumes de marchandises qui passent d'un continent à l'autre par cette voie sont actuellement inférieurs à 2 % de ceux qui prennent la voie maritime. La région est en retard par rapport à d'autres sur plusieurs aspects de la connectivité de l'intégration, ce qui freine le développement des échanges. L'intégration économique y est limitée par la faible densité de population et d'activité économique, l'insuffisance des infrastructures, le vieillissement des réseaux routiers et ferroviaires, les grandes distances vers les principaux marchés et les ports maritimes, ainsi que les nombreux obstacles réglementaires et politiques aux échanges internationaux.

Dans le cadre d'un projet de l'OCDE financé par le Kazakhstan, le Forum international des transports (FIT) a étudié la connectivité du fret en Asie centrale, en s'intéressant plus particulièrement au Kazakhstan, au Kirghizistan, à la Mongolie, au Tadjikistan et à l'Ouzbékistan. L'évaluation comportait : a) une analyse du niveau actuel de connectivité de la région au regard des besoins des économies régionales et de l'efficacité des réseaux de transport et de logistique ; b) un examen des stratégies pour les transports et la logistique, y compris des plans d'investissement dans les infrastructures ; et c) un inventaire des obstacles qui pourraient se présenter à l'avenir et des liaisons manquantes dans le cadre de différents scénarios d'échanges commerciaux et d'action publique.

Les résultats ont montré que les projets d'investissement en cours dans la région amélioreront la connectivité mais ne suffiront probablement pas face à la croissance des échanges à venir. Pour préparer cette croissance et renforcer la connectivité, les pays d'Asie centrale ont élaboré des plans nationaux en matière d'infrastructures et participent à des programmes comme la Coopération économique régionale en Asie centrale (CAREC), le corridor de transport Europe-Caucase-Asie (TRACECA) et les Nouvelles routes de la soie (*Belt and Road Initiative*) en Chine, qui visent à développer des axes économiques et de transport internationaux.

L'analyse quantitative fondée sur le modèle d'évolution du fret international du FIT montre cependant que la mise en œuvre des projets d'infrastructure prévus ne suffira pas sur de nombreuses liaisons à créer les capacités nécessaires aux flux de marchandises à venir. Comme le montre le Graphique 5.11, la demande en capacité des infrastructures augmente d'ici à 2030 sur les axes internationaux comme sur les liaisons régionales. Les plans d'infrastructures existants sont centrés sur les grands axes internationaux, mais il est essentiel de veiller à ce que les entreprises locales soient reliées aux principaux axes pour qu'elles puissent tirer parti des économies d'agglomération.

Graphique 5.11. Estimation des capacités nécessaires au transport routier et ferroviaire de marchandises, 2030

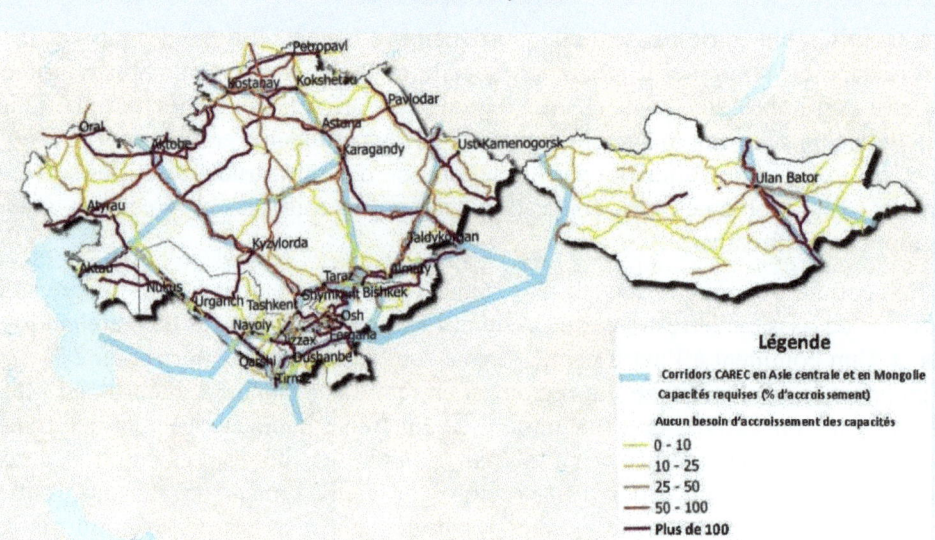

Pour atténuer la pression exercée sur les capacités, il faut améliorer les infrastructures, par exemple en construisant de nouvelles voies et en rénovant celles qui existent, et renforcer leur efficience (par exemple en utilisant des véhicules de grande capacité, en créant des centres de regroupement ou en électrifiant les lignes ferroviaires).

D'autres mesures peuvent également améliorer la connectivité régionale : il faudrait par exemple faciliter le passage des frontières pour réduire les temps d'attente ; affiner les stratégies logistiques nationales et régionales et renforcer les capacités institutionnelles pour favoriser la prise de décisions fondées sur des faits et la planification dans des conditions d'incertitude. Le renforcement de la coopération régionale et internationale contribuera aussi à raccourcir les temps de trajet et à les rendre plus prévisibles, en réduisant les coûts de déplacement des marchandises dans les corridors internationaux. D'autres informations figurent dans le document du FIT (2019)

L'accroissement du transport maritime dans l'Arctique pourrait entraîner une hausse des volumes d'échanges et déplacer les productions à forte intensité d'émissions vers l'Asie du Nord-Est. Les avantages attendus du raccourcissement des distances dans l'Arctique risqueraient alors d'être surcompensés par les effets négatifs des émissions associées à ces activités (Bekkers, Francois, & Rojas-Romagosa, 2018; Lindstad, Bright, & Strømman, 2016).

Les tarifs du fret ferroviaire entre la Chine et l'Europe ne sont plus que cinq fois supérieurs à ceux du fret maritime, contre treize fois auparavant (Merk, 2016). Il est possible que l'écart se réduise encore si la hausse des coûts liée au plafond d'émissions de soufre de 2020 est répercutée sur les prix des liaisons maritimes et si les tarifs du transport océanique se redressent. Les importantes subventions octroyées par les administrations régionales chinoises aux liaisons ferroviaires eurasiennes, de l'ordre de 2 000-2 500 USD par EVP, pourraient être progressivement supprimées à un moment ou à un autre, ce qui compromettrait aussi la viabilité financière du transport ferroviaire dans la région (Rail Freight, 2017).

La coopération avec la Russie sera essentielle pour garantir des flux continus de marchandises à travers la région, étant donné que les axes actuels du transsibérien et de la ligne Baïkal-Amour du réseau ferroviaire russe présentent un déficit de capacité, ce qui limite la croissance du volume de transit ferroviaire à travers la Russie (Global Risk Insight, 2017). La mise en œuvre de réglementations plus sévères s'appliquant aux émissions et aux polluants des transporteurs maritimes pourrait aussi favoriser le transport ferroviaire. L'exploitation régulière de trains porte-conteneurs constitue le modèle logistique et commercial le plus concurrentiel pour une utilisation renforcée des voies intérieures de transport entre l'Europe et l'Asie. Même si les volumes de marchandises transportées par les voies intérieures n'approcheront jamais ceux des liaisons maritimes, il est possible d'utiliser plus largement ces voies terrestres pour le transport des marchandises de valeur qui doivent être livrées rapidement. En Afrique, les possibilités de transport transcontinental pourraient conduire à une hausse des échanges intra-africains et aussi raccourcir les distances parcourues par les marchandises échangées à l'échelle internationale d'ici à 2050, si les projets d'infrastructures de transit en cours et en projet sur le continent continuent d'apporter des avantages similaires en termes de coûts et de temps gagné.

En ce qui concerne les possibilités de renforcement du transit maritime dans l'Arctique, on estime que, d'ici à 2050, l'ensemble des côtes et la plus grande partie de l'océan Arctique seront libres de glace 60 jours de plus par an en moyenne, et même 100 jours de plus dans certains endroits (Barnhart, Miller, Overeem, & Kay, 2016). Des conditions météorologiques favorables, de bonnes infrastructures et des solutions techniques pourraient même permettre de circuler toute l'année dans cette région d'ici à 2030 (Bekkers, Francois, & Rojas-Romagosa, 2018), bien que la marge d'incertitude concernant la première année sans glace dans l'Arctique soit d'une vingtaine d'années (Jahn, Kay, Holland, & Hall, 2016; Notz & Stroeve, 2016).

En conséquence, l'Agence fédérale russe du transport maritime et fluvial s'attend à une multiplication par six du volume de fret maritime dans l'Arctique dans les trois prochaines années. La Chine a inclus la route maritime du nord dans son initiative des Nouvelles routes de la soie depuis juin 2017 et publié en 2018 un livre blanc sur un projet de « Route polaire de la soie » dans l'Arctique (Bureau de l'information du Conseil des Affaires d'État de la République populaire de Chine, 2018). Même si la croissance du trafic maritime semble devoir se poursuivre sur la route maritime du nord, il subsiste d'assez fortes incertitudes sur les conditions de navigation dans l'avenir et sur le rapport coût-efficacité de ce trajet dans l'Arctique. Compte tenu de cette incertitude et des effets négatifs probables sur le climat des émissions de carbone noir, la possibilité que les nouvelles routes maritimes de l'Arctique contribuent à un recul significatif des émissions de CO_2 apparaissent limitées à ce stade. En outre, l'accroissement du transport ferroviaire de marchandises risque de capter une partie de la hausse du trafic maritime anticipée dans la région Arctique.

Malgré ses avantages manifestes en termes de distance et de temps, la route maritime arctique présente toujours des risques économiques élevés, en raison de la consommation accrue de carburant, de l'incertitude sur les dates d'arrivée et des dangers encourus par les navires et leurs équipages. Ces facteurs peuvent éroder les économies attendues du transport par les voies arctiques et empêcher qu'elles ne soient adoptées plus rapidement. D'après certaines données, la route maritime du nord ne serait rentable pour les navires de commerce ordinaires qu'en 2040 (Ørts Hansen, Grønsedt, Lindstrøm Graversen, & Hendriksen, 2016). Il reste que le trafic enregistré sur cette voie a été multiplié par cinq en 10 ans, et que ce choix pourrait devenir viable, en fonction de l'évolution des conditions climatiques et des investissements en infrastructure.

L'ouverture de nouvelles routes commerciales influera peu sur les émissions, mais pourra modifier en profondeur les réseaux de transport

L'ouverture de nouvelles voies commerciales n'influera pas de façon sensible sur les émissions de CO_2 résultant du transport de marchandises ni sur le volume de fret mondial, indiquent les simulations effectuées pour cette édition des *Perspectives des transports*. Un redéploiement des routes commerciales réduirait les volumes transportés de 2 % (de 3 % dans le cas du fret maritime) et les émissions de 1 % d'ici à 2050 par rapport au scénario d'ambitions inchangées.

On peut s'attendre en revanche à des répercussions de grande ampleur sur les chaînes logistiques et les réseaux de transport mondiaux. La mer Méditerranée et l'océan Indien connaîtront d'ici à 2050 une baisse d'un cinquième (21 % et 19 % respectivement) du trafic de marchandises par rapport au scénario d'ambitions inchangées, alors que, dans l'Arctique, le trafic actuellement très limité enregistrera une croissance exponentielle pour atteindre des volumes supérieurs à ceux du Pacifique Sud ou des Caraïbes. Dans les ports situés sur l'axe Asie de l'Est - Europe du Nord par le canal de Suez, le trafic baissera par rapport au scénario d'ambitions inchangées. Dans ceux qui occupent une situation stratégique sur la nouvelle route de l'Arctique, il connaîtra une forte hausse ; c'est à Busan (Corée) que celle-ci atteindra son niveau le plus élevé avec plus de 50 % par rapport au scénario d'ambitions inchangées. Le Graphique 5.12 indique la variation en pourcentage des tonnages de marchandises transportées et des volumes chargés/déchargés en 2050 dans le scénario intégrant les nouvelles routes commerciales par rapport au scénario d'ambitions inchangées.

L'évolution projetée des flux de transport influera aussi sur les réseaux de transport de surface donnant accès aux ports. En Chine et en Europe, tout particulièrement, les flux de transport terrestre s'adaptent à l'évolution des voies maritimes. Il peut en résulter de nouvelles réserves de capacité sur les voies qui connaissent une baisse de trafic et des problèmes de congestion sur les segments qui présentent un trafic plus intense.

En Eurasie, l'amélioration de la connectivité associée aux initiatives et projets en place conduit à un accroissement des volumes transportés par le rail par rapport au scénario d'ambitions inchangées – moins marqué cependant que celui du transport maritime dans l'Arctique. Les résultats indiquent également un regroupement des flux sur les lignes de chemin de fer qu'il est prévu d'améliorer. En Asie centrale, l'accessibilité accrue des ports océaniques peut aussi entraîner des évolutions visibles des voies d'accès au littoral.

La simulation de changements radicaux des routes commerciales (au moyen des spécifications figurant au Tableau 5.7) montre les effets que pourraient avoir des améliorations de grande envergure des infrastructures – ferroviaires, mais aussi routières – en Eurasie, et l'ouverture complète de l'Arctique à la navigation commerciale de l'Europe vers l'Asie de l'Est et de la côte Est de l'Amérique vers l'Asie de l'Est (à des coûts cependant plus élevés que la moyenne dans ce dernier cas). La probabilité que ces changements se concrétisent est examinée plus haut, mais il est difficile pour l'instant de se prononcer avec certitude à ce sujet.

Graphique 5.12. Évolution des flux de transport dans le scénario relatif aux nouvelles routes commerciales en 2050

Variation en pourcentage des tonnages transportés par rapport au scénario d'ambitions inchangées

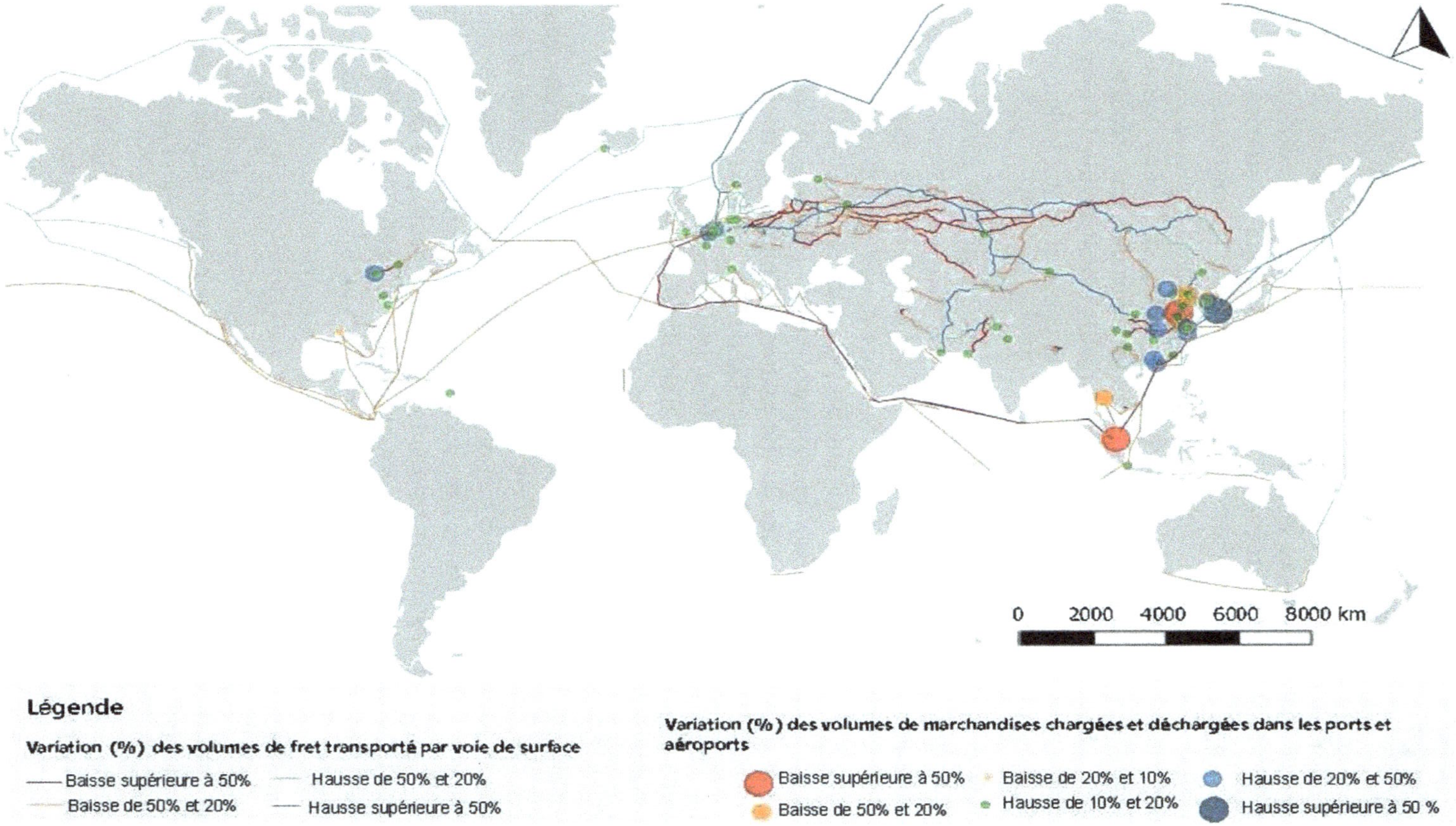

Légende

Variation (%) des volumes de fret transporté par voie de surface

— Baisse supérieure à 50%   — Hausse de 50% et 20%
— Baisse de 50% et 20%   — Hausse supérieure à 50%

Variation (%) des volumes de marchandises chargées et déchargées dans les ports et aéroports

- Baisse supérieure à 50%   - Baisse de 20% et 10%   - Hausse de 20% et 50%
- Baisse de 50% et 20%   - Hausse de 10% et 20%   - Hausse supérieure à 50 %

0   2000   4000   6000   8000 km

La transition énergétique pour le fret routier longue distance

Le fret routier contribue de manière non négligeable aux émissions de CO_2 imputables au transport de marchandises et occupe une place grandissante dans la décarbonation de l'ensemble du secteur des transports. Un certain nombre de stratégies de décarbonation ont ainsi été définies, qui visent notamment à améliorer la consommation des véhicules et à généraliser l'utilisation des carburants de substitution. De même, l'efficience sous-tend d'importantes mesures d'atténuation à prendre à court terme : améliorations aérodynamiques, diminution de la résistance au roulement, réduction du poids des véhicules, amélioration du rendement des moteurs et conversion à l'hybride. Finalement, la décarbonation du fret routier dépendra de la conversion aux technologies à émissions très faibles ou nulles.

Le poids des véhicules lourds et l'ampleur des distances parcourues rendront cette transition particulièrement difficile. Les systèmes de routes électriques (ERS) et les piles à combustible à hydrogène constituent actuellement les meilleures technologies envisageables pour réduire les émissions de fret routier tout en répondant aux impératifs énergétiques du secteur. Il est néanmoins possible que les nouvelles technologies de batterie, comme les chargeurs ultra-rapides et les systèmes d'échange de batteries, obligent la transition énergétique du fret routier à fortement dévier de sa trajectoire. Des percées dans le domaine des carburants liquides bas carbone ne sont pas non plus à exclure. Bien qu'actuellement impossible à prévoir, les biocarburants avancés ou les carburants de synthèse produits à partir d'électricité d'origine renouvelable (« *e-fuels* ») ont probablement un rôle à jouer, de même qu'un déploiement accéléré des technologies de captage et de séquestration du carbone (CSC).

Les systèmes de routes électriques alimentent en électricité les véhicules en mouvement à l'aide de caténaires aériennes, ou encore par conduction ou induction au sol. Le système de caténaire aérienne consiste à transmettre l'énergie au moyen d'un bras mobile monté sur le toit des véhicules, comme dans le cas des trains électriques, tramways et trolleybus. La technologie sur laquelle ils reposent est utilisée depuis plus de 130 ans et peut être intégrée et exploitée dans l'infrastructure routière existante. Avec le système de recharge par conduction, l'énergie passe dans des rails fixés au sol et est transmise au véhicule par un collecteur de courant glissant.

Enfin, le système de recharge par induction consiste à transmettre sans fil, via un champ magnétique, l'énergie de la route au véhicule en mouvement. Cela exige l'installation de bobines génératrices d'un champ électromagnétique dans la chaussée et de bobines réceptrices qui permettent la production d'électricité à l'intérieur du véhicule. L'alimentation électrique se fait sans contact mécanique. Les véhicules doivent être dotés de sources d'énergie autonomes (par exemple, batteries ou piles à combustible à hydrogène) pour pouvoir rouler en dehors du réseau électrifié, les batteries se rechargeant lorsqu'ils y circulent de nouveau. Les systèmes de routes électriques sont donc prometteurs pour le transport de marchandises lourdes sur longues distances, mais ne présentent guère d'intérêt pour les poids lourds qui sont utilisés sur des routes plus petites et moins fréquentées.

Les batteries et piles à hydrogène pourraient être utilisées en complément de la route électrique dans les régions ou les sections non couvertes. La méthode la plus couramment employée pour produire de l'hydrogène est un procédé de reformage à la vapeur qui utilise des combustibles fossiles comme le gaz naturel. Une autre, certes moins efficiente, est l'électrolyse de l'eau, qui fait intervenir l'électricité. L'hydrogène est stocké dans des piles à combustible et converti en électricité utilisée pour la propulsion.

Quels sont les facteurs de la conversion du transport routier longue distance aux énergies renouvelables ?

Les coûts de mise en œuvre représentent un facteur important pour le développement des systèmes de routes électriques et des technologies de propulsion hydrogène au service du fret routier. Si l'on veut en faire des solutions attrayantes et faciliter leur déploiement, il ne faut pas laisser les propriétaires des flottes supporter à eux seuls les coûts d'infrastructure associés aux carburants de substitution.

D'après les estimations de différentes sources, les systèmes de routes électriques coûteront au total moins cher que les autres carburants de remplacement (Cambridge Econometrics, 2018; Connolly, 2017; Kasten, Mottschall, Köppel, & Degünther, 2016; Siemens, 2017). Leur coût dépendra de la technologie utilisée (caténaires aériens, conduction via un rail ou recharge par induction), du mode de propulsion autonome (autrement dit, le véhicule peut-il rester en mode de conduite électrique sur les routes non électrifiées ?), de la durée d'autonomie des batteries et de la possibilité de les recharger à des bornes. Le Tableau 5.6 donne un aperçu des coûts estimés des différentes technologies de routes électrifiées. Les coûts de l'électrification du groupe motopropulseur dépendront du véhicule pris comme référence, du mode d'électrification envisagé (hybride ou tout électrique), du système de batterie qui détermine l'autonomie en conduite électrique (c'est-à-dire la distance que le véhicule peut parcourir en dehors du réseau électrifié) et des coûts induits par la recharge dynamique des véhicules sur route électrique. À terme, les coûts des batteries, de conversion à l'hybride et d'électrification devraient sensiblement diminuer à la faveur des avancées des technologies de batterie et des économies d'échelle.

Tableau 5.6. Coûts estimés des systèmes de routes électriques

Type de système	Coûts d'infrastructure[1] (en millions EUR/km)	Coûts du véhicule [2] (en EUR)	Coûts de maintenance de l'infrastructure (en % des coûts d'investissement)
Caténaires aériennes	2.2	+50 000 (en 2020) +19 000 (en 2050)	2.5
	1.5	+50%	—
	1.5-2.5	+40 000 (en 2020) +25 000 (en 2030) +15 000 (en 2040)	4.0
	1.6[3] (0.8 à long terme)		
	0.7-2.0	+5 000 (par rapport à un véhicule lourd hybride)	—
Conduction via un rail	0.4[4]	—	—
Recharge par induction	>3.1	—	—

Note : (1) Par kilomètre de route à deux voies aménagé dans le réseau routier existant. Sont inclus les coûts du câblage électrique, des rails et des bornes, du raccordement au réseau électrique, des sous-stations équipées de transformateurs, des unités de contrôle et des travaux de génie civil connexes. (2) Par rapport à un véhicule lourd classique sauf indication contraire. Sont inclus les coûts de transformation du groupe motopropulseur en mode hybride ou tout-électrique. (3) En USD pour une voie. (4) Selon l'hypothèse de l'électrification de 20 000 km de route en Suède.
Sources : Kasten et al. (2016) ; Jancovici, Schuller et Borie (2017) ; CCGD (2017) ; AIE (2017) ; Viktoria Swedish ICT (2013) ; eRoadArlanda (2018).

Dans les conditions économiques et technologiques actuelles, la caténaire aérienne est probablement le système le plus rentable (Jancovici, Schuller, & Borie, 2017; Kasten, Mottschall, Köppel, & Degünther, 2016). Bien que les coûts d'infrastructure requis par les batteries, les piles à hydrogène et les systèmes de routes électriques soient au total similaires, les routes électrifiées constitueront probablement à terme la solution la moins coûteuse à nombre équivalent de véhicules à zéro émission en circulation (Kasten, Mottschall, Köppel, & Degünther, 2016). Les coûts d'exploitation dépendront également de la part du kilométrage effectué sur les routes électriques, de la différence de prix entre les carburants classiques (diesel) et l'électricité, ainsi que des subventions, des politiques préférentielles ou des péages susceptibles d'être appliqués dans certaines régions.

Pour l'heure, aucun de ces systèmes n'est largement répandu. L'analyse comparative de leur rapport coûts-avantages repose en grande partie sur des hypothèses d'évolution future très incertaines. Il ressort d'une enquête du FIT que, pour les experts du fret routier, le manque d'infrastructures, les difficultés posées par le changement d'échelle de la production et le coût élevé des véhicules constituent les principaux obstacles à l'adoption des systèmes de routes électriques (FIT, 2018).

Compte tenu de l'impossibilité pratique d'électrifier l'intégralité du réseau routier, la technologie des piles à combustible à hydrogène pourrait contribuer à atténuer les émissions imputables au trafic de fret hors routes électriques. L'hydrogène est un combustible relativement dense en énergie par rapport aux technologies actuelles de batterie. En comparaison des véhicules électriques rechargeables, les véhicules à hydrogène se caractérisent donc par une autonomie et un volume de chargement plus importants. Bien que la pile à hydrogène soit très rentable du « réservoir à la roue », sa production l'est relativement moins que celle de l'électricité. La faiblesse de l'efficacité énergétique globale, le niveau élevé des coûts de véhicule, de réseau et d'infrastructure ou encore les difficultés posées par la production à grande échelle sont autant d'obstacles à une utilisation accrue des véhicules à hydrogène (FIT, 2018).

Une incertitude considérable entoure l'ampleur des réductions de coûts qui découleront des piles à combustible, en particulier du développement coextensif des technologies de batterie. Les outils financiers pourront soit encourager l'adoption de ces technologies (comme dans le cas des primes à l'achat), soit servir à couvrir les coûts de construction et de maintenance des infrastructures.

Encadré 5.5. Carburants bas carbone

Si les carburants liquides restent répandus dans les transports, c'est parce qu'ils présentent une densité énergétique, une portabilité et une stabilité au stockage relativement élevées et parce qu'ils sont faciles à livrer. Cela vaut tout particulièrement pour les véhicules lourds de fret pour de longue distance. Les carburants liquides bénéficient aussi d'une vaste infrastructure de distribution. Les autres sources d'énergie du fret routier, comme l'électricité ou les piles à combustible, requièrent d'investir davantage dans leur déploiement et mettront plus longtemps à occuper une part de marché significative.

Parmi les technologies capables de réduire l'empreinte carbone du fret routier et d'assurer une mobilité respectueuse du climat en termes d'émissions tout au long du cycle de vie figurent le pétrole brut à faible intensité de carbone, le captage et le stockage ou l'utilisation du carbone en amont et dans les raffineries, les biocarburants avancés et les carburants d'appoint bas carbone produits à partir d'eau et de CO_2.

Malgré l'essor des sources d'énergie de substitution comme l'électricité, l'essentiel de la demande mondiale de mobilité continuera de dépendre, pendant encore plusieurs décennies, de la combustion de carburants fossiles. La production, le transport et le raffinage du pétrole brut ne représentent pas moins de 15 % à 40 % des émissions de gaz à effet de serre « du puits à la roue ».

Bien que les biocarburants s'utilisent partout dans le monde depuis un certain temps déjà, leur consommation reste marginale dans la plupart des régions. Ils n'occupent une place de choix que dans quelques pays, comme le Brésil et les États-Unis. La plupart sont issus de produits agricoles (par exemple, canne à sucre, maïs ou huile végétale), ce qui fait craindre un changement indirect d'affectation des sols.

Une augmentation spectaculaire de la consommation de biocarburants d'origine agricole impliquerait le remplacement de cultures vivrières et une conversion massive de terres arables – à moins que des pratiques culturales et des politiques d'utilisation des terres axées sur le rendement intensif ne soient mises en œuvre en parallèle (Macedo, et al., 2012; Nepstad, et al., 2014). Les émissions de carbone qui en découleraient risqueraient d'annuler le potentiel offert par les biocarburants en termes d'émissions évitées (Valin, et al., 2015).

Dès lors qu'ils peuvent être produits à partir de déchets, d'algues ou de cellulose, les biocarburants deviennent une option beaucoup plus intéressante pour la décarbonation

---

des transports, même si leur mise au point se révèle difficile. Couplés à la capture de carbone (CSC), les biocarburants végétaux et non végétaux qui font intervenir un procédé de fermentation peuvent même émettre moins de gaz à effet de serre sur l'ensemble du cycle de vie.

Malgré les réserves susmentionnées, les biocarburants ont leur place dans l'arsenal des mesures disponibles pour réduire les émissions de CO_2 du transport routier. En effet, les incidences du changement indirect d'affectation des sols varient grandement d'un pays à l'autre. Le cas du Brésil montre comment l'emploi généralisé de l'éthanol produit à partir de canne à sucre peut concourir à abaisser le niveau des émissions même lorsque l'on tient compte de l'ensemble du cycle de vie et du changement d'affectation des sols (La Rovere, Pereira, & Simões, 2011; Rothkopf, 2008; Schroeder, 2010). Cela étant, les conditions propres à ce pays (un climat adapté à la culture de la canne à sucre, d'immenses étendues de terres arables et un complexe agro-industriel bien développé) sont difficiles à reproduire à l'échelle mondiale.

Tout cela montre bien l'importance d'adapter les trajectoires de la décarbonation des transports au contexte régional : des solutions prometteuses et économiquement fondées dans un lieu donné ne le sont pas nécessairement dans d'autres.

La prise de conscience allant grandissant autour des problèmes que pose le changement d'affectation des sols, la communauté scientifique s'intéresse de plus en plus aux biocarburants de substitution, notamment aux carburants de synthèse fabriqués à partir d'eau et de CO_2. Le principe de synthèse consiste à produire de l'hydrogène par électrolyse ou par décomposition directe de l'eau, puis à le faire réagir avec le CO_2 de carburants fossiles pour en réduire l'intensité carbone globale. Dès lors que l'électricité nécessaire au procédé de synthèse provient de sources renouvelables et que les atomes de carbone sont obtenus par réduction de CO_2 (par capture avant ou après combustion et par capture directe dans l'air), le carburant de synthèse ainsi obtenu est pratiquement neutre en carbone. La proportion de carburant de synthèse utilisée en mélange avec un carburant fossile pourrait croître au fil du temps, ce qui intensifierait l'effet d'atténuation. Un avantage des carburants de synthèse est que, par rapport à ceux d'origine fossile, leur combustion rejette nettement moins d'oxydes d'azote (NOx) et de suie.

Quels seront les effets de la conversion aux carburants de substitution dans le fret routier longue distance ?

Les véhicules électriques à batteries ou sur route électrique ne génèrent pas d'émissions de gaz d'échappement. Il en va de même pour les véhicules électriques à pile à combustible, mais le niveau des émissions de gaz à effet de serre associées à leur cycle de vie est estimé deux fois plus élevé que celui des camions diesel, tout au moins dans les conditions actuelles du paysage électrique allemand (Kühnel, Hacker, & Wolf, 2018). D'après les estimations, l'efficacité énergétique « du puits à la roue » est de 77 % dans le cas des poids lourds sur route électrifiée, contre 62 % pour les camions à batteries et 29 % pour les camions à hydrogène (Kasten, Mottschall, Köppel, & Degünther, 2016; Moultak, Lutsey, & Hall, 2017). De tous les systèmes de route électrifiée, celui à caténaire est considéré comme le plus efficace en énergie. Le volume global des réductions d'émission qui découlera de ces systèmes dépendra du degré d'électrification des poids lourds, de l'efficacité énergétique globale du système et de la part du trafic réalisé en dehors du réseau électrifié.

S'agissant de leur incidence sur le réseau électrique, les routes électrifiées devraient être moins exigeantes que les véhicules à batteries classiques. En effet, leur alimentation continue permet de lisser les profils de charge sur le réseau électrique. Les technologies de pile à hydrogène permettant de stocker l'énergie, elles peuvent contribuer à favoriser et à maximiser l'utilisation d'électricité produite à partir de sources renouvelables.

Découpler le transport routier de marchandises des émissions de CO_2 nécessitera de lourds investissements, notamment de la part des entreprises privées, par exemple les constructeurs automobiles, qui devront adapter leur production. Le secteur public devra lui aussi fournir un important effort financier, en particulier pour mettre en place des réseaux de distribution et de ravitaillement/rechargement. Les trois systèmes existants de routes électrifiées font actuellement l'objet de tests, principalement en Allemagne, en Suède, en France, en Chine, au Japon et en Corée (eRoadArlanda, 2018 ; Heise, 2017 ; Jacob & Caso Florez, 2018 ; Scania, 2016 ; Transport & Mobility Leuven, 2017). Ces tests permettront de définir des modèles économiques viables, les besoins en matière de réglementation et des normes internationales. Ils aideront également à régler les problèmes de sécurité. De nouveaux intervenants du secteur des transports, comme les compagnies d'électricité, pourraient devenir des partenaires de poids et concourir à l'élaboration de modèles économiques pour les systèmes de routes électriques ou les réseaux de bornes de recharge.

Dans de nombreux pays, le trafic des poids lourds se concentre sur une portion relativement minime du réseau routier (Kasten, Mottschall, Köppel, & Degünther, 2016). Il y a donc tout lieu de penser que l'infrastructure requise par les sources d'énergie alternative sera aménagée sur des tronçons à fort trafic de fret, par exemple entre les centres de distribution, les ports ou les terminaux ferroviaires. Dans ces conditions, les routes électriques pourraient en seulement cinq ans atteindre la viabilité financière pour le bénéfice des exploitants privés (Schulte & Ny, 2018). C'est également dans ce cas de figure que les réductions d'émission de CO_2 seront les plus fortes. Un effet de réseau pourrait se produire après 2030, en particulier si des cadres d'action, notamment sous la forme de normes d'émission strictes à l'égard des poids lourds, exercent une pression suffisante sur les constructeurs et les exploitants de véhicules. Étant donné que les déplacements routiers de marchandises sont souvent internationaux, le bon déploiement des systèmes de routes électriques passera aussi par une action internationale concertée en faveur de l'interopérabilité transnationale.

En ce qui concerne l'hydrogène, des deniers publics sont déjà investis dans la mise en place de stations de recharge d'hydrogène, désormais présentes dans plusieurs villes du monde. Les projections annoncent toutefois que le recours aux véhicules électriques à pile à combustible sera limité, malgré l'ampleur du potentiel offert par les technologies hydrogène en matière de réduction des coûts (US DOE, 2017). Cela tient aux risques qu'il y a à investir dans l'infrastructure. Si de grandes avancées étaient réalisées dans les technologies de batterie pour véhicules lourds de fret longue distance, les véhicules électriques à batteries pourraient bien devenir, pour le transport routier de marchandises, la solution la plus prometteuse en termes de réduction d'émission de CO_2, derrière les systèmes de routes électriques et les véhicules à pile à combustible.

En résumé, un déploiement à grande échelle des routes électrifiées et des véhicules à hydrogène semble peu probable dans la décennie à venir. À moins d'une intensification notable des efforts en cours, ces deux technologies ne devraient se généraliser qu'à moyen et long termes, éventuellement entre 2030 et 2050. Le déploiement des routes électrifiées et des poids lourds à hydrogène variera d'un pays et d'une région à l'autre, en fonction de l'attractivité (des coûts) des autres moyens envisageables pour réduire les émissions de CO_2, de l'état du réseau électrique, du réseau routier et de la volonté politique d'atteindre les objectifs climatiques.

Il est également très peu probable qu'une seule technologie puisse remplacer les moteurs diesel ou à essence à combustion interne. Il existe un certain degré de complémentarité entre les différentes solutions : les véhicules directement alimentés en électricité par caténaire peuvent également être équipés de batteries, d'une pile à combustible ou d'un moteur thermique fonctionnant avec des biocarburants. Les solutions qui nécessiteront d'investir dans de grands projets d'infrastructures pourraient ne pas être disponibles dans certaines régions, ou y être moins rentables. Pour obtenir une décarbonation totale ou quasi totale, il faudra disposer d'une panoplie de solutions complémentaires adaptables à différents contextes.

La décarbonation du transport routier de marchandises exige la transition énergétique du fret longue distance

Le fret routier non urbain représente actuellement 87 % du volume de transport routier et 77 % de ses émissions. Il contribue à hauteur de 43 % aux émissions imputables au transport de marchandises, ce qui est plus que tous les autres modes. Sa part dans le total des émissions de CO_2 du secteur des transports, transport de voyageurs inclus, est de 16 %.

Sans transition énergétique du fret routier longue distance, les efforts de décarbonation des transports seront donc voués à l'échec. De tous les scénarios de ruptures considérés dans les présentes *Perspectives,* celui du remplacement des carburants fossiles comme principale source d'énergie dans le fret routier longue distance est le deuxième à peser le plus sur le niveau des émissions de fret : pour 2050, il prévoit 16 % d'émissions de CO_2 en moins que le scénario d'ambitions inchangées.

La transition énergétique dans le transport longue distance n'aura pas la même incidence dans toutes les régions du monde, puisque le taux d'adoption retenu comme hypothèse et la part du mode routier dans les transports par voie de surface diffèrent selon les régions. Ainsi, c'est en Europe, où le taux d'adoption et la part modale des transports routiers sont élevés, que la baisse des émissions consécutive à la transition sera la plus forte. Les gains seront plus faibles en Amérique du Nord, car la part du mode routier y est plus modeste et qu'une conversion énergétique aura donc moins d'impact sur les émissions.

Graphique 5.13. Projections de l'évolution des émissions de CO₂ imputables aux modes de transport par voie de surface dans le scénario de transition énergétique par région, 2030-50

Variation (en %) du nombre de tonnes émises par rapport au scénario d'ambitions inchangées

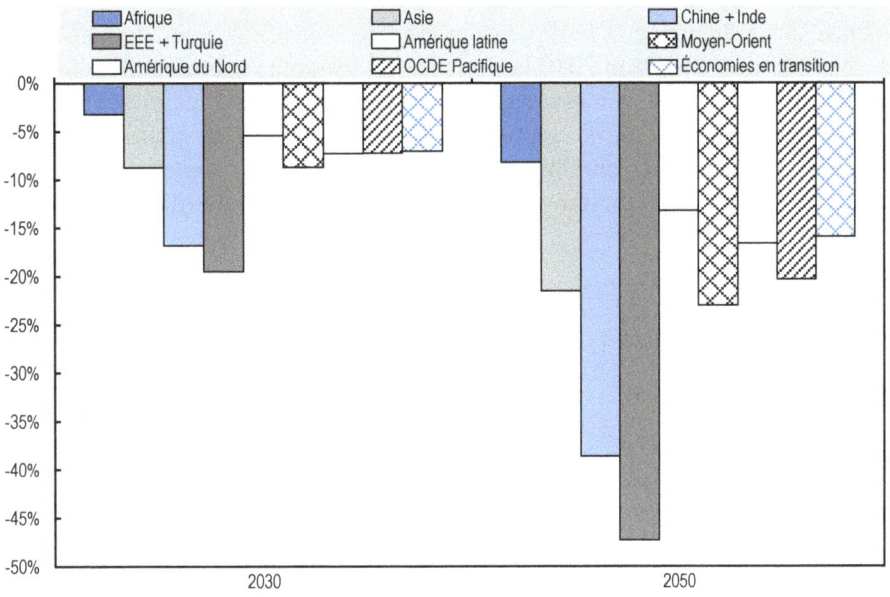

StatLink http://dx.doi.org/10.1787/888933972924

Graphique 5.14. Projections de l'évolution des volumes de fret routier et ferroviaire dans le scénario de transition énergétique, 2030-50

Variation (en %) du nombre de tonnes-kilomètres par rapport au scénario d'ambitions inchangées

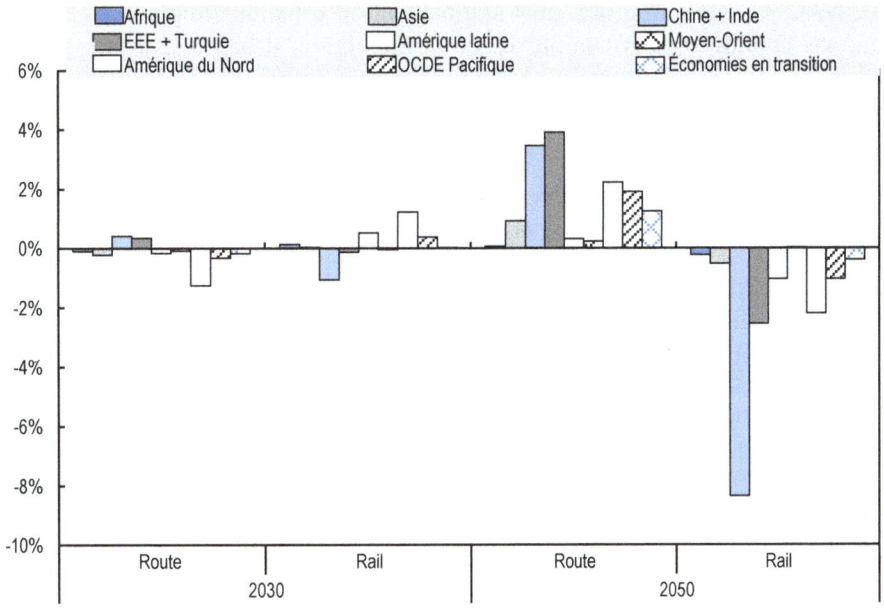

StatLink http://dx.doi.org/10.1787/888933972943

Une transition énergétique rejaillit aussi sur les coûts de transport. Ceux-ci seront tout d'abord plus élevés, puis ils diminueront progressivement jusqu'à devenir inférieurs à ce qu'ils sont actuellement dans le contexte des moteurs thermiques, en raison de la baisse des coûts de carburant, d'entretien et d'infrastructure. Là encore, la situation variera d'une région à l'autre.

Une augmentation de la part des carburants peu ou non carbonés n'est pas non plus sans conséquence sur la demande et la répartition modale. Ainsi, un report modal du rail vers la route se produira à l'horizon 2030 en Europe, où les coûts sont déjà plus faibles, mais pas dans les autres régions. À mesure que les carburants propres gagneront du terrain et que leurs coûts diminueront, le report modal du rail vers la route se généralisera jusqu'en 2050, en particulier en Chine et en Inde. À supposer toutefois qu'il n'y ait ni baisse équivalente des coûts du transport ferroviaire, ni mesure de riposte de la part de ce secteur.

Les camions autonomes

Le fret routier se prête tout particulièrement à l'automatisation complète. Les camions sans conducteur réduiraient grandement les coûts de main-d'œuvre, qui représentent actuellement au moins un tiers des coûts d'exploitation en Europe et en Amérique du Nord. Il existe donc une forte incitation commerciale en faveur de l'automatisation des poids lourds.

Dans les pays développés, les opérations de fret lourd sur longues distances ont généralement lieu sur autoroute, où l'automatisation est plus simple à mettre en œuvre que dans les conditions très complexes de la circulation urbaine. Surtout, en roulant 24 heures sur 24, les camions sans conducteur permettront d'optimiser l'utilisation des ressources, d'éviter les heures de pointe et de gérer le parc de véhicules avec une plus grande flexibilité.

Leur déploiement se heurte toutefois à des obstacles de taille. En particulier, des avancées supplémentaires s'imposent dans la communication V2X (« du véhicule à tout ») et dans la normalisation.

La plupart des experts s'accordent à dire que les camions sans conducteur seront une réalité dans dix à vingt ans, même si leur présence sera circonscrite à des portions d'autoroutes bien définies qui relieront les centres logistiques à forte demande. Si le fret routier est en avance sur le reste du secteur, d'autres marchés sont très porteurs, comme celui des transports publics : diverses expérimentations y ont été menées et des services de transport sans conducteur sont déjà exploités dans différentes villes (FIT, 2018).

Outre les camions sans conducteur, la circulation en pelotons de véhicules semi-automatisés reliés par des systèmes de communication entre véhicules (convois routiers) fait actuellement l'objet d'essais avancés.

Quels sont les déterminants du recours aux camions autonomes ?

De par l'ampleur des réductions de coût et des gains d'efficience d'exploitation que promettent les technologies de poids lourds autonomes, le secteur est fortement incité à investir dans leur développement et déploiement. Les modalités et la cadence de leur adoption dépendra d'une kyrielle de facteurs. En effet, il faut encore obtenir certaines avancées technologiques, adapter l'infrastructure actuelle, clarifier le modèle d'affaires, régler les questions d'assurance et de responsabilité et répondre aux inquiétudes de l'opinion publique à propos des risques pour la sécurité et la sûreté, ce qui pourrait faire grimper les coûts et limiter l'attrait commercial des camions sans conducteur.

L'adoption et l'exploitation généralisées des véhicules autonomes de transport routier de marchandises nécessitent l'établissement de standards communs au sein du secteur, ou tout au moins sur des marchés suffisamment vastes. La réglementation joue un rôle crucial à cet égard puisque c'est en fonction du cadre en place que le secteur tirera plus ou moins parti des avantages de l'automatisation du fret routier. Pour l'heure, l'incertitude plane encore sur le caractère permissif ou restrictif que les régimes réglementaires revêtiront à terme, car il dépendra de l'incidence que la nouvelle technologie aura sur la sécurité, la sûreté et la congestion (dont il est question dans le chapitre 3). Toutefois, comme précédemment indiqué, il semble à ce stade moins difficile et clairement plus avantageux d'appliquer les technologies d'automatisation aux camions qui empruntent l'autoroute – et évitent ainsi les zones urbaines fortement encombrées – qu'aux véhicules de transport individuel de personnes.

L'incertitude demeure aussi quant au niveau d'automatisation qu'il est possible d'atteindre dans le fret routier. On ignore encore si tous les opérations de transport routier de marchandises pourront être effectuées à l'aide de camions sans conducteur, entièrement autonomes (ce qui correspond au niveau 5 d'autonomie de la classification établie par SAE International, voir Chapitre 3). En revanche, il est certain que les véhicules seront équipés de systèmes qui fourniront une assistance de plus en plus étendue aux conducteurs. Ces niveaux inférieurs d'autonomie permettent déjà de réduire la consommation de carburant, d'améliorer l'organisation du trafic et de faire évoluer le rôle des conducteurs routiers. Tous ces facteurs sont susceptibles de faire baisser les coûts d'exploitation.

De quelle manière le recours aux camions autonomes rejaillira-t-il sur les systèmes de transport ?

Les camions autonomes et les convois routiers sont porteurs d'importantes économies sur les coûts. D'après la majorité des experts interrogés dans le cadre d'une enquête du FIT, les convois routiers peuvent réduire les coûts dans une proportion de 10 % ou plus. La moitié des répondants a jugé plus important encore – plus de 25 % – le potentiel d'économie promis par les véhicules entièrement autonomes. Les économies réalisées seraient alors du même ordre que les coûts de main-d'œuvre, qui représentent entre 25 % et 45 % des coûts supportés par les transporteurs routiers. Ces estimations se trouvent certes au bas de l'échelle des coûts, mais les exploitants profiteraient également d'avantages indirects, principalement de la possibilité d'exploiter leurs véhicules de manière plus flexible puisqu'il n'y aurait plus besoin de respecter les temps de repos obligatoires prévus pour les chauffeurs. Surtout, les camions sans conducteur permettraient au secteur de remédier à la pénurie de chauffeurs professionnels à laquelle il se trouve actuellement confrontée (FIT, 2017).

Les camions en pelotons roulant très près les uns derrière les autres, ils peuvent subir une traînée du vent plus faible et ainsi consommer moins de carburant. Cela dit, l'intérêt des convois routiers est davantage associé à leurs coûts d'exploitation plus faibles. Le rôle des camions autonomes dans la décarbonation est plus flou. Ils pourraient permettre de réduire la consommation de carburant, d'acheminer des chargements plus importants et d'éviter la congestion en circulant aux heures creuses. Cependant, une diminution importante des coûts peut entraîner une hausse de la demande et, par conséquent, faire croître l'activité de transport et le niveau des émissions.

Plus de la moitié des experts qui ont participé à l'enquête du FIT tablent sur une généralisation des convois routiers à l'horizon 2030 et des véhicules autonomes à l'horizon 2050. Plusieurs expérimentations de camions en pelotons connectés par un système numérique ont déjà eu lieu (Dutch Ministry of Infrastructure and the Environment, CEDR, & RDW, 2016), et des véhicules autonomes sont même déjà exploités à l'intérieur de zones bien délimitées et très contrôlées, par exemple des ports et des sites miniers. Des questions restent en suspens s'agissant de savoir quel sera en définitive l'ampleur du déploiement des deux solutions. À ce jour, aucun cas d'exploitation commerciale de camions entièrement autonomes n'a été recensé, même sur autoroute, alors que des essais ont pourtant eu lieu, avec un conducteur à bord (Davies, 2017).

Compte tenu des incertitudes dont le déploiement des camions entièrement autonomes reste empreint, il n'en a pas été tenu compte dans la modélisation de la situation de référence.

L'hypothèse retenue pour un scénario de rupture est que les gains d'efficience en matière de consommation de carburant offerts par les véhicules de fret routier entièrement autonomes cadrent avec les prévisions les plus optimistes qui transparaissent dans les travaux passés en revue, ce qui se traduit par une baisse des émissions de carbone par tonne-kilomètre de l'ordre de 14 %. Les coûts d'exploitation des camions sans conducteur par tonne-kilomètre sont de 45 % inférieurs aux valeurs actuelles, du fait de coûts de main-d'œuvre plus faibles (ou nuls) et d'une efficience opérationnelle plus élevée. Dans ce scénario de rupture, toutes les régions du monde voient les camions automatisés se multiplier plus vite dans le trafic interurbain que dans le paysage urbain. Comme dans d'autres scénarios, la variation des taux d'adoption suit une fonction logistique pour atteindre la valeur cible à l'horizon 2050.

Les camions autonomes n'ont guère d'incidence sur les émissions

De manière générale, si les camions autonomes devaient prédominer dans le fret routier, cela n'aurait guère d'incidence sur le niveau mondial des émissions de CO_2. Dans ce scénario, le niveau atteint par les émissions en 2050 n'est que de 1 % inférieur à celui prévu dans le scénario d'ambitions inchangées. La baisse notable des coûts du fret fait reculer les coûts de transport en général, en conséquence de quoi le volume global de transport gonfle légèrement, de 1 %. À cela s'ajoute un report modal du rail et des voies navigables intérieures vers la route. Les modes aérien et maritime sont moins touchés.

Dans ce même scénario, le transport de surface produit globalement moins d'émissions, sauf dans quelques régions, dont l'Amérique du Nord (voir Graphique 5.15), où, par rapport au scénario d'ambitions inchangées, le volume du fret ferroviaire est inférieur de 15 % et celui du fret routier supérieur de 18 %. De tous les facteurs de rupture examinés dans ce chapitre à propos du fret routier, les camions autonomes entraînent un report modal massif du ferroviaire et des voies navigables intérieures au profit de la route, plus encore que les VGC ou les camions à émissions faibles ou nulles (voir Graphique 5.14 Graphique 5.18 et Graphique 5.19). Même si les camions autonomes devenaient plus efficients que ceux qui circulent actuellement, ils continueraient d'afficher une intensité de carbone plus élevée que le rail. C'est pourquoi les émissions augmentent en Amérique du Nord.

Graphique 5.15 Projections, par région, de l'évolution des émissions de CO_2 liées au transport par voie de surface dans le scénario dédié aux camions autonomes, 2030-50

Variation (en %) du volume exprimé en tonnes par rapport au scénario d'ambitions inchangées

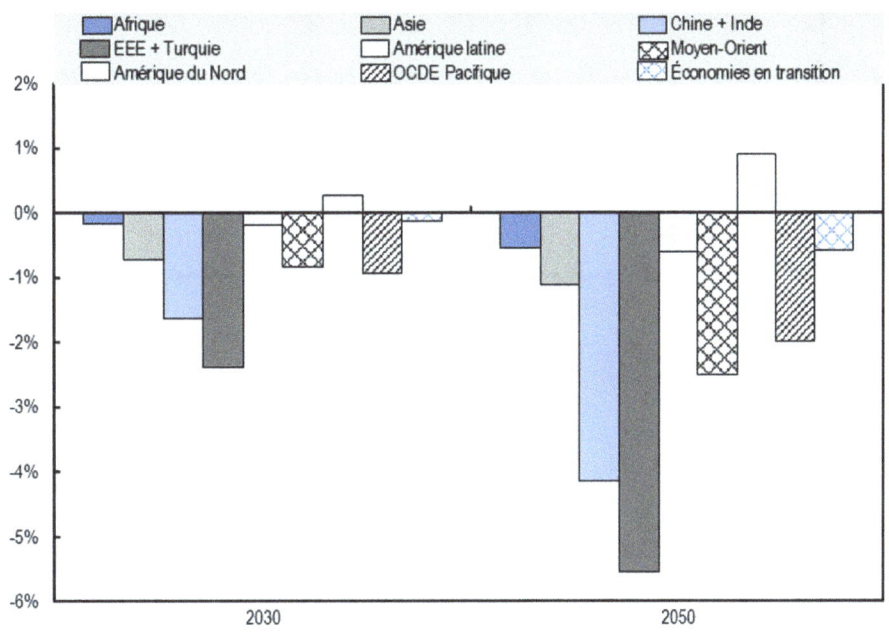

StatLink http://dx.doi.org/10.1787/888933972962

Graphique 5.16. Projections des volumes de marchandises transportés par la route et le rail dans le scénario dédié aux camions autonomes, 2030-50

Variation (en %) des tonnes-kilomètres par rapport au scénario d'ambitions inchangées

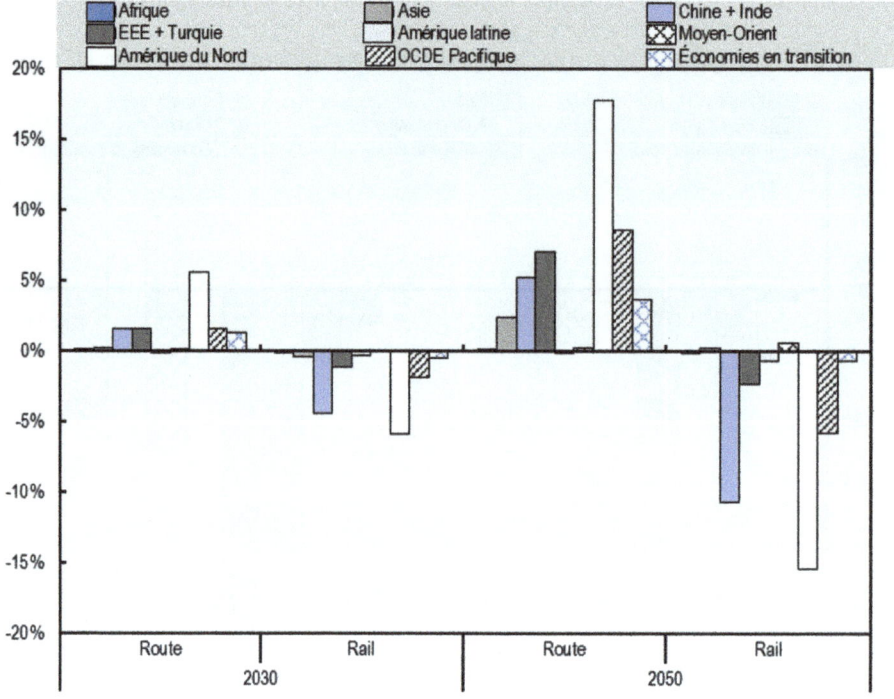

StatLink 🔗 http://dx.doi.org/10.1787/888933972981

Les fortes réductions de coûts promises par les camions autonomes donnent lieu d'espérer un retour sur investissement plus élevé, ce qui permettra de financer de nouveaux investissements dans l'amélioration de la consommation de carburant et les technologies liées aux carburants de substitution. L'automatisation des véhicules pourrait donc indirectement aider à surmonter l'obstacle que pose le coût initial élevé de certaines de ces technologies. Une chute des coûts du fret routier, synonyme de compétitivité accrue, peut aussi doper la demande au point de contrebalancer tout gain d'efficience. Les pouvoirs publics peuvent y remédier, par exemple en soumettant les camions automatisés à des normes d'émissions très strictes et en prenant les dispositions requises pour qu'ils soient exploités aux heures creuses, de manière à éviter la congestion.

Les véhicules de grande capacité

Le poids et les dimensions des véhicules de fret routier sont régis par le droit interne. Dans la plupart des pays, les poids lourds sont les véhicules de plus de 3.5 ou 4.5 tonnes. Les véhicules de grande capacité (VGC) sont des camions hors gabarit dont la circulation fait généralement l'objet de dispositions particulières et est limitée à certaines zones géographiques ou à des itinéraires spécifiques. Pouvant transporter davantage en effectuant moins de véhicules-kilomètres, ils consomment moins de carburant par unité de chargement, ce qui a une incidence sur les entreprises de transport, les affréteurs, les autorités de réglementation du transport routier de marchandises, les consommateurs et le grand public.

Compte tenu des normes nationales en vigueur, il est possible qu'un véhicule à cinq essieux de 22 mètres de long et 44 tonnes soit considéré comme un VGC dans un pays donné et comme un camion normal dans un autre. Un certain nombre de pays ont autorisé les VGC à titre permanent ou expérimental afin d'étudier les incidences de l'exploitation de véhicules plus volumineux et plus lourds. C'est notamment le cas de l'Australie, du Canada, des États-Unis, du Mexique, de l'Argentine, de la Nouvelle-Zélande, de l'Afrique du Sud et de plusieurs pays européens.

L'Union Européenne (UE) a mis en place le système modulaire européen (EMS) pour permettre à ses États membres d'autoriser leurs transporteurs à combiner des modules normalisés existants et, partant, de dépasser les restrictions générales en matière de poids et de dimensions. L'objectif initial était de faciliter la circulation de camions plus volumineux en Finlande et en Suède dans les années 80. L'avantage du système réside dans la souplesse qu'il confère aux transporteurs, qui recourent donc à des combinaisons plus longues, lorsqu'ils en ont la possibilité, et combinent moins de modules ou n'en utilisent qu'un seul lorsque la réglementation l'impose. Le Graphique 5.17 illustre la flexibilité offerte par l'EMS.

Graphique 5.17. Système modulaire européen (EMS)

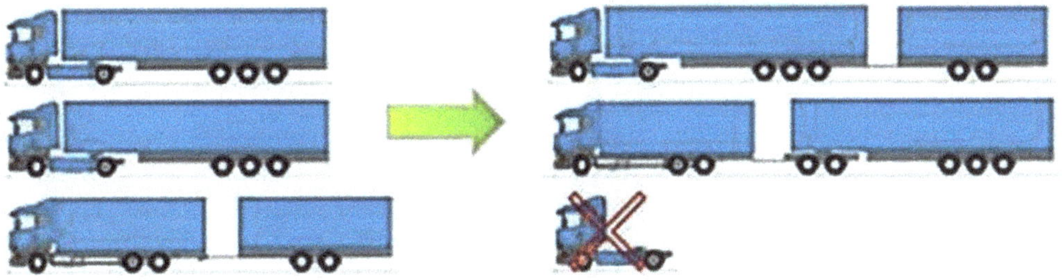

Source : Serena (Los Megacamiones, una realidad en España, Logística, MUGIE 2015-2016, grupo A, 2016)

Qu'est-ce qui facilite la généralisation des véhicules de grande capacité destinés au transport routier de marchandises ?

L'intérêt pour les véhicules de grande capacité (VGC) tient à des facteurs liés à leur exploitation, au marché et à la réglementation (Aronietis, Sys, van Hassel, & Vanelslander, 2016). Les facteurs liés à l'exploitation des VGC sont d'ordre technologique et économique. Les facteurs technologiques renvoient à la disponibilité des technologies, en l'occurrence, celle des modules de véhicule ; les seconds à la possibilité de réduire les coûts de carburant et de main-d'œuvre par unité de chargement.

Le marché favorise le recours aux VGC du fait que, sous la pression de la concurrence, les transporteurs routiers cherchent à être toujours plus performants et, partant, à réaliser des économies sur les coûts. À cela s'ajoutent les réglementations nationales qui régissent le transport routier de marchandises, notamment du point de vue de la sécurité et de l'efficience. En général, les pouvoirs publics ont pour objectif de réduire le nombre et l'incidence des accidents, d'améliorer le bilan environnemental et d'accroître le rendement opérationnel. La présence de ces trois types de facteurs donne des raisons de penser que les véhicules de grande capacité feront bientôt partie intégrante du paysage. Reste à surmonter l'obstacle posé par l'absence de cadre réglementaire dans certaines régions.

Quelles seront les incidences des véhicules de grande capacité sur le transport routier de marchandises ?

Le recours à des camions plus longs et plus lourds fera grimper de 5 % à 12 % les coûts de transport par camion. À quantités égales de marchandises transportées, cela signifiera toutefois 10 % à 50 % de véhicule en moins, ce qui se traduira par une diminution réelle des coûts par unité de chargement (Vierth, et al., 2008). Un deuxième effet attendu est que cette baisse des coûts favorise un report du fret ferroviaire et fluvial, voire crée de la demande pour le fret routier, ce qui pourrait empêcher les modes moins carbonés mais plus coûteux de gagner des parts de marché. Il est peu probable que cet effet induit sur la demande neutralise complètement l'incidence d'un recul du trafic total en véhicules-kilomètres (OCDE, 2011). Il semble que l'incidence des VGC sur la répartition modale ait été surestimée par le passé (de Jong, 2017).

En effet, le report modal n'est qu'une réaction possible parmi d'autres de la baisse des coûts consécutive à une amélioration du rendement du fret routier. Les transporteurs pourraient aussi reconfigurer leur réseau logistique en revoyant l'emplacement des entrepôts, en modifiant la taille des cargaisons, en regroupant les opérations et en limitant le nombre de voyages à vide. À cela s'ajoute l'évolution possible de la demande, du fait notamment de la diversification des fournisseurs, de la clientèle et des lieux de production. En Suède, par exemple, la hausse du trafic routier en tonnes-kilomètres est essentiellement due à d'autres facteurs qu'un rendement amélioré par l'utilisation des VGC (Vierth, 2017).

Les conclusions des travaux de recherche consacrés aux incidences des VGC sont hétérogènes (Christidis & Leduc, 2009), en grande partie à cause de la diversité des hypothèses retenues au sujet de l'élasticité des prix du fret routier, mais aussi en termes de charges utiles, de distances et de coûts. Les évaluations empiriques des effets connus sont largement favorables (OCDE, 2011 ; McKinnon A. , 2014). Par exemple, au Canada, en Suède et en Australie, le déploiement des VGC s'est accompagné d'une réduction du trafic routier et des émissions de CO_2 (Vierth, et al., 2008 ; Woodroffe, 2017). Le bilan général de l'utilisation de ces véhicules dépendra d'un certain nombre de facteurs, tels que le taux d'adoption, les caractéristiques géographiques de la région considérée, les modalités de fonctionnement des exploitants de VGC, le type et la densité des marchandises transportées ou encore les réseaux des modes de transport concurrents.

Selon toute vraisemblance, l'utilisation de camions d'une charge utile supérieure à 60 tonnes et de plus de 25.25 mètres de long procurera des avantages supplémentaires du point de vue environnemental. Les simulations réalisées dans le cadre d'une étude Suédoise montrent qu'en faisant passer les valeurs maximales autorisées de poids et de longueur de 64 tonnes et 25.25 mètres respectivement à 74 tonnes et 34 mètres, la Suède émettrait jusqu'à 12.17 mégatonnes de CO_2 en moins entre 2018 et 2058 (Pålsson, Winslott Hiselius, Wandel, Khan, & Adell, 2017). D'après les estimations, en augmentant les limites de poids et de hauteur des véhicules de transport routier (passées de 60 tonnes et 4.2 mètres respectivement à 76 tonnes et 4.4 mètres), la Finlande aurait réduit ses émissions de CO_2 de 65 000 tonnes en 2015 (Liimatainen & Nykänen, 2016).

Pour les transporteurs, toute la difficulté consiste à optimiser le chargement des véhicules. Selon la nature de la cargaison, la capacité est limitée, soit par les restrictions de poids, soit par le volume de marchandises pouvant être transporté. Ainsi, une augmentation des limites pondérales touchera surtout les marchandises denses, comme l'acier, et celle des dimensions maximales autorisées les marchandises volumineuses, comme les textiles ou les chaussures.

Les émissions produites par les véhicules à moteur diesel destinés au transport routier continuent de nuire à la qualité de l'air, malgré les améliorations qui ont suivi la mise en place des normes d'émission et de sécurité EURO. Il est toutefois difficile, sur le plan technologique, de réduire les émissions nocives de la combustion du diesel. Il n'est donc pas envisagé, dans un avenir proche, de parvenir à réduire davantage les émissions locales dues aux véhicules diesel. À plus long terme, les technologies non fondées sur les carburants hydrocarbonés, comme les véhicules électriques, sont beaucoup plus prometteuses pour lutter localement contre la pollution et les émissions de gaz à effet de serre (voir ci-dessus le passage consacré aux autoroutes électriques et à la transition énergétique). Bien que présentant d'abord un intérêt à court terme en termes de réduction des émissions de CO_2, les véhicules de grande capacité trouvent des applications dans des contextes particuliers, comme en Amérique du Nord, où les véhicules américains et canadiens affichent des performances environnementales radicalement différentes (Graphique 5.20).

Graphique 5.18. Émissions de CO_2 des poids lourds propres à l'Amérique du Nord

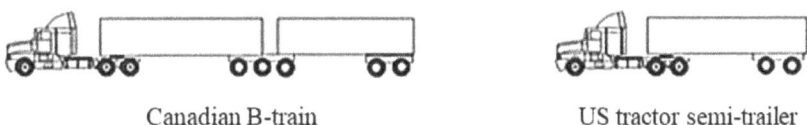

Canadian B-train   US tractor semi-trailer

Source : Woodroffe (« Assessing high capacity vehicles », 2017)

Consommant 0.037 litre de carburant et émettant 98.79 grammes de CO_2 par unité de chargement, les poids lourds canadiens à double train (trains de type B) sont 68 % plus rentables que les tracteurs à semi-remorques qui circulent aux États-Unis et dont la consommation et le niveau d'émissions par unité de chargement s'élèvent à 0.063 litre et 165.9 grammes respectivement (Woodroffe, 2017). Seul l'assouplissement des limites de poids et dimensions actuellement appliquées donnera un coup de fouet au déploiement des véhicules de grande capacité. Un autre obstacle tient aux coûts de la mise à niveau de l'infrastructure routière qu'il faudra prévoir pour l'adapter aux poids et dimensions des VGC. Cela dit, dans la mesure où le volume de trafic devrait reculer avec la généralisation des VGC, il est tout à fait concevable qu'ils contribuent en outre à allonger la durée de vie des ouvrages consolidés (Pålsson, Winslott Hiselius, Wandel, Khan, & Adell, 2017).

Une application rigoureuse de la réglementation applicable aux VGC, grâce aux potentialités offertes par les technologies de suivi par GPS, de pesage et de mesure automatiques des véhicules peut contribuer à réduire le nombre des obstacles. Ces technologies permettent en effet de vérifier que les limites de poids et de dimensions sont respectées et que les véhicules circulent bien sur les voies ou à l'intérieur des zones qu'ils leur sont réservées. Dans la mesure où l'exploitation des VGC requiert que les infrastructures satisfassent à des prescriptions particulières (concernant, par exemple, le diamètre minimum requis des ronds-points ou la charge maximale admise sur les ponts), il est logique de circonscrire leur présence à des portions spécifiques du réseau routier et d'adapter les équipements en conséquence. Dans l'idéal, ils devraient circuler là où la société bénéficierait des hausses de rendement obtenues sur ces marchés de niche du secteur des transports.

Incidence modeste des véhicules de grande capacité en termes d'émissions et de report modal

Il ressort des exercices de simulation que les gains obtenus sous la forme d'une augmentation de la charge moyenne et de l'efficience logistique des véhicules de grande capacité compensent largement la hausse du volume d'activité et le niveau global des émissions qui en découlent, et ce même lorsque l'on prend en considération le report modal du rail (et des voies navigables intérieures) au profit de la route. Il n'en demeure pas moins crucial de réduire au minimum le phénomène de report modal inversé et la demande induite par la baisse des coûts du transport routier, sans quoi cette solution ne pourra contribuer à l'effort de décarbonation.

Dans l'ensemble, le scénario de rupture fondé sur les véhicules de grande capacité prévoit une diminution très modeste – 3 % – des émissions de CO_2 par rapport au scénario d'ambitions inchangées. C'est toutefois nettement plus que dans les scénarios consacrés aux camions autonomes. L'incidence sur les volumes totaux de fret est minime, malgré une progression marginale du mode routier par rapport au ferroviaire dans la répartition modale du fret, laquelle est néanmoins bien plus faible que dans le scénario de rupture fondé sur les camions autonomes.

Pour établir la variation des coûts, on ne s'est pas uniquement intéressé aux axes réservés aux VGC. L'ensemble du réseau autoroutier et non urbain a été pris en considération. Les effets mis en évidence seront globalement modestes, mais amplifiés là où les VGC circuleront.

Graphique 5.19. Projections de l'évolution du fret par voie de surface dans le scénario dédié aux véhicules de grande capacité, 2030-50

Variation (en %) des tonnes-kilomètres par rapport au scénario d'ambitions inchangées

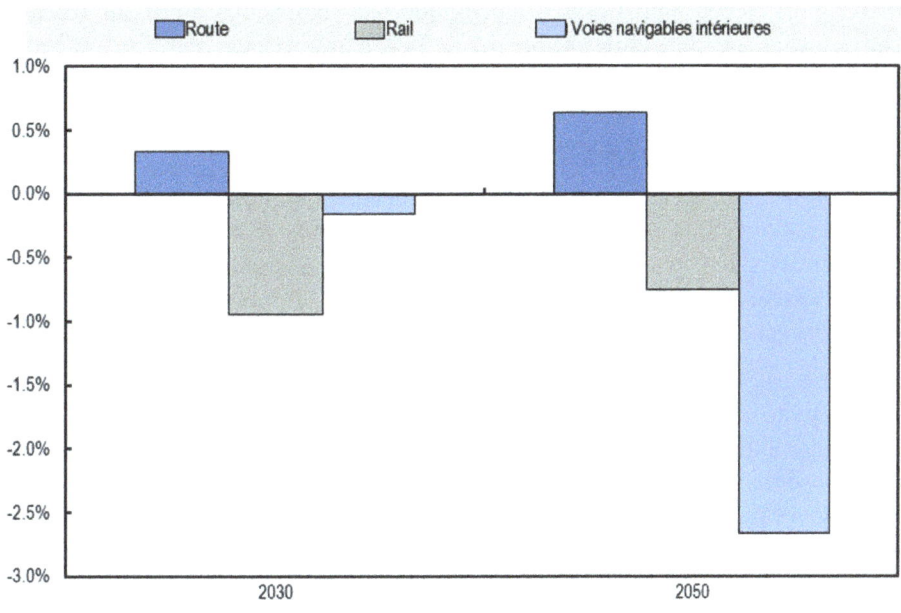

StatLink 🖩 http://dx.doi.org/10.1787/888933973000

Graphique 5.20. Projections de l'évolution des émissions de CO_2 dues au fret par voie de surface dans le scénario dédié aux véhicules de grande capacité, 2030-50

Variation (en %) des tonnes par rapport au scénario d'ambitions inchangées

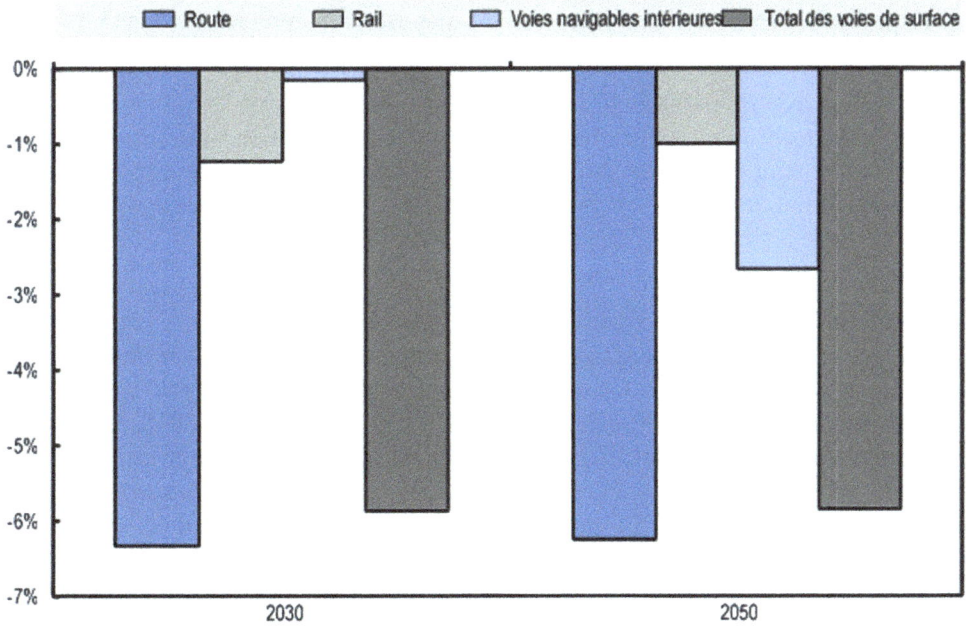

StatLink 🖩 http://dx.doi.org/10.1787/888933973019

Les scénarios de rupture dans le transport de marchandises

Dans le scénario de rupture complète, qui repose sur la convergence de toutes les ruptures envisageables, précédemment décrites, et sur une action publique aux objectifs ambitieux en matière d'efficience logistique et technique, les émissions liées au transport de marchandises sont, en 2050, inférieures de 12 % à leurs niveaux de 2015. À moins que des ruptures et chocs extérieurs ne se produisent, le cas échéant sous l'impulsion des pouvoirs publics, il est peu probable que l'on parvienne à réduire sensiblement les émissions liées au transport de marchandises.

Une réduction des émissions n'est envisageable que si, parallèlement à l'exploitation de tous les leviers logistiques et technologiques, le transport routier de marchandises sur longues distances opère une transition énergétique qui le bouleverse et que des chocs exogènes surviennent, à l'instar de l'arrivée massive de l'impression 3D, qui enrayera la progression des échanges en valeur.

Un tel scénario est synonyme de ruptures importantes puisque les coûts de transport, les volumes d'activité et les chaînes logistiques subissent d'immenses changements et que de nouvelles technologies entrent en usage. Certes, la demande croît toujours, mais à un taux annuel composé de 2.5 % entre 2015 et 2050, contre 3.4 % dans le scénario d'ambitions inchangées. Les flux de transport diminuent sur les différents réseaux, sauf dans les rares cas où de nouvelles voies commerciales se développent. On pense en particulier à la navigation en Arctique et à la modernisation des lignes ferroviaires eurasiatiques.

Les changements prévus dans ce scénario supposent la mise en place de nouvelles infrastructures. Par exemple, la transition énergétique ne pourra pas se faire sans nouveaux investissements. Dans le même temps, il est possible que la diminution des flux de marchandises le long de certains corridors mettent les capacités d'une partie des liaisons et nœuds du réseau (par exemple, ports et aéroports) en situation d'excédent. D'où l'importance de bien planifier les investissements et d'évaluer les projets dans le secteur des transports, en tenant compte autant que possible de l'analyse des risques et des incertitudes. À cela s'ajoute l'impératif de disposer des données voulues pour mieux comprendre la dynamique actuelle et les répercussions potentielles des évolutions futures.

En comparaison avec le scénario d'ambitions inchangées, ce sont les modes maritime et aérien qui accuseront la plus forte baisse d'activité. La navigation intérieure ne sera pas épargnée compte tenu de son lien étroit avec le secteur maritime. Les transports routier et ferroviaire perdront le moins, en particulier le mode routier, qui, malgré son déclin, parviendra encore à s'emparer d'une partie du trafic du ferroviaire et des voies navigables intérieures.

Le Tableau 5.7 indique les conditions dans lesquelles la trajectoire suivie par les phénomènes précédemment décrits conduira ou non à une situation de rupture. Une plus grande efficience logistique et des chocs exogènes ne permettront pas aux émissions planétaires de CO_2 de retomber sous les niveaux de 2015 à l'horizon 2050. En revanche, ils brideront l'activité de transport de marchandises, en ponctionnant 28 % de la croissance prévue dans le scénario d'ambitions inchangées à l'horizon 2050, et contribueront ainsi à réduire d'un quart les émissions de carbone connexes par rapport à la valeur de référence.

L'impression 3D est un facteur clé de la diminution de la demande de transport de marchandises. Dans le scénario fondé sur la généralisation de cette technologie, le volume des échanges internationaux se contracte fortement par rapport à l'évolution prévue dans le scénario d'ambitions inchangées, et davantage encore avec le fléchissement des livraisons de pétrole et de charbon. À cela s'ajoute, certes dans une moindre mesure, que les distances parcourues par les marchandises raccourcissent du fait de la mise en service de nouvelles voies commerciales.

Le Tableau 5.8 indique de quelle manière ces différentes trajectoires ont été combinées dans trois scénarios : un scénario de rupture complète, dans lequel toutes les ruptures envisagées ont lieu ; un scénario de rupture logistique, fondé sur l'hypothèse que seules des ruptures exogènes et logistiques interviendront, en particulier sous l'influence de l'évolution – telle que prévue dans le scénario d'ambitions élevées (lui-même fondé sur le scénario EV30@30 de l'AIE) – du commerce électronique, de l'impression 3D, du fléchissement des livraisons internationales de pétrole et de charbon, de l'ouverture de nouvelles voies commerciales et de l'amélioration de l'efficience logistique (ou de l'augmentation des charges moyennes) ; et le scénario de rupture technologique, qui part du principe que des ruptures de nature technologique se produiront, plus précisément du fait de l'essor des camions autonomes, des véhicules de grande capacité et de la transition énergétique des poids lourds.

Graphique 5.21. Variation des flux de transport dans le scénario de rupture complète à l'horizon 2050

Variation (en %) du volume en tonnes par rapport au scénario d'ambitions inchangées

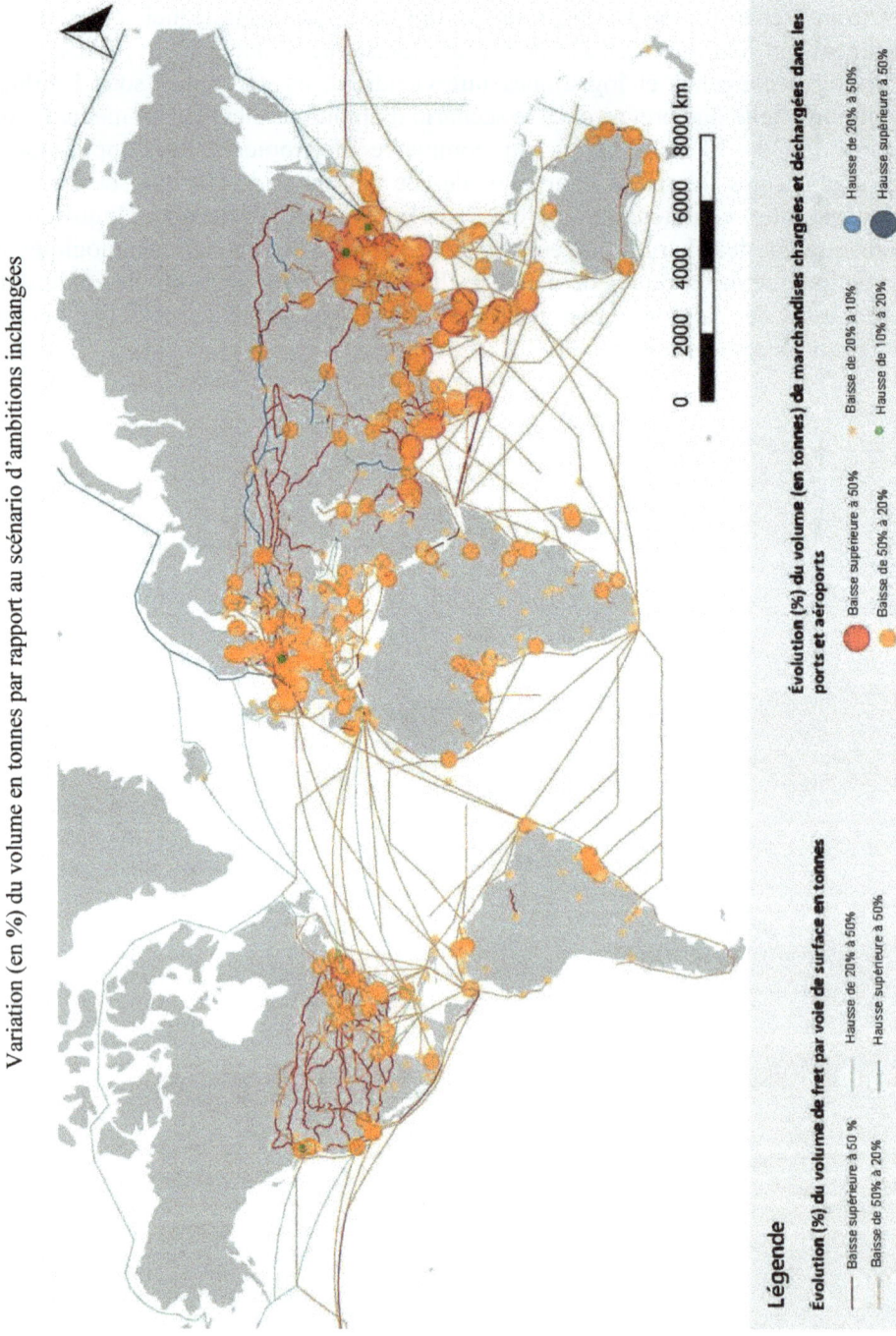

Tableau 5.7. Hypothèses retenues dans les scénarios de rupture dans le transport de marchandises

Facteurs potentiels de rupture	Hypothèses retenues dans le scénario sans rupture	Hypothèses retenues dans le scénario de rupture
Commerce en ligne	Hausse de 5 % supplémentaires à l'horizon 2050 de la demande de fret urbain par rapport au scénario d'ambitions inchangées dans les pays plus développés	En 2050, la demande de fret urbain est supérieure de 25 % au niveau prévu dans le scénario d'ambitions inchangées dans les régions plus développées et de 10 % dans les autres régions. La croissance du Fret interurbain est égale à 25 % de celle en urbain.
Impression 3D	Aucun changement par rapport au niveau actuel d'utilisation	En 2050, la valeur globale des échanges est inférieure de 38 % au niveau prévu dans les scénarios d'ambitions inchangées et élevées sur la base des prévisions du commerce international. L'ampleur de la baisse varie selon le type de produit.
Nouvelles routes commerciales	Modernisation prévue des infrastructures en Asie centrale. Amélioration de la liaison Europe-Asie par l'Arctique (avec des restrictions de capacité et de vitesse).	Les projets de modernisation des infrastructures en Asie centrale sont mis à exécution, avec à la clé la diminution des temps de parcours, l'accroissement des capacités et la baisse des coûts de transport (ferroviaire) le long de deux corridors reliant l'Asie de l'Est à l'Europe, où le franchissement des frontières est également plus rapide. En 2030, des services maritimes réguliers sont assurés entre l'Asie et l'Europe. L'Arctique s'ouvre également à l'Asie et à l'Amérique du Nord, mais à un coût plus élevé. La qualité des infrastructures s'améliore en Afrique, où les trajets s'effectuent plus rapidement à un coût moindre.
Transition énergétique dans le fret lourd sur longues distances	Hypothèses d'évolution technologique tirées du scénario « Nouvelles politiques » de l'AIE (AIE, 2018a)	À l'horizon 2050, 37 % des tkm effectués par des poids lourds le sont par des véhicules roulant aux carburants de substitution. Ils sont d'abord plus onéreux, puis coûtent moins cher que les carburants classiques en 2050. Leur utilisation et leurs coûts varient d'une région à l'autre.
Camions autonomes	Aucun changement par rapport au niveau actuel d'utilisation	En 2050, leur taux d'utilisation interurbaine atteint 90 % dans certaines régions (Europe, Amérique du Nord, Chine, Japon et Corée du Sud). Il est plus faible pour le fret urbain. L'intensité carbone a diminué de 14 % et les coûts de 45 % par rapport aux valeurs actuelles.
Véhicules de grande capacité	Les véhicules de grande capacité assurent 5 % du fret routier interurbain. Là où ils circulent, la charge moyenne a augmenté de 50 % et les coûts fondu de 20 % par tonne-kilomètre.	Les véhicules de grande capacité assurent 20 % du fret routier interurbain. Là où ils circulent, la charge moyenne a augmenté de 50 % et les coûts fondu de 20 % par tonne-kilomètre.

Une plus grande efficience logistique et des chocs exogènes ne permettront pas aux émissions planétaires de CO_2 de retomber sous les niveaux de 2015 à l'horizon 2050. En revanche, ils infléchiront la croissance de l'activité de transport de marchandises, en la réduisant de 28 % par rapport au scénario d'ambitions inchangées à l'horizon 2050, et contribueront ainsi à réduire d'un quart les émissions de carbone connexes par rapport à cette référence.

L'impression 3D est un facteur clé de la diminution de la demande de transport de marchandises. Dans le scénario fondé sur la généralisation de cette technologie, le volume des échanges internationaux se contracte fortement par rapport à l'évolution prévue dans le scénario d'ambitions inchangées, et davantage encore avec le fléchissement des livraisons de pétrole et de charbon. À cela s'ajoute, certes dans une moindre mesure, que les distances parcourues par les marchandises raccourcissent du fait de la mise en service de nouvelles routes commerciales.

Tableau 5.8. Scénarios de rupture dans le transport de marchandises

Mesures d'atténuation		Rupture logistique	Rupture technologique	Rupture complète
	Baisse de la consommation internationale de charbon et de pétrole	La consommation de charbon a diminué de moitié en 2035. La consommation de pétrole baisse de 33 % à l'horizon 2035	La consommation de charbon a diminué de moitié en 2035. La consommation de pétrole baisse de 33 % à l'horizon 2035	La consommation de charbon a diminué de moitié en 2035. La consommation de pétrole baisse de 33 % à l'horizon 2035
	Amélioration de l'efficacité énergétique et déploiement des véhicules électriques	Scénario « Nouvelles politiques » de l'AIE	Scénario EV30@30 de l'AIE	Scénario EV30@30 de l'AIE
	Efficience logistique	Scénario EV30@30 de l'AIE	Scénario « Nouvelles politiques » de l'AIE	Scénario EV30@30 de l'AIE
Facteurs potentiels de rupture		**Rupture logistique**	**Rupture technologique**	**Rupture complète**
	Commerce électronique	Rupture	Pas de rupture	Rupture
	Impression 3D	Rupture	Pas de rupture	Rupture
	Nouvelles routes commerciales	Rupture	Pas de rupture	Rupture
	Transition énergétique dans le fret lourd sur longues distances	Pas de rupture	Rupture	Rupture
	Camions autonomes	Pas de rupture	Rupture	Rupture
	Véhicules de grande capacité	Pas de rupture	Rupture	Rupture

Note : Se reporter au Tableau 5.7 pour une description des hypothèses retenues dans les scénarios de rupture et d'absence de rupture.

La réduction des flux de transport est plus prononcée dans l'aérien et le maritime, modes plus directement en relation avec le commerce international. Par rapport au scénario d'ambitions inchangées, les volumes de fret aérien sont deux fois moins importants et ceux du fret maritime inférieurs de 35 %. Les grands changements qui touchent les volumes d'activité de transport dans les scénarios de rupture complète trouvent leur origine dans les ruptures considérées dans le scénario de rupture logistique.

Des objectifs technologiques très ambitieux et les ruptures corollaires sont en mesure d'enrayer les émissions dans une proportion plus élevée que les mesures logistiques et les chocs exogènes. Cependant, la technologie ne saurait à elle seule ramener à l'horizon 2050 les émissions à leurs niveaux de 2015 ou en-deçà. Dans ce scénario, les émissions augmentent encore de 22 % entre 2015 et 2050.

Outre un recul général des émissions, le scénario d'ambitions élevées voit un important report modal du rail et des voies navigables intérieures vers la route. Sous l'effet cumulatif de la diminution des coûts du fret routier, due à l'adoption en masse des camions autonomes, des véhicules de grande capacité et des camions à émissions faibles ou nulles, il prévoit pour 2050 des volumes de fret routier de 8 % plus élevés que le scénario d'ambitions inchangées, ainsi qu'une activité moindre de 12 % pour le mode ferroviaire et de 2 % pour les voies navigables intérieures.

Graphique 5.22. Projections de l'évolution des volumes de fret par mode, 2030-50

Tous les scénarios, en milliards de tonnes-kilomètres

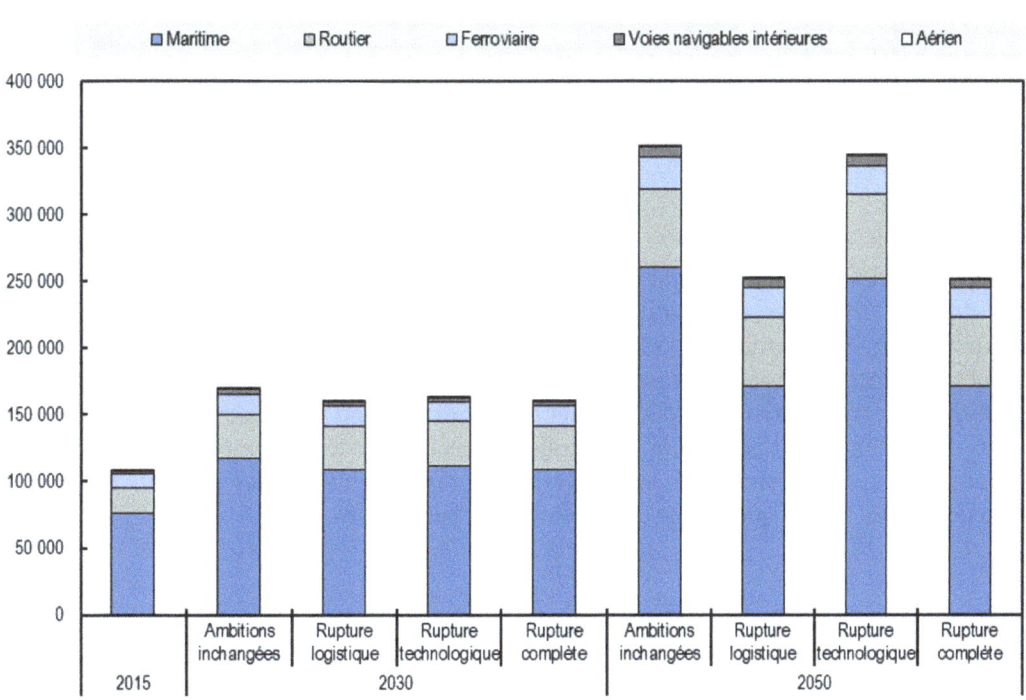

StatLink ⟐ http://dx.doi.org/10.1787/888933973038

Graphique 5.23. Projections de l'évolution des émissions de CO$_2$ liées au transport de marchandises, par mode (2030-50)

Tous les scénarios, en millions de tonnes

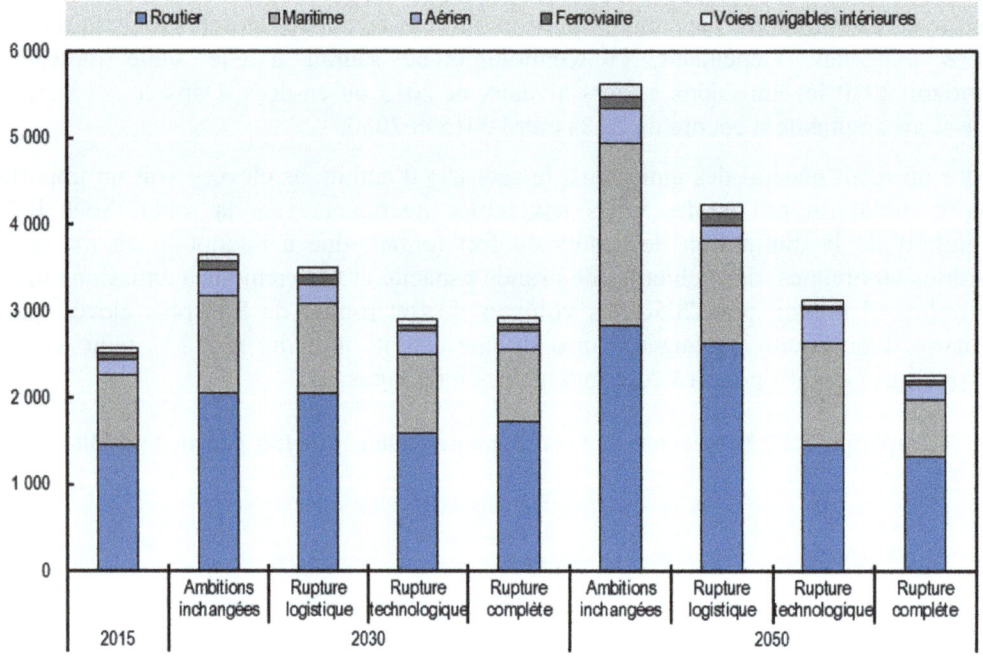

StatLink 🖳📊 http://dx.doi.org/10.1787/888933973057

Le report modal vers la route tend à être plus important dans les régions dans lesquelles la part du fret ferroviaire est relativement élevée. En Amérique du Nord, par exemple, l'activité ferroviaire projetée pour 2050 est amputée de 19 % par rapport au scénario d'ambitions inchangées (Graphique 5.24), alors que le fret routier gagne 20 %. Un constat identique – augmentation de la part du fret routier et recul du ferroviaire – est dressé dans le cas de la Chine, de l'Inde et de l'Australie. Dans ce scénario, le transport aérien gagne du terrain, mais simplement en raison de la progression relative des produits de base à forte densité de valeur que l'on préfère acheminer par les airs.

Graphique 5.24. Variation des flux de transport dans le scénario de rupture technologique à l'horizon 2050

Variation (en %) des flux en tonnes par rapport au scénario d'ambitions inchangées

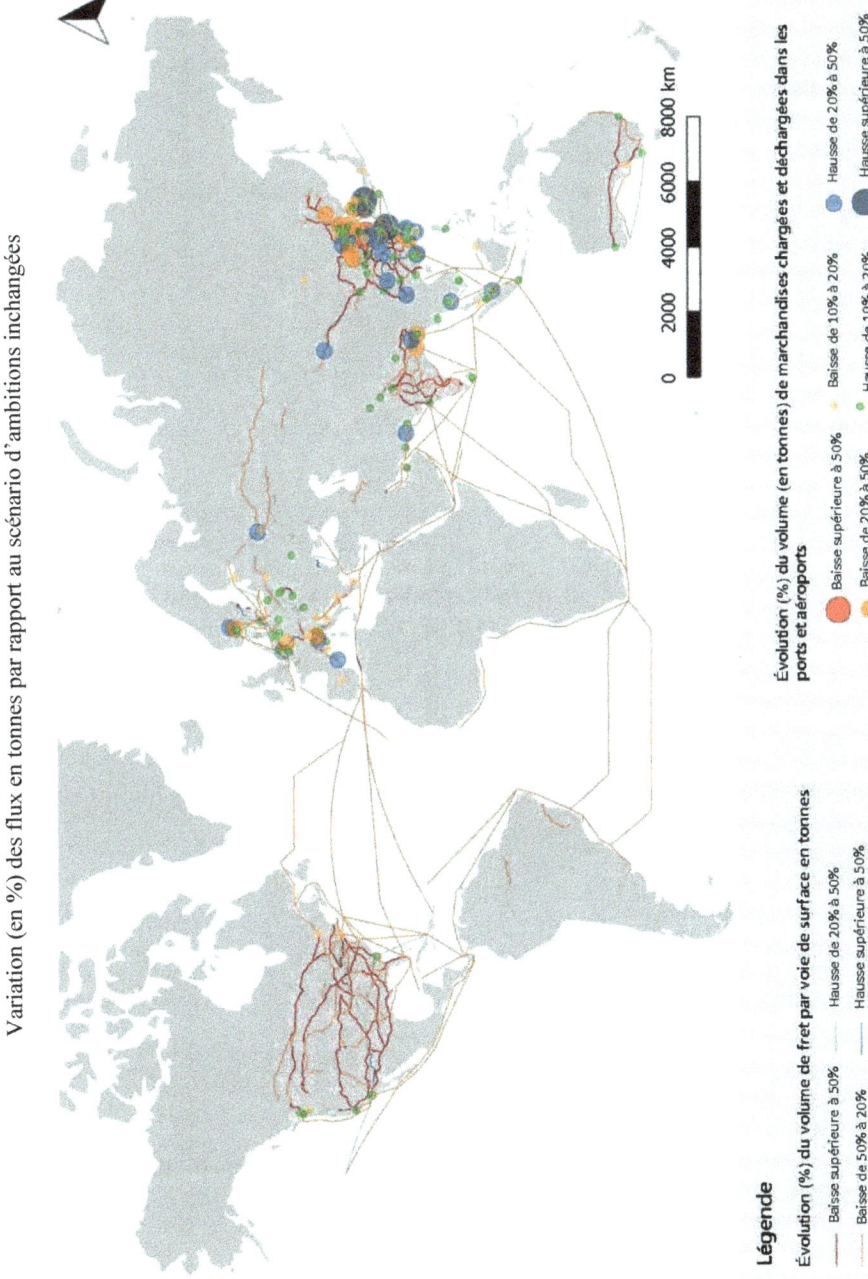

Légende

Évolution (%) du volume de fret par voie de surface en tonnes

Baisse supérieure à 50%
Hausse de 20% à 50%

Baisse de 50% à 20%
Hausse supérieure à 50%

Évolution (%) du volume (en tonnes) de marchandises chargées et déchargées dans les ports et aéroports

Baisse supérieure à 50%   Baisse de 10% à 20%   Hausse de 10% à 20%

Baisse de 20% à 50%   Hausse de 20% à 50%   Hausse supérieure à 50%

0   2000   4000   6000   8000 km

Notes

[1] De nombreuses transactions d'entreprise à entreprise n'ont pas nécessairement d'incidences sur les transports, soit parce qu'elles n'influent pas de manière significative sur la physionomie des transports, soit, comme c'est de plus en plus souvent le cas, parce que ces transactions n'impliquent aucun transport de marchandises (conception de sites web ou autres services numériques, par exemple).

[2] Le caractère substitutif ou complémentaire des achats en ligne et en magasin peut également varier selon le type de produit et la fréquence d'achat. Toutefois, bien que les effets nets du commerce électronique de biens de consommation sur les déplacements soient incertains, le commerce électronique de services est quant à lui susceptible de réduire les déplacements (Commission européenne, 2001).

[3] Le canal de Kra offrirait une voie nouvelle aux flux qui passent à l'heure actuelle par le détroit de Malacca, le couloir maritime le plus fréquenté au monde. Cependant, les projets de construction qui ont vu le jour au siècle dernier ne se sont jamais matérialisés, en raison de leur coût financier et de préoccupations environnementales. La Chine et la Thaïlande sont revenues sur cette idée à l'occasion de conférences tenues en 2017 et 2018.

Références

AIE. (2017). Energy Technology Perspectives 2017: Catalysing Energy Technology Transformations. doi:https://dx.doi.org/10.1787/energy_tech-2017-en

AIE. (2017). *The Future of Trucks : Implications for energy and the environment.* Agence internationale de l'énergie, Paris. doi:https://dx.doi.org/10.1787/9789264279452-en

AIE. (2018). *Global EV Outlook 2018: Towards cross-modal electrification.* Agence internationale de l'énergie, Paris. doi:https://dx.doi.org/10.1787/9789264302365-en

Aronietis, R., Sys, C., van Hassel, E., & Vanelslander, T. (2016). Forecasting port-level demand for LNG as a ship fuel: the case of the port of Antwerp. *Journal of Shipping and Trade, 1*(1), 2. doi:10.1186/s41072-016-0007-1

BAD/OCDE/PNUD. (2017). Perspectives économiques en Afrique 2017 : Entrepreneuriat et industrialisation. doi:https://dx.doi.org/10.1787/aeo-2017-fr

Barnhart, K., Miller, C., Overeem, I., & Kay, J. (2016). Mapping the future expansion of Arctic open water. *Nature Climate Change, 6*(3), 280-285. doi:10.1038/nclimate2848

BCG. (2017). *What China Reveals About the Future of Shopping.* Retrieved 02 01, 2019, from https://www.bcg.com/publications/2017/retail-globalization-china-reveals-future-shopping.aspx

Bekkers, E., Francois, J., & Rojas-Romagosa, H. (2018). Melting ice Caps and the Economic Impact of Opening the Northern Sea Route. *The Economic Journal, 128*(610), 1095-1127. doi:10.1111/ecoj.12460

Ben-Elia, E., Lyons, G., & Mokhtarian, P. (2018). Epilogue: the new frontiers of behavioral research on the interrelationships between ICT, activities, time use and mobility. *Transportation, 45*(2), 479-497. doi:10.1007/s11116-018-9871-x

Bonilla, D. (2016). Urban vans, e-commerce and road freight transport. *Production Planning & Control, 27*(6), 433-442. doi:10.1080/09537287.2016.1147093

Boon, W., & van Wee, B. (2018). Influence of 3D printing on transport: a theory and experts judgment based conceptual model. *Transport Reviews, 38*(5), 556-575. doi:10.1080/01441647.2017.1370036

Buixadé Farré, A., Stephenson, S., Chen, L., Czub, M., Dai, Y., Demchev, D., . . . Wighting, J. (2014). Commercial Arctic shipping through the Northeast Passage: routes, resources, governance, technology, and infrastructure. *Polar Geography, 37*(4), 298-324. doi:10.1080/1088937X.2014.965769

Bureau de l'information du Conseil des Affaires d'État de la République populaire de Chine. (2018). *China's Arctic Policy.* portail du projet « Ceinture et Route ». Retrieved from http://english.gov.cn/archive/white_paper/2018/01/26/content_281476026660336.htm

Cambridge Econometrics. (2018). *Trucking into a Greener Future.* European Climate Foundation. Retrieved 10 05, 2018, from https://europeanclimate.org/wp-content/uploads/2018/08/Trucking-into-a-Greener-Future_Final.pdf

Campbell, T., Williams, C., Ivanova, O., & Garrett, B. (2011). *Could 3D printing change the world? Technologies, potential, and implications of additive manufacturing.* Atlantic Council. Retrieved 01 24, 2019, from http://globaltrends.thedialogue.org/wp-content/uploads/2014/11/Could-3D-Printing-Change-the-World-Technologies-Potential-and-Implications-of-Additive-Manufacturing.pdf

CCGD. (2017). *Concept d'autoroute électrique: Évaluation socioéconomique, Analyse Théma.* Commissariat Général au Développement Durable - Service de l'économie, de l'évaluation et de l'intégration du développement durable. Retrieved 01 21, 2019, from https://www.idrrim.com/ressources/documents/9/5010-Thema-Concept-autoroute-electrique-.pdf

Château, J., Dellink, R., & Lanzi, E. (2014). An Overview of the OECD ENV-Linkages Model : Version 3. Dans *Documents de travail de l'OCDE sur l'environnement* (Vol. 2014). Éditions OCDE, Paris. doi:https://dx.doi.org/10.1787/5jz2qck2b2vd-en

Christidis, P., & Leduc, G. (2009). *Longer and heavier vehicles for freight transport.* Commission européenne.

Civic Consulting. (2011). *Consumer market study on the functioning of e-commerce and Internet marketing and selling techniques in the retail of goods Final Report Part 1: Synthesis Report Prepared by Civic Consulting.* Retrieved 02 01, 2019, from http://www.civic-consulting.de/reports/study_ecommerce_goods_en.pdf

CNUCED. (2015). *Rapport 2015 sur l'économie de l'information.* Retrieved 01 31, 2019, from https://unctad.org/fr/PublicationsLibrary/ier2015_fr.pdf

CNUCED. (2018). *E-Commerce Week 2018 Summary Report.* Retrieved 02 04, 2019, from https://unctad.org/meetings/en/SessionalDocuments/dtl_eWeek2018_summary_en.pdf

Coad, A., & Duch-Brown, N. (2017). Barriers to European Cross-border e-Commerce. In *JRC Digital Economy Working Paper* (pp. 1-36). Retrieved 02 01, 2019, from https://ec.europa.eu/jrc/en/publication/eur-scientific-and-technical-research-reports/barriers-european-cross-border-e-commerce

Commission européenne. (2000). *Summary of the results of the Public Consultation on the future of electronic commerce in the Internal Market and the implementation of the Directive on electronic commerce (2000/31/EC).* Retrieved 02 01, 2019, from http://ec.europa.eu/information_society/newsroom/image/document/2017-4/consultation_summary_report_en_2010_42070.pdf

Commission européenne. (2011). *Feuille de route pour un espace européen unique des transports – Vers un système de transport compétitif et économe en ressources .* Commission européenne,

Bruxelles. Retrieved 04 23, 2019, from https://eur-lex.europa.eu/legal-content/FR/TXT/PDF/?uri=CELEX:52011DC0144&from=FR

Commission européenne. (2013). *E-commerce Action Plan 2012-2015: State of Play 2013.* Retrieved 02 04, 2019, from http://ec.europa.eu/information_society/newsroom/image/document/2017-4/130423_report-ecommerce-action-plan_en_42073.pdf

Commission européenne. (2016). *Une approche globale visant à stimuler le commerce électronique transfrontière pour les citoyens et les entreprises d'Europe.* Retrieved 02 04, 2019, from https://ec.europa.eu/transparency/regdoc/rep/1/2016/FR/1-2016-320-FR-F1-1.PDF

Connolly, D. (2017). Economic viability of electric roads compared to oil and batteries for all forms of road transport. *Energy Strategy Reviews, 18,* 235-249. doi:10.1016/j.esr.2017.09.005

Crozet, Y., & Woodburn, A. (2014). *Development of rail freight in Europe: what regulation can and cannot do.* Centre on Regulation in Europe (CERRE), Bruxelles. Retrieved 10 12, 2018, from https://www.cerre.eu/publications/development-rail-freight-europe-what-regulation-can-and-cannot-do-0

Cullinane, S. (2009). From Bricks to Clicks: The Impact of Online Retailing on Transport and the Environment. *Transport Reviews, 29*(6), 759-776. doi:10.1080/01441640902796364

Davies, A. (2017). *Self-Driving Trucks Are Now Delivering Refridgerators.* Wired. Retrieved 01 28, 2019, from https://www.wired.com/story/embark-self-driving-truck-deliveries/

de Jong, G. (2017). *Research on the Estimation of Price Elasticities in Freight Transport.* Retrieved from http://www.csrf.ac.uk/event/oecd-international-transport-forum-workshop-on-modal-shift/

Dutch Ministry of Infrastructure and the Environment, CEDR, & RDW. (2016). *European Truck Platooning Challenge 2016 Lessons Learnt.* Dutch Ministry of Infrastructure and the Environment. Retrieved 10 02, 2018, from https://eutruckplatooning.com/PageByID.aspx?sectionID=131542&contentPageID=529927

Ecoplan. (2009). *The New Mobility Agenda.* Retrieved from http://www.ecoplan.org/library/prospectus.pdf

eMarketer. (2018). *Worldwide Retail and Ecommerce Sales: eMarketer's Updated Forecast and New Mcommerce Estimates for 2016—2021.* Retrieved 01 31, 2019, from https://www.emarketer.com/Report/Worldwide-Retail-Ecommerce-Sales-eMarketers-Updated-Forecast-New-Mcommerce-Estimates-20162021/2002182

eRoadArlanda. (2018). *Globally unique electrified road enables fossil-free road transport - eRoadArlanda.* Retrieved 01 21, 2019, from https://eroadarlanda.com/globally-unique-electrified-road-enables-fossil-free-road-transport/

Eurostat. (2002). *Manuel SEC95 pour le déficit public et la dette publique.*

Eurostat. (2019). *Achats effectués par des particuliers sur l'internet.* Retrieved 04 29, 2019, from http://appsso.eurostat.ec.europa.eu/nui/show.do?dataset=isoc_ec_ibuy&lang=fr

Eurostat. (n.d.). *Transports (base de données).* Retrieved 08 16, 2018, from https://ec.europa.eu/eurostat/web/transport/data/database

FIT. (2017). Managing the Transition to Driverless Road Freight Transport. Dans *International Transport Forum Policy Papers.* Éditions OCDE, Paris. doi:https://dx.doi.org/10.1787/0f240722-en

FIT. (2018). Decarbonising Maritime Transport : Pathways to zero-carbon shipping by 2035. Dans *International Transport Forum Policy Papers* . Éditions OCDE, Paris. doi:https://dx.doi.org/10.1787/b1a7632c-en

FIT. (2018). Safer Roads with Automated Vehicles? Dans *International Transport Forum Policy Papers.* Éditions OCDE, Paris. doi:https://dx.doi.org/10.1787/b2881ccb-en

FIT. (2018). *Towards Road Freight Decarbonisation - Trends, Measures and Policies.* FIT, Paris. Retrieved 01 21, 2019, from www.itf-oecd.org

FIT. (2019). *Enhancing Connectivity and Freight in Central Asia.* Éditions OCDE, Paris. Retrieved 03 15, 2019, from https://doi.org/10.1787/0492621a-en

Global Risk Insight. (2017). *China's Belt and Road Initiative: Risk Insights.* Retrieved 01 22, 2019, from https://44s2n02i19u61od84f3rzjqx-wpengine.netdna-ssl.com/wp-content/uploads/2018/04/GRI-Chinas-Belt-and-Road-Risk-Insights.pdf

Hauptbibliothek, U., Zürich, Z., Laghaei, J., Faghri, A., & Li, M. (2015). Impacts of home shopping on vehicle operations and greenhouse gas emissions: multi-year regional study Impacts of home shopping on vehicle operations and greenhouse gas emissions: multi-year regional study. doi:10.1080/13504509.2015.1124471

Heise. (2017). *eHighway: Bauarbeiten für Oberleitungen an hessischer Autobahn beginnen.* Retrieved 01 21, 2019, from https://www.heise.de/newsticker/meldung/eHighway-Bauarbeiten-fuer-Oberleitungen-an-hessischer-Autobahn-beginnen-3922190.html

Holguín-Veras, J., Encarnación, T., González-Calderón, C., Winebrake, J., Wang, C., Kyle, S., . . . Garrido, R. (2016). Direct impacts of off-hour deliveries on urban freight emissions. *Transportation Research Part D.* doi:10.1016/j.trd.2016.10.013

ING. (2017). *3D printing: a threat to global trade.* Retrieved 01 24, 2019, from https://think.ing.com/uploads/reports/3D_printing_DEF_270917.pdf

Jacob, B., & Caso Florez, M. (2018). *Electric Road Systems : PIARC Special Project.* Retrieved 08 03, 2018, from https://www.itf-oecd.org/electric-road-systems-piarc-special-project

Jahn, A., Kay, J., Holland, M., & Hall, D. (2016). How predictable is the timing of a summer ice-free Arctic? *Geophysical Research Letters, 43*(17), 9113-9120. doi:10.1002/2016GL070067

Jancovici, J., Schuller, A., & Borie, S. (2017). *L'Autoroute Électrique une Innovation pour Réduire les Émissiosn de CO2 du Transport de Marchandises.* Retrieved 01 21, 2019, from http://www.carbone4.com/wp-content/uploads/2017/02/201702_Autoroute-electrique_Communication_Carbone-4.pdf

Kasten, P., Mottschall, M., Köppel, W., & Degünther, C. (2016). *Erarbeitung einer fachlichen Strategie zur Energieversorgung des Verkehrs bis zum Jahr 2050 Endbericht.* Retrieved 08 17, 2018, from https://www.umweltbundesamt.de/sites/default/files/medien/377/publikationen/2016-11-10_endbericht_energieversorgung_des_verkehrs_2050_final.pdf

Kiiski, T. (2017). *Feasibility of Commercial Cargo Shipping Along the Northern Sea Route.* 2017. Retrieved 01 22, 2019, from http://www.utupub.fi/handle/10024/130546

Kos-Łabędowicz, J., & Urbanek, A. (2017). Do Information and Communications Technologies influence transport demand? An exploratory study in the European Union. *Transportation Research Procedia, 25*, 2660-2676. doi:10.1016/J.TRPRO.2017.05.156

Kühnel, S., Hacker, F., & Wolf, G. (2018). *Oberleitungs-Lkw im Kontext weiterer Antriebs-und Energieversorgungsoptionen für den Straßengüterfernverkehr.* Oko-Institut e.V., Berlin.

Retrieved 09 18, 2018, from https://www.oeko.de/publikationen/p-details/oberleitungs-lkw-im-kontext-weiterer-antriebs-und-energieversorgungsoptionen-fuer-den-strassengueterfe/

La Rovere, E., Pereira, A., & Simões, A. (2011). Biofuels and Sustainable Energy Development in Brazil. *World Development, 39*(6), 1026-1036. doi:10.1016/J.WORLDDEV.2010.01.004

Lack, D., & Corbett, J. (2012). Black carbon from ships: a review of the effects of ship speed, fuel quality and exhaust gas scrubbing. *Atmos. Chem. Phys, 12*, 3985-4000. doi:10.5194/acp-12-3985-2012

Liimatainen, H., & Nykänen, L. (2016). *Impacts of Increasing Maximum Truck Weight-Case Finland.* Retrieved 08 23, 2018, from http://www.tut.fi/verne/aineisto/LiimatainenNykänen.pdf

Lindstad, H., Bright, R., & Strømman, A. (2016). Economic savings linked to future Arctic shipping trade are at odds with climate change mitigation. *Transport Policy, 45*, 24-30. doi:10.1016/J.TRANPOL.2015.09.002

Macedo, M., DeFries, R., Morton, D., Stickler, C., Galford, G., & Shimabukuro, Y. (2012). Decoupling of deforestation and soy production in the southern Amazon during the late 2000s. *Proceedings of the National Academy of Sciences of the United States of America, 109*(4), 1341-6. doi:10.1073/pnas.1111374109

Mangiaracina, R., Marchet, G., Perotti, S., & Tumino, A. (2015). A review of the environmental implications of B2C e-commerce: a logistics perspective. *International Journal of Physical Distribution & Logistics Management, 45*(6), 565-591. doi:10.1108/IJPDLM-06-2014-0133

Marine Insight. (2018). *9,737 Million Tons Of Goods Shipped On Northern Sea Route In 2017.* Retrieved 01 22, 2019, from https://www.marineinsight.com/shipping-news/9737-million-tons-of-goods-shipped-on-northern-sea-route-in-2017/

McKinnon, A. (2011). Improving the Sustainability of Road Freight Transport by Relaxing Truck Size and Weight Restrictions. *Supply Chain Innovation for Competing in Highly Dynamic Markets, 1974*, 185-198. doi:10.4018/978-1-60960-585-8.ch012

McKinnon, A. (2014). Improving the Sustainability of Road Freight Transport by Relaxing Truck Size and Weight Restrictions. In *Sustainable Practices: Concepts, Methodologies, Tools, and Applications.* doi:10.4018/978-1-4666-4852-4.ch071

McKinnon, A. (2016). Freight Transport Deceleration: Its Possible Contribution to the Decarbonisation of Logistics. *Transport Reviews, 36*(4), 418-436. doi:10.1080/01441647.2015.1137992

Mckinnon, A. (2016). The Possible Impact of 3D Printing and Drones on Last-Mile Logistics: An Exploratory Study. *Built Environment, 42*(4), 617-629. doi:10.2148/benv.42.4.617

McKinnon, A. (2018). 3D printing: a decarbonising silver bullet. *Manufacturing & Operations Management: Special Feature.* Retrieved from http://www.alanmckinnon.co.uk/uploaded/PDFs/Papers/FOCUS%20article%203DP%20-%20SilverBullet.pdf

McKinnon, A. (2018). *Decarbonizing logistics: Distributing goods in a low-carbon world.* Kogan Page, Londres.

Melia, N., Haines, K., & Hawkins, E. (2016). Sea ice decline and 21st century trans-Arctic shipping routes. *Geophysical Research Letters, 43*(18), 9720-9728. doi:10.1002/2016GL069315

Merk, O. (2016). *Belt and Road Networks: Some observations.* Along the Silk Roads Conference. Venise, Italie.

MGI. (2012). *Manufacturing the future: The next era of global growth and innovation.* Mckinsey Global Institute. Retrieved 04 23, 2019, from https://www.mckinsey.com/~/media/McKinsey/Business%20Functions/Operations/Our%20Insights/The%20future%20of%20manufacturing/MGI_%20Manufacturing_Full%20report_Nov%202012.ashx

Mokhtarian, P. (2004). A conceptual analysis of the transportation impacts of B2C e-commerce. *Transportation, 31*(3), 257-284. doi:10.1023/B:PORT.0000025428.64128.d3

Mokhtarian, P. (2009). If telecommunication is such a good substitute for travel, why does congestion continue to get worse? *Transportation Letters, 1*(1), 1-17. doi:10.3328/TL.2009.01.01.1-17

Montreuil, B. (2011). *Towards a Physical Internet: Meeting the Global Logistics Sustainability Grand Challenge.* Retrieved 01 31, 2019, from https://link.springer.com/article/10.1007/s12159-011-0045-x

Moultak, M., Lutsey, N., & Hall, D. (2017). *Transitioning to Zero-Emission Heavy-Duty Freight Vehicules Acknowledgements.* ICCT, Washington DC. Retrieved 09 20, 2018, from https://www.theicct.org/sites/default/files/publications/Zero-emission-freight-trucks_ICCT-white-paper_26092017_vF.pdf

Nepstad, D., McGrath, D., Stickler, C., Alencar, A., Azevedo, A., Swette, B., . . . Hess, L. (2014). Slowing Amazon deforestation through public policy and interventions in beef and soy supply chains. *Science, 344*(6188), 1118-1123. doi:10.1126/science.1248525

Notz, D., & Stroeve, J. (2016). Observed Arctic sea-ice loss directly follows anthropogenic CO_2 emission. *Science (New York, N.Y.), 354*(6313), 747-750. doi:10.1126/science.aag2345

OCDE. (2004). *Transport urbain de marchandises : Les défis du XXIe siècle.* Éditions OCDE, Paris. doi:https://dx.doi.org/10.1787/9789264024113-fr

OCDE. (2011). Moving Freight with Better Trucks : Improving Safety, Productivity and Sustainability. Dans *Les rapports de recherche du FIT.* Éditions OCDE, Paris. doi:https://dx.doi.org/10.1787/9789282102961-en

OCDE. (2011). *OECD Guide to Measuring the Information Society 2011.* Éditions OCDE, Paris. doi:https://dx.doi.org/10.1787/9789264113541-en

OCDE. (2018). *La prochaine révolution de la production : Conséquences pour les pouvoirs publics et les entreprises.* Éditions OCDE, Paris. doi:https://dx.doi.org/10.1787/9789264280793-fr

OCDE, OMC, & CNUCED. (2018). *Report on G20 Trade and Investment Measures.* OCDE-OMC-CNUCED. Retrieved 08 24, 2018, from http://www.oecd.org/daf/inv/investment-policy/19th-Report-on-G20-Trade-and-Investment-Measures.pdf

OCDE/CEMT. (2001). *The impacts of e-commerce on transport.* Séminaire conjoint OCDE/CEMT, 5-6 juin.

OMC. (2018). *Examen statistique du commerce mondial 2018.* Retrieved from https://www.wto.org/french/res_f/statis_f/wts2018_f/wts18_toc_f.htm

Ørts Hansen, C., Grønsedt, P., Lindstrøm Graversen, C., & Hendriksen, C. (2016). *Arctic Shipping - Commercial Opportunities and Challenges.* Retrieved 01 22, 2019, from https://services-webdav.cbs.dk/doc/CBS.dk/Arctic Shipping - Commercial Opportunities and Challenges.pdf

Pålsson, H., Winslott Hiselius, L., Wandel, S., Khan, J., & Adell, E. (2017). Longer and heavier road freight vehicles in Sweden. *International Journal of Physical Distribution & Logistics Management, 47*(7), 603-622. doi:10.1108/IJPDLM-02-2017-0118

Rail Freight. (2017). *Freight tariffs on the New Silk Road must be safeguarded.* Retrieved 01 22, 2019, from https://www.railfreight.com/specials/2017/09/19/freight-tariffs-on-the-new-silk-road-must-be-safeguarded/?gdpr=accept

Rothkopf, G. (2008). IV BRAZIL. In *A Blueprint for Green Energy in the Americas.* Inter-American Development. Retrieved 11 08, 2018, from http://idbdocs.iadb.org/wsdocs/getdocument.aspx?docnum=945774

Route Monkey, & WBCSD. (2016). *Demonstrating the GHG reduction potential of asset sharing, asset optimization and other measures.* WBCSD. Retrieved 10 12, 2018, from https://docs.wbcsd.org/2016/11/RoadFreightLab_Report.pdf

Sánchez-Díaz, I., Georén, P., & Brolinson, M. (2017). Shifting urban freight deliveries to the off-peak hours: a review of theory and practice. *Transport Reviews, 37*(4), 521-543. doi:10.1080/01441647.2016.1254691

Scania. (2016). *World's first electric road opens in Sweden.* Retrieved 01 21, 2019, from https://www.scania.com/group/en/worlds-first-electric-road-opens-in-sweden/

Schroeder, J. (2010). *EPA Deems Sugarcane Ethanol an Advanced Biofuel.* Energy.agwire.com. Retrieved 11 08, 2018, from http://energy.agwired.com/2010/02/04/epa-deems-sugarcane-ethanol-an-advanced-biofuel/

Schulte, J., & Ny, H. (2018). Electric road systems: Strategic stepping stone on the way towards sustainable freight transport? *Sustainability (Switzerland), 10*(4). doi:10.3390/su10041148

Sener, I., & Reeder, P. (2012). An Examination of Behavioral Linkages across ICT Choice Dimensions: Copula Modeling of Telecommuting and Teleshopping Choice Behavior. *Environment and Planning A: Economy and Space, 44*(6), 1459-1478. doi:10.1068/a44436

Serena, R. (2016). *Los Megacamiones, una realidad en España, Logística, MUGIE 2015-2016, grupo A.* Retrieved 02 04, 2019, from https://logisticaicex.wordpress.com/2016/02/05/los-megacamiones-una-realidad-en-espana/

Siemens. (2017). *eHighway: Innovative electric road freight transport.* Retrieved 01 21, 2019, from https://assets.new.siemens.com/siemens/assets/public.1500537078.7bcd4aee10a34603eea30c4e8b8941478c164092.ehighway-2017.pdf

Smith, L., & Stephenson, S. (2013). New Trans-Arctic shipping routes navigable by midcentury. *Proceedings of the National Academy of Sciences, 110*(13), E1191-E1195. doi:10.1073/pnas.1214212110

Tavasszy, L., & Meijeren, J. (2011). *Modal Shift Target for Freight Transport Above 300 km: An Assessment.* ACEA. Retrieved 10 12, 2018, from https://www.acea.be/uploads/publications/SAG_17.pdf

Transport & Mobility Leuven. (2017). *Commercial Vehicle of the Future A roadmap towards fully sustainable truck operations.* IRU. Retrieved 10 12, 2018, from https://www.iru.org/sites/default/files/2017-07/iru-report-commercial-vehicle-of-the-future-en%20V2.pdf

UIC. (2017). *Eurasian rail corridors: What opportunities for freight stakeholders?* Retrieved 01 22, 2019, from https://uic.org/IMG/pdf/corridors_exe_sum2017_web.pdf

US DOE. (2017). *Fuel Cell Technologies Office Multi-Year Research, Development, and Demonstration Plan.* Retrieved 01 21, 2019, from http://energy.gov/sites/prod/files/2015/10/f27/fcto_2014_market_report.pdf

USCG. (2017). *2017 Addendum to the United States Coast Guard High Latitude Region Mission Analysis*. The Center for Arctic Study and Policy.

Valin, H., Peters, D., van den Berg, M., Frank, S., Havlik, P., Forsell, N., . . . Di Fulvio, F. (2015). The land use change impact of biofuels consumed in the EU: Quantification of area and greenhouse gas impacts. Retrieved 11 07, 2018, from http://pure.iiasa.ac.at/id/eprint/12310/

van Loon, P., McKinnon, A., Deketele, L., & Dewaele, J. (2014). The growth of online retailing: a review of its carbon impacts. *Carbon Management, 5*(3), 285-292. doi:10.1080/17583004.2014.982395

Vierth, I. (2017). *Research on Modal Split in Sweden*. dans Workshop on Road Freight Efficiency versus Freight Modal Split, Cambridge. .

Vierth, I., Berell, H., Mcdaniel, J., Haraldsson, M., Hammarström, U., Yahya, M.-R., . . . Björketun, U. (2008). *The effects of long and heavy trucks on the transport system Report on a government assignment*. Retrieved 02 05, 2019, from https://www.diva-portal.org/smash/get/diva2:675341/FULLTEXT02.pdf

Viktoria Swedish ICT. (2013). *Slide-in Electric Road System*. Retrieved 01 21, 2019, from www.viktoria.se

Wang, X., & Zhou, Y. (2015). Deliveries to residential units: A rising form of freight transportation in the U.S. *Transportation Research Part C: Emerging Technologies, 58*, 46-55. doi:10.1016/J.TRC.2015.07.004

Wang, Z., & Lo, H. (2007). Urban Development with Sustainable Rail Transit Services. *Transportation Systems: Engineering & Management*, 477-486. Retrieved from http://repository.ust.hk/ir/Record/1783.1-39580

WEF. (2017). *Shaping the Future of Retail for Consumer Industries*. Retrieved 02 01, 2019, from http://www3.weforum.org/docs/IP/2016/CO/WEF_AM17_FutureofRetailInsightReport.pdf

Westerweel, B., Basten, R., & Fransoo, J. (2018). *3D printing will impact global trade, but much less than previously thought*. Retrieved 02 04, 2019, from https://www.linkedin.com/pulse/3d-printing-impact-global-trade-much-less-than-thought-jan-fransoo

Wohlers Associates. (2018). *Wohlers Report 2018 Shows Dramatic Rise in Metal Additive Manufacturing and Overall Industry Growth of 21%*. Retrieved 02 04, 2019, from http://wohlersassociates.com/press74.html

Woodroffe, J. (2017). *« Assessing high capacity vehicles »*. dans Transport de grande capacité : les technologies d'accès sur mesure au réseau, Forum International des Transports, Leipzig, Allemagne . Retrieved from https://2017.itf-oecd.org/fr/transport-de-grande-capacit%C3%A9-les-technologies-d%E2%80%99acc%C3%A8s-sur-mesure-au-r%C3%A9seau

Yumashev, D., van Hussen, K., Gille, J., & Whiteman, G. (2017). Towards a balanced view of Arctic shipping: estimating economic impacts of emissions from increased traffic on the Northern Sea Route. *Climatic Change, 143*(1-2), 143-155. doi:10.1007/s10584-017-1980-6

Zanni, A., & Bristow, A. (2010). Emissions of CO2 from road freight transport in London: Trends and policies for long run reductions. *Energy Policy, 38*(4), 1774-1786. doi:10.1016/J.ENPOL.2009.11.053

Annexe statistique

Transport de marchandises par voie ferrée
Million de tonnes-kilometres

	2010	2011	2012	2013	2014	2015	2016	2017
Albanie	66	50	25	23	40	23	..	..
Allemagne	107 317	113 317	110 065	112 613	112 629	116 632	116 164	112 232
Arménie	743 e	816 e	867 e	851 e	786	640	658	690
Australie	258 624	261 420 e	290 570 e	319 000	367 700	401 600	..	..
Autriche	19 833	20 345	19 499	19 564	20 746	20 814	21 361	22 256
Azerbaïdjan	8 250	7 845	8 212	7 958	7 371	6 210	5 192	4 633
Bélarus	46 224	47 384 e	48 475 e	43 143 e	..	..	..	..
Belgique	6 264 e	6 698 e		..	..	..	..	..
Bosnie-Herzégovine	877	1 018	1 150	1 243	..	..	..	..
Bulgarie	3 064	3 291	2 908	3 246	3 439	3 650	3 434	3 931
Canada	240 292	248 468	256 622	258 617	277 402	282 780	276 159	289 910 p
Chine	2 764 413	2 946 579	2 918 709	2 917 390	2 753 020	2 375 430	2 379 230	..
Corée	9 452	9 997	10 271	10 459	9 564	9 749	8 414	8 229
Croatie	2 618	2 438	2 332	2 086	2 119	2 183	2 160	2 592
Danemark	2 240	2 614	2 278	2 448	2 453	2 603	2 575	..
Espagne	8 577	9 593	9 390	9 366	10 303	10 812	10 644	..
Estonie	6 638	6 271	5 129	4 722	3 256	3 114	2 339	2 325
États-Unis	2 491 450	2 524 667	2 500 300	2 541 355	2 703 894		2 551 330	2 326 216	2 448 480
Fédération de Russie	2 011 308	2 127 835	2 222 389	2 196 217	2 300 532	2 305 945	2 344 087	2 493 428
Finlande	9 750	9 395	9 275	9 470	9 596	8 468	9 455	10 362
France	29 965	34 202	32 539	32 230	32 596	34 252	32 569	33 442
Géorgie	6 228	6 055	5 976	5 526	4 988	4 261	3 424	2 963
Grèce	601	352	283 e	238 e	343 e	294	254	..
Hongrie	8 809	9 118	9 230	9 722	10 158	10 010	10 528	11 053
Inde	625 723	667 607	649 645	665 810	681 696	654 481	620 175 e	654 285 e
Irlande	92	105	91	99	100	96	101	100
Islande	x	x	x	x	x	x	x	x
Italie	18 616	19 787	20 244	19 037	20 157	20 781	22 712	..
Japon	20 398	19 998	20 471	21 071	21 029	21 519	21 265	..
Lettonie	17 179	21 410	21 867	19 532	19 441	18 906	15 873	15 014
Liechtenstein	11	10	10	9	..	..	..	..
Lituanie	13 431	15 088	14 172	13 344	14 307	14 036	13 790	15 414
Luxembourg	309	270	231	218	208	207	..	..
Macédoine du Nord	525	479	423	421	411	278	222	277
Malte	x	x	x	x	x	x	x	x
Mexique	78 771	79 729	79 353	77 717	80 683	83 401	84 694	86 332
Moldova, République de	959	1 196	960	1 227	1 182	963	790	987
Monténégro, République de	151	136	73	105	94	112	112	169
Norvège	3 498		3 574	3 489	3 383	3 539	3 498	3 668	4 040
Nouvelle-Zélande	3 919	4 178	4 581	4 547	4 492	4 450	4 258	3 882
Pays-Bas	5 925	6 378	6 142	6 077	6 170	6 472	6 641	6 467
Pologne	48 795	53 746	48 903	50 881	50 073	50 603	50 650	54 797
Portugal	2 313	2 322	2 421	2 290	2 438	2 661	2 622	2 742
République slovaque	8 105	7 960	7 591	8 494	8 829	8 439	9 111	8 486
République tchèque	13 770	14 316	14 266	13 965	14 574	15 261	15 619	15 843
Roumanie	12 375	14 719	13 472	12 941	12 264	13 673	13 535	13 782
Royaume-Uni	18 576	20 974	21 467	22 401	22 143	19 342	17 053	17 167
Serbie, République de	3 522	3 611	2 769	3 022	2 988	3 248	3 087	3 288
Slovénie	3 421	3 752	3 470	3 799	4 110	4 175	4 360	5 128
Suède	23 464	22 864	22 043	20 970	21 296	20 699	21 406	21 838
Suisse	11 074	11 526	11 061	11 812	12 313	12 431	12 447	11 665
Turquie	11 462	11 677	11 670	11 177	11 992	10 474	11 661	..
Ukraine	218 091	243 866	237 722	224 434 e	..	..	..	..

.. Non disponible ; e Valeur estimée ; p Donnée provisoire ; x Sans objet ; | Rupture de série
Note : Voir les métadonnées détaillées sur : http://metalinks.oecd.org/transport/20190130/1044.
Source : Statistiques de transport, FIT

Transport de marchandises par route
Million de tonnes-kilometres

	2010	2011	2012	2013	2014	2015	2016	2017
Albanie	4 626 e	3 805 e	3 223 e	3 497 e				
Allemagne	313 097	323 848	307 106	305 781	310 142	314 816	315 768	313 143
Arménie	236	287	401	484	544	479	676	725
Australie	184 330	188 434	193 035	199 344	205 735	212 010	..	
Autriche	16 539	16 997	16 143	15 524	16 605	17 161	18 091	18 400
Azerbaïdjan	11 728	12 776	13 744	14 575	14 989	16 038	16 486	16 864
Bélarus			..		..			..
Belgique	35 001	33 107	32 105	32 795	31 808	31 729	30 873	
Bosnie-Herzégovine		1 718	2 310	2 658				
Bulgarie	19 454	21 212	24 387	27 237	27 922	32 350	35 402	35 185
Canada	135 294	136 393	143 043	143 921	160 561	168 181	172 373 p	..
Chine	4 338 967	5 137 474	5 953 486	5 573 810	5 684 690	5 795 570	6 108 010	
Corée	102 808	104 476	108 365	118 582	124 650	132 382	135 259	..
Croatie	8 780	8 927	8 649	9 133	9 381	10 439	11 337	11 833
Danemark	10 573	12 025	12 292	12 222	12 950	12 324	12 943	..
Espagne	210 064	206 840	199 205	192 594	195 763	209 387	216 993	231 105
Estonie	5 611	5 913	5 793	5 987	6 292	6 259	6 717	6 189
États-Unis	3 668 077	3 859 535	2 760 511 |	2 833 848	2 910 390	2 923 659	2 953 348	..
Fédération de Russie	199 341	222 823	248 862	250 054	246 784	232 549	232 873	236 431
Finlande	30 337	26 917	25 458	24 429	23 401	24 486	26 853	27 977
France	174 409	177 993	165 808	165 315	159 530	148 713	151 213	162 615
Géorgie	620	628	637	646	655	664	674	683
Grèce	20 146 e	20 426	20 416	19 203 p	19 223	19 763		
Hongrie	33 720	34 529	33 735	35 817	37 517	38 352	40 006	39 687
Inde	1 287 300	1 407 800	1 508 000	1 653 600	1 824 300	2 026 100	2 226 570 e	2 435 870 e
Irlande	10 924	9 941	9 895	9 138	9 772	9 844	11 564	11 759
Islande	806 e	777 e	786 e	808 e	850 e	907 e	1 052	..
Italie	162 509	135 148	118 100	120 161	110 411	110 459	106 581	
Japon	246 175 |	233 956	209 956	214 092	210 008	204 316	210 314	210 829
Lettonie	10 590	12 131	12 178	12 816	13 670	14 690	14 227	14 972
Liechtenstein	305	312	281	318	..	..		
Lituanie	19 398	21 512	23 449	26 338	28 067	26 485	30 974	39 099
Luxembourg	8 657	8 837	6 550	7 214	7 912	7 095		..
Macédoine du Nord	4 235	8 933 |	8 965	7 466	10 622	10 192	10 590	10 850
Malte		..		..	..			
Mexique	220 285 |	226 900	233 464	235 427	239 710	245 136	251 122	256 136
Moldova, République de	3 233	3 597	3 954	4 423	4 306	4 217	4 693	5 008
Monténégro, République de	167	102	76	67	122 |	140	121	103
Norvège	17 334 |	17 167	18 086	19 712	20 297	19 730	19 676	..
Nouvelle-Zélande	20 050	20 534	20 944	21 286	23 301	23 290 |	23 313	25 293
Pays-Bas	30 114	30 344	28 718	31 845	32 033	32 075	33 953	32 960
Pologne	214 204	218 888	233 310	259 708	262 860	273 107	303 560	348 559
Portugal	34 640	37 472	32 274	39 624	36 336	32 525	34 683	..
République slovaque	27 411	29 045	29 504	30 005	31 304	33 525	36 106	35 362
République tchèque	51 833	54 830	51 228	54 893	54 092	58 714	50 315	44 274
Roumanie	25 883	26 347	29 662	34 026	35 135	39 022	48 175	54 704
Royaume-Uni	153 829	150 091 |	152 706	140 874	136 873	151 805	157 657	156 066
Serbie, République de	1 689	1 907	2 474	2 824	2 959	2 973	4 299	4 980
Slovénie	2 289	2 176	1 849	1 889	2 062	2 069	2 135	2 311
Suède	32 738	33 417	37 305 |	38 629	38 808	38 102	39 273	38 553
Suisse	16 906	17 372	17 109	17 241	17 541	17 214	16 963	..
Turquie	190 365	203 072	216 123	224 048	234 492	244 329	253 139	262 739
Ukraine	34 391	38 596	38 951	..	..	..	..	

.. Non disponible ; e Valeur estimée ; p Donnée provisoire ; | Rupture de série
Note : Voir les métadonnées détaillées sur : http://metalinks.oecd.org/transport/20190130/1044.
Source : Statistiques de transport, FIT

Transport de marchandises par voie fluviale
Million de tonnes-kilometres

	2010	2011	2012	2013	2014	2015	2016	2017
Albanie	..	..	..	..	..	..	..	..
Allemagne	62 278	55 027	58 488	60 070	59 093	55 315	54 347	55 518
Arménie	x	x	x	x	x	x	x	x
Australie	x	x	x	x	x	x	x	x
Autriche	2 375	2 123	2 191	2 353	2 177	1 806	1 962	2 022
Azerbaïdjan	x	x	x	x	x	x	x	x
Bélarus	..	..	..	..	..	..	..	..
Belgique	8 210	9 251 e	10 420	10 365	10 451	10 426	10 331	11 098
Bosnie-Herzégovine	x	x	x	x	x	x	x	x
Bulgarie	1 813	1 422	1 397	1 196	971	1 081	1 255	1 202
Canada	23 934	25 000 e	26 300 e	26 600 e	..	..	..	..
Chine	2 242 853	2 606 884	2 829 548	3 073 028	3 683 960	3 753 650	3 926 380	..
Corée	x	x	x	x	x	x	x	x
Croatie	941	692	772	771	716	879	836	813
Danemark	x	x	x	x	x	x	x	x
Espagne	x	x	x	x	x	x	x	x
Estonie	x	x	x	x	x	x	x	x
États-Unis	450 529	464 667	461 927	438 253	482 977	458 262	..	..
Fédération de Russie	53 955	59 144	80 762		80 101	72 317	63 620	29 042	31 292
Finlande	76	90	124	121	136	130	103	120
France	8 060	7 864	7 830	7 912	7 752	7 461	6 836	6 715
Géorgie	x	x	x	x	x	x	x	x
Grèce	x	x	x	x	x	x	x	x
Hongrie	2 393	1 840	1 982	1 924	1 811	1 824	1 975	1 992
Inde	4 030	3 800	3 063	2 418	2 847	3 450	3 952	4 347 e
Irlande	x	x	x	x	x	x	x	x
Islande	x	x	x	x	x	x	x	x
Italie	135	144	81	89	64	62	67	..
Japon	x	x	x	x	x	x	x	x
Lettonie	0	0	0	0	0	0	0	0
Liechtenstein	x	x	x	x	x	x	x	x
Lituanie	4	4	2	1	1	1	1	1
Luxembourg	359	305	290	315	285	235	..	..
Macédoine du Nord	x	x	x	x	x	x	x	x
Malte	x	x	x	x	x	x	x	x
Mexique	x	x	x	x	x	x	x	x
Moldova, République de	0	1	1	1	1	0	0	0
Monténégro, République de	x	x	x	x	x	x	x	x
Norvège	x	x	x	x	x	x	x	x
Nouvelle-Zélande	x	x	x	x	x	x	x	x
Pays-Bas	46 592	47 303	47 520	48 600	48 535	49 425	48 799	48 998
Pologne	1 030	909	815	768	779	2 187	832	877
Portugal	..	..	..	..	..	..	..	..
République slovaque	1 189	931	986	1 006	905	741	903	933
République tchèque	679	695	669	693	656	585	620	623
Roumanie	14 317	11 409	12 520	12 242	11 760	13 168	13 153	12 517
Royaume-Uni	125	143	157	211	169	120	108	99
Serbie, République de	875	963	605	701	759	859	926	725
Slovénie	x	x	x	x	x	x	x	x
Suède	..	..	..	..	..	..	16	12
Suisse	..	..	..	..	..	..	..	..
Turquie	x	x	x	x	x	x	x	x
Ukraine	3 837	2 218	1 748	..	..	..	..	..

.. Non disponible ; e Valeur estimée ; x Sans objet ; | Rupture de série
Note : Voir les métadonnées détaillées sur : http://metalinks.oecd.org/transport/20190130/1044.
Source : Statistiques de transport, FIT

Transport par oléoduc
Million de tonnes-kilometres

	2010	2011	2012	2013	2014	2015	2016	2017
Albanie	2	..	..	..	..	..	..	..
Allemagne	16 259	15 623	16 207	18 180	17 541	17 714	18 761	18 239
Arménie	2 103 e	2 470 e	2 876 e	2 750 e	2 837	2 624	2 550	2 835
Australie	x	x	x	x	x	x	x	x
Autriche	7 000	7 228	7 146	8 392	8 259	8 475	8 473	8 396
Azerbaïdjan	72 931	65 850	63 172	63 734	67 039	67 515	65 924	65 879
Bélarus	x	x	x	x	x	x	x	x
Belgique	1 450	1 450	..	..	..	..	..	..
Bosnie-Herzégovine	x	x	x	x	x	x	x	x
Bulgarie	415	481	573	633	583	661	710	706
Canada	124 300	151 200	165 000	175 400	192 400	213 600	..	..
Chine	219 719	288 544	321 100	349 600	432 800	466 500	419 600	..
Corée	x	x	x	x	x	x	x	x
Croatie	1 703	1 477	1 216	1 485	1 447	1 740	1 921	2 111
Danemark	3 547	3 265	3 078	2 739	2 409	2 258	2 026	..
Espagne	8 182	8 601	8 900	8 691	8 967	10 115	9 990	9 713
Estonie	x	x	x	x	x	x	x	x
États-Unis	831 308	881 385	..	x	x	x	x	x
Fédération de Russie	1 122 964	1 120 140	1 187 627	1 223 931	1 220 442	1 268 535	1 308 126	1 315 268
Finlande	x	x	x	x	x	x	x	x
France	17 607	17 207	15 151	11 521	11 055	11 443	11 373	11 181
Géorgie	..	..	..	..	..	..	..	..
Grèce	x	x	x	x	x	x	x	x
Hongrie	5 623	5 581	5 802	5 694	5 801	5 305	5 850	7 430
Inde	123 060	134 800	141 660	..	..	..	..	..
Irlande	x	x	x	x	x	x	x	x
Islande	x	x	x	x	x	x	x	x
Italie	10 400	9 954	10 066	10 024	9 555	9 213	9 977	10 258 p
Japon	x	x	x	x	x	x	x	x
Lettonie	2 350	2 439	2 631	2 279	2 376	1 965	1 507	1 411
Liechtenstein	x	x	x	x	x	x	x	x
Lituanie	579	591	632	563	567	496	406	391
Luxembourg	x	x	x	x	x	x	x	x
Macédoine du Nord	123	98	37	..	6 |	6	10	13
Malte	x	x	x	x	x	x	x	x
Mexique	..	..	..	..	..	..	..	..
Moldova, République de	x	x	x	x	x	x	x	x
Monténégro, République de	x	x	x	x	x	x	x	x
Norvège	3 465	3 372	3 115	2 724	2 845	3 377	3 813	..
Nouvelle-Zélande	x	x	x	x	x	x	x	x
Pays-Bas	5 647	5 502	5 572	5 405	5 837	6 044	6 047	6 143
Pologne	24 157	23 461	22 325	20 112	20 543	21 843	22 204	21 080
Portugal	383	364	360	350	371	391	392	..
République slovaque	..	..	..	..	..	..	..	..
République tchèque	2 191	1 954	1 907	1 933	2 063	2 023	1 588	2 165
Roumanie	996	879	785	829	984	1 029	1 131	1 087
Royaume-Uni	10 309	10 024	9 914	..	..	..	..	..
Serbie, République de	381	311	295	381	355	405	447	481
Slovénie	x	x	x	x	x	x	x	x
Suède	x	x	x	x	x	x	x	x
Suisse	218	203	183	228	234	113 |	109	107
Turquie	39 578	44 704	37 433	26 756	17 106	52 514	52 683	..
Ukraine	18 688	14 292	10 607	..	..	..	..	..

.. Non disponible ; e Valeur estimée ; p Donnée provisoire ; x Sans objet ; | Rupture de série
Note : Voir les métadonnées détaillées sur : http://metalinks.oecd.org/transport/20190130/1044.
Source : Statistiques de transport, FIT

Total des transports terrestres de marchandises
Million de tonnes-kilometres

	2010	2011	2012	2013	2014	2015	2016	2017
Albanie	4 694	3 855 |	3 248	3 520	..	..	..	..
Allemagne	498 951	507 815	491 866	496 644	499 405	504 477	505 040	499 132
Arménie	3 082 e	3 573 e	4 144 e	4 085 e	4 167	3 743	3 883	4 256
Australie	442 954	449 854 e	483 605 e	518 344	573 435	613 610	..	..
Autriche	45 747	46 693	44 979	45 833	47 787	48 256	49 887	51 074
Azerbaïdjan	92 909	86 471	85 128	86 267	89 399	89 763	87 602	87 376
Bélarus	..	..	..	..	..	..	..	..
Belgique	50 925 e	50 506 e	..	..	..	..	..	..
Bosnie-Herzégovine	..	2 736	3 460	3 901	..	..	..	..
Bulgarie	24 746	26 406	29 265	32 312	32 915	37 742	40 801	41 024
Canada	523 820	561 061	590 965	604 538	630 363	664 561 p	..	..
Chine	9 565 952	10 979 481	12 022 843	11 913 828	12 554 470	12 391 150	12 833 220	..
Corée	112 260	114 473	118 636	129 041	134 214	142 131	143 673	..
Croatie	14 042	13 534	12 969	13 475	13 663	15 241	16 254	17 349
Danemark	16 360	17 904	17 648	17 409	17 812	17 185	17 544	..
Espagne	226 823	225 034	217 495	210 651	215 033	230 314	237 627	..
Estonie	12 249	12 184	10 922	10 709	9 548	9 373	9 056	8 514
États-Unis	7 441 364	7 730 254	..	..	..	..	..	..
Fédération de Russie	3 387 568	3 529 942	3 739 640 |	3 750 303	3 840 075	3 870 649	3 914 128	4 076 419
Finlande	40 163	36 402	34 857	34 020	33 133	33 084	36 411	38 459
France	230 041	237 266	221 328	216 978	210 933	201 869	201 991	213 952
Géorgie	..	..	..	..	..	..	..	..
Grèce	20 747 e	20 778 e	20 699 e	19 441 e	19 566 e	20 057	..	..
Hongrie	50 545	51 068	50 749	53 157	55 287	55 490	58 359	60 162
Inde	2 040 113	2 214 007	2 302 368	2 321 828	2 508 843	2 684 031	2 850 697 e	3 094 502 e
Irlande	11 016	10 046	9 986	9 237	9 872	9 940	11 665	11 859
Islande	806 e	777 e	786 e	808 e	850 e	907 e	1 052	..
Italie	191 660	165 033	148 491	149 311	140 187	140 515	139 337	..
Japon	266 573 |	253 954	230 427	235 163	231 037	225 835	231 579	..
Lettonie	30 119	35 980	36 676	34 627	35 487	35 561	31 607	31 397
Liechtenstein	316	322	291	327	..	..	..	..
Lituanie	33 412	37 195	38 255	40 246	42 942	41 018	45 171	54 905
Luxembourg	9 325 e	9 412 e	7 071 e	7 747 e	8 405	7 537	..	..
Macédoine du Nord	4 883	9 510 |	9 425	7 887 |	11 039 |	10 476	10 822	11 140
Malte	..	..	..	..	..	..	..	..
Mexique	299 056 |	306 629	312 817	313 144	320 393	328 537	335 816	342 468
Moldova, République de	4 192	4 794	4 915	5 651	5 489	5 180	5 483	5 995
Monténégro, République de	318	238	149	172	216 |	252	233	272
Norvège	24 297 |	24 113	24 690	25 819	26 681	26 605	27 157	..
Nouvelle-Zélande	23 969	24 712	25 525	25 833	27 793	27 740 |	27 571	29 175
Pays-Bas	88 278	89 527	87 952	91 927	92 575	94 016	95 440	94 568
Pologne	288 186	297 004	305 353	331 469	334 255	347 740	377 246	425 313
Portugal	37 336	40 158	35 055	42 264	39 145	35 577	37 697	..
République slovaque	36 705	37 936	38 081	39 505	41 038	42 705	46 120	44 781
République tchèque	68 473	71 795	68 070	71 484	71 385	76 582	68 141	62 904
Roumanie	53 571	53 354	56 439	60 038	60 143	66 892	75 994	82 090
Royaume-Uni	182 839	181 231 |	184 244	163 486	159 185	171 268	174 818	173 332
Serbie, République de	6 467	6 792	6 143	6 928	7 061	7 485	8 759	9 474
Slovénie	5 710	5 928	5 319	5 688	6 172	6 244	6 495	7 439
Suède	56 202	56 281	59 348 |	59 599	60 114	58 801	60 695 |	60 403
Suisse	28 198	29 101	28 353	29 281	30 088	29 758	29 519	..
Turquie	241 405	259 453	265 226	261 981	263 590	307 317	317 483	..
Ukraine	275 007	298 972	289 028	..	..	..	..	..

.. Non disponible ; e Valeur estimée ; p Donnée provisoire ; | Rupture de série
Note : Voir les métadonnées détaillées sur : http://metalinks.oecd.org/transport/20190130/1044.
Source : Statistiques de transport, FIT

Cabotage maritime de marchandises
Transport national
Million de tonnes-kilometres

	2010	2011	2012	2013	2014	2015	2016	2017
Albanie	..	..	..	..	..	..	..	..
Allemagne	..	..	..	..	..	..	..	..
Arménie	x	x	x	x	x	x	x	x
Australie	116 208	113 357	102 577	104 462	105 404	105 245	..	..
Autriche	x	x	x	x	x	x	x	x
Azerbaïdjan	4 859	5 186	5 062	4 632	4 124	2 937	3 002	4 418
Bélarus	x	x	x	x	x	x	x	x
Belgique	..	..	..	..	..	..	..	..
Bosnie-Herzégovine	..	..	..	..	..	..	..	..
Bulgarie	..	..	..	..	..	..	..	..
Canada	29 547	31 735	..	..	..	..	..	..
Chine	4 599 900	4 935 500	5 341 200	4 870 500	5 593 500	5 423 600	5 807 500	..
Corée	23 281	27 220	25 804	30 476	29 900	31 841	37 036	..
Croatie	210	217	222	211	205	217	212	208
Danemark	..	..	..	..	..	..	..	..
Espagne	41 666	42 811	41 761	40 773	41 848	44 536	47 488	47 986 p
Estonie	0	0	0	0	0	1	0	0
États-Unis	280 822	263 105	229 349	239 158	251 801	256 376	250 690	..
Fédération de Russie	12 640	13 239	12 138 |	12 133	13 126	14 956	12 944	12 299
Finlande	3 621	3 966	2 840	1 900	2 010	2 180	2 170	2 270
France	..	..	..	..	..	..	..	..
Géorgie	..	..	..	..	..	..	..	..
Grèce	..	..	..	..	..	..	..	..
Hongrie	x	x	x	x	x	x	x	x
Inde	..	..	..	..	..	..	..	..
Irlande	..	..	..	..	..	..	..	..
Islande	47	43	12	32	13	30	23	..
Italie	53 156 e	53 708 e	50 287	49 112	52 867	51 179	56 713 e	58 098 e
Japon	179 898	174 900	177 791	184 860	183 120	180 381	180 438	180 934
Lettonie	..	..	..	..	..	..	..	..
Liechtenstein	x	x	x	x	x	x	x	x
Lituanie	x	x	x	x	x	x	x	x
Luxembourg	x	x	x	x	x	x	x	x
Macédoine du Nord	x	x	x	x	x	x	x	x
Malte	..	..	..	..	..	..	..	..
Mexique	..	..	..	..	..	..	..	..
Moldova, République de	x	x	x	x	x	x	x	x
Monténégro, République de	x	x	x	x	x	x	x	x
Norvège	21 463	23 625	25 642	22 649	21 941	23 899	24 340	..
Nouvelle-Zélande	..	..	..	..	..	..	..	..
Pays-Bas	..	..	..	..	..	..	..	..
Pologne	..	..	..	..	..	..	..	..
Portugal	..	..	..	..	..	..	..	..
République slovaque	x	x	x	x	x	x	x	x
République tchèque	x	x	x	x	x	x	x	x
Roumanie	..	..	..	..	..	..	..	..
Royaume-Uni	40 800	41 600	34 000	28 000	26 000	30 000	29 000	24 000
Serbie, République de	x	x	x	x	x	x	x	x
Slovénie	..	..	..	..	..	..	..	..
Suède	7 851	7 794 |	6 892	6 764	6 663	6 814	6 610	6 799
Suisse	x	x	x	x	x	x	x	x
Turquie	12 569	15 961	17 158	19 725	18 553	19 189	19 492	22 087
Ukraine	..	2 747	1 702	..	..	..	..	..

.. Non disponible ; e Valeur estimée ; p Donnée provisoire ; x Sans objet ; | Rupture de série
Note : Voir les métadonnées détaillées sur : http://metalinks.oecd.org/transport/20190130/1044.
Source : Statistiques de transport, FIT

Transport ferroviaire de conteneurs
Milliers d'équivalent vingt pieds (EVP)

	2010	2011	2012	2013	2014	2015	2016	2017
Albanie	..	..	..	..	..	..	..	..
Allemagne	5 614 553	5 921 037	6 228 484	6 456 060	6 272 430	5 979 035	6 349 050	6 065 056
Arménie	..	..	..	..	15 735	..	..	..
Australie	..	..	..	..	..	..	..	..
Autriche	1 310 989	1 356 994	1 278 267	1 237 076	1 296 064	1 445 960	1 532 708	1 725 083
Azerbaïdjan	13 582	16 797	19 264	17 396	10 041	12 475	12 682	20 315
Bélarus	..	..	..	..	..	..	..	..
Belgique	..	..	..	..	..	..	..	..
Bosnie-Herzégovine								
Bulgarie	57 297	51 387	53 272	63 725	35 419	37 807	46 527	35 580
Canada	3 235 761	3 315 391	3 559 595	3 686 321	3 897 973	4 071 322	4 170 821	4 534 111
Chine	..	..	..	..	..	..	..	..
Corée	..	..	..	..	..	..	..	..
Croatie	69 583	44 214	37 744	41 299	40 792	34 115	..	..
Danemark	197 945	198 763	157 306	166 870	137 144	128 635	156 621	..
Espagne	..	..	..	..	..	..	..	..
Estonie	22 484	34 967	48 863	62 014	72 019	42 995	53 947	40 058
États-Unis	..	..	..	..	..	..	..	..
Fédération de Russie	..	..	..	..	..	..	..	..
Finlande	70 204	60 174	43 105	42 211	41 137	33 434	33 552	40 987
France	..	..	..	..	..	..	..	213 952
Géorgie	45 923	43 856	55 798	48 083	49 339	44 022	35 913	41 392
Grèce	51 009	65 175	..	..	39 730	50 657	39 265	..
Hongrie	568 685	520 752	386 746	519 480	448 166	651 093	736 798	458 169
Inde	2 562 000	2 604 000	2 586 000	2 869 000	3 111 000	2 924 000	3 102 000	3 531 900
Irlande	13 472	14 280	13 776	14 784	15 330	14 910	15 876	17 009
Islande	x	x	x	x	x	x	x	x
Italie	649 259	563 196	752 433	767 503	789 217	710 969	730 452	811 785
Japon	..	..	..	..	..	..	..	..
Lettonie	98 223	101 099	111 117	97 710	97 028	69 813	56 339	54 736
Liechtenstein	x	x	x	x	x	x	x	x
Lituanie	78 188	102 297	104 171	103 952	90 745	69 964	67 601	92 751
Luxembourg	..	..	..	..	..	..	..	..
Macédoine du Nord	..	..	..	..	..	..	..	..
Malte	x	x	x	x	x	x	x	x
Mexique	..	..	..	..	..	..	..	..
Moldova, République de	1 914	1 774	1 463	2 015	1 883	365	1 080	807
Monténégro, République de	..	..	..	..	..	..	..	..
Norvège	493 386	412 043	386 620	332 653	324 815	322 765	304 327	399 477
Nouvelle-Zélande								
Pays-Bas	921 108	939 808	1 539 810	1 300 000	1 406 000	1 441 000	1 600 000	1 377 000
Pologne	569 759	783 338	1 026 181	1 091 888	1 072 627	1 098 698	1 353 936	1 619 943
Portugal	171 146	185 456	191 895	183 583	262 337	367 905	416 171	441 818
République slovaque	449 429	585 669	526 643	593 281	636 652	621 315	618 227	610 941
République tchèque	1 051 439	1 111 464	1 157 228	1 274 125	1 336 973	1 476 907	1 548 782	1 492 392
Roumanie	196 328	125 372	91 465	61 474	54 995	99 737	95 561	102 468
Royaume-Uni	..	..	..	..	..	..	..	..
Serbie, République de	..	..	..	..	..	..	..	..
Slovénie	325 556	385 194	395 945	390 507	398 621	458 449	477 693	509 652
Suède	536 934	486 271	450 303	433 918	430 588	411 664	388 772	394 523
Suisse	..	..	..	..	..	..	..	..
Turquie	451 710	659 004	707 989	814 981	891 605	713 504	789 761	..
Ukraine	167 535	214 634	262 455	..	..	..	..	..

.. Non disponible ; x Sans objet

Note : Voir les métadonnées détaillées sur : http://metalinks.oecd.org/transport/20190130/1044.

Source : Statistiques de transport, FIT

Transport maritime de conteneurs
Milliers d'équivalent vingt pieds (EVP)

	2010	2011	2012	2013	2014	2015	2016	2017
Albanie	71 614	80 744	87 909	109 054	99 350	104 060	..	
Allemagne	13 096 000	15 271 000	15 325 000	15 552 000	15 905 000	15 181 000	15 205 000	15 129 000
Arménie	x	x	x	x	x	x	x	x
Australie	6 329 135	6 788 836	7 060 177	7 164 877	7 383 000 p	7 642 000 p	7 759 000 p	..
Autriche	x	x	x	x	x	x	x	x
Azerbaïdjan	13 306	9 712	4 459	6 117	10 485	13 307	17 102	15 337
Bélarus	x	x	x	x	x	x	x	x
Belgique	9 601 000	9 511 000	9 165 000	9 188 000	9 726 000	9 776 000	10 083 000	..
Bosnie-Herzégovine	..	..	..	..	..	..	..	..
Bulgarie	170 835	179 167	212 369	218 999	236 944	242 865	245 459	274 880
Canada	4 670 200	4 734 600	5 109 500	5 225 900	5 429 700	5 792 200	5 684 800	6 322 300
Chine	..	..	..	..	..	..	..	..
Corée	19 368 960	21 610 502	22 550 275	23 469 251	24 798 210	25 680 530	26 005 344	..
Croatie	144 649	154 451	144 041	130 236	138 278	181 912	208 133	245 559
Danemark	734 000	782 000	763 000	747 000	743 000	750 000	764 000	..
Espagne	12 505 803	13 849 935	13 999 337	13 709 523	14 066 730	14 252 380	15 130 479	15 771 021 p
Estonie	152 060	198 193	228 032	253 900	261 069	209 118	204 368	230 409
États-Unis	31 507 445	32 745 592	33 236 967	34 484 687	35 867 974	35 665 402	36 504 338	..
Fédération de Russie	2 454 838	3 028 264	3 371 039	3 501 985	3 617 159	2 906 555	3 056 806	3 520 306
Finlande	1 219 575	1 398 630	1 449 596	1 472 143	1 440 462	1 413 654	1 510 314	1 630 105
France	3 921 096	3 890 854	4 073 476	4 281 491	4 433 810	4 536 900	4 515 727	4 996 894
Géorgie	226 115	299 461	357 654	403 447	446 972	379 816	329 805	394 787
Grèce	1 187 487	2 054 064	3 220 371	3 620 126	3 928 785	3 744 380	4 131 533	4 512 982
Hongrie	x	x	x	x	x	x	x	x
Inde	7 561 000	7 651 000	7 714 000	7 453 000	7 960 000	8 148 000	8 442 000	9 139 000
Irlande	772 548	744 056	732 316	726 019	796 620	876 848	916 829	956 904
Islande	..	..	..	..	..	..	..	..
Italie	8 644 600	8 645 200	9 398 353	9 491 151	10 104 971	10 180 380	11 336 766	10 730 533 p
Japon	20 533 734	21 135 704	21 225 537	21 490 748	21 717 653	21 196 655	21 709 965	..
Lettonie	208 508	246 590	366 824	385 665	391 218	359 756	388 484	450 071
Liechtenstein	x	x	x	x	x	x	x	x
Lituanie	295 226	382 194	381 371	402 733	450 183	350 393	441 664	474 209
Luxembourg	x	x	x	x	x	x	x	x
Macédoine du Nord	x	x	x	x	x	x	x	x
Malte	..	..	..	..	..	..	..	..
Mexique	3 691 374 |	4 223 631	4 878 097	4 875 281	5 058 635	5 506 488	5 680 484	..
Moldova, République de	x	x	x	x	x	x	x	x
Monténégro, République de	x	x	x	x	x	x	x	x
Norvège	656 244	691 172	714 565	729 947	761 332	770 347	735 229	777 557
Nouvelle-Zélande	..	..	2 414 656	2 503 737	2 672 030	2 777 805	2 869 420	3 120 030
Pays-Bas	11 242 400	11 446 796	11 522 747	11 133 970	11 756 188	11 719 281	11 878 642	13 122 784
Pologne	1 041 690	1 330 746	1 648 886	1 979 703	2 256 061	1 793 407	2 306 343	2 256 442
Portugal	1 690 073	1 791 644	1 994 327	2 418 743	2 706 975	2 752 614	2 919 806	3 167 199
République slovaque	x	x	x	x	x	x	x	x
République tchèque	x	x	x	x	x	x	x	x
Roumanie	548 094	653 306	675 414	659 375	663 271	689 489	706 157	692 032
Royaume-Uni	8 254 000	8 176 000	8 013 000	8 273 000	9 540 000	9 799 000	10 230 000	10 259 000
Serbie, République de	x	x	x	x	x	x	x	x
Slovénie	480 981	586 915	556 392	596 429	676 381	802 696	845 547	919 652
Suède	1 071 238	1 165 087	1 150 775	1 147 065	1 155 418	1 115 992	1 157 348	1 180 740
Suisse	x	x	x	x	x	x	x	x
Turquie	5 743 455	6 523 506	7 192 396	7 899 933	8 351 122	8 146 398	8 761 974	10 010 536
Ukraine	659 690	729 523	693 210	..	..	..	..	

.. Non disponible ; p Donnée provisoire ; x Sans objet ; | Rupture de série
Note : Voir les métadonnées détaillées sur : http://metalinks.oecd.org/transport/20190130/1044.
Source : Statistiques de transport, FIT

Transport ferroviaire de voyageurs
Million de voyageurs-kilomètres

	2010	2011	2012	2013	2014	2015	2016	2017
Albanie	19	18	16	12	8	7	..	
Allemagne	83 886	85 414	88 796	89 615	90 976	91 603	95 465 p	..
Arménie	50 e	49 e	53 e	55 e	52	44	50	55
Australie	14 750	14 974	15 256	15 222	15 239	15 675	..	..
Autriche	10 737	10 875	11 323	11 915	12 092	12 208	12 578	12 657
Azerbaïdjan	917	660	591	609	612	495	448	467
Bélarus	7 578	7 941 e	8 977 e	8 998 e	..	..	..	..
Belgique	10 403	11 003	..	10 595	10 974 e	10 333 e	10 025 e	10 167 e
Bosnie-Herzégovine	59	100	54	40	..	..	..	..
Bulgarie	2 100	2 068	1 876	1 826	1 702	1 552	1 458	1 438
Canada	1 404	1 404	1 376	1 365	1 327	1 422	1 482	1 610 p
Chine	876 218	961 229	981 233	1 059 560	1 124 190	1 196 060	1 257 930	..
Corée	58 381	63 044	70 079	66 353	67 860	68 371	77 837	..
Croatie	1 742	1 486	1 104	948	927	951	836	745
Danemark	6 577	6 890	7 020	7 076	6 808	6 808	6 653	..
Espagne	22 456	22 795	22 476	23 788	25 072	26 142	26 670	27 516
Estonie	248	241	236	225	282	289	316	367
États-Unis	10 332	10 570	10 949	10 959	10 742	10 519	10 494	10 563
Fédération de Russie	138 885	139 742	144 612	138 517	130 027	120 644	124 620	123 096
Finlande	3 959	3 882	4 035	4 053	3 874	4 113		3 868	4 271
France	102 167	105 596	105 956	105 215	104 589	104 849	104 198	110 464
Géorgie	654	641	625	585	550	465	545	597
Grèce	1 337	958	832 e	755 e	1 072	1 263	1 192	..
Hongrie	7 692	7 806	7 806	7 843	7 738	7 609	7 653	7 731
Inde	978 508	1 046 522	1 098 103	1 140 412	1 147 190	1 143 039	1 149 835	1 161 333 e
Irlande	1 678	1 638	1 578	1 569	1 695	1 917	1 990	2 122
Islande	x	x	x	x	x	x	x	x
Italie	47 172	46 845	46 759	48 739	49 957	52 207	52 178	..
Japon	393 466	395 067	404 396	414 387	413 970	427 486	431 799	..
Lettonie	749	741	725	729	649	591	584	596
Liechtenstein	..	..	..	..	..	..	..	..
Lituanie	373	389	403	391	373	361	396	424
Luxembourg	347	349	373	394	409	383	..	..
Macédoine du Nord	155	145	99	80	80	178	83	59
Malte	x	x	x	x	x	x	x	x
Mexique	844		891	970	1 036	1 150	1 411	1 481	1 550
Moldova, République de	399	363	347	330	257	181	122	99
Monténégro, République de	91	65	62	73	76	81	84	60
Norvège	3 683	3 644	3 783	3 943	4 148	4 318	4 527	..
Nouvelle-Zélande	..	..	..	..	..	..	..	..
Pays-Bas	15 400	16 808	17 098	17 018	17 018	17 700 e	18 532	18 437
Pologne	17 921	18 177	17 826	16 797	16 015	17 367	19 175	20 319
Portugal	4 111	4 143	3 803	3 649	3 852	3 957	4 146	4 391
République slovaque	2 309	2 431	2 459	2 485	2 583	3 411	3 595	3 873
République tchèque	6 591	6 714	7 265	7 601	7 797	8 298	8 843	9 498
Roumanie	5 438	5 073	4 571	4 411	4 976	5 149	4 988	5 663
Royaume-Uni	64 657	67 995	69 774	72 109	75 399	77 613	79 668	80 238 p
Serbie, République de	522	541	540	612	453	509	438	377
Slovénie	813	773	742	760	697	709	680	650
Suède	11 155	11 378	11 792	11 842	12 121	12 741	12 924 p	13 331
Suisse	19 177	19 471	19 262	19 447	20 010	20 389	20 812	..
Turquie	5 491	5 882	4 598	3 777	4 393	4 828	4 325	..
Ukraine	50 248	50 593	49 329	48 881 e	..	..	..	..

.. Non disponible ; e Valeur estimée ; p Donnée provisoire ; x Sans objet ; | Rupture de série
Note : Voir les métadonnées détaillées sur : http://metalinks.oecd.org/transport/20190130/e2c9.
Source : Statistiques de transport, FIT

Transport de voyageurs : voitures passagers
Million de voyageurs-kilomètres

	2010	2011	2012	2013	2014	2015	2016	2017
Albanie	5 535 e	6 726	6 654	7 587	..	..	..	..
Allemagne	884 800	894 400	896 300	903 100	916 400	927 000	946 500 p	..
Arménie	2 344	2 380	2 450	2 457	2 537	2 396	2 437	2 403
Australie	262 517	265 181	267 609	269 617	271 591	274 997	..	..
Autriche	..	..	..	..	..	..	..	..
Azerbaïdjan	..	..	..	..	..	..	..	..
Bélarus	..	..	..	..	..	..	..	..
Belgique	109 388	109 970	110 141	105 360	108 190	107 070	..	..
Bosnie-Herzégovine	..	..	..	..	..	..	..	..
Bulgarie	..	..	..	..	..	..	..	..
Canada	..	..	..	..	..	..	..	..
Chine	1 502 081	1 676 025	1 846 755	1 125 090	1 099 680	1 074 270	1 022 870	..
Corée	264 281	248 111	248 362	250 425	258 220	268 784	271 271	..
Croatie	..	..	..	..	..	..	..	..
Danemark	59 759	59 759	60 190	60 854	60 195	60 862	60 071	..
Espagne	341 629	334 021	321 045	316 539	308 704	317 553	329 880	..
Estonie	..	..	..	..	..	..	..	..
États-Unis	4 529 562	4 575 485	4 612 480	4 638 407	4 633 149	4 802 569	4 900 782	..
Fédération de Russie	295	283	338	337	263	351	450	499
Finlande	64 745	65 490	65 270	65 115	65 520	66 295	57 007		66 600	
France	709 789	709 827	710 667	712 948	720 876	736 791	754 254	757 255
Géorgie	..	..	..	..	..	..	..	..
Grèce	..	..	..	..	..	..	..	..
Hongrie	52 595	52 251	51 793	51 823	52 722 e	54 603 e	57 354	60 645 e
Inde	..	..	..	..	..	..	..	..
Irlande	..	..	..	..	..	..	..	..
Islande	4 958 e	4 777 e	4 832 e	4 971 e	5 226 e	5 578 e	6 468	..
Italie	698 390	665 328	578 668	620 368	642 920	676 350	704 542 e	744 919 e
Japon	..	..	..	..	..	..	..	..
Lettonie	..	..	..	..	..	..	..	..
Liechtenstein	..	..	..	..	..	..	..	..
Lituanie	32 569	29 908	34 191	33 325	24 366	24 865	25 854	31 361
Luxembourg	..	..	..	..	..	..	..	..
Macédoine du Nord	4 683 e	5 322 e	5 116 e	5 964 e	6 769 e	6 987 e	7 192 e	9 168
Malte	..	..	..	..	1 607 p	1 615 p	1 623 p	1 631 p
Mexique	..	..	..	..	..	..	..	..
Moldova, République de	..	..	..	..	..	..	..	..
Monténégro, République de	..	..	..	..	..	..	..	..
Norvège	57 087	58 029	58 701	59 420	60 794	62 387	62 688	..
Nouvelle-Zélande	..	..	..	..	..	..	..	..
Pays-Bas	144 200	144 400	139 600	145 400	145 000	139 500	140 800	138 700
Pologne	188 810 e	189 103 e	189 324 e	193 336 e	197 032 e	200 570 e	213 318 e	..
Portugal	..	..	..	..	..	..	..	..
République slovaque	26 879	26 887	26 935 e	27 155 e	27 251 e	27 531 e	27 836 e	28 125 e
République tchèque	63 570		65 490 e	64 260 e	64 650 e	66 260 e	69 705 e	72 255 e	74 327 e
Roumanie	..	..	..	..	..	..	..	..
Royaume-Uni	644 687	644 149	647 256	641 810	654 335	655 127	665 500	670 415 p
Serbie, République de	..	..	..	..	..	..	..	..
Slovénie	25 636	..	..	..	..	..	..	..
Suède	108 013	109 029	108 372	108 206	110 340	111 896	114 504	116 026 p
Suisse	85 934	86 723	88 150	89 467	90 704	91 995	93 970	..
Turquie	..	..	..	..	..	..	..	..
Ukraine	..	..	..	..	..	..	..	..

.. Non disponible ; e Valeur estimée ; p Donnée provisoire ; | Rupture de série
Note : Voir les métadonnées détaillées sur : http://metalinks.oecd.org/transport/20190130/e2c9.
Source : Statistiques de transport, FIT

Transport de voyageurs : bus et autocar
Million de voyageurs-kilomètres

	2010	2011	2012	2013	2014	2015	2016	2017
Albanie	2 370 e	1 254 e	983 e	1 063 e	..	..	..	..
Allemagne	78 092	77 957	76 019	77 146	78 790	81 771	81 129 p	..
Arménie	..	..	..	..	..	..	..	..
Australie	19 501	19 918	20 422	20 745	21 078	21 204	..	..
Autriche	..	..	..	..	..	..	..	..
Azerbaïdjan	16 633	18 264	20 034	21 880	22 992	23 825	24 429	24 886
Bélarus	..	..	..	..	..	..	..	..
Belgique	17 385	17 670	17 905	16 170	15 790	15 170	..	..
Bosnie-Herzégovine	..	1 454	1 926	1 764	..	..	..	..
Bulgarie	9 924	9 766	9 233	8 916	10 145	10 231	9 757	9 179
Canada	..	..	..	..	..	..	..	..
Chine	..	..	..	..	..	..	..	..
Corée	114 582	115 207	106 838	109 503	110 296	109 260	102 648	..
Croatie	3 284	3 145	3 249	3 507	3 648	3 377	3 802	4 150
Danemark	6 853	6 853	6 849	6 697	6 831	6 682	6 473	..
Espagne	50 902	55 742	54 531	53 836	39 469	46 389	47 763	..
Estonie	2 266	2 260	2 490	2 619	2 569	3 315	2 995	2 929
États-Unis	469 790	471 080	504 300	517 466	545 852	553 732	557 815	..
Fédération de Russie	140 333	138 284	132 968	126 042	127 090	126 271	123 977	122 920
Finlande	7 540	7 540	7 540	7 540	7 540	7 540	8 255		8 200	
France	54 375	54 932	55 543	56 130	57 565	58 540	58 913	58 134
Géorgie	..	..	..	..	..	..	..	..
Grèce	..	..	..	..	..	..	..	..
Hongrie	16 250	16 259	16 868	16 965	17 441	17 618	17 623	18 100
Inde	..	..	..	..	..	..	..	..
Irlande	..	..	..	..	..	..	..	..
Islande	638 e	615 e	622 e	640 e	673 e	718 e	833	..
Italie	102 219	102 444	101 512	101 770	102 806	102 640	103 099	103 174 e
Japon	77 750		73 988	75 668	74 571	72 579	71 443	70 119	69 815
Lettonie	2 311	2 412	2 358	2 325	2 345	2 232	2 187	2 166
Liechtenstein	..	..	..	..	..	..	..	..
Lituanie	2 348	2 400	2 387	2 521	2 672	2 457	2 361	2 474
Luxembourg	..	..	..	..	..	..	..	..
Macédoine du Nord	1 984	2 208	1 994	1 980	2 474	2 276	2 069	2 331
Malte	..	..	..	..	332 p	339 p	345 p	351 p
Mexique	452 033		465 600	480 690	484 776	494 128	508 498	518 368	528 694
Moldova, République de	2 417	2 733	2 835	3 004	2 720	2 834	3 006	3 123
Monténégro, République de	..	..	..	..	..	..	..	..
Norvège	5 631		5 672	5 791	5 844	5 966	6 351	6 693	..
Nouvelle-Zélande	..	..	..	..	..	..	..	..
Pays-Bas	..	..	..	..	..	..	..	..
Pologne	41 651 e	40 126 e	39 419 e	37 781 e	39 158 e	37 580 e	36 774 e	36 065 e
Portugal	..	5 850		5 850	6 023	5 657	5 857		6 756	..
République slovaque	5 142	5 338	5 300	5 166	5 281	5 268	5 829	5 925
République tchèque	10 816	9 267	9 015	9 026	10 010	9 996	10 257	11 178
Roumanie	11 955	11 773	12 584	12 923	14 061	..	..	..
Royaume-Uni	44 723	42 607	42 226	40 382	39 618	39 367	34 364	37 979 p
Serbie, République de	4 653	4 652	4 640	4 612	4 223	4 601	4 282	4 255
Slovénie	3 183	..	..	..	..	..	..	..
Suède	9 922	10 262	10 101	10 312	10 288	10 436	10 501	10 639 p
Suisse	6 486	6 677	6 837	6 895	7 016	7 163	7 306	..
Turquie	..	..	..	..	..	..	..	..
Ukraine	51 463	50 881	49 704	..	..	..	..	..

.. Non disponible ; e Valeur estimée ; p Donnée provisoire ; | Rupture de série

Note : Voir les métadonnées détaillées sur : http://metalinks.oecd.org/transport/20190130/e2c9.

Source : Statistiques de transport, FIT

Total du transport de voyageurs par route
Million de voyageurs-kilomètres

	2010	2011	2012	2013	2014	2015	2016	2017
Albanie	7 905 e	7 980 e	7 637 e	8 650 e	..	..	..	..
Allemagne	962 892	972 357	972 319	980 246	995 190	1 008 771	1 027 629 p	..
Arménie	2 344	2 380	2 450	2 457	2 537	2 396	2 437	2 403
Australie	282 018	285 099	288 031	290 362	292 670	296 202	..	..
Autriche	..	..	..	..	..	..	..	..
Azerbaïdjan	16 633	18 264	20 034	21 880	22 992	23 825	24 429	24 886
Bélarus	..	..	..	..	..	..	..	..
Belgique	126 773	127 640	128 046	121 530	123 980	122 240	..	..
Bosnie-Herzégovine	..	1 454	1 926	1 764	..	..	..	..
Bulgarie	9 924	9 766	9 233	8 916	10 145	10 231	9 757	9 179
Canada	..	..	..	..	..	..	..	..
Chine	1 502 081	1 676 025	1 846 755	1 125 090	1 099 680	1 074 270	1 022 870	..
Corée	378 863	363 318	355 200	359 928	368 516	378 044	373 919	..
Croatie	3 284	3 145	3 249	3 507	3 648	3 377	3 802	4 150
Danemark	66 612	66 612	67 039	67 551	67 027	67 544	66 544	..
Espagne	392 531	389 763	375 576	370 375	348 173	363 942	377 643	..
Estonie	2 266	2 260	2 490	2 619	2 569	3 315	2 995	2 929
États-Unis	4 999 352	5 046 565	5 116 780	5 155 873	5 179 001	5 356 301	5 458 597	..
Fédération de Russie	140 628	138 567	133 306	126 379	127 353	126 622	124 427	123 419
Finlande	72 285	73 030	72 810	72 655	73 060	73 835	65 262		74 800	
France	764 164	764 759	766 210	769 078	778 441	795 331	813 167	815 389
Géorgie	5 885	6 049	6 219	6 393	6 572	6 756	6 945	7 140
Grèce	..	..	..	..	..	..	..	..
Hongrie	68 845	68 510	68 661	68 788	70 163 e	72 221 e	74 977 e	78 745 e
Inde	8 409 000	9 478 000	10 393 000	11 756 000	13 403 000	15 415 000	17 496 000 e	19 718 000 e
Irlande	..	..	..	..	..	..	..	..
Islande	5 596 e	5 392 e	5 454 e	5 611 e	5 899 e	6 296 e	7 301	..
Italie	800 609	767 772	680 180	722 138	745 726	778 990	807 641	848 093
Japon	..	..	..	..	..	..	..	..
Lettonie	2 311	2 412	2 358	2 325	2 345	2 232	2 187	2 166
Liechtenstein	..	..	..	..	..	..	..	..
Lituanie	34 917	32 308	36 578	35 846	27 038	27 322	28 215	33 835
Luxembourg	..	..	..	..	..	..	..	..
Macédoine du Nord	6 667 e	7 530 e	7 110 e	7 944 e	9 243 e	9 263 e	9 261 e	11 499
Malte	..	..	..	..	1 940 p	1 954 p	1 968 p	1 982 p
Mexique	452 033	465 600	480 690	484 776	494 128	508 498	518 368	528 694
Moldova, République de	2 417	2 733	2 835	3 004	2 720	2 834	3 006	3 123
Monténégro, République de	81	80	111	109	108	110	114	114
Norvège	62 718		63 701	64 492	65 264	66 760	68 738	69 381	..
Nouvelle-Zélande	..	..	..	..	..	..	..	..
Pays-Bas	..	..	..	..	..	..	..	..
Pologne	230 461 e	229 229 e	228 743 e	231 117 e	236 190 e	238 150 e	250 092 e	..
Portugal	..	..	..	..	..	..	..	..
République slovaque	32 021	32 225	32 235	32 321	32 532	32 799	33 665	34 050
République tchèque	74 386		74 757	73 275	73 676	76 270	79 701	82 512	85 505
Roumanie	11 955	11 773	12 584	12 923	14 061	..	..	..
Royaume-Uni	689 410	686 756	689 483	682 191	693 953	694 493	699 865	708 393 p
Serbie, République de	..	..	..	..	..	..	..	..
Slovénie	28 819	..	..	..	..	..	..	..
Suède	117 935	119 291	118 473	118 518	120 628	122 357	125 162	126 665 p
Suisse	92 419	93 400	94 988	96 363	97 720	99 158	101 276	..
Turquie	226 913	242 265	258 874	268 178	276 073	290 734	300 852	314 734
Ukraine	51 463	50 881	49 704	..	..	..	..	..

.. Non disponible ; e Valeur estimée ; p Donnée provisoire ; | Rupture de série
Note : Voir les métadonnées détaillées sur : http://metalinks.oecd.org/transport/20190130/e2c9.
Source : Statistiques de transport, FIT

Total du transport terrestre de voyageurs
Million de voyageurs-kilomètres

	2010	2011	2012	2013	2014	2015	2016	2017
Albanie	7 924	7 998	7 653	8 662	..	..	..	..
Allemagne	1 046 778	1 057 771	1 061 115	1 069 861	1 086 166	1 100 374	1 123 094 p	..
Arménie	2 394 e	2 429 e	2 503 e	2 512 e	2 589 e	2 440	2 598	2 666
Australie	296 768	300 073	303 287	305 584	307 908	311 876	..	..
Autriche	..	..	..	..	..	..	..	..
Azerbaïdjan	17 550	18 924	20 625	22 489	23 604	24 320	24 877	25 353
Bélarus	..	..	..	..	..	..	..	..
Belgique	137 176	138 643		132 125	134 954 e	132 573 e	..	..
Bosnie-Herzégovine	..	1 554	1 980	1 804				
Bulgarie	12 024	11 834	11 109	10 742	11 847	11 783	11 215	10 617
Canada	..	..	..	..	..	..	..	..
Chine	2 378 299	2 637 254	2 827 988	2 184 650	2 223 870	2 270 330	2 280 800	..
Corée	437 244	426 362	425 279	426 281	436 376	446 415	451 756	..
Croatie	5 026	4 631	4 353	4 455	4 575	4 328	4 638	4 895
Danemark	73 189	73 502	74 059	74 627	73 835	74 352	73 197	..
Espagne	414 987	412 558	398 052	394 163	373 245	390 097	404 313	..
Estonie	2 514	2 501	2 726	2 844	2 851	3 604	3 311	3 296
États-Unis	5 009 684	5 057 135	5 127 729	5 166 832	5 189 743	5 366 820	5 469 091	..
Fédération de Russie	279 513	278 309	277 918	264 896	257 380	247 266	249 047	246 515
Finlande	76 244	76 912	76 845	76 708	76 934	77 948	69 130	79 071	
France	866 331	870 355	872 166	874 293	883 030	900 180	917 365	925 853
Géorgie	6 539	6 690	6 844	6 978	7 122	7 221	7 490	7 736
Grèce	..	..	..	..	..	..	..	..
Hongrie	76 537	76 316	76 467	76 631	77 901 e	79 830 e	82 630 e	86 476 e
Inde	9 387 508	10 524 522	11 491 103	12 896 412	14 550 190	16 558 039	18 645 835 e	20 879 333 e
Irlande	..	..	..	..	..	..	..	..
Islande	5 596 e	5 392 e	5 454 e	5 611 e	5 899 e	6 296 e	7 301	..
Italie	847 781	814 617	726 939	770 877	795 683	831 197	859 819	..
Japon	..	..	..	..	..	..	..	..
Lettonie	3 060	3 153	3 083	3 054	2 994	2 823	2 771	2 762
Liechtenstein	..	..	..	..	..	..	..	..
Lituanie	35 290	32 697	36 981	36 237	27 411	27 683	28 611	34 259
Luxembourg	..	..	..	..	..	..	..	..
Macédoine du Nord	6 822 e	7 675 e	7 209 e	8 024 e	9 323 e	9 441 e	9 344 e	11 558
Malte	..	..	..	..	1 940 p	1 954 p	1 968 p	1 982 p
Mexique	452 877	466 491	481 660	485 812	495 278	509 909	519 849	530 244
Moldova, République de	2 816	3 096	3 182	3 334	2 977	3 015	3 128	3 222
Monténégro, République de	172	145	173	182	184	191	198	174
Norvège	66 401		67 345	68 275	69 207	70 908	73 056	73 908	..
Nouvelle-Zélande	..	..	..	..	..	..	..	..
Pays-Bas	..	..	..	..	..	..	..	..
Pologne	248 382 e	247 406 e	246 569 e	247 914 e	252 205 e	255 517 e	269 267	..
Portugal	..	..	..	..	..	..	..	..
République slovaque	34 330	34 656	34 694	34 806	35 115	36 210	37 260	37 923
République tchèque	80 977		81 471	80 540	81 277	84 067	87 999	91 355	95 002
Roumanie	17 393	16 846	17 155	17 334	19 037	22 620	23 732	23 840
Royaume-Uni	754 067	754 751	759 257	754 300	769 352	772 106	779 532	788 631 p
Serbie, République de	..	..	..	..	..	..	..	..
Slovénie	29 632	..	..	..	..	..	..	..
Suède	129 090	130 669	130 265	130 360	132 749	135 073	137 929	139 996 p
Suisse	111 596	112 871	114 250	115 810	117 730	119 547	122 088	..
Turquie	232 404	248 147	263 472	271 955	280 466	295 562	305 177	..
Ukraine	101 711	101 474	99 033	..	..	..	..	..

.. Non disponible ; e Valeur estimée ; p Donnée provisoire ; | Rupture de série
Note : Voir les métadonnées détaillées sur : http://metalinks.oecd.org/transport/20190130/e2c9.
Source : Statistiques de transport, FIT

Accidents corporels de la route
Nombre d'accidents

	2010	2011	2012	2013	2014	2015	2016	2017
Albanie	1 564	1 876	1 870	2 075	1 914	1 992	..	..
Allemagne	288 297	306 266	299 637	291 105	302 435	305 659	308 145	302 656
Arménie	1 974 e	2 319 e	2 602 e	2 824 e	3 156	3 399	3 203	3 535
Australie	..	..	..	..	..	..	..	..
Autriche	35 348	35 129	40 831 |	38 502	37 957	37 960	38 466	37 402
Azerbaïdjan	2 721	2 890	2 892	2 846	2 635	2 220	2 006	1 833
Bélarus	..	..	..	..	..	..	..	..
Belgique	45 745	47 761	44 259	41 347	41 474	40 300	40 123	38 020
Bosnie-Herzégovine	..	37 928	34 884	35 725	..	..	..	..
Bulgarie	6 609	6 639	6 717	7 015	7 018	7 225	7 404	6 888
Canada	125 636	124 199	124 683	122 143	116 278	118 060	117 673 p	..
Chine	219 521	210 812	204 196	198 394	196 812	187 781	212 846	..
Corée	226 878	221 711	223 656	215 354	223 552	232 035	220 917	216 335
Croatie	13 272	13 228	11 773	11 225	10 607	11 038	10 779	10 939
Danemark	3 498	3 525	3 124	2 984	2 880	2 853	2 882	2 789
Espagne	85 503	83 027	83 115	89 519	91 570	97 756	102 362	..
Estonie	1 347	1 492	1 383	1 364	1 413	1 376	1 468	1 406
États-Unis	1 572 000 e	1 530 000 e	1 634 000 e	1 621 000 e	1 648 000 e	1 747 000 e	..	..
Fédération de Russie	199 431	199 868	203 597	204 068	199 723	184 000	173 694	169 432
Finlande	6 072	6 408	5 725	5 334	5 324	5 185	4 730	4 752 p
France	67 288	65 024	60 437	56 812	58 191	56 603	57 522	58 613
Géorgie	5 099	4 486	5 359	5 510	5 992	6 432	6 939	6 079
Grèce	15 032	13 849	12 398	12 109	11 690	11 440	11 318	10 647 p
Hongrie	16 308	15 827	15 174	15 691	15 847	16 331	16 627	16 489
Inde	499 628	497 686	490 383	486 476	489 400	501 423	480 652	464 910
Irlande	5 780	5 230	5 610	4 976	5 797 p	5 831 p	5 573	5 927
Islande	883	849	742	822	808	912	986	939
Italie	212 997	205 638	188 228	181 660	177 031	174 539	175 791	174 933
Japon	725 924	692 084	665 157	629 033	573 842	536 899	499 201	472 165
Lettonie	3 193	3 386	3 358	3 489	3 728	3 692	3 792	3 874
Liechtenstein	366	327	403	468	465	445	434	436
Lituanie	3 530	3 266	3 391	3 391	3 225	3 033	3 201	3 059
Luxembourg	876	962	1 019	949	908	983	941	955
Macédoine du Nord	4 223	4 462	4 108	4 230	3 852	3 854	3 902	4 019
Malte	13 727	14 624	14 546	14 070	14 473	15 504	15 017	15 003
Mexique	14 581	11 473	12 888	21 636	17 909	16 994	12 553	11 873
Moldova, République de	2 921	2 825	2 713	2 603	2 536	2 559	2 472	2 479
Monténégro, République de	1 520	1 451	1 217 |	1 266	1 334	1 554	1 698	1 831
Norvège	6 434	6 079	6 154	5 241	4 972	4 563	4 374	4 086
Nouvelle-Zélande	10 886	9 804	9 604	9 347	8 880	9 737	9 968	11 126
Pays-Bas	3 853 e	..	..	..	..	..	..	..
Pologne	38 832	40 065	37 062	35 847	34 970	32 967	33 664	32 760
Portugal	35 426	32 541	29 867	30 339	30 604	31 953	32 299	34 416
République slovaque	6 570	5 775	5 370	5 113	5 391	5 502	5 602	5 638
République tchèque	19 676	20 487	20 504	20 342	21 054	21 561	21 386	21 263
Roumanie	25 996	26 648	26 928	24 827	25 355	28 944	30 751	31 106
Royaume-Uni	160 080	157 068	151 346	144 426	152 407	146 203	142 846	136 063
Serbie, République de	14 179	14 119	13 333	13 522	13 043	13 638	14 382	14 691
Slovénie	7 560	7 218	6 864	6 542	6 264	6 585	6 495	6 185
Suède	16 500 |	16 119	16 458	14 815	12 926	14 672	14 051	14 849
Suisse	19 609	18 990	18 148	17 473	17 803	17 736	17 577	17 799
Turquie	116 804	131 845	153 552	161 306	168 512	183 011	185 128	182 669
Ukraine	31 914	31 281	30 699	..	..	..	..	..

.. Non disponible ; e Valeur estimée ; p Donnée provisoire ; | Rupture de série

Note : Voir les métadonnées détaillées sur : http://metalinks.oecd.org/transport/20190130/c9e5.

Source : Statistiques de transport, FIT

Victimes d'accidents de la route (tués et blessés)

Nombre

	2010	2011	2012	2013	2014	2015	2016	2017
Albanie	2 069	2 472	2 569	2 798	2 617	2 692	..	
Allemagne	374 818	396 374	387 978	377 481	392 912	396 891	399 872	393 492
Arménie	2 964 e	3 681 e	4 050 e	4 310 e	4 776	5 084	4 718	5 458
Australie	34 128	35 359	35 391	24 246	..	..	..	..
Autriche	46 410	45 548	51 426	48 499	48 100	47 845	48 825	47 258
Azerbaïdjan	3 796	4 047	4 165	4 112	3 800	3 159	2 762	2 469
Bélarus	..	..	..	..	..	..	..	
Belgique	59 872	62 195	57 146	53 876	53 982	52 593	51 928	49 066
Bosnie-Herzégovine	..	10 395	9 478	10 052	..	..		
Bulgarie	8 854	8 958	8 794	9 376	9 299	9 679	10 082	9 362
Canada	174 319	169 764	168 803	166 476	158 214	160 566	162 213 p	..
Chine	319 299	299 808	284 324	272 263	270 405	257 902	289 523	
Corée	357 963	346 620	349 957	333 803	342 259	355 021	336 012	327 014
Croatie	18 759	18 483	16 403	15 642	14 530	15 372	14 903	14 939
Danemark	4 408	4 259	3 778	3 585	3 375	3 334	3 439	3 318
Espagne	122 823	117 687	117 793	126 400	128 320	136 144	142 200	
Estonie	1 799	1 980	1 794	1 761	1 790	1 792	1 917	1 773
États-Unis	2 272 000 e	2 249 000 e	2 396 000 e	2 346 000 e	2 371 000 e	2 478 000 e	..	..
Fédération de Russie	277 202	279 801	286 609	285 462	278 751	254 311	241 448	234 462
Finlande	7 945	8 223	7 343	6 939	6 934	6 678	6 144	5 806 p
France	88 453	85 214	79 504	73 875	76 432	74 263	76 122	77 093
Géorgie	8 245	7 164	8 339	8 559	9 047	9 789	10 532	8 978
Grèce	20 366	18 400	16 628	16 054	15 359	14 889	14 649	13 657 p
Hongrie	21 657	20 810	19 584	20 681	20 750	21 543	22 543	22 076
Inde	662 025	653 897	647 925	632 465	633 145	646 412	645 409	618 888
Irlande	8 482	7 421	8 105	7 068	8 272 p	8 002 p	8 106	..
Islande	1 261	1 217	1 044	1 232	1 172	1 324	1 429	1 387
Italie	308 834	295 879	270 617	261 494	254 528	250 348	252 458	250 128
Japon	901 245	859 304	829 830	785 880	715 487	670 140	622 757	584 544
Lettonie	4 241	4 403	4 356	4 517	4 815	4 754	4 806	4 954
Liechtenstein	114	107	109	113	101	113	105	89
Lituanie	4 529	4 215	4 253	4 263	4 014	3 836	3 941	3 758
Luxembourg	1 217	1 341	1 412	1 297	1 261	1 384	1 235	1 297
Macédoine du Nord	6 357	7 025	6 281	6 682	6 186	6 061	6 136	6 379
Malte	1 079	1 577	1 599	1 582	1 796	1 711	1 852	1 873
Mexique	33 649	30 451	29 275	24 542	21 182	18 960	14 534	11 824
Moldova, République de	4 197	3 978	3 952	3 522	3 404	3 363	3 235	3 229
Monténégro, République de	2 194	2 133	1 768	1 886	1 900	2 224	2 423	2 711
Norvège	9 338	8 531	8 340	7 029	6 438	5 804	5 674	5 368
Nouvelle-Zélande	14 406	12 858	12 430	12 034	11 512	12 589	12 784	14 270
Pays-Bas	4 291 e	..	..	..	..	..	..	..
Pologne	52 859	53 690	49 369	47 416	45 747	42 716	43 792	42 297
Portugal	47 302	42 851	38 823	39 390	39 653	41 549	41 668	44 485
République slovaque	8 503	7 382	6 790	6 562	6 912	7 059	7 216	7 160
République tchèque	25 186	26 322	26 257	25 942	27 046	27 704	27 692	27 656
Roumanie	34 791	35 509	36 251	33 325	34 152	38 790	41 475	42 162
Royaume-Uni	217 605	212 710	204 733	192 693	203 865	195 926	190 975	180 177
Serbie, République de	19 982	20 040	19 090	19 118	18 529	19 909	21 212	21 717
Slovénie	10 454	9 814	9 278	8 867	8 328	8 830	8 586	8 005
Suède	23 571	22 679	23 110	20 522	17 795	19 902	18 933	19 915
Suisse	24 564	23 562	22 557	21 648	21 764	21 791	21 608	21 643
Turquie	215 541	241 909	271 829	278 514	288 583	311 951	311 112	307 810
Ukraine	43 850	43 086	42 650	..	..	..	..	..

.. Non disponible ; e Valeur estimée ; p Donnée provisoire ; | Rupture de série

Note : Voir les métadonnées détaillées sur : http://metalinks.oecd.org/transport/20190130/c9e5.

Source : Statistiques de transport, FIT

Blessés dans les accidents de la route
Nombre

	2010	2011	2012	2013	2014	2015	2016	2017
Albanie	1 716	2 150	2 235	2 503	2 353	2 422	..	
Allemagne	371 170	392 365	384 378	374 142	389 535	393 432	396 666	390 312
Arménie	2 670 e	3 354 e	3 739 e	3 994 e	4 479	4 738	4 451	5 179
Australie	32 775	34 082	34 091	23 059	..	..	..	
Autriche	45 858	45 025	50 895		48 044	47 670	47 366	48 393	47 258
Azerbaïdjan	2 871	3 031	2 997	2 948	2 676	2 265	2 003	1 719
Bélarus	..	..	..	..	..	..	..	
Belgique	59 022	61 311	56 319	53 112	53 237	51 831	51 258	48 451
Bosnie-Herzégovine	..	10 039	9 175	9 718	..	..	..	
Bulgarie	8 078	8 301	8 193	8 775	8 639	8 971	9 374	8 680
Canada	172 081	167 741	166 728	164 525	156 366	158 706	160 315 p	..
Chine	254 074	237 421	224 327	213 724	211 882	199 880	226 430	
Corée	352 458	341 391	344 565	328 711	337 497	350 400	331 720	322 829
Croatie	18 333	18 065	16 010	15 274	14 222	15 024	14 596	14 608
Danemark	4 153	4 039	3 611	3 394	3 193	3 156	3 228	3 143
Espagne	120 345	115 627	115 890	124 720	126 632	134 455	140 390	
Estonie	1 720	1 879	1 707	1 680	1 712	1 725	1 846	1 725
États-Unis	2 239 000 e	2 217 000 e	2 362 000 e	2 313 000 e	2 338 000 e	2 443 000 e	..	..
Fédération de Russie	250 635	251 848	258 618	258 437	251 793	231 197	221 140	215 374
Finlande	7 673	7 931	7 088	6 681	6 705	6 408	5 888	5 576 p
France	84 461	81 251	75 851	70 607	73 048	70 802	72 645	73 645
Géorgie	7 560	6 638	7 734	8 045	8 536	9 187	9 951	8 461
Grèce	19 108	17 259	15 640	15 175	14 564	14 096	13 825	12 925 p
Hongrie	20 917	20 172	18 979	20 090	20 124	20 899	21 936	21 451
Inde	527 512	511 412	509 667	494 893	493 474	500 279	494 624	470 975
Irlande	8 270	7 235	7 942	6 880	8 079 p	7 840 p	7 920	..
Islande	1 253	1 205	1 035	1 217	1 168	1 308	1 411	1 371
Italie	304 720	292 019	266 864	258 093	251 147	246 920	249 175	246 750
Japon	895 417	853 769	824 569	780 715	710 649	665 255	618 059	580 113
Lettonie	4 023	4 224	4 179	4 338	4 603	4 566	4 648	4 818
Liechtenstein	114	105	108	111	98	111	105	87
Lituanie	4 230	3 919	3 951	4 007	3 747	3 594	3 749	3 567
Luxembourg	1 185	1 308	1 378	1 252	1 226	1 348	1 203	1 272
Macédoine du Nord	6 195	6 853	6 149	6 484	6 056	5 913	5 971	6 224
Malte	1 064	1 560	1 590	1 564	1 786	1 700	1 829	1 854
Mexique	28 617	26 045	24 736	20 693	17 408	15 470	11 163	8 905
Moldova, République de	3 745	3 535	3 510	3 221	3 080	3 063	2 924	2 928
Monténégro, République de	2 099	2 075	1 722	1 812	1 835	2 173	2 358	2 648
Norvège	9 130	8 363	8 195	6 842	6 291	5 687	5 539	5 262
Nouvelle-Zélande	14 031	12 574	12 122	11 781	11 219	12 270	12 456	13 892
Pays-Bas	3 651 e	..	..	..	..	..	..	
Pologne	48 952	49 501	45 792	44 059	42 545	39 778	40 766	39 466
Portugal	46 365	41 960	38 105	38 753	39 015	40 956	41 105	43 893
République slovaque	8 150	7 057	6 438	6 311	6 617	6 749	6 941	6 884
République tchèque	24 384	25 549	25 515	25 288	26 358	26 966	27 081	27 079
Roumanie	32 414	33 491	34 209	31 464	32 334	36 897	39 562	40 211
Royaume-Uni	215 700	210 750	202 931	190 923	202 011	194 122	189 115	178 321
Serbie, République de	19 326	19 312	18 406	18 472	17 993	19 308	20 606	21 139
Slovénie	10 316	9 673	9 148	8 742	8 220	8 710	8 456	7 901
Suède	23 305		22 360	22 825	20 262	17 525	19 643	18 663	19 662
Suisse	24 237	23 242	22 218	21 379	21 521	21 538	21 392	21 413
Turquie	211 496	238 074	268 079	274 829	285 059	304 421	303 812	300 383
Ukraine	38 975	38 178	37 519	..	..	..	..	

.. Non disponible ; e Valeur estimée ; p Donnée provisoire ; | Rupture de série
Note : Voir les métadonnées détaillées sur : http://metalinks.oecd.org/transport/20190130/c9e5.
Source : Statistiques de transport, FIT

Tués dans les accidents de la route

Nombre

	2010	2011	2012	2013	2014	2015	2016	2017
Albanie	353	322	334	295	264	270	..	..
Allemagne	3 648	4 009	3 600	3 339	3 377	3 459	3 206	3 180
Arménie	294 e	327 e	311 e	316 e	297	346	267	279
Australie	1 353	1 277	1 300	1 187	1 150	1 205	1 295	1 226
Autriche	552	523	531 |	455	430	479	432	414
Azerbaïdjan	925	1 016	1 168	1 164	1 124	894	759	750
Bélarus	..	..	..	..	..	..	..	..
Belgique	850	884	827	764	745	762	670	615
Bosnie-Herzégovine	..	356	303	334	..	..	..	..
Bulgarie	776	657	601	601	660	708	708	682
Canada	2 238	2 023	2 075	1 951	1 848	1 860	1 898 p	..
Chine	65 225	62 387	59 997	58 539	58 523	58 022	63 093	
Corée	5 505	5 229	5 392	5 092	4 762	4 621	4 292	4 185
Croatie	426	418	393	368	308	348	307	331
Danemark	255	220	167	191	182	178	211	175
Espagne	2 478	2 060	1 903	1 680	1 688	1 689	1 810	..
Estonie	79	101	87	81	78	67	71	48
États-Unis	32 999	32 479	33 561	32 719	32 675	35 092	37 461	37 150 e
Fédération de Russie	26 567	27 953	27 991	27 025	26 958	23 114	20 308	19 088
Finlande	272	292	255	258	229	270	256	230 p
France	3 992	3 963	3 653	3 268	3 384	3 461	3 477	3 448
Géorgie	685	526	605	514	511	602	581	517
Grèce	1 258	1 141	988	879	795	793	824	732 p
Hongrie	740	638	605	591	626	644	607	625
Inde	134 513	142 485	138 258	137 572	139 671	146 133	150 785	147 913
Irlande	212	186	163	188	193 p	162 p	186 p	157 p
Islande	8	12	9	15	4	16	18	16
Italie	4 114	3 860	3 753	3 401	3 381	3 428	3 283	3 378
Japon	5 828	5 535	5 261	5 165	4 838	4 885	4 698	4 431
Lettonie	218	179	177	179	212	188	158	136
Liechtenstein	0	2	1	2	3	2	0	2
Lituanie	299	296	302	256	267	242	192	191
Luxembourg	32	33	34	45	35	36	32	25
Macédoine du Nord	162	172	132	198	130	148	165	155
Malte	15	17	9	18	10	11	23	19
Mexique	5 032	4 406	4 539	3 849	3 774	3 490	3 371	2 919
Moldova, République de	452	443	442	301	324	300	311	301
Monténégro, République de	95	58	46	74	65	51	65	63
Norvège	208	168	145	187	147	117	135	106
Nouvelle-Zélande	375	284	308	253	293	319	328	378
Pays-Bas	640	661	650	570	570	621	629	613
Pologne	3 907	4 189	3 577	3 357	3 202	2 938	3 026	2 831
Portugal	937	891	718	637	638	593	563	592
République slovaque	353	325	352	251	295	310	275	276
République tchèque	802	773	742	654	688	738	611	577
Roumanie	2 377	2 018	2 042	1 861	1 818	1 893	1 913	1 951
Royaume-Uni	1 905	1 960	1 802	1 770	1 854	1 804	1 860	1 856
Serbie, République de	656	728	684	646	536	601	606	578
Slovénie	138	141	130	125	108	120	130	104
Suède	266 |	319	285	260	270	259	270	253
Suisse	327	320	339	269	243	253	216	230
Turquie	4 045	3 835	3 750	3 685	3 524	7 530 |	7 300	7 427
Ukraine	4 875	4 908	5 131	4 824 p	..	..	..	..

.. Non disponible ; e Valeur estimée ; p Donnée provisoire ; | Rupture de série

Note : Voir les métadonnées détaillées sur : http://metalinks.oecd.org/transport/20190130/c9e5.

Source : Statistiques de transport, FIT

Tués dans les accidents de la route, par million d'habitants

Nombre

	2010	2011	2012	2013	2014	2015	2016	2017
Albanie	121.2	110.8	115.2	101.9	91.4	93.7	..	..
Allemagne	44.6	49.9	44.8	41.4	41.7	42.3	38.9	38.5
Arménie	102.2 e	113.7 e	107.9 e	109.2 e	102.2	118.6	91.3	95.2
Australie	61.4	57.2	57.2	51.3	48.9	50.5	53.5	49.8
Autriche	66.0	62.3	63.0	53.7	50.3	55.4	49.4	47.2
Azerbaïdjan	102.2	110.8	125.7	123.6	117.9	92.7	77.8	76.0
Bélarus	..	..	..	..	..	..	..	..
Belgique	78.0	80.0	74.3	68.3	66.5	67.6	59.1	54.1
Bosnie-Herzégovine	..	96.5	83.1	92.7	..	..	..	..
Bulgarie	104.9	89.4	82.3	82.7	91.4	98.6	99.3	96.4
Canada	65.8	58.9	59.7	55.5	52.0	51.9	52.3	..
Chine	..	..	..	..	..	..	..	..
Corée	111.1	104.7	107.4	101.0	93.8	90.6	83.8	81.3
Croatie	96.4	97.7	92.1	86.5	72.7	82.8	73.5	80.2
Danemark	46.0	39.5	29.9	34.0	32.3	31.3	36.8	30.4
Espagne	53.2	44.1	40.7	36.0	36.3	36.4	39.0	..
Estonie	59.3	76.1	65.8	61.5	59.3	50.9	54.0	36.5
États-Unis	106.7	104.2	106.9	103.5	102.6	109.3	115.8	114.1
Fédération de Russie	186.0	195.5	195.5	188.3	187.4	160.4	140.7	132.1
Finlande	50.7	54.2	47.1	47.4	41.9	49.3	46.6	41.7
France	61.4	60.7	55.6	49.5	51.0	52.0	52.0	51.4
Géorgie	174.5	135.7	158.2	136.1	137.1	162.0	156.2	139.1
Grèce	113.1	102.8	89.5	80.2	73.0	73.3	76.5	68.0
Hongrie	74.0	64.0	61.0	59.7	63.5	65.4	61.8	63.9
Inde	109.3	114.2	109.5	107.6	108.0	111.6	113.9	110.5
Irlande	46.5	40.6	35.4	40.7	41.4	34.5	39.1	32.6
Islande	25.2	37.6	28.1	46.3	12.2	48.4	53.7	46.9
Italie	69.4	65.0	63.0	56.5	55.6	56.5	54.2	55.8
Japon	45.5	43.3	41.2	40.5	38.0	38.4	37.0	34.9
Lettonie	103.9	86.9	87.0	88.9	106.3	95.1	80.6	70.1
Liechtenstein	0.0	55.2	27.4	54.3	80.8	53.5	0.0	52.7
Lituanie	96.5	97.8	101.1	86.6	91.1	83.3	66.9	67.5
Luxembourg	63.1	63.7	64.0	82.8	62.9	63.2	55.5	42.3
Macédoine du Nord	78.2	83.0	63.6	95.4	62.6	71.2	79.3	74.4
Malte	36.2	40.8	21.5	42.3	23.0	24.7	50.5	40.8
Mexique	42.9	37.0	37.6	31.4	30.4	27.7	26.4	22.6
Moldova, République de	126.9	124.4	124.2	84.6	91.1	84.4	87.6	84.8
Monténégro, République de	153.4	93.5	74.1	119.1	104.5	82.0	104.5	101.2
Norvège	42.5	33.9	28.9	36.8	28.6	22.6	25.8	20.1
Nouvelle-Zélande	86.2	64.8	69.9	57.0	65.0	69.4	69.9	78.9
Pays-Bas	38.5	39.6	38.8	33.9	33.8	36.7	36.9	35.8
Pologne	102.7	110.1	94.0	88.3	84.2	77.3	79.7	74.5
Portugal	88.6	84.4	68.3	60.9	61.3	57.3	54.5	57.4
République slovaque	65.5	60.2	65.1	46.4	54.4	57.2	50.7	50.7
République tchèque	76.6	73.7	70.6	62.2	65.4	70.0	57.9	54.5
Roumanie	117.4	100.2	101.8	93.1	91.3	95.5	97.1	99.6
Royaume-Uni	30.4	31.0	28.3	27.6	28.7	27.7	28.4	28.1
Serbie, République de	90.0	100.6	95.0	90.2	75.2	84.7	85.9	82.3
Slovénie	67.4	68.7	63.2	60.7	52.4	58.2	63.0	50.3
Suède	28.4	33.8	29.9	27.1	27.9	26.4	27.2	25.1
Suisse	41.8	40.4	42.4	33.3	29.7	30.6	25.8	27.2
Turquie	55.9	52.2	50.3	48.6	45.8	96.2	91.8	92.0
Ukraine	106.3	107.4	112.5	106.1 p	..	..	..	..

.. Non disponible ; e Valeur estimée ; p Donnée provisoire ; | Rupture de série

Note : Voir les métadonnées détaillées sur : http://metalinks.oecd.org/transport/20190130/b79c.

Source : Statistiques de transport, FIT

Tués dans les accidents de la route, par million de véhicules

Nombre

	2010	2011	2012	2013	2014	2015	2016	2017
Albanie	..	..	..	..	..	..	..	..
Allemagne	69.8	75.7	66.9	61.3	61.4	62.0	56.6	55.3
Arménie	..	..	..	..	..	..	..	..
Australie	84.2	78.0	77.7	69.1	65.2	66.9	70.4 p	65.3
Autriche	92.3	85.9	85.7		72.2	67.4	74.1	66.0	62.2
Azerbaïdjan	..	..	..	..	..	..	..	..
Bélarus	..	..	..	..	..	..	..	..
Belgique	127.1	128.8	119.5	109.2	105.3	106.2	91.8	82.9
Bosnie-Herzégovine	..	..	..	..	..	..	..	..
Bulgarie	249.0	203.3	178.3	171.6	181.2	184.7	184.6	..
Canada	102.4	90.9	92.8	84.8	78.5	77.7	78.2	..
Chine	..	..	..	..	..	..	..	..
Corée	264.3	243.8	246.1	227.3	207.5	195.3	174.7	164.7
Croatie	243.4	238.8	237.0	221.4	181.9	201.7	171.3	..
Danemark	88.2	75.9	57.0	64.6	61.0	58.8	68.3	55.3
Espagne	74.3	61.5	57.0	50.9	51.1	50.6	53.1	..
Estonie	119.9	147.5	121.1	107.9	..	..	..	..
États-Unis	128.3	122.5	126.3	121.5	118.9	124.7	130.1	. ..
Fédération de Russie	..	..	..	..	..	..	..	..
Finlande	70.6	72.8	61.7	60.9	52.8 e	61.0	56.3	..
France	99.4	98.0	86.4 e	77.2 e	79.7 e	81.1 e	80.8 e	79.4
Géorgie	..	..	..	..	..	..	..	..
Grèce	133.1	120.1	104.1	93.0	84.1	83.3	86.8	75.8
Hongrie	203.3	179.9	169.6	160.1		165.7	165.7	150.9	148.4
Inde	..	..	..	..	..	..	..	..
Irlande	87.7	76.7	67.8	75.7	76.7 p	63.0 p	70.9 p	58.7
Islande	30.8	46.0	33.8	55.6	14.6	56.1	59.4	..
Italie	80.3	75.2	73.2	66.3	65.5	66.0	62.3	63.1
Japon	64.4	61.3	58.4	57.0	53.2	53.5	51.4	48.5
Lettonie	296.1		251.2	244.9	240.8	276.4	237.2	204.0	..
Liechtenstein	..	..	..	..	..	..	..	..
Lituanie	139.4	136.2	135.0	112.5	179.3		156.2	119.0	121.0
Luxembourg	77.8	78.7	79.1	101.8	81.2 e	81.2	70.5	53.6
Macédoine du Nord	..	..	..	..	..	..	..	..
Malte	49.5	54.8	28.8	56.1	30.0	31.9	64.5	..
Mexique	159.1	132.4	130.2	104.8	99.3 p	87.3	79.4	64.2
Moldova, République de	..	..	..	..	..	..	..	..
Monténégro, République de	..	..	..	..	..	..	..	..
Norvège	59.5	46.8	39.3	49.9	38.6	30.0	34.0	..
Nouvelle-Zélande	116.1	87.8	94.8	76.6	86.2	90.8	89.7	98.8
Pays-Bas	68.5	69.9	67.9	59.3	59.3	64.3	64.3	..
Pologne	176.7	181.2	150.5	136.9	126.8	112.4	110.8	..
Portugal	161.7	..	124.3	111.3	111.5	102.9	97.0	..
République slovaque	174.2	152.9	159.2	110.1	125.0	125.8	107.2	..
République tchèque	133.2	126.7	119.6	102.7	108.2	113.6	89.0	81.2
Roumanie	462.7	389.1	380.2	330.7	308.5	305.3	290.6	..
Royaume-Uni	54.2	55.6	50.6	49.0	50.5	48.0	48.5	..
Serbie, République de	362.5	380.3	343.4	315.3	257.1	279.3	270.8	237.6
Slovénie	103.6	105.4	96.2	92.3	78.7	86.0	91.3	70.6
Suède	47.1		56.8	49.5	44.7	45.6	43.0	43.9	..
Suisse	59.2	56.7	58.9	46.1	40.9	41.8	35.1	36.9
Turquie	309.4	273.5	251.2	232.7	211.3	423.6		388.1	..
Ukraine	..	..	..	..	..	..	..	..

.. Non disponible ; e Valeur estimée ; p Donnée provisoire ; | Rupture de série
Note : Voir les métadonnées détaillées sur : http://metalinks.oecd.org/transport/20190130/b79c.
Source : Statistiques de transport, FIT

Investissement dans les infrastructures ferroviaires
Million d'euros

	2009	2010	2011	2012	2013	2014	2015	2016
Albanie	0.1	0.3	0.9	0.5	0.7	0.7	0.5	0.0
Allemagne	3 412.0	3 807.0	4 086.0	3 930.0	4 210.0	4 420.0	4 750.0	4 840.0
Arménie	53.2	42.7	26.4	23.9	11.7	12.0	12.4	5.6
Australie	2 285.0	3 611.6	5 164.9	6 602.3	4 975.6	4 320.3	2 799.6	2 627.6
Autriche	2 062.0	1 936.0	2 143.0	1 688.0	1 648.0	1 567.0	1 549.0	1 523.0
Azerbaïdjan	2.7	2.8	2.7	3.0	3.8	3.8	1.8	1.1
Bélarus	..	..	..	..	..	..	..	..
Belgique	1 404.3	1 376.5	1 295.1	1 333.4	1 200.8	1 108.0		1 006.0	959.1
Bosnie-Herzégovine	..	..	..	..	..	..	..	..
Bulgarie	49.6	129.9	90.0	114.0	123.7	167.2	301.2	301.2
Canada	493.3	697.4	869.4	1 044.5	1 011.4	962.6	1 063.1	768.5 p
Chine	70 183.4	85 005.4	65 833.8	75 538.5	81 347.4	94 554.3	111 893.1	..
Corée	4 629.2	5 258.7	4 937.8	5 964.5	5 838.4	6 175.6	8 589.3	..
Croatie	98.2	83.4	80.5	61.8	183.1	130.7	60.0	44.3
Danemark	356.7	396.4	862.9	915.8	996.1	1 159.4	1 308.4	1 185.0
Espagne	8 772.0	7 669.0	7 553.0	5 350.0	2 710.0	3 042.0	2 631.0	1 682.0 p
Estonie	37.0	35.0	94.0	47.7	26.5	15.5	13.1	15.4
États-Unis	7 140.6	7 364.3	8 335.8	10 478.4	9 856.2	11 347.8	15 687.6	..
Fédération de Russie	6 576.6	9 052.4	9 872.1	11 194.2	9 786.8	6 474.6	5 022.3	4 830.4
Finlande	361.0	388.0	355.0	450.0	605.0	643.0	567.0	537.0
France	3 386.0	3 277.0	4 589.0	5 381.0	7 808.0	6 823.0	6 224.0	5 244.0
Géorgie	91.3	83.4	266.8	243.8	62.7	76.5	88.2	88.7
Grèce	467.0	212.0	185.0	177.0	96.0	180.6 e	218.5 e	..
Hongrie	317.6	272.0		348.8	472.4	623.2	626.7	701.3	323.2
Inde	4 723.7	5 149.6	4 944.4	6 075.9	5 928.6	8 777.9	11 462.5	..
Irlande	..	..	..	..	..	..	..	..
Islande	x	x	x	x	x	x	x	x
Italie	5 687.0	4 773.0	4 466.0	4 238.0	4 103.0	4 742.0	2 861.0	..
Japon	9 601.9	11 305.9	10 208.8	11 803.1	9 192.0	8 644.3	8 880.2	9 174.7
Lettonie	63.0	73.0	53.0	102.0	77.0	136.0	209.0	24.0
Liechtenstein	..	..	..	..	..	..	..	..
Lituanie	67.0	107.0	116.0	140.0	139.0	264.0	180.0	70.0
Luxembourg	172.3	156.5	150.4	124.9	145.9	191.5	277.7	..
Macédoine du Nord	..	..	..	..	..	..	..	..
Malte	x	x	x	x	x	x	x	x
Mexique	437.6	434.8	649.9	590.7	699.3	997.8	1 150.1	1 355.9
Moldova, République de	8.5	7.3	7.2	10.4	12.8	4.5	..	..
Monténégro, République de	..	..	..	..	..	..	..	..
Norvège	358.6	479.3	561.1	675.8	838.7	1 218.3	1 281.4	..
Nouvelle-Zélande	..	..	..	..	..	..	..	..
Pays-Bas	778.0	1 097.0	1 136.0	..	..	..	..	..
Pologne	649.9	690.1	925.3	430.8	262.8	53.1	340.4	326.6
Portugal	360.0	403.0	333.0	86.0	71.0	120.0	177.0	79.0
République slovaque	175.0		273.0	289.0	216.0	324.0	276.0	295.5	131.6
République tchèque	740.6	563.2	446.8	381.5	334.7	454.2	1 164.9	681.5
Roumanie	177.4	168.9	161.4	117.8	208.9	277.7	321.9	262.1
Royaume-Uni	6 307.1	6 387.1	7 532.7	8 765.9	8 426.4	10 094.3	14 327.4		13 578.4
Serbie, République de	5.7	12.2	7.0	2.9	9.3	11.8	83.1	73.3 p
Slovénie	72.0	131.0	106.0	72.0	140.0	270.0	376.0	84.4
Suède	1 318.6	1 432.2	1 400.5	1 329.9	1 104.1	1 187.4	1 387.7		1 177.5
Suisse	2 888.3	3 032.1	3 410.0	3 463.9	3 665.6	3 550.1	4 193.5	4 056.1
Turquie	771.3	1 505.4	1 526.2	1 508.5	2 254.4	1 380.6	1 081.0	1 718.2
Ukraine	..	..	..	..	..	..	..	..

.. Non disponible ; e Valeur estimée ; p Donnée provisoire ; x Sans objet ; | Rupture de série

Note : Voir les métadonnées détaillées sur : http://metalinks.oecd.org/transport/20190130/646b.

Source : Statistiques de transport, FIT

Investissement dans les infrastructures routières
Million d'euros

	2009	2010	2011	2012	2013	2014	2015	2016
Albanie	486.9	241.9	210.2	180.8	234.2	192.7	179.2	89.1
Allemagne	12 620.0	11 240.0	11 340.0	11 530.0	11 730.0	11 780.0	11 690.0	12 390.0
Arménie	84.2	36.5	30.5	26.5	23.2	66.8	77.7	90.4
Australie	9 195.9	11 200.6	13 802.0	15 900.9	12 734.4	10 438.6	10 475.3	11 874.7
Autriche	665.0	390.0	303.0	327.0	363.0	453.0	455.0	444.0
Azerbaïdjan	1 272.0	1 545.5	1 561.8	1 484.2	1 913.6	1 411.3	873.2	498.1
Bélarus	..	..	..	..	..	..	..	..
Belgique	175.0	348.0		248.0	553.0	587.0	417.0	778.0 p	810.0
Bosnie-Herzégovine	..	..	..	..	..	..	..	..
Bulgarie	101.2	281.2	344.1	387.6	359.4	252.6	252.6	252.6
Canada	10 890.1	15 378.7	15 066.2	14 756.4	13 086.1	5 108.7		5 636.8	5 767.1 p
Chine	111 241.4	142 354.1	154 221.3	215 276.5	249 280.0	300 735.3	414 199.5	..
Corée	12 188.7	10 791.4	9 243.6	10 780.7	11 337.2	10 904.6	13 174.2	..
Croatie	909.1	515.3	465.7	478.6	424.2	279.5	238.4	197.4
Danemark	713.8	936.6	1 052.0	1 323.7	1 046.9	1 101.6	1 086.4	1 099.5
Espagne	9 422.0	7 851.0	5 966.0	5 316.0	4 646.0	4 358.0	4 393.0	3 749.0 p
Estonie	119.0	137.0	158.0	213.8	224.1	170.5	206.2	173.9
États-Unis	59 355.5	63 536.3	60 429.7	64 483.5	62 415.3	64 494.3	81 470.8	82 233.9
Fédération de Russie	6 242.2	6 200.7	8 423.7	9 281.4	9 836.0	8 283.7	6 117.2	7 597.0
Finlande	922.0	890.0	973.0	1 128.0	1 148.0	1 238.0	1 243.0	1 269.0
France	14 277.8	14 497.1	12 604.3	13 173.7	12 866.2	10 807.2	10 011.2	9 242.4
Géorgie	218.8	232.7	247.6	177.4	236.7	224.5	194.1	202.5
Grèce	1 791.0	1 394.0	1 310.0	1 088.0	2 181.0	1 597.9 e	1 385.8 e	..
Hongrie	1 565.2	840.2	298.0	152.7	400.6	1 238.4	1 247.7	802.7
Inde	4 807.3	6 359.8	5 616.7	6 208.4	8 475.2	9 773.4	15 107.5	..
Irlande	1 769.0	1 414.0	1 017.0	886.0	594.0	638.0	612.0	..
Islande	120.9	79.3	38.7		37.9	41.8	45.3	67.4	..
Italie	5 641.0	3 389.0	4 129.0	3 107.0	2 841.0	3 860.0	5 151.0	..
Japon	37 207.0	35 766.3	35 812.5	37 300.8	33 129.2	29 831.9	28 143.4	..
Lettonie	132.0	131.0	222.0	190.0	199.0	188.0	203.0	190.0
Liechtenstein	..	..	..	..	..	..	..	..
Lituanie	448.0	422.0	343.0	243.0	253.0	224.0	258.0	357.0
Luxembourg	148.5	182.6	222.0	213.4	220.1	203.9	221.0	..
Macédoine du Nord	103.8	83.6	103.9	70.5	87.5	174.3	166.3	228.6
Malte	3.7	12.6	17.3	26.7	11.1	38.5	..	..
Mexique	3 020.6	3 937.1	3 915.8	3 985.3	4 180.0	4 883.3	4 296.3	3 383.3
Moldova, République de	13.4	13.8	8.1	40.2	36.2	38.9	..	..
Monténégro, République de	23.0	18.0	15.0	18.0	20.0	9.0	12.0	..
Norvège	2 488.3	2 674.0	2 811.6	3 301.1	3 844.3	3 804.0	3 559.5	..
Nouvelle-Zélande	578.7	731.7	842.0	668.2	766.0	952.3	1 143.5	..
Pays-Bas	2 363.0	2 300.0	2 287.0	..	..	..	..	..
Pologne	5 337.7	6 509.6	8 323.3	4 382.8	2 464.8	1 721.1	2 170.8	3 075.4
Portugal	951.0		1 511.0	..	274.0 p	211.0 p	..	..	..
République slovaque	662.0	342.0	432.0	311.0	360.0	550.0	1 133.8	745.6
République tchèque	1 985.4	1 719.5	1 293.2	876.3	647.5	604.0	885.4	849.2
Roumanie	3 105.2	2 851.1	3 283.6	3 092.8	2 728.7	2 492.6	2 870.3	2 366.8
Royaume-Uni	6 566.6	6 482.9	5 565.0	5 557.5	6 029.9	7 845.6	9 067.9	8 608.1
Serbie, République de	251.5	228.8	339.0	256.6	279.3	337.0	505.1	493.8 p
Slovénie	406.0	221.0	112.0	102.0	104.0	128.0	102.0	100.0
Suède	1 573.7	1 666.1	1 911.7	2 212.1	2 013.1	1 864.8	1 861.5	2 086.3
Suisse	2 996.9	3 418.5	3 822.5	3 880.4	3 731.4	3 647.3	..	..
Turquie	3 454.9	5 135.4	5 204.6	4 801.9	6 226.1	6 643.9	9 056.8	7 329.6
Ukraine	..	..	..	..	..	..	..	..

.. Non disponible ; e Valeur estimée ; p Donnée provisoire ; | Rupture de série
Note : Voir les métadonnées détaillées sur : http://metalinks.oecd.org/transport/20190130/646b.
Source : Statistiques de transport, FIT

Investissement dans les infrastructures fluviales
Million d'euros

	2009	2010	2011	2012	2013	2014	2015	2016
Albanie	0.2	0.2	0.1	0.1	0.0	0.0	0.0	0.0
Allemagne	1 170.0	1 100.0	1 070.0	885.0	865.0	865.0	830.0	895.0
Arménie	x	x	x	x	x	x	x	x
Australie	x	x	x	x	x	x	x	x
Autriche	5.0	11.0	2.0	3.0	11.0	10.0	2.0	2.0
Azerbaïdjan	..	..	..	118.8	424.2	260.0	80.2	40.8
Bélarus	..	..	..	..	..	..	..	..
Belgique	188.0	154.0	152.0	152.0	167.0	103.0	291.0	225.0
Bosnie-Herzégovine	x	x	x	x	x	x	x	x
Bulgarie	0.0	0.0	0.0	0.0	0.0	0.5	1.3	0.5
Canada	..	..	..	..	..	..	..	..
Chine	..	..	..	..	..	..	..	..
Corée	x	x	x	x	x	x	x	x
Croatie	3.5	2.6	3.5	3.3	1.7	..	..	..
Danemark	x	x	x	x	x	x	x	x
Espagne	x	x	x	x	x	x	x	x
Estonie	x	x	x	x	x	x	x	x
États-Unis	..	..	..	..	..	..	..	..
Fédération de Russie	58.8	68.2	301.7	230.0	106.7	103.4	39.8	73.6
Finlande	2.0	2.0	1.0	2.0	3.0	2.0	2.0	2.0
France	693.4	758.6	949.0	938.6	744.5	702.4	700.6	972.0
Géorgie	x	x	x	x	x	x	x	x
Grèce	x	x	x	x	x	x	x	x
Hongrie	3.1	0.7	0.2	0.0	0.1	0.0	0.0	10.3
Inde	..	..	..	..	..	..	..	..
Irlande	x	x	x	x	x	x	x	x
Islande	x	x	x	x	x	x	x	x
Italie	27.0	42.0	36.0	52.0	136.0	358.0	509.0	..
Japon	x	x	x	x	x	x	x	x
Lettonie	x	x	x	x	x	x	x	x
Liechtenstein								
Lituanie	1.0	1.0	2.0	0.0	1.0	3.0	1.0	0.0
Luxembourg	0.3	1.0	1.3	0.7	0.1	0.3	0.0	..
Macédoine du Nord	x	x	x	x	x	x	x	x
Malte	x	x	x	x	x	x	x	x
Mexique	x	x	x	x	x	x	x	x
Moldova, République de	0.0	0.0	0.7	0.2	0.1	..	..	..
Monténégro, République de	x	x	x	x	x	x	x	x
Norvège	x	x	x	x	x	x	x	x
Nouvelle-Zélande	x	x	x	x	x	x	x	x
Pays-Bas	361.0	252.0	263.0	..	..	..	..	..
Pologne	25.2	24.8	29.1	0.2	..	61.2	..	..
Portugal	5.0	1.0	1.0	3.0	0.0	..	..	..
République slovaque	2.0	3.0	1.0	1.0	1.0	0.0	0.1	0.1
République tchèque	58.9	57.8	22.3	17.2	7.2	9.6	15.1	9.8
Roumanie	536.1	423.5	519.0	279.5	268.1	314.1	505.9	236.9
Royaume-Uni	..	..	..	..	..	..	..	..
Serbie, République de	19.3	21.1	25.8	24.7	15.5	17.7	22.3	40.7 p
Slovénie	x	x	x	x	x	x	x	x
Suède	..	..	..	..	..	..	..	..
Suisse	..	..	..	..	..	..	..	..
Turquie	x	x	x	x	x	x	x	x
Ukraine	..	..	..	..	..	..	..	..

.. Non disponible ; p Donnée provisoire ; x Sans objet ; | Rupture de série
Note : Voir les métadonnées détaillées sur : http://metalinks.oecd.org/transport/20190130/646b.
Source : Statistiques de transport, FIT

Total des investissements dans les infrastructures terrestres
Million d'euros

	2009	2010	2011	2012	2013	2014	2015	2016
Albanie	487.3	242.4	211.1	181.4	234.9	193.4	179.8	89.1
Allemagne	17 202.0	16 147.0	16 496.0	16 345.0	16 805.0	17 065.0	17 270.0	18 125.0
Arménie	137.4	79.2	56.9	50.4	34.9	78.8	90.1	96.1
Australie	11 480.8	14 812.2	18 966.8	22 503.1	17 709.9	14 758.9	13 274.9	14 502.3
Autriche	2 732.0	2 337.0	2 448.0	2 018.0	2 022.0	2 030.0	2 006.0	1 969.0
Azerbaïdjan	..	..	..	1 605.9	2 341.7	1 675.1	955.2	540.1
Bélarus	..	..	..	..	..	..	..	..
Belgique	1 767.3	1 878.5	1 695.1	2 038.4	1 954.8	1 628.0	2 075.0 p	1 994.1
Bosnie-Herzégovine	..	..	..	..	..	..	..	..
Bulgarie	150.8	411.1	434.1	501.6	483.2	420.3	555.0	554.2
Canada	11 383.4	16 076.1	15 935.6	15 800.9	14 097.5	6 071.2	6 699.8	6 535.7 p
Chine	181 424.8	227 359.4	220 055.1	290 815.0	330 627.4	395 289.6	526 092.6	..
Corée	16 817.9	16 050.1	14 181.4	16 745.2	17 175.6	17 080.1	21 763.5	..
Croatie	1 010.9	601.3	549.7	543.8	609.1	410.2	298.4	241.7
Danemark	1 070.5	1 333.0	1 914.9	2 239.4	2 043.1	2 260.9	2 394.8	2 284.5
Espagne	18 194.0	15 520.0	13 519.0	10 666.0	7 356.0	7 400.0	7 024.0	5 431.0 p
Estonie	156.0	172.0	252.0	261.5	250.6	186.0	219.3	189.3
États-Unis	66 496.1	70 900.7	68 765.5	74 961.9	72 271.5	75 842.1	97 158.4	..
Fédération de Russie	12 877.7	15 321.2	18 597.6	20 705.6	19 729.4	14 861.7	11 179.4	12 500.9
Finlande	1 285.0	1 280.0	1 329.0	1 580.0	1 756.0	1 883.0	1 812.0	1 808.0
France	18 357.1	18 532.7	18 142.2	19 493.3	21 418.6	18 332.6	16 935.8	15 458.4
Géorgie	310.1	316.1	514.4	421.3	299.4	301.0	282.3	291.2
Grèce	2 258.0	1 606.0	1 495.0	1 265.0	2 277.0	1 778.5 e	1 604.3 e	..
Hongrie	1 885.9	1 112.9	647.0	625.1	1 023.9	1 865.1	1 949.0	1 136.2
Inde	9 531.0	11 509.3	10 561.1	12 284.2	14 403.8	18 551.3	26 570.0	..
Irlande	..	..	..	..	..	..	..	..
Islande	120.9	79.3	38.7	37.9	41.8	45.3	67.4	..
Italie	11 355.0	8 204.0	8 631.0	7 397.0	7 080.0	8 960.0	8 521.0	..
Japon	46 808.9	47 072.1	46 021.3	49 103.9	42 321.3	38 476.1	37 023.6	..
Lettonie	195.0	204.0	275.0	292.0	276.0	324.0	412.0	214.0
Liechtenstein	..	..	..	..	..	..	..	..
Lituanie	516.0	530.0	461.0	383.0	393.0	491.0	439.0	427.0
Luxembourg	321.2	340.1	373.7	339.1	366.1	395.7	498.7	..
Macédoine du Nord	..	..	..	..	..	..	..	..
Malte	3.7	12.6	17.3	26.7	11.1	38.5	..	..
Mexique	3 458.2	4 371.9	4 565.7	4 576.0	4 879.3	5 881.2	5 446.4	4 739.2
Moldova, République de	21.9	21.0	16.0	50.8	49.0	43.4	..	..
Monténégro, République de	23.0	18.0	15.0	18.0	20.0	9.0	12.0	..
Norvège	2 846.9	3 153.3	3 372.8	3 976.9	4 683.0	5 022.3	4 840.9	..
Nouvelle-Zélande	..	..	..	..	..	..	..	..
Pays-Bas	3 502.0	3 649.0	3 686.0	..	..	..	..	..
Pologne	6 012.7	7 224.5	9 277.7	4 813.9	2 727.6	1 835.3	2 511.2	3 402.0
Portugal	1 316.0	1 915.0	..	363.0 p	282.0 p			
République slovaque	839.0	618.0	722.0	528.0	685.0	826.0	1 429.3	877.3
République tchèque	2 784.9	2 340.5	1 762.4	1 275.1	989.3	1 067.8	2 065.4	1 540.5
Roumanie	3 818.8	3 443.5	3 964.0	3 490.1	3 205.7	3 084.4	3 698.1	2 865.8
Royaume-Uni	12 873.8	12 870.0	13 097.7	14 323.4	14 456.3	17 939.8	23 395.3	22 186.4
Serbie, République de	276.5	262.2	371.8	284.2	304.1	366.5	610.5	607.9 p
Slovénie	478.0	352.0	218.0	174.0	244.0	398.0	478.0	184.4
Suède	2 892.2	3 098.3	3 312.2	3 542.0	3 117.2	3 052.2	3 249.1	3 263.9
Suisse	5 885.2	6 450.6	7 232.6	7 344.2	7 397.0	7 197.4	..	..
Turquie	4 226.3	6 640.8	6 730.8	6 310.4	8 480.5	8 024.4	10 137.8	9 047.9
Ukraine	..	..	..	..	..	..	..	..

.. Non disponible ; e Valeur estimée ; p Donnée provisoire ; | Rupture de série
Note : Voir les métadonnées détaillées sur : http://metalinks.oecd.org/transport/20190130/646b.
Source : Statistiques de transport, FIT

Investissements dans les infrastructures portuaires maritimes
Million d'euros

	2009	2010	2011	2012	2013	2014	2015	2016
Albanie	2.8	3.9	9.9	8.8	1.1	2.2	5.8	2.6
Allemagne	685.0	965.0	925.0	890.0	780.0	450.0	460.0	430.0
Arménie	x	x	x	x	x	x	x	x
Australie	1 170.5	1 812.2	3 515.8	5 758.4	4 636.5	3 210.8	1 206.2	851.9
Autriche	x	x	x	x	x	x	x	x
Azerbaïdjan	..	..	59.2	48.5	420.3	260.0	80.2	40.8
Bélarus	x	x	x	x	x	x	x	x
Belgique	219.0	230.0 |	241.0	236.0	197.0	150.0	108.0	90.9
Bosnie-Herzégovine	..	..	..	..	..	..	..	..
Bulgarie	8.2	5.1	4.6	3.1	2.6	14.8	10.2	10.2
Canada	299.0	319.1	249.3 |	432.0	578.0	520.7	691.7	704.1 p
Chine	..	..	..	..	..	..	..	..
Corée	1 200.6	1 215.9	1 059.8	1 129.8	1 052.1	1 077.4	1 326.3	1 339.2
Croatie	76.7	51.4	62.6	95.9	74.3	69.7	..	..
Danemark	66.2	49.4	62.3	64.9	150.8	68.0	64.4	..
Espagne	2 508.0	2 247.0	1 789.0	1 245.0	830.0	873.0	907.0	1 053.0 p
Estonie	75.0	39.0	18.0	8.6	5.9	6.7	12.2	6.1
États-Unis	..	..	..	..	..	..	..	..
Fédération de Russie	182.6	115.2	326.6	86.4	147.6	138.8	49.3	178.2
Finlande	100.0	69.0	77.0	56.0	40.0	44.0	55.0	114.0
France	274.0	213.0	215.0	228.0	323.0	340.1	307.5	353.6
Géorgie	23.6	24.5	5.9	20.1	24.0	22.4	7.8	8.3
Grèce	107.0	73.0	25.0	24.0	33.0	24.8 e	20.4 e	..
Hongrie	x	x	x	x	x	x	x	x
Inde	65.4	71.9	61.0	62.2	39.5	35.3	77.3	..
Irlande	12.0	6.0	16.0	11.0	11.0	11.0	11.0	11.0
Islande	19.9	14.5	16.9	15.2	15.5	15.2	20.0	..
Italie	1 278.0	1 345.0	1 268.0	1 343.0	1 126.0	1 168.0	1 059.0	..
Japon	4 655.6	2 168.5	2 287.0	3 281.1	2 287.8	1 916.5	2 106.1	2 622.4
Lettonie	..	..	..	..	..	..	..	..
Liechtenstein	x	x	x	x	x	x	x	x
Lituanie	16.0	21.0	27.0	28.0	83.0	22.0	17.0	13.0
Luxembourg	x	x	x	x	x	x	x	x
Macédoine du Nord	x	x	x	x	x	x	x	x
Malte	13.0 e	3.0	6.0	8.0	4.0	5.0	..	..
Mexique	382.8	486.6	542.8	666.6	653.5	629.3	695.3	542.6
Moldova, République de	3.1	5.4	4.2	..	..	3.9	..	..
Monténégro, République de	2.0	3.0	3.0	1.0	25.0	19.0	7.0	..
Norvège	81.1	19.0	8.2	11.4	28.7	12.8	10.5	..
Nouvelle-Zélande	..	..	..	..	..	..	..	..
Pays-Bas	..	..	..	..	..	..	..	..
Pologne	4.2	27.0	63.6	153.9	93.9	..	..	..
Portugal	100.0	112.0	83.0	62.0	34.0	87.8	..	..
République slovaque	x	x	x	x	x	x	x	x
République tchèque	x	x	x	x	x	x	x	x
Roumanie	..	..	..	..	..	..	..	..
Royaume-Uni	..	..	..	..	..	..	..	..
Serbie, République de	x	x	x	x	x	x	x	x
Slovénie	54.0	13.0	6.0	5.0	8.0	23.0	16.0	25.0
Suède	72.4	107.3	88.4	69.3	101.3	103.8	81.2	..
Suisse	x	x	x	x	x	x	x	x
Turquie	21.4	17.2	35.4	73.2	45.1	10.3	8.4	53.6
Ukraine	..	..	..	..	..	..	..	..

.. Non disponible ; e Valeur estimée ; p Donnée provisoire ; x Sans objet ; | Rupture de série

Note : Voir les métadonnées détaillées sur : http://metalinks.oecd.org/transport/20190130/646b.

Source : Statistiques de transport, FIT

Investissements dans les infrastructures aéroportuaires
Million d'euros

	2009	2010	2011	2012	2013	2014	2015	2016
Albanie	0.0	0.0	0.0	0.0	0.0	0.0	0.0	0.0
Allemagne	1 510.0	1 480.0	1 815.0	1 390.0	930.0	770.0	850.0	900.0
Arménie	..	..	..	..	..	..	..	..
Australie	..	..	..	..	..	..	..	..
Autriche	221.0	174.0	..	..	..	..	..	..
Azerbaïdjan	28.6	200.9	163.8	278.2	270.6	78.7	349.8	5.7
Bélarus	..	..	..	..	..	..	..	..
Belgique	116.0	30.0 |	34.0	74.0	93.0	107.0	127.0	109.3
Bosnie-Herzégovine	..	..	..	..	..	..	..	..
Bulgarie	1.0	1.5	1.5	9.7	5.1	5.1	4.6	4.6
Canada	731.1	607.4	701.5	952.7	1 154.6	1 032.1	1 053.2	980.0
Chine	6 373.6	9 953.5	9 302.4	13 853.5	15 977.2	17 548.6	26 633.2	..
Corée	33.5	42.9	44.0	46.3	55.6	65.9	83.0	..
Croatie	27.9	28.1	18.6	15.6	16.1	77.9	139.7	175.9
Danemark	92.0	47.9	31.1	30.8	79.6	22.5	9.5	..
Espagne	1 773.0	1 744.0	1 235.0	943.0	585.0	363.0	293.0	377.0 p
Estonie	19.0	3.0	6.0	0.5	1.0	0.1	0.0	13.8
États-Unis	..	..	..	..	..	..	..	..
Fédération de Russie	268.7	470.0	435.0	666.5	783.0	877.8	851.7	594.5
Finlande	76.0	45.0	44.0	45.0	35.0	86.0	78.9	183.0
France	693.4	758.6	949.0	938.6	744.5	702.4	700.6	972.0
Géorgie	0.1	8.5	9.8	38.5	12.8	6.4	11.2	57.9
Grèce	51.0	38.0	49.0	60.0	49.0	52.9 e	43.5 e	..
Hongrie	56.9	50.6	37.9	25.8	11.9	7.6	10.2	17.8 p
Inde	132.6	207.7	188.9	875.6	781.5	720.9	356.4	..
Irlande	509.0	243.0	83.0	..	..	..	..	..
Islande	5.3	1.9	1.7	1.9	1.1	0.3	0.5	..
Italie	117.0	634.0	184.0	98.0	87.0	123.0	148.0	..
Japon	2 537.8	2 361.1	1 328.3	1 359.2	1 130.8	1 332.5	1 365.1	1 633.3
Lettonie	3.0	3.0	6.0	9.0	38.0	50.0	42.0	14.0
Liechtenstein	..	..	..	..	..	..	..	..
Lituanie	29.0	8.0	14.0	3.0	7.0	6.0	6.0	2.0
Luxembourg	18.8	6.7	12.5	11.0	0.2	0.5	1.9	..
Macédoine du Nord	0.0	0.1	101.5	0.2	0.1	0.2	0.0	0.5
Malte	..	..	..	..	..	..	..	..
Mexique	178.9	270.7	226.3	202.0	197.0	222.2	1 573.1	2 081.6
Moldova, République de	3.6	0.0	1.8	..	0.1	0.0	..	..
Monténégro, République de	2.0	28.0	4.0	2.0	..	..	3.0	..
Norvège	251.7	203.1	158.2	475.7	484.8	296.5	265.8	..
Nouvelle-Zélande	..	..	..	..	..	..	..	..
Pays-Bas	..	..	..	..	..	..	..	..
Pologne	63.3	131.9	205.6	146.3	153.4	236.8	302.4	69.9
Portugal	151.0	127.0 |	102.0	64.0	53.0	45.0	80.0	66.5
République slovaque	56.0	70.0	33.0	31.0	4.0	5.0	4.2	4.8
République tchèque	92.3	81.4	40.0	47.2	55.6	36.0	36.4	65.1
Roumanie	6.1	0.9	2.1	21.1	19.2	28.6	38.7	22.3
Royaume-Uni	..	..	..	..	..	..	..	..
Serbie, République de	1.2	0.7	0.3	0.3	3.0	1.1	0.2	3.6 p
Slovénie	13.0	7.0	3.0	4.0	4.0	1.0	1.0	0.0
Suède	86.9	78.8	126.4	404.1	289.3	114.7	131.3	240.2
Suisse	168.9	210.5	327.4	264.7	294.1	293.9	213.6	351.3
Turquie	309.1	429.9	430.9	433.9	519.2	503.4	1 437.7	2 250.4
Ukraine	..	..	..	..	..	..	..	..

.. Non disponible ; e Valeur estimée ; p Donnée provisoire ; | Rupture de série
Note : Voir les métadonnées détaillées sur : http://metalinks.oecd.org/transport/20190130/646b.
Source : Statistiques de transport, FIT

Dépenses d'entretien des infrastructures ferroviaires
Million d'euros

	2009	2010	2011	2012	2013	2014	2015	2016
Albanie	..	..	..	..	..	..	..	..
Allemagne								
Arménie	0.0	0.0	0.0	0.0	0.0	0.0	0.0	0.0
Australie								
Autriche	348.0	344.0	451.0	480.0	497.0	504.0	503.0	535.0
Azerbaïdjan	29.6	22.2	18.9	24.9	29.5	34.5	33.5	21.5
Bélarus					..			
Belgique	..	295.0	312.0	311.0	329.0	333.0	313.0	311.0
Bosnie-Herzégovine								
Bulgarie	38.3	35.8	32.7	37.3	41.9	49.6	32.7	32.7
Canada	499.6	642.5	705.1	755.0	738.8	850.8	957.3	799.9 p
Chine								
Corée	754.2	885.8	836.9	981.8	1 036.3	1 153.4	1 455.1	..
Croatie	76.4	89.9	86.8	102.2	102.1	105.7	100.7	87.7
Danemark	..	..	..	..	..	..	..	..
Espagne	..	..	..	..	..	..	..	..
Estonie	..	..	..	..	..	..	..	..
États-Unis	..	..	..	..	..	..	..	..
Fédération de Russie								
Finlande	196.0	195.0	197.0	181.0	201.0	194.0	206.0	216.0
France	3 730.0	3 770.0	3 804.0	3 983.0	3 884.0	3 115.0	3 245.8 e	3 274.7
Géorgie	..	20.5	18.4	20.2	22.5	22.9	21.8	20.4
Grèce	..	..	..	..	..	..	..	..
Hongrie	398.4	439.7	435.1	434.8	418.2	490.2	473.3	550.0
Inde	12 444.2	14 916.5	15 326.7	16 388.7	16 900.3	17 805.6	20 958.4	21 595.2
Irlande	..	..	..	..	..	..	..	..
Islande	x	x	x	x	x	x	x	x
Italie	7 832.0	7 829.0	7 675.0	7 477.0	7 205.0	7 194.0	1 741.0	..
Japon			..	..	..			
Lettonie	133.0	98.0	109.0	112.0	110.0	119.0	117.0	108.0
Liechtenstein	..	..	..	..	..			
Lituanie	132.0	143.0	151.0	156.0	153.0	155.0	161.0	167.0
Luxembourg	125.5	120.0	124.4	132.4	139.5	142.7	152.6	..
Macédoine du Nord	..	..	..	..	..			
Malte	x	x	x	x	x	x	x	x
Mexique								
Moldova, République de	..	..	..	..	..	..		
Monténégro, République de								
Norvège	541.7	677.9	730.5	756.5	713.0	800.9	837.3	
Nouvelle-Zélande	..	..	..	..	..			
Pays-Bas	1 410.0	1 690.0	1 798.0	1 798.0	1 798.0	..	..	..
Pologne	157.1	212.8	238.7	307.3	387.2	614.2	578.8	729.4
Portugal	127.0	135.0						
République slovaque	15.0 |	12.0	6.0	9.0	7.0	8.0	10.5	9.5
République tchèque	372.1	359.1	364.5	353.0	377.6	423.6	661.1	576.9
Roumanie					..			
Royaume-Uni	2 182.3	2 084.3	1 840.2	1 951.6	2 013.0	1 052.2	5 464.9 |	5 329.7
Serbie, République de	15.8	13.5	17.4	15.8	9.0	9.2	8.8	7.0 p
Slovénie	102.0	68.0	81.0	87.0	71.0	101.0	110.0	89.8
Suède	589.9	723.2	750.3	851.1	924.5	976.6	910.5	954.1
Suisse	534.5	586.7	666.9	728.4	728.7	708.1	816.8	805.4
Turquie	177.6	222.8	194.9	192.7	172.5	171.0	174.1	171.7
Ukraine					..			

.. Non disponible ; e Valeur estimée ; p Donnée provisoire ; x Sans objet ; | Rupture de série
Note : Voir les métadonnées détaillées sur : http://metalinks.oecd.org/transport/20190130/646b.
Source : Statistiques de transport, FIT

Dépenses d'entretien des infrastructures routières
Million d'euros

	2009	2010	2011	2012	2013	2014	2015	2016
Albanie	8.7	6.9	7.7	6.7	8.7	15.3	8.4	13.0
Allemagne	..	..	..	..	..	..	..	..
Arménie	9.9	11.0	10.3	10.7	10.1	10.1	11.2	11.6
Australie	..	..	..	..	..	..	..	..
Autriche	516.0	559.0	494.0	517.0	559.0	667.0	692.0	697.0
Azerbaïdjan	24.7	23.4	26.5	34.3	31.2	31.2	23.0	18.9
Bélarus	..	..	..	..	..	..	..	..
Belgique	111.0	184.0	156.0	145.0	147.0	206.0	457.0	528.0
Bosnie-Herzégovine	..	..	..	..	..	..	..	..
Bulgarie	69.0	99.7	70.6	102.8	95.6	92.5	92.5	92.5
Canada	6 550.6	8 693.7	5 818.6	6 229.8	3 942.6	4 727.9	5 351.8	4 906.8 p
Chine	..	..	..	..	..	..	..	..
Corée	1 402.7	1 445.0	1 499.5	1 605.6	1 665.0	1 647.8	2 206.6	..
Croatie	143.8	195.0	212.1	186.5	209.0	257.4	245.1	234.4
Danemark	866.3	1 058.0	880.9	944.5	920.1	795.9	807.8	919.8
Espagne	..	..	..	..	..	..	..	..
Estonie	39.0	38.0	39.0	44.3	47.2	46.3	47.5	43.6
États-Unis	23 112.8	29 785.2	29 892.2	33 972.5	34 208.0	35 926.4	..	..
Fédération de Russie	..	..	..	..	..	..	..	..
Finlande	684.0	667.0	658.0	525.0	511.0	506.0	508.9	544.0
France	2 601.0	2 431.0	2 746.0	2 851.0	2 904.0	2 760.0	2 598.2	2 430.9
Géorgie	11.1	9.3	13.4	15.1	14.1	15.6	15.5	17.9
Grèce	..	..	..	..	..	..	..	..
Hongrie	454.0	328.6 e	256.5	295.8	370.2	272.8	282.2	292.6
Inde	6 254.5	9 380.2	9 299.0	7 763.6	7 040.9	7 232.1	7 488.8	..
Irlande	170.0	165.0	159.0	139.0	128.0	85.0	82.0	..
Islande	30.0	28.9	29.0	29.7	27.8	32.3	43.4	..
Italie	6 008.0	6 437.0	6 220.0	7 196.0	9 134.0	9 564.0	9 066.0	..
Japon	13 529.0	13 962.8	15 681.5	17 611.0	16 256.9	14 088.9	14 437.4	..
Lettonie	131.0	113.0	125.0	120.0	133.0	154.0	171.0	175.0
Liechtenstein	..	..	..	..	..	..	..	..
Lituanie	125.0	160.0	153.0	123.0	127.0	143.0	159.0	152.0
Luxembourg	29.6	33.8	36.9	33.7	41.1	39.6	39.2	..
Macédoine du Nord	12.3	15.6	14.6	12.5	10.8	10.0	10.1	12.7
Malte	24.8	24.9	27.1	24.2	24.9	17.2	..	..
Mexique	671.4	801.8	821.5	823.7	1 098.1	1 124.2	1 091.0	1 093.9
Moldova, République de	17.3	37.0	36.4	55.1	64.0	72.0	..	..
Monténégro, République de	..	..	..	..	..	..	..	..
Norvège	1 220.6	1 361.1	1 615.4	1 746.6	1 841.0	1 990.0	1 948.3	..
Nouvelle-Zélande	607.0	719.8	789.1	948.0	885.2	969.1	951.8	..
Pays-Bas	827.0	1 209.0	323.0	..	..	..	..	..
Pologne	2 339.8	2 636.3	2 679.5	428.0	438.2	383.1	415.5	418.7
Portugal	124.0		102.0	..	165.0	174.0	..	..	..
République slovaque	192.0	175.0	160.0	193.0	204.0	181.0	201.0	215.0
République tchèque	578.3	669.8	569.7	570.7	513.1	587.1	684.4	767.3
Roumanie	..	..	..	..	..	..	..	..
Royaume-Uni	4 336.4	3 917.3	3 444.3	3 450.6	3 145.4	2 881.2	3 165.7	2 844.7
Serbie, République de	258.9	229.0	205.4	208.9	129.2	143.0	163.0	180.9 p
Slovénie	151.0	137.0	122.0	120.0	123.0	113.0	126.0	138.0
Suède	786.8	873.8	856.5	958.8	1 043.6	1 017.5	1 183.6		1 130.0
Suisse	1 817.3	1 998.3	2 235.0	2 413.5	2 402.3	2 420.5	..	..
Turquie	410.7	360.0	674.5	699.9	630.1	558.0	239.3	230.1
Ukraine	..	..	..	..	..	..	..	..

.. Non disponible ; e Valeur estimée ; p Donnée provisoire ; | Rupture de série
Note : Voir les métadonnées détaillées sur : http://metalinks.oecd.org/transport/20190130/646b.
Source : Statistiques de transport, FIT

Dépenses d'entretien des infrastructures fluviales
Million d'euros

	2009	2010	2011	2012	2013	2014	2015	2016
Albanie	..	..	..	..	..	..	..	..
Allemagne	..	..	..	..	..	..	..	..
Arménie	x	x	x	x	x	x	x	x
Australie	x	x	x	x	x	x	x	x
Autriche	..	..	11.0	12.0	17.0	19.0	14.0	12.0
Azerbaïdjan	..	..	..	..	..	..	..	..
Bélarus	..	..	..	..	..	..	..	..
Belgique	131.0	65.0	58.0	71.0	66.0	27.0	82.0	85.0
Bosnie-Herzégovine	x	x	x	x	x	x	x	x
Bulgarie	1.0	1.0	1.5	1.0	1.0	1.0	1.0	1.0
Canada	..	..	..	..	..	..	..	..
Chine	..	..	..	..	..	..	..	..
Corée	x	x	x	x	x	x	x	x
Croatie	1.2	0.7	0.8	1.2	1.2	..	..	..
Danemark	x	x	x	x	x	x	x	x
Espagne	x	x	x	x	x	x	x	x
Estonie	x	x	x	x	x	x	x	x
États-Unis	..	..	..	..	..	..	..	..
Fédération de Russie								
Finlande	26.0	17.0	20.0	15.0	16.0	17.0	16.3	18.0
France	61.0	60.0	61.0	61.0 e	61.0 e	60.0 e	59.8 e	59.6
Géorgie	x	x	x	x	x	x	x	x
Grèce	x	x	x	x	x	x	x	x
Hongrie	0.9	3.2 e	1.6	0.8	0.9	1.3	1.4	2.7
Inde	..	..	..	..	..	..	..	..
Irlande	x	x	x	x	x	x	x	x
Islande	x	x	x	x	x	x	x	x
Italie	82.0	81.0	78.0	77.0	113.0	125.0	106.0	..
Japon	x	x	x	x	x	x	x	x
Lettonie	x	x	x	x	x	x	x	x
Liechtenstein	x	x	x	x	x	x	x	x
Lituanie	1.0	1.0	1.0	2.0	2.0	2.0	2.0	2.0
Luxembourg	0.2	0.3	0.2	0.3	0.2	0.2	0.1	..
Macédoine du Nord	x	x	x	x	x	x	x	x
Malte	x	x	x	x	x	x	x	x
Mexique	x	x	x	x	x	x	x	x
Moldova, République de	0.6	0.0	..	..	..	..	..	..
Monténégro, République de	x	x	x	x	x	x	x	x
Norvège	x	x	x	x	x	x	x	x
Nouvelle-Zélande	x	x	x	x	x	x	x	x
Pays-Bas	693.0	544.0	343.0	..	..	..	..	..
Pologne	3.0	7.8	16.5	7.6	21.0	5.5	..	..
Portugal	..	..	0.0	1.0	1.0	..	..	..
République slovaque	2.0	2.0	2.0	3.0	4.0	9.0	3.7	0.3
République tchèque	1.8	1.5	1.8	2.9	4.6	4.5	7.5	6.2
Roumanie	..	..	..	..	..	..	..	..
Royaume-Uni	..	..	..	..	..	..	..	..
Serbie, République de	10.5	13.2	23.0	17.6	16.5	17.3	29.8	28.7 p
Slovénie	x	x	x	x	x	x	x	x
Suède	x	x	x	x	x	x	x	x
Suisse	..	..	..	..	..	..	..	..
Turquie	x	x	x	x	x	x	x	x
Ukraine	..	..	..	..	..	..	..	..

.. Non disponible ; e Valeur estimée ; p Donnée provisoire ; x Sans objet

Note : Voir les métadonnées détaillées sur : http://metalinks.oecd.org/transport/20190130/646b.

Source : Statistiques de transport, FIT

Dépenses d'entretien des infrastructures portuaires maritimes
Million d'euros

	2009	2010	2011	2012	2013	2014	2015	2016
Albanie	..	..	..	..	..	..	..	..
Allemagne	..	..	..	..	..	..	..	..
Arménie	x	x	x	x	x	x	x	x
Australie	..	..	..	..	..	..	..	..
Autriche	x	x	x	x	x	x	x	x
Azerbaïdjan	..	..	..	7.9	..	1.8	3.5	2.4
Bélarus	x	x	x	x	x	x	x	x
Belgique	135.0	..	..	..	..	..	..	..
Bosnie-Herzégovine	..	..	..	..	..	..	..	..
Bulgarie	4.6	1.0	0.5	0.5	1.0	2.0	1.5	1.0
Canada	138.2	150.8	263.9		1 167.5	1 173.6	1 038.4	1 376.2	1 280.6 p
Chine	..	..	..	..	..	..	..	..
Corée	112.0	100.0	84.2	99.5	102.2	111.2	135.7	136.3
Croatie	3.7	2.7	3.4	4.0	4.4	3.0	..	..
Danemark	..	..	..	..	..	..	..	..
Espagne	..	..	..	..	..	..	..	..
Estonie	..	..	..	..	..	..	..	..
États-Unis	..	..	..	..	..	..	..	..
Fédération de Russie	..	..	..	..	..	..	..	..
Finlande	107.0	106.0	122.0	101.0	112.0	101.0	76.0	91.0
France	48.0	53.0	53.0	53.0 e	53.0 e	53.0 e	53.5 e	50.7
Géorgie	0.0	0.0	0.0	0.0	0.0	0.0	0.0	0.0
Grèce	..	..	..	..	..	..	..	..
Hongrie	x	x	x	x	x	x	x	x
Inde	131.6	191.7	147.6	130.7	172.3	183.9	260.4	..
Irlande	..	..	..	..	..	..	..	..
Islande	..	..	..	..	..	..	..	..
Italie	1 287.0	1 098.0	1 447.0	1 628.0	1 263.0	2 609.0	2 538.0	..
Japon	..	..	..	..	..	..	..	..
Lettonie	..	..	..	..	..	..	..	..
Liechtenstein	x	x	x	x	x	x	x	x
Lituanie	2.0	7.0	2.0	3.0	3.0	4.0	7.0	4.0
Luxembourg	x	x	x	x	x	x	x	x
Macédoine du Nord	x	x	x	x	x	x	x	x
Malte	..	1.0	1.0	1.0	0.0	2.0	..	..
Mexique	..	..	..	..	..	..	..	..
Moldova, République de	..	..	..	..	..	..	..	..
Monténégro, République de	..	..	..	..	..	..	..	..
Norvège	..	..	..	..	..	..	..	..
Nouvelle-Zélande	..	..	..	..	..	..	..	..
Pays-Bas	..	..	..	..	..	..	..	..
Pologne	9.7	9.5	15.3	15.3	19.5	..	..	..
Portugal	1.0	1.0	4.0	3.0	3.0	2.6	..	..
République slovaque	x	x	x	x	x	x	x	x
République tchèque	x	x	x	x	x	x	x	x
Roumanie	..	..	..	..	..	..	..	..
Royaume-Uni	..	..	..	..	..	..	..	..
Serbie, République de	x	x	x	x	x	x	x	x
Slovénie	2.0	2.0	3.0	3.0	2.0	3.0	2.0	4.0
Suède	22.8	27.4	27.4	19.6	19.8	18.0	23.2	..
Suisse	x	x	x	x	x	x	x	x
Turquie	..	..	..	..	..	..	..	..
Ukraine	..	..	..	..	..	..	..	..

.. Non disponible ; e Valeur estimée ; p Donnée provisoire ; x Sans objet ; | Rupture de série
Note : Voir les métadonnées détaillées sur : http://metalinks.oecd.org/transport/20190130/646b.
Source : Statistiques de transport, FIT

Dépenses d'entretien des infrastructures aéroportuaires
Million d'euros

	2009	2010	2011	2012	2013	2014	2015	2016
Albanie	0.1	0.1	0.1	0.1	0.0	0.0	0.0	0.0
Allemagne	..	..	..	..	..	..	..	..
Arménie	..	..	..	..	..	..	..	..
Australie	..	..	..	..	..	..	..	..
Autriche	..	..	..	..	..	..	..	..
Azerbaïdjan	10.6	3.7	6.9	7.5	9.3	9.6	8.0	5.7
Bélarus								
Belgique	..	..	..	..	..	..	..	..
Bosnie-Herzégovine	..	..	..	..	..	..	..	..
Bulgarie	1.0	1.5	1.5	0.0	2.0	2.0	1.5	1.5
Canada	599.9	706.2	699.3	755.8	741.0	720.6	800.6	850.4
Chine	..	..	..	..	..	..	..	..
Corée	12.4	15.7	15.1	19.0	20.1	36.5	49.6	..
Croatie	3.4	2.3	3.5	3.5	4.5	4.5	3.5	4.0
Danemark	..	..	..	..	..	..	..	..
Espagne	..	..	..	..	..	..	..	..
Estonie	..	..	..	..	..	..	..	..
États-Unis	..	..	..	..	..	..	..	..
Fédération de Russie								
Finlande	230.0	240.0	267.0	268.0	251.0	233.0	232.0	240.0
France								
Géorgie	0.3	0.3	0.4	1.0	0.7	0.5	0.5	0.4
Grèce								
Hongrie	6.8	8.2	8.5	8.1	7.6	7.1	7.5	7.7 p
Inde	167.5	220.2	143.9	166.7	128.6	125.0	136.4	..
Irlande	33.0	34.0	29.0		..	..	..	..
Islande								
Italie	100.0	102.0	95.0	115.0	109.0	93.0	90.0	..
Japon	..	..	..	..	..	..	..	..
Lettonie					..			
Liechtenstein	x	x	x	x	x	x	x	x
Lituanie	2.0	1.0	1.0	1.0	2.0	2.0	2.0	3.0
Luxembourg	4.8	7.5	7.0	9.7	9.6	9.5	9.4	..
Macédoine du Nord	..	..	..	..	..	..	..	..
Malte	..	..	..	..	..	..	..	..
Mexique	..	..	..	..	..	..	..	..
Moldova, République de	..	..	..	..	0.1	0.0	..	..
Monténégro, République de	..	..	..	..	..	..	..	..
Norvège	..	..	..	..	..	..	..	..
Nouvelle-Zélande	..	..	..	..	..	..	..	..
Pays-Bas					..			
Pologne	4.4	5.0	20.6	64.3	33.6	63.1	96.3	15.4
Portugal	14.0	9.0	16.0		..	..	..	..
République slovaque	3.0	5.0	2.0	3.0	1.0	1.0	1.9	2.4
République tchèque	12.5	13.8	7.0	8.8	15.2	9.0	8.2	11.0
Roumanie	..	..	..	..	..	..	..	..
Royaume-Uni								
Serbie, République de	0.0	0.0	0.0	1.3	0.0	0.1	0.1	0.0 p
Slovénie				..				..
Suède	30.9	26.4	17.3	17.7	16.4	12.3	13.4	13.2
Suisse	..	..					..	..
Turquie	4.6	6.5	2.6	44.5	32.0	9.6	44.0	25.1
Ukraine				..	..	..	..	..

.. Non disponible ; p Donnée provisoire ; x Sans objet ; | Rupture de série
Note : Voir les métadonnées détaillées sur : http://metalinks.oecd.org/transport/20190130/646b.
Source : Statistiques de transport, FIT

Total des investissements et dépenses d'entretien des infrastructures routières

Million d'euros

	2009	2010	2011	2012	2013	2014	2015	2016
Albanie	495.7	248.8	217.9	187.5	242.9	208.0	187.6	102.1
Allemagne	..	..	..	..	..	..	..	..
Arménie	94.1	47.5	40.8	37.2	33.3	76.8	89.0	102.0
Australie	..	..	..	..	..	..	..	..
Autriche	1 181.0	949.0	797.0	844.0	922.0	1 120.0	1 147.0	1 141.0
Azerbaïdjan	1 296.7	1 568.9	1 588.3	1 518.4	1 944.8	1 442.5	896.2	517.0
Bélarus	..	..	..	..	..	..	..	..
Belgique	286.0	532.0		404.0	698.0	734.0	623.0	1 235.0 p	1 338.0
Bosnie-Herzégovine	..	..	..	..	..	..	..	..
Bulgarie	170.3	380.9	414.7	490.3	455.1	345.1	345.1	345.1
Canada	17 440.7	24 072.4	20 884.7	20 986.1	17 028.6	9 836.6	10 988.6	10 674.0 p
Chine	..	..	..	..	..	..	..	..
Corée	13 591.4	12 236.4	10 743.0	12 386.3	13 002.2	12 552.4	15 380.9	..
Croatie	1 052.9	710.3	677.8	665.2	633.2	536.9	483.5	431.7
Danemark	1 580.1	1 994.6	1 932.8	2 268.2	1 967.0	1 897.4	1 894.2	2 019.2
Espagne	..	..	..	..	..	..	..	..
Estonie	158.0	175.0	197.0	258.1	271.3	216.8	253.7	217.5
États-Unis	82 468.2	93 321.5	90 321.9	98 456.0	96 623.2	100 420.7	..	..
Fédération de Russie	..	..	..	..	..	..	..	..
Finlande	1 606.0	1 557.0	1 631.0	1 653.0	1 659.0	1 744.0	1 751.9	1 813.0
France	16 878.8	16 928.1	15 350.3	16 024.7	15 770.2	13 567.2	12 609.5	11 673.2
Géorgie	229.9	242.1	261.0	192.5	250.8	240.1	209.6	220.4
Grèce	..	..	..	..	..	..	..	..
Hongrie	2 019.2	1 168.8 e	554.5	448.4	770.8	1 511.2	1 529.9	1 095.3
Inde	11 061.8	15 739.9	14 915.7	13 971.9	15 516.1	17 005.5	22 596.3	
Irlande	1 939.0	1 579.0	1 176.0	1 025.0	722.0	723.0	694.0	..
Islande	150.9	108.2	67.7		67.7	69.6	77.6	110.8	..
Italie	11 649.0	9 826.0	10 349.0	10 303.0	11 975.0	13 424.0	14 217.0	
Japon	50 736.0	49 729.1	51 494.0	54 911.8	49 386.1	43 920.8	42 580.8	..
Lettonie	263.0	244.0	347.0	310.0	332.0	342.0	374.0	365.0
Liechtenstein	..	..	..	..	..	..	..	..
Lituanie	573.0	582.0	496.0	366.0	380.0	367.0	417.0	509.0
Luxembourg	178.1	216.4	258.9	247.1	261.2	243.5	260.1	..
Macédoine du Nord	116.1	99.2	118.5	83.0	98.3	184.3	176.4	241.3
Malte	28.5	37.5	44.5	51.0	36.0	55.8	..	..
Mexique	3 692.0	4 738.9	4 737.3	4 809.0	5 278.1	6 007.5	5 387.2	4 477.3
Moldova, République de	30.7	50.8	44.6	95.3	100.2	110.9	..	..
Monténégro, République de	..	..	..	..	..	..	..	..
Norvège	3 708.9	4 035.1	4 427.0	5 047.7	5 685.3	5 794.1	5 507.8	..
Nouvelle-Zélande	1 185.7	1 451.5	1 631.1	1 616.2	1 651.3	1 921.4	2 095.3	..
Pays-Bas	3 190.0	3 509.0	2 610.0	..	..	..	..	..
Pologne	7 677.5	9 145.9	11 002.7	4 810.8	2 903.0	2 104.2	2 586.3	3 494.1
Portugal	1 075.0		1 613.0	..	439.0 p	385.0 p	..	..	..
République slovaque	854.0	517.0	592.0	504.0	564.0	731.0	1 334.8	960.6
République tchèque	2 563.8	2 389.4	1 862.9	1 447.0	1 160.6	1 191.1	1 569.8	1 616.5
Roumanie	..	..	..	..	..	..	..	..
Royaume-Uni	10 903.0	10 400.2	9 009.3	9 008.1	9 175.3	10 726.8	12 233.7	11 452.8
Serbie, République de	510.4	457.8	544.4	465.5	408.4	480.0	668.1	674.7 p
Slovénie	557.0	358.0	234.0	222.0	227.0	241.0	228.0	238.0
Suède	2 360.5	2 539.9	2 768.2	3 170.9	3 056.7	2 882.3	3 045.1		3 216.3
Suisse	4 814.2	5 416.7	6 057.5	6 293.9	6 133.7	6 067.8	..	..
Turquie	3 865.6	5 495.4	5 879.1	5 501.8	6 856.2	7 201.8	9 296.1	7 559.7
Ukraine	..	..	..	..	..	..	..	..

.. Non disponible ; e Valeur estimée ; p Donnée provisoire ; | Rupture de série
Note : Voir les métadonnées détaillées sur : http://metalinks.oecd.org/transport/20190130/646b.
Source : Statistiques de transport, FIT

Total des investissements dans les infrastructures terrestres, en pourcentage du PIB

Pourcentage

	2009	2010	2011	2012	2013	2014	2015	2016
Albanie	5.6	2.7	2.3	1.9	2.4	1.9	1.8	0.8
Allemagne	0.7	0.6	0.6	0.6	0.6	0.6	0.6	0.6
Arménie	2.2	1.1	0.8	0.6	0.4	0.9	0.9	1.0
Australie	1.6	1.6	1.8	1.9	1.6	1.4	1.2	1.3
Autriche	0.9	0.8	0.8	0.6	0.6	0.6	0.6	0.6
Azerbaïdjan	..	..	..	3.0	4.2	3.0	2.0	1.6
Bélarus	..	..	..	..	..	..	..	..
Belgique	0.5	0.5 |	0.4	0.5	0.5	0.4 |	0.5 p	0.5
Bosnie-Herzégovine	..	..	..	..	..	..	..	..
Bulgarie	0.4	1.1	1.1	1.2	1.2	1.0	1.2	1.2
Canada	1.2	1.3	1.2	1.1	1.0	0.4 |	0.5	0.5 p
Chine	4.9	4.9	4.0	4.4	4.6	5.0	5.3	..
Corée	2.6	1.9	1.6	1.8	1.7	1.6	1.7	..
Croatie	2.2	1.3	1.2	1.2	1.4	0.9	0.7	0.5
Danemark	0.5	0.5	0.8 |	0.9	0.8	0.9	0.9	0.8
Espagne	1.7	1.4	1.3	1.0	0.7	0.7	0.7	0.5 p
Estonie	1.1	1.2	1.5	1.5	1.3	0.9	1.1	0.9
États-Unis	0.6	0.6	0.6	0.6	0.6	0.6	0.6	..
Fédération de Russie	1.5	1.3	1.3	1.2	1.1	1.0	0.9	1.1
Finlande	0.7	0.7	0.7	0.8	0.9	0.9	0.9	0.8
France	0.9	0.9	0.9	0.9	1.0	0.9	0.8	0.7
Géorgie	4.0	3.6	5.0	3.4	2.5	2.4	2.2	2.2
Grèce	1.0	0.7	0.7	0.7	1.3	1.0 e	0.9 e	..
Hongrie	2.0	1.1 |	0.6	0.6	1.0	1.8	1.8	1.0
Inde	1.0	0.9	0.8	0.8	1.0	1.2	1.4	..
Irlande	..	..	..	..	..	..	..	..
Islande	1.3	0.8	0.4 |	0.3	0.4	0.3	0.4	..
Italie	0.7	0.5	0.5	0.5	0.4	0.6	0.5	..
Japon	1.2	1.1	1.0	1.0	1.1	1.1	0.9	..
Lettonie	1.0	1.1	1.4	1.3	1.2	1.4	1.7	0.9
Liechtenstein	..	..	..	..	..	..	..	..
Lituanie	1.9	1.9	1.5	1.1	1.1	1.3	1.2	1.1
Luxembourg	0.9	0.8	0.9	0.8	0.8	0.8	1.0	..
Macédoine du Nord	1.6	1.2	1.4	0.9	1.1	2.1	1.9	2.4
Malte	0.1	0.2	0.3	0.4	0.1	0.5	..	..
Mexique	0.5	0.5	0.5	0.5	0.5	0.6	0.5	0.5
Moldova, République de	0.6	0.5	0.3	0.9	0.8	0.7	..	..
Monténégro, République de	0.8	0.6	0.5	0.6	0.6	0.3	0.3	..
Norvège	1.0	1.0	0.9	1.0	1.2	1.3	1.4	..
Nouvelle-Zélande	..	..	..	..	..	..	..	..
Pays-Bas	0.6	0.6	0.6	..	..	..	..	..
Pologne	1.9	2.0	2.4	1.2	0.7	0.4	0.6	0.8
Portugal	0.8 |	1.1	..	0.2 p	0.2 p	..	..	..
République slovaque	1.3 |	0.9	1.0	0.7	0.9	1.1	1.8	1.1
République tchèque	1.9	1.5	1.1	0.8	0.6	0.7	1.2	0.9
Roumanie	3.1	2.7	3.0	2.6	2.2	2.1	2.3	1.7
Royaume-Uni	0.8	0.7	0.7	0.7	0.7	0.8	0.9 |	0.9
Serbie, République de	0.9	0.9	1.1	0.9	0.9	1.1	1.8	1.8 p
Slovénie	1.3	1.0	0.6	0.5	0.7	1.1	1.2	0.5
Suède	0.9	0.8	0.8	0.8	0.7	0.7	0.7 |	0.7
Suisse	1.5	1.5	1.4	1.4	1.4	1.3	..	..
Turquie	0.9	1.1	1.1	0.9	1.2	1.1	1.3	1.2
Ukraine	..	..	..	..	..	..	..	..

.. Non disponible ; e Valeur estimée ; p Donnée provisoire ; | Rupture de série

Note : Voir les métadonnées détaillées sur : http://metalinks.oecd.org/transport/20190130/b79c.

Source : Statistiques de transport, FIT

Valeur en capital des infrastructures de transport terrestres
Million d'euros

	2009	2010	2011	2012	2013	2014	2015	2016
Albanie	..	..	..	..	..	..	..	..
Allemagne	17 953	16 877	17 130	17 046	17 717	..	..	..
Arménie	77	48	273	34	19	36	18	12
Australie	111 177 e	141 594 e	153 793 e	171 543 e	156 167 e	146 884 e	149 959 e	..
Autriche	..	..	..	..	..	..	..	..
Azerbaïdjan	..	..	..	..	..	..	..	..
Bélarus	..	..	..	..	..	..	..	..
Belgique	..	..	..	..	19 687	20 332	20 599	21 535
Bosnie-Herzégovine	..	..	..	..	..	..	..	..
Bulgarie	..	..	..	..	..	..	..	..
Canada	..	..	..	..	..	..	..	..
Chine	..	..	..	..	..	..	..	..
Corée	..	..	..	..	..	..	..	..
Croatie	..	..	..	..	..	..	..	..
Danemark	..	..	..	..	..	..	..	..
Espagne	..	..	..	..	..	..	..	..
Estonie	166	168	211	222	294	290	283	281
États-Unis	2 313 716	2 514 772	2 550 909	2 873 367	2 843 171	2 872 366	3 457 733	3 584 132
Fédération de Russie								
Finlande	37 572	38 728	41 068	42 948	43 746	44 718	44 227	44 437
France	676 774	679 910	682 756	685 318	688 429	690 433	692 077	693 111
Géorgie	..	..	..	..	..	..	..	..
Grèce	..	..	..	..	..	..	..	..
Hongrie	..	..	..	..	..	..	..	..
Inde	..	..	5 974	7 149	6 405	9 045	10 160	11 136
Irlande	..	..	..	..	..	..	..	..
Islande	..	..	..	..	..	..	..	..
Italie	..	..	..	..	..	..	..	..
Japon	..	..	..	..	..	..	..	..
Lettonie	4 295	4 937	7 172	7 987	6 994	6 677	7 168	..
Liechtenstein	..	..	..	..	..	..	..	..
Lituanie	..	..	..	..	..	..	2 994	3 040
Luxembourg	..	..	..	..	..	..	..	..
Macédoine du Nord	3 347 e	3 427 e	3 447 e	3 428 e	3 447 e	3 479 e	3 464 e	3 464 e
Malte	..	..	..	..	..	..	..	..
Mexique	..	..	..	..	..	..	..	..
Moldova, République de	..	..	..	..	..	..	..	..
Monténégro, République de	..	..	..	..	..	..	..	..
Norvège	41 839	48 736	54 254	60 319	62 074	68 515	73 615	..
Nouvelle-Zélande	..	..	..	..	..	..	..	..
Pays-Bas	..	..	..	..	..	..	..	..
Pologne	..	..	..	..	..	..	..	..
Portugal	..	..	..	..	..	..	..	..
République slovaque	..	..	..	..	..	..	..	..
République tchèque	..	..	..	..	..	..	..	..
Roumanie	..	..	..	..	..	..	..	..
Royaume-Uni	..	..	..	..	561 954	600 898	672 620	616 297
Serbie, République de	..	..	..	..	..	..	..	..
Slovénie	..	..	..	..	..	..	..	..
Suède	61 824	72 196	80 990	86 886	88 424	85 605	83 030	84 771
Suisse	45 518	52 056 |	59 146	61 321	60 668	61 948	..	..
Turquie	..	..	..	..	..	..	..	..
Ukraine	..	..	..	..	..	..	..	..

.. Non disponible ; e Valeur estimée ; | Rupture de série
Note : Voir les métadonnées détaillées sur : http://metalinks.oecd.org/transport/20190130/646b.
Source : Statistiques de transport, FIT

Lightning Source UK Ltd.
Milton Keynes UK
UKHW050748070620
364511UK00001B/1